启真馆 出品

海外中国思想史研究前沿译丛

义旨之争

南宋科举规范之折冲

［比利时］魏希德 著　胡永光 译

Competition over Content

Negotiating Standards for the Civil Service Examinations in Imperial China (1127—1279)

ZHEJIANG UNIVERSITY PRESS
浙江大学出版社

献给米米·伯若曼－迪威尔德

和玛丽·卢卡尔

总序

"思想"与"历史"之间的"中国思想史"

彭国翔

2012 年夏天，我应邀在位于德国哥廷根的 Max Planck Institute for the Study of Religious and Ethnic Diversity 从事研究工作时，有一天突然收到浙江大学出版社北京启真馆公司负责人王志毅先生的邮件，表示希望由我出面组织一套"海外中国思想史研究前沿译丛"。如今，这套书就要正式出版了，出版社要我写个总序。在此，就让我谈谈对于"思想史"和"中国思想史"的一些看法，希望可以为思考如何在一个国际学术界的整体中研究"中国思想史"这一问题，提供一些可供进一步思考的助缘。

"思想史"（intellectual history）、"哲学史"（history of philosophy）、"观念史"（history of ideas）等等都是现代西方学术分类下的不同专业领域，既然我们现代的学术分类已经基本接受了西方的学术分类体系，那么，讨论"思想史"的相关问题，首先就要明确在西方专业学术分类中"思想史"的所指。虽然我们在中文世界中对"思想史"这一观念的理解可以赋予中国语境中的特殊内涵，但毕竟不能与西方学术分类中"思想史"的意义毫无关涉。比如说，"中国哲学"中的"哲学"虽然并不对应西方近代以来居于主流的理性主义传统尤其分析哲学所理解的"philosophy"，但却也并非与西方哲学的任何传统毫无可比性与类似之处，像皮埃尔·阿多（Pierre Hadot）和玛莎·努斯鲍姆（Martha C. Nussbaum）所理解的作为一种"生活方式"（way of life）、"精神践履"（spiritual exercise）以及"欲望治疗"（therapy of desire）的"philosophy"，尤其是"古希腊罗马哲学"，就和"中国哲学"包括儒、释、道三家的基本精神方向颇为一致。再比如，儒学作为一种"宗教"固然不是那种基于亚伯拉罕传统（Abrahamic tradition）或者说西亚一神教（monotheism）模式的"宗教"，但各种不同宗教传统，包括西亚的基督教、犹太教和伊斯兰教，南亚的印度教、佛教以及东亚的儒教和道教，尽管组织形式不同，又都对同样一些人类的基本问题，比如生死、鬼神、修炼等，提供了自己的回答。事实上，不独历史这一学门及其进一步的各种分支，对于"哲学"、"宗教"、"伦理"等学科，这一点同样适用。

那么，在西方的学术分类体系中，"思想史"是怎样一个研究领域呢？"思想史"诚然一度是"一个人文研究中特别模糊不清的领域"，但是，就目前来说，"思想史"所要研究的对象相对还是比较清楚的。换言之，对于"思想史"所要处理的特定课题，目前虽不能说众口一词，却也并非毫无共识。正如史华慈（Benjamin I. Schwartz）所言，"思想史"所要处理的课题，是人们对于其处境（situation）的自觉回应（conscious responses）。这里，处境是指一个人身处其中的社会文化脉络（social and cultural context）。这当然是历史决定的，或者说根本就是一种历史境遇（historical situation）。而人们的"自觉回应"，就是指人们的"思想"。再进一步来说，"思想史"既不是单纯研究人们所在的外部历史境遇，也不是仅仅着眼于人们的思想本身，而是在兼顾历史境遇和主体自觉的同时，更多地着眼于两者之间的互动关系，即"思想"与"历史"的互动。并且，这里的"人们"，也不是泛指群体的大众意识，而往往是那些具备高度自觉和深度思考的思想家们。

其他一些专业领域，比如"社会史"、"文化史"，与"思想史"既有紧密的联系，也有相对比较明确的区分。比如，按照目前基本一致的理解，较之"思想史"通常指重要的思想家们对于社会历史的各自反思，"文化史"往往关注较为一般和普遍的社会历史现象，以及作为群体的社会大众而非社会精英在一个长程的社会变动中扮演的角色。从作为"文化史"这一学科奠基人的雅各布·布克哈特关于意大利文艺复兴的研究，以及彼得·伯克（Peter Burke）和菲利普·普瓦里耶（Philippe Poirrier）等人对于"文化史"的直接界定，即可了解"文化史"这一领域的特点。因此，"文化史"不但常常整合"人类学"的方法和成果，就连晚近于尔根·哈贝马斯关于"公共领域"（public sphere）论述和克利福德·格尔茨（Clifford Geertz）关于"深度描述"（thick description）的观念，由于同样注重人类社会的整体与共同经验，也成为支持"文化史"的理论援军。至于"社会史"，则可以说是史学与社会科学更进一步的结合，甚至不再被视为人文学科（humanities）的一种，而是一种从社会发展的角度去看待历史现象的社会科学（social science）。像经济史、法律史以及对于公民社会其他方面的研究，都可以包括在"社会史"这一范畴之下。最能代表"社会史"研究取径的似乎是法国年鉴学派（French annales school）了，不过，在史学史的发展中，社会史可以被视为发生在史学家之中的一个范围更广的运动。无论如何，和"文化史"类似，"社会史"最大的特点也许在于其关注的对象不是精英的思想家，而是社会大众。正是在这个意义上，"社会史"通常也被称为"来自下层的历史"（history from below）或者"草根的历史"（grass-roots history）。

其实，在我看来，至少在中文世界的学术研究领域，"思想史"是介于"哲学史"、"观念史"与"文化史"、"社会史"之间的一种学术形态。以往我们的"中国哲学史"研究，基本上是相当于"观念史"的形态。"观念史"的取径重在探究文本中观念之间的逻辑关联，比如一个观念自身在思想内涵上的演变以及这一观念与其他观念之间的逻辑关系等等。站在"哲学史"或"观念史"之外，从"思想史"的立场出发，当然可以说这种取径不免忽视了观念与其所在的社会环境之间的互动；从"文化史"、"社会史"的立场出发，当然可以说这种取径甚至无视其所探讨的观念之外的文化活动的丰富多彩，无视观念所在的社会的复杂与多变。但是，话又说回来，"哲学史"或"观念史"的基本着眼点或者说重点如果转向观念与其环境之间的互动，转向关注文化的多样与社会的复杂多变，那么，"哲学史"和"观念史"也就失去了自身的"身份"（identity）而不再成为"哲学史"和"观念史"了。

事实上，学术的分门别类、多途并进发展到今天，之所以仍然为"哲学史"或"观念史"、"思想史"、"文化史"以及"社会史"保留了各自的地盘，并未在"物竞天择，适者生存"的法则下造成相互淘汰的局面，就说明这些不同的取径其实各有其存在的价值，彼此之间虽然不是泾渭分明，没有交集，但却确实各有其相对独立的疆域。站在任何一个角度试图取消另一种研究范式（paradigm）的存在，比如说，站在"中国思想史"的角度批评"中国哲学史"存在的合理性，实在恰恰是"思想"不够清楚的结果。"思想史"、"哲学史"、"文化史"、"社会史"等等，其实是研究不同对象所不得不采取的不同方法，彼此之间本来谈不上孰高孰低、孰优孰劣。恰如解决不同问题的不同工具，各有所用，不能相互替代，更不能抽象、一般地说哪一个更好。打个比方，需要用扳手的时候当然螺丝刀没有用武之地，但若由此便质疑后者存在的合理与必要，岂不可笑？因为很简单，扳手并不能"放之四海而皆准"，需要用螺丝刀派用场的时候，扳手一样变得似乎不相干了。这个道理其实很简单，我经常讲，各个学科，包括"思想史"、"哲学史"、"文化史"和"社会史"等等，分别来看都是一个个的手电筒，打开照物的时候，所"见"和所"蔽"不免一根而发。对此，设想一下手电筒光束的光亮在照明一部分空间的同时，也使得该空间之外的广大部分益发黑暗。通过这个比喻，进一步来看，对于这些不同学科之间的关系，我们也应当有比较合理的理解。显然，为了照亮更大范围的空间，我们不能用一个手电筒替换另一个手电筒。无论再大的手电筒，毕竟只有一束光柱。而我们如果能将不同的手电筒汇聚起来，"阴影"和"黑暗"的部分就会大大减少。医院的无影灯，正是这一原理的运用。事实上，不同的学科不过是观察事物的不同视角而已。而我这里这个无影灯比喻的意思很清楚，"思想史"、"哲学史"、"社会史"等等，甚至人文学科和社会科学之间、文理科之间，各个不同学科应当是"相济"而不是"相非"的关系。否则的话，狭隘地仅仅从自己学术训练的背景出发，以己之所能傲人所不能，正应了《庄子》中所谓"以为天下之美尽在己"的话。另一方面，却也恰恰是以己之所仅能而掩饰己之所诸多不能的缺乏自信的反映。

一个学者有时可以一身兼通两种甚至多种不同的学术取径。比如说，可以兼治哲学与史学，同时在两个不同的领域都有很好的建树。不过，哲学与史学的建树集于一身，却并不意味着哲学和史学的彼此分界便会因此而不存在。打个比方，一个人可以"十八般武艺，样样皆通"，但是很显然，这个人只有在练习每一种武艺时严格遵守该武艺的练习方法，才能最后做到"样样皆通"，假如这个人以刀法去练剑法，以枪法去练棍法，最后不仅不能样样皆通，反倒会一样都不通，充其量不过每样浅尝辄止而已。这里的关键在于，一个人十八般武艺样样皆通，决不意味着十八般武艺各自的"练法"因为被一个人所掌握而"泯然无际"，尽管这个人在融会贯通之后很可能对每一种武艺的练法有所发展或创造出第十九种、二十种武艺。落实到具体的学科来说，在没有经过"哲学史"、"观念史"、"思想史"、"社会史"、"文化史"其中任何一种学术方法的严格训练之前，就大谈什么打破学科界限，无异痴人说梦，在学术上不可能取得大的成就，这是不言而喻的。很多年前就有一个讲法叫"科际整合"，即加强不同学科之间的互动与互渗，这当然是很有意义而值得提倡的。但"科际整合"的前提恰恰是学科之间的多元分化，只有在某一学科里面真正深造有得之后，才有本钱去与别的学科进行整合。

本来，"思想史"并不是一个很容易从事的领域，好的思想史研究是既有"思想"也有"史"。而坏的思想史则是既无"思想"也无"史"。比如说，对于一个具体的思想史研究成果，如果治哲学的学者认为其中很有"思想"，而治历史的学者认为其中很有"史"，那么，这一成果就是一个好的思想史研究。反之，假如哲学学者看了觉得其中思想贫乏，观念不清，而历史学者看了觉得其中史料薄弱，立论无据，那么，很显然这就是一个并不成功的思想史研究。因此，"思想史"这一领域应该成为"哲学"和"历史"这两门学术甚至更多学科交集的风云际会之所，而不是沦为那些缺乏专长而又总想"不平则鸣"的"自以为无所不知者"（其实是"学术无家可归者"）假以托庇其下的收容站。

徐复观曾经说"对于中国文化的研究，主要应当归结到思想史的研究"。对于这句话，在明了各种不同研究取径及其彼此关系的基础上，我是很同意的。因为较之"哲学史"，"思想史"在"思想"、"观念"之外，同时可以容纳一个"历史"的向度，换言之，"中国思想史"可以做到既能有"思想"也能有"史"。而这一点，刚好符合传统中国思想各家各派的一个共同特点，即一般都不抽象地脱离其发生发展的历史脉络而立言。因此，我很希望越来越多的学者加入到"中国思想史"的团队之中，只要充分意识到我们前面讨论的问题，不把"思想史"视为一个可以无视专业学术训练的托词，而是一个和"哲学史"、"观念史"、"文化史"、"社会史"等既有联系甚至"重叠共识"，同时又是具有自身明确研究对象和领域而"自成一格"的学科视角，那么，广泛吸收各种不同学科训练的长处，宗教的、伦理的、哲学的，都可以成为丰富"思想史"研究的助力和资源。

西方尤其美国关于中国思想史的研究，以狄百瑞（William T. de Bary）、史华慈、列文森（Joseph R. Levenson）等人为代表，在20世纪70年代一度达到巅峰，但随后风光不再，继之而起的便是前文提到的"文化史"、"社会史"以及"地方史"这一类的取径。这一趋势与动向，中文世界不少学者"闻风而起"。无论是可以直接阅读西文的，还是必须依靠翻译或者借助那些可以直接阅读西文文献的学者的著作的，都在不同程度上受到这一风气的影响。但是，如果我前文所述不错，各种取径不过是"横看成岭侧成峰，远近高低各不同"的不同视角，彼此之间非但毫无高下之别，反而正需相互配合，才能尽可能呈现历史世界与意义世界的整全，那么，"思想史"的研究就永远只会被补充，不会被替代。如果不顾研究对象的性质，一味赶潮流、趋时势，则终不免"邯郸学步"，难以做出真正富有原创性的研究成果。事实上，西方从"思想史"的角度研究中国，迄今也不断有新的成果出现。而且，如前所述，"思想史"和"哲学史"、"观念史"、"文化史"、"社会史"之间，也是既互有交涉，又不失其相对的独立性，越来越呈现出五光十色的局面。因此，真正了解西方中国研究（Chinese studies）的来龙去脉及其整体图像，尤其是西方学术思想传统自身的发展变化对于西方中国研究所起的制约甚至支配作用，而不是一知半解的"从人脚跟转"，对于中文世界人文学术研究如何一方面避免"坐井观天"和"夜郎自大"，另一方面在充分国际化（"无门户"）的同时又不失中国人文研究的"主体性"（"有宗主"），就是极为有益的。

中国思想史是我多年来的研究领域之一，而我在研究中所遵从的方法论原则，正是上述的这种自觉和思考。也正是出于这一自觉和思考，我当初才感到义不容辞，接受了启真馆的邀请。我的想法很简单，就是希望这套丛书的出版，能够为推动国内学界对于"中国思想史"的研究提供些许的助力或至少是刺激。这套丛书首批的几本著作，作者大都是目前活跃在西方学界的青壮年辈中的一时之选。从这些著作之中，我们大致可以了解西方中国思想史研究的一些最新动态。当然，这里所谓的"思想史"，已经是取其最为广泛的涵义，而与"文化史"、"社会史"等不再泾渭分明了。这一点，本身就是西方"中国思想史"研究最新动态的一个反映。至于其间的种种得失利弊，以及在中文世界的相关研究中如何合理借鉴，就有赖于读者的慧眼了。

是为序。

2015 年 8 月 18 日
于武林紫金港

感谢《宋元研究》(*The Journal of Song-Yuan Studies*)、《远东与远西》(*Extrême-Orient Extrême-Occident*) 与《中国史学》的编辑和出版方允许我再次使用或概述我在这些期刊上所发表的文章。

本书以我的博士论文为基础修订而成。该论文的写作得到了日本文部科学省奖学金、美国学术团体协会与蒋经国基金会、太平洋文化基金会和伍德罗·威尔逊国家奖学金基金会的支持,对此我由衷感谢。由于加州大学伯克利分校中国研究中心的博士后奖学金和哈佛燕京印刷文化与图书馆研究的博士后奖学金的帮助,手稿得到了后续的修订和再思考的机会。

魏希德

年 表

说明：此表列出所有宋代皇帝庙号和本书中提到的皇帝年号。

宋代

北宋（960—1127）

 太祖（960—976）

 太宗（976—997）

 真宗（998—1022）

 仁宗（1023—1063）

  庆历（1041—1048）

 英宗（1064—1067）

 神宗（1068—1085）

 哲宗（1086—1100）

  元祐（1086—1094）

 徽宗（1101—1125）

 钦宗（1126—1127）

南宋（1127—1276/1279）

 高宗（1127—1162）

  建炎（1127—1130）

  绍兴（1131—1162）

 孝宗（1163—1189）

乾道（1165—1173）

淳熙（1174—1189）

光宗（1190—1194）

宁宗（1195—1224）

庆元（1195—1200）

开禧（1205—1207）

理宗（1225—1264）

度宗（1265—1274）

恭帝（1275—1276）

端宗（1276—1278）

卫王（1278—1279）

目录

导　论

去年冬十月得送，今年春三月及第。……今公之富贵亦不可多得。意者，望御史今年为仆索一妇，明年为留心一官。幸有余力，何惜些些！此仆之宿憾，口中不言；君之此恩，顶上相戴。傥也贵人多忘，国士难期，使仆一期出其不意，与君并肩台阁，侧眼相视，公始悔而谢仆，仆安能有色于君乎？

——王泠然书信，8 世纪早期[1]

仁宗留意儒雅，务本理道，深斥浮艳虚薄之文。初，进士柳三变，好为淫冶讴歌之曲，传播四方。尝有鹤冲天词云："忍把浮名，换了浅斟低唱。"及临轩放榜，特落之，曰："且去浅斟低唱，何要浮名！"景祐元年（1034）方及第，后改名永，方得磨勘转官。

——吴曾《能改斋漫录》卷16，第418页[2]

科举：延续与改变

科举作为一种定期举行的笔试制度肇始于隋代（581—617），废止于帝国秩序崩溃前夕的 1905 年。它对创设和维护中华领土之上的大一

---

[1]　王定保：《唐摭言》，第2卷，第12—13页，引自傅璇琮：《唐代科举与文学》，第172—173页。

[2]　吴曾原文引用柳永全篇词，引自余英时：《朱熹的历史世界》上册，第290—291页。

统制度十分关键。皇帝借助科举考试来选拔那些忠于王朝、看轻家族利益或者缺少军事野心的士人，以此来削弱贵族或军事将领建立另一种政治权柄的能力。宋代建立了一个基于地方、京城和朝廷的层级式考试制度，这种分层体系和地方上的分级行政制度相对应，将各地的士人精英与地方政府甚至中央朝廷都捆绑在一起。士人精英也通过参加考试将自己转化为忠于地方和国家的臣民。

科举考试持续举行，其在社会和文化方面的影响进一步巩固了政治上的统一。参与考试需要财力和社会资源的支持，比如考生需要能负担多年的学习开支，或能满足政府对其社会地位方面的要求，所以大多数人被排斥在科举之外，士大夫的身份也因此和考试结合在一起。尽管考生通过考试的机会很小，取得功名后也未必有入仕的前景，但参加考试的人数还是越来越多，因为参与考试这一行为本身已经成为身份的象征。

科举考试成为决定士大夫地位的中心因素，这是中国社会精英阶层转型的一个结果。科举始于隋唐 [3]，发扬于宋代，其他入仕手段随之相形式微，这种变化也重新构建了精英阶层的价值观。在旧有体系下，家庭出身是决定前途的主要因素，知识资本是次要因素；但是从9世纪到12世纪，家庭出身和社会地位反而依附于由科举获得的知识资本。这个变化也解释了一个一直持续到19世纪的现象：即为何人们总是一方面抱怨科举无法给政府选拔出最好的官员，另一方面又前赴后继的投入其中。

士人精英的日常生活也被这种重新建构的价值观改变了。科举占据了士人生命的每一个阶段。从童年到青年，士人教育的重点都是考试所规定的知识和技能。成年以后，士人作为考生、教师、考官或者监督儿子学习的父亲继续和考试打交道。科举的这种中心地位在精英阶层的家庭生活中使男性与女性成员接受到不同的教育。这种差异也体现在社会生活的其他方面。精英阶层在安排婚姻时，

---

[3] 历史学家通常把隋代看成是定期举行、选拔官员的全国性科举考试的起点。关于汉代和六朝的考试，有一种略微不同的解读，参见 Dien, "Civil Service Examinations"。

会重视有功名的士子。在宗教领域，精英们在祈祷中渴望神灵可以掌控考生的命运。在都市中，与考试有关的术语被用来命名街道和商业物品。

考试的这种中心地位也塑造了精英行为和他们对未来的期望。由于考试成为决定精英身份的中心因素，国家给考生提供了更多的特权，比如免除刑罚徭役，或是可以穿着特别的衣服式样。[4]历朝政权把应试者和中选者依其成功的程度归入一套复杂的等级制度，令他们享受不同级别的特权待遇。如前面所引的两个故事所述，这种特权也就引发了对未来生活相应的期许。

王泠然（约698—742）的故事可以追溯到8世纪早期，那时北方的贵族家庭会质疑科举的功用。此文收录于王定保（870—940）在10世纪中叶所编撰的一部科举逸闻录中。在这个故事和其他一些逸闻中，享有最高声望的唐代进士被描绘成肆意妄为、缺少基本贵族家教的家伙。王泠然在717年成为进士后给他的老朋友御史高昌宇（活跃于8世纪10年代）写了一封无礼的信件。王泠然开门见山的要求高昌宇帮自己找一个政府职位，也要他马上给自己安排婚事，可见王泠然缺少基本的礼貌和修养。这封信似乎也是王泠然用来故意嘲弄那个当初未能推荐自己的"老朋友"的一种方法。现在王泠然没有得到这位朋友的帮助也成功及第，他要求这个朋友帮他把功名转化为能实领薪酬的政府职位，目的是要羞辱这位朋友。[5]

在唐代精英社会的背景之下，王泠然的信件显示出进士日益提升的地位。自武则天（690—705在位）时代起，进士就在朝廷占据重要位置。另一方面，这封信也表达出这些进士们沮丧的心情。作为政治精英中的一个新的小群体，他们仍处于边缘区，那些来自北方的贵族家庭还在支配着政治圈。这些贵族家庭靠声望和保护贵族传统的口号来建立他们的权力基础。在王泠然写给高昌宇这封信一个世纪之后，宰相李德裕（787—850）声称科举出身的人士也许文学技能很好，

---

[4]　高桥芳郎：《宋代の士人身分について》；Min, "The Sheng-yuan-Chien-sheng Stratum in Ch'ing Society"。

[5]　关于这个故事，参见 Moore, *Rituals of Recruitment*, 77–79。

但他们缺少关于朝廷礼仪的知识；这类知识是贵族出身人士的第二本能。[6]

关于柳三变或者柳永（990—1050）的那个故事收录于吴曾（？—1170之后）在12世纪中叶编纂的一部笔记逸闻中。它既说明11世纪时进士能享受到优越的社会政治地位，也揭示出他们对未来具有相应的期望。柳三变一开始的行为会让人想到那些唐代声名狼藉的进士的所作所为；毕竟傲慢无礼是描写唐代进士的一项原则。可是自从宋太祖重新评估科举对于立国的价值之后，进士这个头衔开始代表着尊敬；无论是追求它的，还是已经获得它的，都被期许为能够在言行上显示出未来帝国官员的样子。在宋代统治者和政治精英的眼中，唐代进士的言行证明他们对王朝的忠心不足，比如他们会为那些地方节度使服务，而这些节度使最终推翻了唐朝的统治。[7]

宋朝开国之君赵匡胤（927—976）在960年登基之后随即重建科举制度。他和他的后继者扩大了科举取士，使得科举成为11世纪和12世纪入仕的最重要渠道。[8]科举的重要意义尤其体现在中央政府的高层"职位中。根据一项统计，12世纪中72%的宰相和副相是进士出身。[9]从始至终，宋代给予科举重要地位。这不但史无前例，也改变了中国文化。

参与考试的士人人数持续呈指数级增长，即使12世纪中宋帝国丧失了大约一半领土之时也是如此。据贾志扬的估计，参加州试的考生在11世纪早期是两万到三万，一个世纪之后增长到七万九千，到了13

---

[6] Des Rotours, *Le traité des examens*, 204-5. 引自 Twitchett 等 编, *The Cambridge History of China*, Vol. 3, *Sui and T'ang China*, 652—653。

[7] 余英时：《朱熹的历史世界》上册，第272—312页。

[8] 12世纪晚期和13世纪前期，由荫补入仕的人数增加（Chaffee, *The Thorny Gates*, 29）。我们推测很多高层官员自己是有学衔的，他们帮自己的男性家庭成员获得政府底层职位的能力不断提升。可是贾志扬的研究却指出，即使那些没有家庭背景的进士越来越难找到工作机会，科举在士人中受欢迎的程度也没有因此而降低。在12世纪和13世纪，准备考试的人数不断增加，到了13世纪中叶达到了四十万（同上，第35页）。

[9] 同上，第29页，引自周藤吉之：《宋代官僚制大土地所有》，第20—25页。请注意贾志扬通过周藤吉之的数据计算出的百分比涵盖范围是1127年到1194年，且不包括无法找到资料的那些宰相。

世纪中期达到了四十万甚至更多。[10] 在那个时代，能够准备并且参加科举是士大夫身份的标志。

在思想上，科举给各地的文化精英定义了教育的标准。通过决定考试的形式，皇帝和官员们指定考生必须要遵循某种文学类型和行政理念。他们也支持对列入儒家正典的经书进行调整，有时候也会改变注疏的选择。这种对教学课程的强行规定有助于在考生和登科者中普及一种共通的语言，即关于诗歌创作、经典诠释及讨论历史行政问题的语言。熟练掌握这种语言能决定一个人的士大夫身份。此外，当科举在宋代成为决定士大夫地位的核心因素时，士人也竞相对考试标准进行定义和重定义，这种竞争构建了一个考试场域。本书的主旨就是讨论这个考试场域在 12、13 世纪的宋代中国是如何被重构的。

从北宋到南宋

如同社会、政治和思想各场域中人际关系一样，科举这个场域的参与者在南宋时期发生了很大的变化。北宋时，朝廷、京城和地方社会被一群精英控制，这些精英的婚姻和政治网络遍布全国，野心也着重于京城的朝廷。具有显赫学术地位的人或者是高层政府官员，如欧阳修（1007—1072），苏轼（1037—1101），司马光（1019—1086），王安石（1021—1086），或者跟朝廷有紧密联系，比如程颢（1032—1085）和程颐（1033—1107）。过往的贵族传统及宋代立国者的中央集权政策帮助朝廷和统治精英在彼此之间建立了紧密的纽带。

金国军队于 1127 年占据了首都开封，徽宗（1101—1125 在位）和钦宗（1126—1127 在位）被掳，战乱给几十万太监、奴婢、官员、士兵和普通人带来了深重的灾难和颠沛流离的命运。朝廷在新的京城临安（杭州）进行统治，可是它不再是士人唯一甚至主要的关注对象了。士人们在京城之外居住，跟其他地方家庭联姻，投入地方社会救

7

---

[10] Chaffee（贾志扬），*The Thorny Gates*, 35.

济，同其他地方精英家庭一样享受作为地方社会领袖的成就感。[11] 同时在 12 世纪晚期和 13 世纪，理学强调道德的自我完善，在地方上提倡教育和社会救济制度的建立，这些信念和实践都逐渐被精英家庭所接受。

对应于这些宏观的社会政治变迁，科举也发生了相应的变化，而且它跟档案馆和编写分发邸报的进奏院等北宋机构的经历颇为类似。这些机构自唐代和五代（907—960）时期就设立了，在宋初几个皇帝的中央化过程中被重新设计。它们是帮助皇权控制地方各节度使权力的关键机关。8 世纪到 10 世纪之间，这些节度使曾成功地挑战了朝廷及在朝精英的权威地位。在北宋年间，档案馆、进奏院渐渐地在沟通朝廷和地方方面扮演了次要的角色。它们成为地方精英收集、讨论并反馈朝廷信息的所在。[12]

科举的制度史展现了从北宋到南宋时朝廷和士人之间不停变动的相互关系。在整个北宋时期，朝廷一直不停地修订科举考试的架构。这些改变体现了宋代君主加强中央集权的努力以及朝中党争的状况。这些改变也打破了唐和五代的成规，建立了新的科举考试标准，这些标准一直被沿用到 19 世纪。

首先，在 1071 年著名改革家王安石控制的朝廷取消了各种"诸科"学衔的考试（诸科是一个总称，指的是一些针对儒家经典、官方历史、礼书和法律设立的单独考试）。从此之后，考生只能在常规考试中竞争"进士"学衔。第二，跟唐代的做法不同，从宋代初期开始常规的进士考试就被设立为三个级别。解试每三年一次，在秋天举

---

[11] 对于这种对宋代历史的解释，韩明士（Robert Hymes）的《官绅与乡绅》(*Statesmen and Gentlemen*) 清晰阐明了其典范式的意义。柏文莉（Beverly Bossler）在《权力关系》(*Powerful Relations*) 一书中对此两宋之间转型的解释做了修改。她认为在郝若贝（Robert Hartwell）和韩明士的作品中，北宋与南宋精英的区别被夸大了。在南宋时期，上层官员的家庭持续在本地网络之外联姻，北宋的基层政府也充满了跟南宋地方精英类似的人士。柏文莉认为前人研究里面所谓的那个转型，主要是因为两宋编写史学的方法不同造成的。不过柏文莉对两宋撰史之区别提出的警告并没有否定地方精英这个范式。她指出社会和政治变迁逐渐改变了在各省级区域中的生活，这正标志着北宋到南宋的转型。在北宋，最上层的政治精英居住在开封，当朝廷迁移到了临安，这些精英们四散到了比较大的都市，再也没有成为居住在临安的职业官僚。有关这个问题的进一步讨论，参见 De Weerdt：《アメリカの宋代史研究における近年の动向：地方宗教と政治文化》。

[12] De Weerdt, " 'Court Gazettes' and 'Short Reports' ".

行。这个考试的频率在宋初时还有变化，1066 年之后就被正式定为三年一次，一直盛行于其后的帝制中国历史中。[13]通过考试的举人还不能进入政府，他们需在第二年的早春前往京城参加省试。省试是由尚书省下面的礼部主持的。通过省试的考生在春季稍晚时候参加殿试。[14]

殿试是北宋的第三项制度创新。殿试理论上应该由皇帝本人亲自　9主持，其创立是基于宋太祖的一个愿望，即他希望自己和官僚们能建立一种私人的关系，并且通过殿试把对皇帝忠诚的理念灌输到整个官僚系统中。[15]第四项创新是对进士考试的内容进行重大更改。北宋朝官不停地争论不同考试科目的优缺点以及它们在正常考试中的顺序问题。在 11 世纪和 12 世纪早期，他们的建议给考试流程带来频繁甚至粗暴的改动。比如，在北宋的最后一个世纪中，关于考试是否应纳入诗赋的规定就改变了六次之多（参见第五章）。

北宋朝廷在行为上和南宋朝廷形成鲜明的对比，后者从中央化和制度建设的政策上回撤。本书着重的是 1150 年到 1279 年这一时期，其时科举考试的架构没有发生重大的改变。从始至终南宋的进士考试在地方和中央层面的安排都保持不变。根据朝廷在 1145 年所颁布的规定，[16]解试和省试都包含三场，这种安排一直持续到王朝的结束。

选择学习诗赋的考生需要在第一场作诗、赋各一首，第二场写论一篇，最后一场写策（政论）三篇。选择学习经义的考生在第一场解　10释本经（即自己专精的经典）意义三篇，《论语》、《孟子》各一篇；然后，如同诗赋考生一样，在第二场写论一篇，最后一场写策三篇。[17]

---

[13] Chaffee, *The Thorny Gates*, 51.

[14] 关于宋代科举程序的基本介绍，参见平田茂树：《科举と官僚制》。

[15] 尽管殿试本身在所有后世政权中被永久的继承下来，赵匡胤用皇权控制选人的做法却没有被其继承人认可。在制度上，仁宗（1023—1063 在位）于 1057 年废除了皇帝在殿试时黜落考生的做法。南宋第一个皇帝高宗（1127—1162 在位）进一步放弃了改变考官提交的考生名次的权力（Chaffee, The Thorny Gates, 23；荒木敏一：《宋代科举制度研究》；宁慧如：《宋代贡举殿试策与政局》）。

[16] 在 1128 年朝廷已经决定同时接受诗赋和经义的考生。高宗在 1145 年的决定中再次确认此原则（荒木敏一：《宋代科举制度研究》，第 393—394 页；《宋会要·选举》四之二十一）。感谢贾志扬提醒我注意到这条早期的旨意。

[17] Chaffee, *The Thorny Gates*, 5；荒木敏一：《宋代科举制度研究》，第 394 页；《宋会要·选举》四之二十一至二十八。

两类考生进入殿试之后都只需要写策一篇。

科举各场所要求的知识和能力决定了小学教育的内容。比如写诗对于通过诗赋考核就是必备的能力；经义和论的场次则是考察考生对儒家经典的掌握程度；要想成功通过策试，对历史事件、逸闻和子书的记忆是先决条件。儿童在官立小学或族学、社学、私塾中学习这些能力。由家庭成员担任的家教也很常见，这或者是学校之外的另一种选择，或者是为进入官学做准备。小学的课程以掌握读写基本生字的能力为前提。[18]

学生进入"大学"（中等教育）之后，就开始抓紧为科举做准备了。初等教育和中等教育的起始年龄并不固定。有些学生 12 岁进入第二阶段的教育，有些人到了 15 岁才开始。[19] 从青春初期起，学生们持续学习儒家经典、历史和哲学，也练习运用这些原始材料、遵照科举考试的要求来回答问题。学生在这个阶段的生活没有终点，直到年老的时候，他们都可以一直准备和参加考试，除非他们早早登科或是放弃追求考试上的成功。

士人在第二阶段教育中受何种训练成为北宋那些积极有为的皇帝和大臣主要关心的问题。现代媒体出现之前标准化测试是不可行的。在宋代激烈的党争环境中，每个考官都享有出题和阅卷的权力，可这也一直带来冲突。考官人选的易变性和匿名性都避免了在课程教学上出现垄断势力，也巩固了客观的国家权力。尽管如此，一些北宋的政治家仍然把科举考试看作灌输标准化国家课程的工具，最著名的当属王安石。在 11 世纪 70 年代，王安石颁布了一套新的儒家经典注疏和一部新的字典，把它们分发给官学，并使它们成为科举考试的核心内容。私人书坊迅速紧跟朝廷的动向，贩卖官定教材的刻本（第五章）。

由于考试成为士大夫身份的核心标志，举子们会紧密关注课程标

---

[18] 关于宋代的儿童教育，参见周愚文：《宋代儿童的生活与教育》和袁征：《宋代教育》，第五章。

[19] 周愚文：《宋代儿童的生活与教育》，第 119 页。另见陈雯怡：《由官学到书院》，第 307—308 页，第 327—329 页；以及 Chaffee, *The Thorny Gates*, 5–6。

准。相较于制度设计本身，课程标准更容易被改变。当南宋朝廷不再主导课程设计之时，尤其当士人精英专注于教书之后，考试成为学者间激烈竞争的场所。教师在举业课程和课本中纳入自己的思想和政治主张。当考试和士大夫间这种新型关系出现以后，不但士大夫决定举业课程的内容，课程标准也能反映出精英对国家行政和地方事务的观念。

考试场域

本书通过分析12、13世纪的各种原始资料来研究举业课程，这些资料大多属于举业用书（见附录二表1）。笔者用"举业用书"一词来代表各种教材类书籍，包括类书、总集、韵书、考试指南、经典注疏以及史书。类书专门搜集和分类各种原始资料及解读型文章。总集则将著名作家的完整文章按照作者或文体汇编在一起。我在研究这类资料时会同时参考那些收录于个人文集和官方报告中的策题策文以及那些讨论举业和时文写作的私人意见。

如何设立考试标准是本书研究的中心问题。课程和考试标准是如何变化的？各个职业上、政治上和思想上的群体如何为举业设立课程标准、如何为时文建立评判原则？考试标准又如何影响相关群体的政治及思想主张？

我提出这些问题，期望可以重新规范科举及其在帝制中国秩序中所起作用的讨论。从20世纪早期起三种主要观点便引起了学者的注意。第一种观点认为应当在建立巩固国家霸权的意义上理解考试。内藤湖南在20世纪20年代首先提出这种论点。他认为三级考试（解试、省试和殿试）是选官的主要途径，其具体过程是为了最大限度地保证公平，宋代皇帝从而可以拥有一个中立的官僚体系。内藤氏认为，中世纪贵族主导的中国社会在宋代转变为现代中央集权国家，这种转变背后的一个主要因素就是客观运作的官僚体系相对于皇权的从属地

13　位。[20]此一皇帝专制（及政治现代性）的研究范式之后一直被朝廷、官僚体系和地方社会方面权力关系的研究所质疑。[21]近几年来，这个理论以一种新的面貌又重新出现。本杰明·艾尔曼主张科举考试有利于巩固王朝政权，它不是绝对皇权下的政治工具、而主要是一种确保政权统治具有合法性的教育策略。[22]文朵莲进一步认为在18世纪时政权统治的合法性建立在个人对国家的隶属地位之上，这种地位是通过人们经年累月准备和参加大量考试而形成的。[23]

　　笔者大致接受阿尔都塞式的理论，即参加考试意味着考生成为国家的臣民，笔者认为这项理论在宋代和清代都成立。参加考试显示出对王朝政权合法性的承认。这种承认不一定会自动扩展到那些管理王朝政权的皇帝和大臣身上。在思想和政治上有严重分歧的士大夫阶级中，政治主观性是如何被阐明、解释和改变的？这个问题有待于更多的研究。科举考试的场域与朝廷和政府的行政场域互相重叠。党争蔓延到举业之中，党派的主张决定了时文的路线。考试场域进一步容纳了朝廷与官僚政治之外的参与者（比如私人教师和书坊）以及他们的议程。考试标准是如何被制定及改变的？这个历史问题要求把考试视为在皇权国家中不同政治和思想主张之间相互竞争的一个场所，而不是把考试视为仅仅用来庆祝一个无所不包的皇权意识形态的竞技场。[24]

　　20世纪40年代以来的第二种理论给中国社会史带来生气勃勃的
14　讨论。该理论认为科举考试在南宋到清代之间带来了高度的社会流动性。通过对进士名录的统计研究，1947年柯睿格和1962年何炳棣认为进士中有惊人的数目来源于父系祖先无官职的家庭。这个比例在南

---

[20] 关于此假说的一篇英文研究，参见宫崎市定："An Outline of the Naitô Hypothesis"。荒木敏一（《宋代科举制度研究》之前言、序说以及书中各处）在此理论架构之中研究宋代科举——尽管他没有把该理论和内藤氏的名字联系起来。荒木氏是内藤创立之京都学派第二代掌门人宫崎市定的学生。

[21] 比如 Chaffee, *Branches of Heaven*; Davis, *Court and Family in Sung China* 以及韩明士, *Statesmen and Gentlemen*。

[22] Elman, "Political, Social, and Cultural Reproduction"；以及其著作 *A Cultural History of Civil Examinations*。

[23] Man-Cheong, *The Class of 1761*.

[24] De Weerdt, 书评: *The Class of 1761*。

宋超过 50%，在明代是 49.5%，在清代是 37.6%。[25] 在 20 世纪 70 和 80 年代，批评这项流动性理论的学者指出那些早期研究忽视了其他重要亲属关系的意义，考试学衔在取得和保持权力方面也不具有和其他社会因素比如财富、地产和婚姻同等的地位。[26]

在一部有关宋代科举的里程碑式著作中，贾志扬把有资料问题的社会流动性理论整合到宋代科举本身具备的多种社会功能研究中。他认为随着王朝历史的演进，尽管考生数目达到了四十万，公平性、成功率和进入政府的机会都随之降低，科举考试仍然在地方精英中日益受到重视，因为参与考试成为他们社会身份的标志。"以科举为中心的机构、仪式、象征和故事使官员与平民相区别，士人与非士人相区别。"[27] 由于考试的存在，学习本身虽然不能被简化为上述的其他社会因素，但其仍然在决定精英身份上面获得了前所未有的重要性。尽管我了解地方史可以丰富我们对中国精英特点的理解，也同意精英身份不是在读书人中，而是在地方群体中获得的，我还是更看重以考试为导向的学习经历（不一定是在科举中获得成功）在决定中国文人身份上所起的中心作用。这种以考试为导向的学习与考试参与度的扩大以及精英的地方转向同步存在，对于 12 世纪重新构建科举考试场域至为关键。

自 20 世纪 80 年代以来，科举在文化方面的特点和影响成为学术讨论的前沿话题。在这新一轮的科举文化维度研究中，最具影响力，也最有争议的当属本杰明·艾尔曼的作品了。他的几篇文章和那部关于 1400 年到 1900 年间"科举考试的文化史"的巨著成为唯一系统讨论晚期科举文化各种表现形式的作品。这些文化的表现形式包括语言学习、宗教实践和通过解梦预言考试成功的艺术。[28] 关于艾尔曼

15

[25] Kracke, "Family Versus Merit"; Ho, *The Ladder of Success in Imperial China*.

[26] Hymes, *Statesmen and Gentlemen*; Beattie, *Land and Lineage in China*. 关于这项争论的总结性评论，参见 Ebrey, "The Dynamics of Elite Domination in Sung China" 和 Waltner, "Building on the Ladder of Success"。

[27] Chaffee, *The Thorny Gates*, 188.

[28] 尤其是 Elman, "Political, Social, and Cultural Reproduction" 及其 *A Cultural History of Civil Examinations*。

作品的争议集中于其一项理论，即科举系统作为一种选择机制，本质上是一个"在社会、政治和文化方面复制现状的过程"。[29] 简单来说，一个朝代通过教育来确立其政权合法性（政治再制），精英通过控制考试成功所需的文化资源来永远维持其身份（社会再制），这两种过程都需要文化再制。艾尔曼把文化再制定义为把"传统语言、思想、概念、鉴赏和行为等正统体系"不停地在内部和外部进行复制的过程。[30] 文化再制不只是帝制国家的代言人试图控制士人文化的结果；艾尔曼强调，士人的利益也体现在考试这个文化竞技场中。[31]

艾尔曼研究的是明清两朝经典主义和理学两种话语的文化再制过程，而在此之前的历史可能表明这种再制理论更适合解释有关考试的社会史，而不是文化史——或者更具体地说——与考试有关的思想史，而这却是本书的研究重点。再制理论本质上是对社会流动性理论的一种回应、甚至是一种否定；它认为在帝制中国的历史中，考试对文化程度的要求有效排除了大多数人的参与。几乎无人会挑战此观点。可是这种文化再制模型不能很好地回答另一个问题，即在 12 和 13 世纪时，理学这种意识形态是如何在考试课程中出现、扩大影响、并最终改变考试内容的？这种士人和普通人之间的区别以及士人群体内部的区别既是文化再制的结果，也是文化创新的结果。

对于本节开篇提出的问题，一种对科举考试的全新理解影响了笔者的研究角度。科举考试在笔者观念中是一个有边界的文化空间，其中学生、教师、皇帝、考官、朝廷官员、地方官员、读书士人、编辑以及出版商实际上通过相互协商来制定准备考试和答卷写作的标准。这个文化空间或场域跟朝廷政府的场域及士人文化的场域是分开的。它根据它自己的规范来运行，尽管这些规范会跟政治和文化场域的规范相重合。从这点上来说，"场域"是一种协助理解的工具。它不但允许我们系统化地研究影响举业与时文的规范与联系，也让我们可以系

16

---

[29] Elman, *A Cultural History of Civil Examinations*, xxix. 关于对艾尔曼这项解释的挑战，参见 Chow，Langlois 和 Magone 写的书评。

[30] Elman, "Political, Social, and Cultural Reproduction", 20.

[31] Elman, *A Cultural History of Civil Examinations*, xxiv.

统化地分析考试场域与其他社会、政治和文化场域之间的各种关系。

　　这种对于科举考试的理解主要受益于社会学家皮埃尔·布迪厄的著作。[32] 布迪厄把场域定义为人与人之间相互竞争不同形式的资产的场所。这些资产可以是经济的、文化的（语言或知识）或符号化（声望）的资源。每个人在一个场域中取得的地位是结构化的，也就是说取决于在那个场域中资产的分配方法。不管每个人在这种结构化的空间中占据哪个位置，也不管他们的目标如何（保持现状或者进行变革），所有人都遵循这个场域的基本管理规则。所以一个场域就好像一场比赛一样。最起码每个人或者代理人都必须相信这场比赛的价值，并承认为参与比赛而承受风险的价值。[33]

　　场域作为一种协助理解举业及时文的工具帮助我们去重构其中各种参与者的历史、他们的具体利益、他们的地位和可能发生的变化、他们与其他参与者之间的关系，以及设立考试标准的成规。考试标准由不同种类的参与者来制定，比如皇帝和他们的助手、考官、教师、科举及第者和考生、士人、编辑，以及书商。这些参与者的行为不但影响了举业（为参加解试、省试、殿试而进行的学习活动），也影响了时文写作（撰写真正的考试文章）。笔者认为举业和时文写作是考试场域里面两类常见的交互行为。如同第二章所解释的，考试可以检验决定士大夫身份的两种能力：文本分析和政策讨论。我们可以把这两方面的能力称为考试资本的两种形式。考试资本中的具体利益随着参与者不同而变化，他们也会对文本分析和政策讨论采用不同的解释方法。譬如在 12 世纪，朝廷官员担任的考官在监考省试的时候提倡经典主义的诠释方法，对各种宋代以前的文本和解释方法广为推崇；"永嘉"教师在诠释分析和政策讨论中采用历史主义的解释方法；而

[32] 关于布迪厄之"场域"概念和科举考试之比较研究，参见周启荣（Kai-Wing Chow），*Publishing, Culture, and Power in Early Modern China*，尤其是第 11—12 页和 154 页。周氏强调的是在 16、17 世纪的考试场域中，不断成长的商业印刷所带来的破坏性潜力，本研究则试图解释士大夫和朝廷之间以及各种思想政治组织之间的协商过程，这种协商过程会影响考试的准备。

[33] Bourdieu, Distinction, *The Field of Cultural Production* 以及 *Language and Symbolic Power*。我发现 John Tompson 对于以上最后一本书的导言对理解布迪厄有关"场域"概念的不同解释很有帮助。

18　道学教师则是建议把道德哲学和道德评判作为评价这两方面的指导原则。以下各章试图描绘出一部历史，来反映这些群体的自身利益、所处位置以及他们之间的相互关系。

前文对名词的辨析是为了让读者了解一些概念，这些概念帮助我整理和解读了本书所利用的大量原始资料之间的相关性。这决不代表布迪厄的社会学理论会被不加修改地应用到12、13世纪的宋代社会中。比如布迪厄的对"场域"的理解和我使用该词的方法就有明显的区别。在布迪厄社会学理论中，在特定场域中个人的行为直接和他们的习性（habitus 或者 predispositions）相关，而这些习性又是被阶级背景所决定的。阶级背景抑或阶级背景之间的差异，并不适用于帝制中国科举制度的研究。这类研究不可行，因为我们缺少那些考生、及第者、教师、编辑和书商的社会背景数据。因此，考试场域的参与者们代表的是他们的职业角色，而不是其社会阶级或专业阶级。

重构科举考试场域的历史对于中国历史各宏观领域，特别是对思想史而言有直接的影响。中国思想史家的研究题目中一大关节是道学运动是如何获得中国精英的支持？政治史家和社会史家将道学的发展或归功于1241年官方正典化的政策，或归功于其反对以考试成绩决定士大夫身份的态度。[34] 本书跟他们的结论不同，认为道学思想是在考试场域中被传播开来的。

19　在笔者使用的布迪厄场域概念中有一个例子可以用来展示本书与中国思想文化宏观历史之间的相关性。我关于思想场域和考试场域相互关系之研究演示出举业成规居中调解了士人传统里各色各样的思想政治企图。各样传统适应举业的方法也和它们本身所取得的宏观社会和政治成功相关。12世纪时，道学运动的考试资本很小，也不可靠。

---

[34] 对于第一种观点，见刘子健（James T. C. Liu），"How Did a Neo-Confucian School Become the State Orthodoxy?"及其著 China Turning Inward。对于第二种观点，见 Bol, "This Culture of Ours"，333–334 及 Bossler, Powerful Relations, 205。关于道学支持者对地方教育和社会福利项目的参与，见 Gardner, Learning to Be a Sage, 23–34；de Bary and Chaffee, eds., Neo-Confucian Education，特别是其中第二部分到第四部分的文章；Hymes, "Lu Chiu-yuan, Academies, and the Problem of the Local Community"；及 von Glahn, "Chu Hsi's Community Granary in Theory and Practice"。

道学教师和学生实际上无法把其文本分析和政策讨论的写作模式转化为可持续利用的考试资本。与此同时，道学运动的教师们在更大的士人思想文化场域中积蓄资本，他们编写出版大量书籍，兴建学校和学庙。到了 13 世纪中叶，道学的解释模式统治了考试场域，因为教师和及第学生成功地把思想资本转换为考试资本。可是这种转换也把道学的思想传统交给了其他参与者的手中，道学的意识形态也因此被改变。本书的第三篇和第四篇讨论的就是考试场域作为道学思想被调整、扩展和争竞的关键场所是如何运作的。

本书所描绘的 12、13 世纪道学历史也为一个更宏观的问题提供了不同的答案，这个问题即科举考试是如何帮助延续（或重新恢复）帝国秩序。由于科举考试成为士人身份的核心，支持某政治和道德思想的人士必须参与考试场域才能取悦士人。道学的支持者因此强行把自己放入这个场域中，即使有时他们并不情愿（例如朱熹）。

考试资本可以被转化为政治资本。南宋后期的皇帝对道学标准的采纳不但延续，也巩固了权威道学领袖在思想和考试场域业已获得的地位。对于所有的参与者而言，参加科举考试表明他们不但接受考试场域的规则，也接受其上帝国秩序的规则。考试有利于帝国秩序，因为通过考试，朝廷承认士人群体以及帝国代言人在考试场域中协调制定的士人身份的标准。

12 世纪两种思想传统的历史丰富了本书探讨的科举考试场域理论。本书描绘了"永嘉"和道学教师们如何在考试场域推广他们明显不同的诠释分析和政策讨论的方法。本书也试图理解其他教师如何采用并适应这两种治学模式学生如何使用它们，编辑和印刷商／出版商如何销售它们以及考官、大臣和皇帝如何回应它们。

永嘉传统和道学运动发源于地方上的思想建构，到了 12 世纪下半叶则扩展到全国。正如其名显示，永嘉传统和永嘉县（温州府治所在，今属浙江省）紧紧联系在一起。狭义上来说，它指的是温州府出身的那些学者，他们在诠释分析、历史研究、行政分析及提倡有特色的政治改革方面有着独特的传统。我也常用"永嘉"（带引号）一词来广义地指代邻近州府活跃的教师们，他们都居住在浙东路（今日的

20

浙江东部），在很多方面认同永嘉学者的方法和意向。这个名词在 12 世纪就具有了这种广义的用法。尽管当代思想史中常常用"浙东教师"这个更准确的名词，我仍然听从本书一位匿名评审的建议，整篇使用"永嘉"来避免混淆。

"永嘉"传统和道学传统的历史相互纠缠。12 世纪 90 年代两方的支持者因为反对朝廷的政策都被赶出政府。这两个传统因为其共同的经历常常被当作一个来看。第一章描述的是"永嘉"学派和道学运动的区别。后面的几章则着重于它们在 12、13 世纪考试场域中不同的历史。

第二章强调的是时文写作与士人文化之间的相关性。论与策是本书讨论的两种考试文章类型，士大夫在写作策论时展示出他们在定义士大夫身份的两个领域里的才华：文本分析和政策讨论。直到 12 世纪中叶，参与考试场域的私人教师和思想学派都着重这两方面的训练。他们的课程受当时的惯例影响，这种惯例支配了选择原始资料和分析表达的方法。这一章对于 12 世纪时文的大致特点进行概述，描绘了考试场域中影响"永嘉"和道学教师活动的那些成规。

"永嘉"教师在 12 世纪后半叶占据了考试场域的中心地位。通过对时文接受度的分析，第三章表明"永嘉"教师的工作在 12 世纪最后几十年影响了考试标准。这一章把"永嘉"教师的受欢迎程度归因于他们对一项政治改革计划的支持，该计划试图恢复宋朝对之前丧失土地的主权，"永嘉"教师也成功地把此政治纲领置入时文之中。第四章展示的是"永嘉"教师成功背后的课程设置。该章显示出这些教师把他们在时文写作方面推崇的能力和政治方案放进一套综合复杂的课程设计之中，这些课程包括写作、制度史、行政分析以及关于经史子书的文本分析。

12 世纪道学运动的关键人物朱熹认为"永嘉"学派在考试场域中的支配地位对经典诠释、历史研究，及政府行政这些定义了士人身份的基本活动造成恶劣影响。从 12 世纪最后几十年开始，道学教师们开始建立另一种时文写作的标准。到了 13 世纪中叶，道学的举业课程已经代替了"永嘉"课业，道学文本也正式被官方指定为举业的权威

16

材料。第六章分析道学在课业上的进攻态势。它描绘出道学思想经历的一项转变，在此转变中，道学起初敌视考试场域中的竞争对手，但后来在历史、政治和写作等传统的考试竞争领域里面，道学的道德哲学与各样的士人传统和解。第七章通过分析 12 世纪 80 年代与 13 世纪 70 年代之间的时文来讨论道学标准占据优势地位的过程。它解释了在时文写作中，道学话语如何影响了经典与历史文本的诠释方法和有关政府政策的问题讨论。道学话语在时文写作中逐渐占据优势地位，这一变化与其在举业中的意识形态转型同步出现。到了 13 世纪中叶，考生摆脱了哲学辩论中的对抗性语言，把道学家的文章传统尤其是朱熹的作品树立为正典。

　　道学教师改变了他们的教学策略，他们在时文写作中的影响也逐渐增强，这些变化与朝廷在考试内容上的政策转变相对应。在 12 世纪 90 年代的一个大规模迫害运动之后，朝廷逐渐接受了道学教师和他们的作品，将其定为学生举业的权威材料。第五章讨论 12 世纪 30 年代和 13 世纪 70 年代之间朝廷与中央政府在制定考试标准中的角色。这一时期的政府条例证明朝廷政策发生了变化，从 12 世纪的多元调和主义转变为宋代最后五十年的标准化课程政策。这两种立场都和北宋末年改革家的课程政策形成鲜明对比，从而见证了南宋朝廷当初放弃担任考试场域引领者这一决定的深远影响。

第一篇　绪　论

第一章

思想传统与教师

12、13 世纪考试场域的主角是两种思想传统：道学和"永嘉"。25
这两种传统在考试课程的发展中都担任了重要的角色；在史学史上人们对它们的自身特点和相互关系一直争论不已。

道学

定义

"道学"（the Learning of the Way）是一系列指代 11 世纪开始的儒家重建运动的名词之一。中国思想史家也用其他名称来描述这个对儒家传统进行新诠释的浪潮：新儒学、新儒学之正统（Neo-Confucian orthodoxy）、程朱正统、心学，以及理学。除了"the Learning of the Way"，也有其他对道学（Daoxue）的翻译，比如"Tao School"和"True Way Learning"。这些表述体现了学者在研究中晚期帝制中国思想变迁时秉持的不同理念和方法。

"新儒学"是 20 世纪欧美中国思想史作品中最常见的用语，其历史 26
可以追溯到 18 世纪。[1]因狄百瑞的相关著作及哥伦比亚大学学者们编写的"新儒学研究"系列的缘故，这个词逐渐流行起来。狄氏把新儒学

---

[1] Elman, "Rethinking 'Confucianism' and 'Neo‐Confucianism' in Modern Chinese History", 526.

的研究对象定义为自 11 世纪以来东亚思想家创建、讨论的一系列名词、想法和制度。[2] 他们为了回应佛教修心的理论，提倡基于儒家传统的修身主张及做法。[3] 狄氏的研究方法可以称之为"人本主义解释学"，[4] 因它通过研究新儒家人物的个人生活和思想来解释新儒学的哲学问题，重建新儒学的价值观。狄氏把广义的新儒学传统和狭义的新儒学或者程朱正统区分开来。依照他的讲法，程朱正统是国家或其他制度支持下的一狭义系谱，以程氏兄弟（程颢、程颐）和朱熹为中心。[5]

"理学"或者"心学"是中文名词。它们既是描绘新儒家思想的笼统用语，也反映出新儒学传统中有关核心价值的学派之争。"理学"强调的是万物固有的与自然道德律对应之"理"，呼唤通过修身来持续不断格物的重要性。另一方面，"心学"则主张认识人心固有之理比逐渐理解外物之理更重要。这两个中文词语的含义彼此冲突，狄氏也以此为理由，坚持"新儒学"这一西文词汇更合理，因其可以强调儒家和新儒家之间的继承关系和相似性。[6]

田浩提倡使用中文的"道学"（Daoxue, "the Learning of the Way"）一词，他将其解释为"有关'道'的学问"。通过采用这个中文词，田浩希望可以摒弃美国学术界宋代思想史上的宿命论主张。在田浩看来，这种主张和"新儒学"一词的使用有关，因为这个词被狭义地等同为后来那个"新儒学之正统"。他认为狄百瑞对于新儒学的解释是一个简化的儒学复兴演化模型，此模型中新儒学的历史完全体现在朱熹思想之中。朱熹之前的新儒学历史因朱熹后来的重要性而有意义，朱熹之后的历史则被看作是其影响力的历史，朱熹同时代的学者对于他及其弟子的影响则被忽视。

在 1992 年《朱熹的思维世界》一书中，田浩把朱熹道学之兴起及

27

---

[2] De Bary, "The Uses of Confucianism", 549-552.

[3] De Bary, *Neo-Confucian Orthodoxy and the Learning of the Mind-and-Heart*, preface, xiv-xvi.

[4] 我从 Thomas Wilson 那里借用这个词，参见其 "The Indelible Mark of an Overlooked Scholar"。

[5] De Bary, "The Uses of Confucianism", 548-549.

[6] 同上，546-547。

取得优势地位的过程在历史环境中加以重建。这部著作描绘了道学发展的过程：从 11 世纪起"对道学的重视"，到 12 世纪中的研究群体，再到朱熹推动下形成的一个严格定义的学问。[7]《朱熹的思维世界》和他的一篇关于道学一词学术意义的纲领性文章在同一年出版后立刻影响了学术界。从那时起的十年来，有关宋史的专著和文章越来越多采用"道学"或相应的若干西文翻译来指代这个儒学复兴运动。[8]本书中我同样采用"道学"一词来研究 12 世纪最后几十年由其代表的思想构建历史。

　　《朱熹的思维世界》一书展示的道学发展史是一个简化主义假说。根据这种理论，在道学出现的第一个百年里（约 1080—1180），这一思想体系包含了多样的观点，也成为各种权威的来源。在 12 世纪的最后二十年，朱熹排斥那些有竞争力的权威系统，建立了一个论述道学传承及其主要教师、著作和信仰的狭义系谱。这种简化论基于一个假设，即认为虽然不同地区的教师属于不同的思想系统（例如"永嘉"传统），但在 12 世纪 80 年代之前，他们还是属于一个共同的道学集团。

　　判断谁属于道学集团并不容易，因"道学"这个中文词在 12 世纪最少具有三种含义。首先，它是一个通用词，代表道德上的教化，本书也把其翻译成"learning of the Way"*。陆九渊（1139—1193）曾云："文辞近古，有退之、子厚之风；道学造微，得子思、孟轲之旨。"[9]此处的"道学"体现士人身份的某方面特质，可以与文学、历史或古典学术方面的造诣相提并论。它指的不是士人中的某个特殊群体。

　　对于那些重视这种"道学"的人来说，道德教育引导着士人生活

28

---

[7] Tillman, "A New Direction in Confucian Scholarship"; Tillman, *Confucian Discourse and Chu Hsi's Ascendancy*.

[8] 使用这个新词并不表明学术界对其含义有共识。艾尔曼（Benjamin Elman）赞同田浩（Tillman）对于道学的历史建构，但是他把这个词另外定义为"从 1000 年到 1700 年间正统的、以朱熹为核心的那个古典学术方向"，见其 "Rethinking 'Confucianism' and 'Neo-Confucianism' in Modern Chinese History", 529）。

* 此处 learning 首字母小写，不同于"道学"的英文翻译 Learning of the Way。——译注

[9] 陆九渊：《象山集》，第 27 卷，第 313 页。陆九渊此处引用他人对其兄陆九龄（1132—1180）的称赞之词。子思是孔子之孙。

29 的方方面面。它不但体现在社会和政治场合中，区别士人身份的其他
活动也无法脱离它而独立存在。这个词在宋代最早被使用时展现的就
不是其超然性，它反对把个人利益驱动下的士人活动和仁义等古典道
德价值联系在一起。[10] 程颐作为道学运动的奠基者之一也按照这种观
念来使用"道学"一词。他谈到其兄程颢去世之后，纪念者们特别提
到程颢在道德教化（道学）上的不凡之处。[11] 程颐的门徒杨时（1053—
1135）也注意到程颢的道学影响力。在杨时看来，程颐为其兄撰写传
记，以便让其"道学行义"可以"泽世垂后"。[12] "道学"是在道德上
的教养，既指从经典传统获得的道德知识，也指基于此知识之上进行
自我道德修养的实践。对于它的提倡者来说，道德教化包含了古典和
历史的学术研究、文学写作和政治实践。

其次，"道学"也被用来指代一些被指控结党的士大夫。在 12 世
纪 80 年代和 90 年代，朝廷官员和学者们轻蔑地使用这个词语。我使
用"'道'学"（"Doctrine of the 'True' Way"）一词来表达那些批评
者的意思，因为他们用一种带有贬义的弦外之音来解释"道学"的
30 意义和目的。最早提到"'道'学"的朝廷文字大概出现在 1182 年或
1183 年。监察御史陈贾在 1183 年上书，认为"'道'学"这种话语作
为一个追求政治权力的党派运动影响力日增。[13] 他把这种对经典的学问
看作伪学，指责他们的话语同他们的行为完全不符。（第五章有对于
这篇奏章的进一步讨论。）到了 12 世纪 90 年代，"'道'学"和"伪
学"两词已经互相通用。在 12 世纪 80 年代和 90 年代中，对伪学进行
攻击的那些政客把"'道'学"看作一小群紧密联系的士大夫，这些

---

[10] 余英时（《朱熹的历史世界》上册，第 173 页）发现其最早的用法可追溯到柳开（947—1000）。

[11] Tillman, *Confucian Discourse and Chu Hsi's Ascendancy*, 6; idem, "A New Direction in Confucian Scholarship", 460.

[12] 杨时：《杨龟山集》，第 3 卷，第 52 页。Hans van Ess（*Von Ch'eng I zu Chu Hsi*，第 25 页之注 97）引用了胡寅（1098—1156）的一段话，那段话中胡寅把士人的几个特质并列出来，也把"道学"一词和程颐联系起来。我自己对这段的理解和 van Ess 不同，因为他没有把"道学"作为士人的某种成就和"道学"作为一个运动给区别开来。

[13] 在陈贾上书几个月前，吏部尚书郑丙（1121？—1194）就上书攻击"'道'学"。这篇奏章的日期无法确定，据束景南的研究（《朱熹年谱长编》上册，第 756 页）显示，它可能写于 1182 年 9 月到 1183 年 1 月之间。陈贾的奏章见于《朱熹年谱长编》上册，第 772 页。束景南在《朱子大传》（第 525 页）把郑丙的奏章时间定为 1182 年 11 月到 12 月间。

士大夫基于对二程思想的共同兴趣建立了自己独有的身份认同。攻击者们认为这个"'道'学"团体使用了一系列方法来建立成员之间的关系，包括在言语和写作中使用难懂的哲学术语，具有特殊的装束和行为举止，特意拔高一种新的正典组合，对于朝廷进行道德批评，以及通过科举来提拔团体内部成员。

这场攻击战可直接回溯到12世纪30年代到50年代中秦桧（1090—1155）政府禁止"程学"的政策。"程学"是当时的一个名词，指的是程氏兄弟在文字和言语上流传下来的传统，以及在社会和政治上维持这种传统的各种行为。秦桧及其党人指责程学门徒，因为这些门徒认为只有自己才掌握真理的教导，并试图建立一个政治派系。可是当时一般人普遍认为程学只是士大夫感兴趣的一种学术模式而已，并非一个有优势的政治架构。一旦秦桧政治上的敌人被赶出朝廷，其对"程学"的攻击也就很快停止了，因为那些人才是这个运动的真实目标。学者仍然继续讨论程氏兄弟的作品和观点，但是这种程学不是一个有组织的改变社会和政治的行动。当我使用"程学学者"一词的时候，我指的是那些仅对程氏兄弟道德哲学有兴趣的、无政治动机的学者们。

在12世纪80年代和90年代，"'道'学"代替了"程学"，这说明后来占据朝廷的派系注意到这群主张程学的激进学者会带来的思想和政治威胁。对"'道'学"的攻击是对来自朱熹挑战的一种回应。通过一系列12世纪60年代到90年代间的书籍出版、从政以及教育实践行为，朱熹显示出自己既是程学传统的领袖，又是对朝廷政策大加批评的异议者。朱熹把程学学者们关于社会道德改造的呼声制度化，创建了道学成员们的独有的身份认同。通过他的行动，程学从一种学术模式转变为一场文化运动（更多的讨论见第五章）。

宋代政治史和思想史的学者们认为这场政府对"'道'学"的攻击运动表明12世纪中确实存在由程学或道学人士构成的同侪团体。一些历史学家进一步指出1197年颁布的"'道'学"党人的黑名单证实了12世纪这个团体的内部成员组成。同样的，历史学家也主张12世纪的道学运动应有更广义的定义，因为那个黑名单中的儒家学者多

31

种多样，说明道学是由来自各地不同儒士所组成的一个团体。[14]譬如陈傅良（1137—1203）和叶适（1150—1223）这样的永嘉学术传统的代表人物也出现在黑名单中。从这个角度来说，道学一词的广义定义最符合这个词语在 12 世纪的用法，因为它把永嘉教师和其他地区性学术流派的学者也都包括进来。

32

道学的广义定义也跟朝廷政策相符合，因为官僚系统中朱熹的支持者被打上道学的标签，然后被清除出去。占据朝政的派系铺下一张大网，随意使用道学的名号，这并不代表真的有一个由很多成员组成的道学团体。道学在历史上被建构为一个包含了很多成员的同侪团体，但现在审视身份认同时，需要超越过去对个人、社会、地理、政治或思想联系的检验。被包括到广义道学定义的那些人自己认同道学吗？他们如何表达自己作为道学之一员的身份呢？[15]第三章和第四章提到一些身处黑名单之人并不认同道学。永嘉教师很少在写作中使用"道学"这个词。即使他们用了这个词，也是用一种批判性的眼光。他们也赞同朝廷对道学拥护者那种排他态度的谴责。陈傅良和叶适出现在官方黑名单上，只是因为他们在写作中反对朝廷对朱熹的迫害，并不是因为他们自己认同道学运动。

"道学"在 12 世纪晚期的第三种含义指的是道德哲学中的一种传统。此传统靠一个狭义系谱中掌握了正确教导的那些传人来延续，也体现在一套重新定义的儒家正典中。这种含义是由朱熹创造出来的。近来关于朱熹思想发展的研究一致认为他的道德哲学在 12 世纪 70 年

---

[14] 田浩，"A New Direction in Confucian Scholarship"，465; Schirokauer, "Neo-Confucians Under Attack"，184-196. 本书中提到的这个名单是李心传（1166—1243）《道命录》中的，它可能是由后人加进去的，参见 Hartman, "Bibliographical Notes on Sung Historical Works"，33。

[15] 田浩（《朱熹的思维世界》，第 3 页）有意把"同侪团体"定义得比较宽泛："所谓'同侪团体'（译注：fellowship 这个词在《朱熹的思维世界》中文版被译为"群体"）是指他们具有关系网络，互相认同，而且自认与其他的儒生不同。他们共同努力形成社会的、政治的以及文化的纽带，以改进社会政治文化，复兴道德价值，匡正儒学。"又见田浩，"A New Direction in Confucian Scholarship"，459. 田浩把程学学者从事社会、政治和思想交流的行为作为他们认同这个普世团体的基础。

代正式成形。[16] 当他五十岁的时候，也就是到了孔子知天命的年纪，　　33
朱熹确立并扩展了以《大学》八目为基础的道德自我修养的体系，以
此作为儒家教导的核心。

　　在朱熹对八目的诠释中，社会政治秩序取决于"正心"、"诚意"、
"致知"和"格物"。他的思想主要着重于自我修养过程最后两项的理
论解释。对于朱熹而言，道德自我修养的重要性取决于对"理"的认
知。他采用程颐对"理"的解释："理"是一种构建原则，赋予化生
万物之气以形态与意义。"理"是宇宙组织的标准原则，决定每样事
物自我发展的适当途径，以及该事物与其他事物之间的合理关系。朱
熹把自我修养定义为对万事万物之理的掌握。他把事物主要理解为架
构社会和政治的人际关系，并且认为掌握古今人际关系之理的普通模
式，就可以全面认识到其中蕴含的道德责任。

　　朱熹对于人心如何认识并触动"理"的看法和 12 世纪其他程学
中人不同。在朱熹的解释中，"格物"是自我修养的第一步，是内心
与外物的互动。朱熹同意程氏兄弟关于心中有至理、心中认识理才能
理解外物之理的看法。可是另一方面，他反对人心能自我满足、自我
启蒙。在朱熹的道德哲学中，人心通过持续对外物所蕴含之理的检验
与认识来培养自身。阅读便是这一自我修养过程中的基本训练方法。
朱熹提出了一种读书法，将阅读视为认识理的一个过程（见第六章）。
朱熹这种方法提倡渐进式的课程，按照某种固定顺序来学习有关道德
哲学教导的重要材料。这个顺序从四书开始，四书是朱熹为道学核心
教导所建立的一个新的经典合集。在 1182 年出版四书合集（《大学》、　　34
《论语》、《孟子》、《中庸》）之前，他就已经在 12 世纪 60 年代至 80 年
代间分别出版了这四部著作的注释（第五章）。[17]

---

[16] 束景南：《朱子大传》，第 380 页及全书各处。市来津由彦：《朱熹門人集團形成の研究》，
第 194 页及全书各处。

[17] 束景南：《朱子大传》，第 766 页。传统上，最早的四书合集被定为 1190 年出版（王懋竑：《朱
熹年谱》，第 558 页）。束景南（《朱子大传》，第 766—770 页，第 814—815 页）则认为朱熹
在 1190 年出版的"四书"不是他给四书的注解。在 1192 年出版的集注成为标准版本，但是更
早的版本是在 1182 年、1184 年和 1186 年出版的。佐野公治调查了朱熹对"四书"的使用，也
讨论了早期出版朱熹注解的情况，见在《四書學史の研究》，第四章，特别是第 203—209 页。

当朱熹在 12 世纪 70 年代时首次使用"道学"一词的时候，他不但把它定义为一项核心教导（即通过修心来掌握理，并重新复兴道，或者宇宙的秩序）和一套新的正典（四书），也把其定义为由一系列真正的传承者所构成的系谱。程颐声称圣古之道失丧了若干个世纪，是其兄程颢重新将"道"恢复。与这种观点类似，朱熹主张儒学的核心教导被周敦颐（1017—1073）复兴，周氏然后将他对道德自我修养之宇宙观的理解传给了程颢和程颐。在朱熹的系谱中，程氏兄弟然后将这个教导传给了张载（1020—1078）。这个系谱的历史准确性十分值得怀疑，[18] 但是朱熹的系谱思想对于道学之思想合理性和建立道学身份认同都具有关键性的贡献。

有关"四子"的系谱提供了一个模板，有助于将其不同取向的作品统一起来，也给道学追随者心中灌输一个概念，即他们的工作与古代圣贤之道是相符合的。把朱熹诠释的周敦颐作品纳入这个体系给程学提供了一个宇宙论的基础。张载的《西铭》在 12 世纪学者中是一部既有影响力，又有争议的文本，朱熹将其补选进来，有助于鲜明地展现自我修养过程中那个固有的（等级制下的）社会政治秩序。张载在《西铭》中，把儒家之"仁"看作是宇宙中天人之间无所不包的爱，这种天人关系类似于父母与子女的关系，这种爱包含了天人之间一切的关系和事物。朱熹编辑并注释了张载的文本，将其提升为道学之形而上学的中心真理：理只有一个，但是在万物之中以各种样式显现出来（理一分殊）。这种解释强调"理"的多样显现，修改了张载关于"仁"作为万物合一之基础的观念，使《西铭》和程颐的道德哲学相一致，主张把道德秩序建立在一个统一的等级制度之中。[19] 在《近思录》（1173 年）一书中，朱熹挑选这"四子"作品中的片段来解

35

---

[18] 土田健次郎：《道统论再考》,《周程授受再考》,《宋代思想史上における周敦颐の位置》; Wilson, *Genealogy of the Way*, 199–210。

[19] 在张载的全部作品中，朱熹继承了程颐对这篇文章的赞赏。程颐也把它看作是对自己理一分殊的形而上学理论的肯定。参见 Kasoff, *The Thought of Chang Tsai*, 142–143。关于朱熹对张载作品的看法，见钱穆：《朱子新学案》第三册，第 97—112 页；Wing-tsit Chan, *Chu Hsi: New Studies*, 297–299; 束景南：《朱子大传》，第 281 页；以及余英时：《朱熹的历史世界》上册，第 200—218 页。

释其道学自我修养过程中的一些关键性概念和过程。这部文集会在第六章讨论，它见证了朱熹在早期做出的系统化努力，以便将道学运动转变为一个无论是在文本上，还是在思想上或道德上都内洽的团体。

思想系谱也是在道统传承中确立某一地位的一种方式。教师和门徒把他们自己置入一串连续不断的传承者中，将自己和系谱中著名人物的师生联系起来。如同魏伟森所说的，这种有关系谱的话语也是一个排除他者的工具。[20]朱熹的系谱是为了排除他那些对手，这些人也对程学有兴趣，并提出具有竞争力的它种解释。有关系谱的话语和排他性立场有助于定义道学的身份认同。在12世纪90年代，这个独占性的思想系谱激起了史上最大规模的批判程学运动。

在朱熹生命中的最后三十年，他常常把程学的传统称为"道学"。不仅在给同侪、朋友、门徒的书信或者对话（后被门徒记载下来）中，也在碑铭或出版品的前言、注释等更公开的场合里，他把道学描绘为一个内洽的道德哲学，因其建立者们一致的教导而传承下来。在1175年和1195年之间，朱熹参与了十几个为周敦颐、程颢和程颐立祠的工程或者落成典礼。[21]在给这些祠堂书写供公开展示的碑铭中，他着重强调周敦颐和程氏兄弟在"重新恢复""道学"方面的角色，以及他们把道学传承当作人生首要任务的心志。[22]同样的，在朱熹给《论语》（《论语要义》，1163）和《中庸》（《中庸章句》，1189）做注的序中，以及其编修四子作品（《太极通书》，1179；《程氏遗书》，1168）的前言中，他重点论述了这些先贤为重新恢复经典的真正教导和复兴他们

36

---

[20] Wilson, *Genealogy of the Way*, 特别是第二章。

[21] Neskar, "The Cult of Worthies," 225. 奈斯卡（Neskar）按照年代列出了道统祠堂（即给道学开创者们所建祠堂）的数目，发现从12世纪70年代到1195年（伪学逆党之禁开始之前）祠堂的数目急速提升。在所有祠堂中，朱熹和张栻参与了超过一半的落成典礼。朱熹的门徒也参与修建一些其他祠堂（前引文，第219—220页，第228—230页）。奈斯卡给出的祠堂总数是13所；孟淑慧给出了一个12所的数字（《朱熹及其门人的教化理念与实践》，第426—427页）。

[22] 具体例子有《建康府学明道先生祠记》（1176），《韶州学濂溪先生祠记》（1183），以及《黄州州学二程先生祠记》（1192），参见朱熹：《朱熹集》，第7册，第4064—4065页，第4105—4106页，第4135—4137页。

37　共同依赖的道德哲学所作的贡献。[23]朱熹特别把四子和其他也被看作恢复了古典传统的那些 11 世纪教师区别开来：

> 本朝道学之盛，岂是滚缠？
>
> 先生曰："亦有其渐，自范文正公以来已有好议论，如山东有孙明复，徂徕有石守道，湖州有胡安定，到后来遂有周子程子张子出。故程子平生不敢忘此数公，依旧尊他。……然数人者皆天资高，知尊王黜霸，明义去利。但只是如此便了，**于理未见，故不得中**。"[24]

基于同样理由，朱熹也把同时代的程学弟子排除出道学的群体。他起初把吕祖谦（1137—1181）和陆九渊等人看成是 12 世纪晚期这个道学群体的一员，但他也一直指出这些人的学术观点和他眼中道学核心信仰不一致。他批评吕祖谦对于考试教学，尤其是制度史和写作方面的兴趣（参见第四章和第六章）。他对陆九渊的批判集中在陆氏的心学，

38　因为心学把明显存在的事物之理看成是人心的工作。朱熹怀疑这两个人对程氏兄弟教导的忠心度，因为他们不愿把追寻万物道德之理的"格物"看成他们教导的最重要环节。

　　12 世纪 80 年代和 90 年代间，因为朱熹给道学狭隘的定义，朝廷上当权的派系开始伪学之禁，"'道'学"这个字也从而声名狼藉。[25]朱熹为了把那些对程学有兴趣的人召集成为一个更紧密的群体

---

[23] 朱熹：《朱熹集》，第 7 册，第 3923—3925 页，第 3937—3938 页，第 3967—3970 页，第 3994—3996 页。又见 Neskar, "The Cult of Worthies," 234-235。

[24]《朱子语类》，卷 129，第 3089—3090 页。这段话是由郑可学（1152—1212）记录下来的。他记载的是其与朱熹在 1191 年的对话（陈荣捷：《朱子门人》，第 340—341 页）。（译注：粗体在原文中为斜体，本书作者以此强调文字。下同。）

[25] 其他历史学家也注意到用"道学"这个词来形容该学者群体的做法在 12 世纪 80 年代之前还不是很常见。参见 Chaffee, "Chao Ju-yü, Spurious Learning and Southern Sung Political Culture," 36, 37n36. Chaffee（贾志扬）认为，这种情形说明在 1180 年代之前用该词来指代道学集团的做法可能不妥。无论如何，贾志扬还是接受田浩关于 12 世纪道学历史的叙述。余英时（《朱熹的历史世界》下，第 314 页，第 345—346 页）认为"'道'学"这个标签在 1180 年代前期产生，有助于道学运动的形成和发展，且该词一开始时就是指朱熹及其门徒

而改造了"道学"一词。这个词也被朝廷官员采纳，不过他们把其含义扩大化，很多人对朱熹道德改革的号召虽有好感，但对其道学运动的排他性却不以为然，这些人也被牵连进来。1188 年，兵部侍郎林栗（1142 年进士）上书，谴责朱熹利用排它性质的道学思想运动追求思想和政治上的权力：

> 熹本无学术。徒窃张载程颐之绪余，以为浮诞宗主。谓之道学。妄自推尊。所至辄携门生数十人。习为春秋战国之态，妄希孔孟历聘之风。[26]

在那些攻击道学的人中，林栗可能是最熟悉朱熹学术的人了。他 1188 年弹劾朱熹之前，林栗跟朱熹交换过有关《易经》、周敦颐《太极图》和张载《西铭》的看法。在他上书前十天，他和朱熹有过一次私下的会面。林栗否定周敦颐作品的价值，坚持自己给《易经》作注释的立场。他进而也否认张载《西铭》的价值。林栗认为，张载对儒家德行的宇宙论解释其实借用了佛家对佛陀（觉悟者）和现实世界的理论。这个观点削弱了朱熹给张载作品做出的解释。

　　林栗礼貌来访之时朱熹嘲笑他的注释书，并且完全拒绝接受林栗对自己心仪的道学先贤进行嘲讽。这次访问证实了林栗和其他官员在 12 世纪 70 年代晚期到 80 年代早期就开始使用"道学"这个名词。上面所引的 1188 年林栗奏章显示出在这些官员心中，朱熹正在把程学改造为道学运动。这个改造有若干特点，包括朱熹创造的一个自洽的道德哲学、采纳 11 世纪的权威作品、建立他自己和 11 世纪贤人之间的直系传承关系以及创立以道学哲学为中心、在朝廷和地方社会以推行道学为己任的一个门徒群体。[27]

---

[26] 李心传：《建炎以来朝野杂记》，一集，第 7 卷，第 617 页；引自束景南：《朱子大传》，第 647 页。

[27] 束景南：《朱子大传》，第 631—635 页。余英时（《朱熹的历史世界》下，第 168—173 页）认为林栗开始只是和朱熹在思想方面有分歧，林栗后来成为"'道'学"的政治敌人是因为这两个派系在朝廷上的冲突。此冲突的双方是改革者（即余英时所谓的一个广义的道学阵营）和官僚政客。

这个道学的第三种定义是本书大部分篇章所使用的定义，因为本书关心的问题是这个由程学学者所参与的激进运动如何在考试场域中定位自身。在必要的时候我用"道学倾向"（learning of the Way）表达更宽泛的意思，用"'道'学"（the Doctrine of the 'True' Way）来表达那个轻蔑的意义。我之所以从宗派角度上使用"道学"这个词语，是因为朱熹对它的定义在 12 世纪后期越来越流行，到了 13 世纪成为道学一词最重要的含义。那个时候，道学也被改称为"理学"。用道学的这个狭义定义（即以周敦颐、程氏兄弟、张载、朱熹为中心的学者群体，再加上他们的著作）来书写 12 世纪晚期和 13 世纪思想史的时候，不可忽视那个曾经影响朱熹定义"道学"的广义背景。

在朱熹开始研究程氏兄弟及他们门徒作品之前半个世纪里，程学这门学问就已经存在于二程的作品及他们提出的问题中了。程学在 12 世纪前半叶的接受史还有待进一步研究。[28] 比如他们所投身的传统是否如同某些历史学家所建议的一样，是从单一教导发展出，然后进入到多元的群体中呢？[29] 程氏兄弟自己创立的团体有何特点？当分离的因素出现后，团体是依靠什么凝聚人心？

晚近的研究充分指出，朱熹建立这套宏大的统一理论，是跟他和同时代程学传统中的学人学生长期对话分不开的。这些人著名的有张栻（1133—1180），吕祖谦、陆九渊、陈亮（1143—1194）、陈傅良和蔡元定（1135—1198）。这种学术交流的历史见证了精英对程学的持续兴趣，不过同一时间他们对苏学（苏轼或者苏门学术）、王学（王安石学术）或佛学也都保持兴趣，而且这些兴趣彼此交互。在我看来，

---

[28] 最近 Hans van Ess 的作品着重于两宋之间胡氏家庭在传播程学时候扮演的角色。Van Ess 认为朱熹受益于胡家，一则他们首先把四子的作品定为正典，二来道统的概念实际上来源于胡宏（1105—1155）。为了把 van Ess 的发现放入更广角的 12 世纪早期程学传承史中，未来还需要更多的研究。尽管 van Ess 常常采用"道学"的广义定义，当他在结论中研究《程氏遗书》出版史的时候，仍然提出这样一个问题："到底在朱熹之前存不存在一个'道学'运动？"（van Ess, "The Compilation of the Works of the Ch'eng brothers," 298.）基于本导论中解释的原因，我也同样有这个疑惑。

[29] 市来津由彦：《朱熹門人集團形成的研究》；Tillman, *Confucian Discourse and Chu Hsi's Ascendancy*（《朱熹的思维世界》）；Tillman, "A New Direction in Confucian Scholarship."

这并不代表当时存在一个容纳多种思想传统的合一学者群体。何种思想能代表程学的学术话语？该思想在 12 世纪经历了怎样的变化？这些问题都和身份认同分不开。或者依 12 世纪的用语，它们都和思想立场与道德责任感分不开。与朱熹不同，他的大部分同辈（包括吕祖谦、陆九渊、陈亮、陈傅良、叶适）并没有表达出要加入"道学"的想法。[30] 在 1180 年代以前，讨论科举考试的官方文字在写作中都是用"程学"，而不是"'道'学"。[31] 朝廷所非难的学术研究因此不只局限于那个自我认定的道学群体上面。

我使用道学的狭义定义来强调程学接受史上的一个重要转折。这个学派或是因一两位人物（主要是程颐，也有程颢）而命名为"程学"、或因地域而命名为"洛学"（程氏兄弟主要在陕西和河南的洛河流域教学）。与其他跟学者或地域有关的学派一样，程学学者的学术发展在 12 世纪的最后二十年带动了一个排他主义运动。朝廷对朱熹领导下新兴"道学"运动的思想和组织能力颇有看法，这有助于解释为何拥程派和反程派的争议会不断发展，最后在 1190 年代变成一场官方黑名单笼罩之下的庞大党禁（见第五章）。

42

话语实践

本书把道学定义在其包容性和排他性之间的张力之上，这种张力也是过去十年学者研究道学的中心问题。除此之外，本书也把朱熹之道学运动看作一个群体活动来研究，这个群体的特点展现为一系列定义了身

---

[30] 对《四库全书》电子版做一项检索即可证实这一认知。在对电子版的检索中，"道学"一词仅仅出现在陈傅良的作品中三次，而且只有其中一次是相关的用法，并且可以确实是陈傅良所写。对吕祖谦作品的检索得到 29 个结果，但是其中大部分或者不适用、或者不能反映吕祖谦的意图，因为它们有些是别人描写吕祖谦的文字，有些是吕祖谦编选文集中别人的作品。与此相反，对《四库全书》中朱熹作品的检索可以得到 178 个结果。朱熹在吕祖谦死后纪念他为道学的领袖之一，这也常常被用来证明吕祖谦在道学运动里面具有中心地位。但是，这个资料也可以被解释为朱熹试图利用吕祖谦遗留的影响，把它整合到自己的道学体系中去。关于朱熹借用吕祖谦影响的例子，见 Tillman, "Reflections on Classifying 'Confucian' Lingages," 45—46。

[31] 马端临：《文献通考》，第 32 卷，第 300 页。

份认同的话语实践，即思考、言语、写作和行为上的习惯，这些习惯构成一个系统的整体。作为同一类的组合，这些实践不但帮助道学运动在12世纪定出自身的界限，也有利于其在13世纪经历新的转变。

有四种话语实践可以定义道学群体。其一是对道学文本传统的内洽合理性以及道学主要教师之间合一性的认知。在朱熹的定义中，道学代表一种宇宙组织的根本原则的道德哲学。它由上古时代的圣王传与孔子，然后其弟子，直到孟子，又传与11世纪道学的建立者。所以，经典中所记录的圣人之言论、孔孟之教导，以及四子之写作必须被解释为彼此一致的教导。从13世纪开始，朱熹所传也被加入这个体系，代表着道学传统的伟大总结。

道学的全套文本传统经朱熹阅读后被重新整理，成为一种结构严谨的入门介绍，引领人去认识宇宙真理并在德行上自我修养。对于道学的认同来讲，最基础的部分就是掌握解释人生和社会政治秩序的一套全面系统的知识。它为学者在理论架构下客观看待或诠释个人经历（比如阅读一段文本的经历）提供了基础。这一机制把个人的经历转化为道德哲学，士人生命中互不关联的事件被它转化为理论上的群体认同。[32]如同那些著名的道学教师或更大范围的道学群体一样，一个人因着这个机制可以用同样的方法来诠释、纪念他自己的经历。

第二，道学话语的特色之一是层级化的权力。系谱式话语把学生放入垂直的人际关系中，这些人从过去到现在传承了自我德行培养的基本理论。在12世纪，道学话语强调师生之间的交流。保留师生之间对话的语录就体现了这种新的话语模式。如同第五章和第六章所述，这种新的话语模式着重于门徒如何在教师的关注下逐渐获得个人对道学教导的理解。

列入道统的那些著名思想家及他们影响下的教师均认为道德权威的基础建立在教师的新形象之上。在语录和纪念性文字中，教师成为"道"的传承者。[33]道学教师通过思想上的系谱与道学的创立者联系起

---

[32] Kohn and Roth, *Daoist Identities*, 1–11.

[33] 关于12世纪传记写作如何建立了一个全面的教师形象，见 De Weerdt, "The Ways of the Teacher"。

来。他具有对道学体系的道德哲学的完整理解，也展示出他愿意一生按照道学核心信仰来生活、教学的心志。他对名利漠不关心，在万事上以道德准则为先。他不知疲倦地教书，为了每个门徒都能达到道德转型的目标，他会在教学中选择合适的文本和方法。门徒见证到教师对于道学的使命感和献身精神，这种精神也激励了下一代，让他们接受传承道学的责任。　44

　　建立身份认同的话语实践的第三个特点是相信权威人物具有完美的形象，并且愿意为此委身。这种委身是对道学家一种个人的、外在的认同。自 12 世纪晚期起，道学学生即坚定的相信他们的领袖、朱熹编纂的新文本传统以及道学的哲学概念。这种个人对道学真理的信心并不只是因意识形态对个体进行了质询作用而产生的幻象。[34] 路易·阿尔都塞认为，各种意识形态都会呼召个人，且把个人看作实现这些意识形态之目的的独一、不可或缺的贡献者。在道学这个案例中，学习被定义为"为己之学"。社会政治秩序只能通过自我认知和自我道德完善这两种途径达到。个人对自我（在道学道德哲学之下）的理解定义了这个人在道学传承过程中的地位。

　　学者以不同方法、在不同层次上表达他们愿意委身于道学的立场。以下这些行为都可以被解读为委身的标志：举行仪式来尊崇道统中的先贤和仍然在世的教师，通过学习、教学和出版活动来推广道学，以及在生活中展示与众不同的服饰、言语和行为。第六章和第七章讨论了士人对这种基于诠释学的思想系谱坚定委身的行为，这种自我认同的行为既是公开的，也是富有争议的。从道学的立场来说，对文本传统的个人回应和对道学哲学真理的个人表述是实现个人道德转化的必要条件。

　　在思想和政治活动中，道学的排他性和攻击性让人更愿意为之委身。反对异端（佛道）和批判学术上的竞争对手都是道德修养过程的一部分。朱熹在他第一本关于道德修养的教材《近思录》中就包括了反对佛道两家的内容。语录中也显示出他训练门徒来批判其他儒家传　45

---

[34] 阿尔都塞（Althusser）认为对个体的质询是所有意识形态都具有的一种结构性特征。

统的能力（参见第六章和第七章）。道学的追随者们被教导要保卫他们享有的解释真理的垄断地位。

朱熹也鼓励他的学生批评当下的政治。他认为自我道德修养是社会和政治秩序的基石，而其缺失则是宋代政治上的一大问题。尤其皇帝的修心是纠正官僚系统问题、恢复社会秩序和最终收复北方失地的根本方法。宋朝在 1127 年失去北方领土之后，军事和财务都面临困境。朱熹也以此为主题上书，强烈批评内廷事务，要求孝宗（1163—1189 在位）、光宗（1190—1194 在位）和宁宗（1195—1224 在位）认真重视道德上的自我修养。[35] 第五章讨论的朱熹弹劾唐仲友（1136—1188）事件是道学在政府事务上对道德标准拒不妥协的又一个例子。无论是政治上朱熹的敌人，还是也认可其道德改革目标的人，都认为"伪学之禁"的原因是朱熹不妥协和排他的态度。尽管遭受政治迫害，朱熹仍然继续坚持道学运动享有真理解释权。这是话语实践的最后一个特点，把它和其他特点结合在一起，就创造出一种对此运动的强烈认同和道学成员的传道热情。

12 世纪道学话语的这些特点也反映在同期的考场写作中。现存的一些 12 世纪 80 年代和 90 年代热衷于道学的学生写作的时文，他们在"伪学之禁"中为道学的教导而辩护。这些文章阐述自洽的理论，借用道统系谱的论述，显示出个人对道学真理的坚持和对其他学术模式的否认（第六章）。提倡道学的时文在 13 世纪发生改变，说明道学在获得官方许可后所经历的转型。在 13 世纪的道学话语中，攻击性和排他性让位于折中主义。各种各样的学术路径丰富了道学在早期对抗性发展阶段展现的话语实践。

把道学看作一个修辞性社群来分析，让我们可以描绘出道学意识形态的历史轨迹。通过一系列话语实践来定义道学传统的办法有助于解释为何包容性与排他性或好斗性与折中性之间的矛盾无法解决。早期道学同侪团体中排他和好斗的话语实践继续遗留在这个传统中。后

---

[35] 朱熹在 1163 年、1180 年、1182 年、1188 年和 1194 年都有类似的奏章（束景南：《朱子大传》，第 199—200 页，第 416 页，第 468—470 页，第 635—638 页，第 711 页，第 911—912 页）。

文有关考试内容采用道学正典而引起的内部争论表明（第七章）这残存的部分仍具备潜力来改造道学，将其从官方的意识形态重新转变为道德的更新运动。[36]

从永嘉到"永嘉"

永嘉学派的名字是从永嘉县来的。在 12 世纪，永嘉县是浙东路一个富庶的地区，也是温州府治所在地。这个地方大概在今天浙江南部的沿海一带。当时温州和现在一样都是一个生产和商业中心。自从朝廷在 1127 年南迁之后，温州的人口翻了三番，到了 12 世纪 70 年代和 80 年代达到了 91 万左右。除了从事稻米种植，当地人也制造船舶生产漆器、瓷器、纸张和丝绸。温州位于福建和浙东的边界，又在临安之南，是南方商人往来京城的必经之地。它的海港也吸引海外商人，这些商人大多从事日本和东南亚的贸易。[37]

温州的财富带来了充满活力的文化生活。除了因 12、13 世纪宋代都市文化孕育而生的娱乐活动之外，温州也拥有一个庞大且知名的学者群体。[38]温州当地教育的情形从科举成果和考试竞争激烈程度就可以看出，一些人士甚至在全国享有盛名。温州府在两浙路中产生的进士最多，在南宋全国也高居第二，仅仅落后于福建的福州府。[39]温州考试的竞争激烈程度是大部分宋代州府的两倍。这可从 1156 年颁布的一道诏令中看出来，该诏令规定州府解额的比例是一百取一，但是温州府、婺州府（浙东路，今浙江省）、台州府（浙东路）的解额是两百取一。[40]

47

---

[36] 关于道学传统下道德更新主义的阶段性复兴，参见 Bol, "Neo-Confucianism and Local Society"。

[37] 周梦江：《叶适与永嘉学派》，第一章。

[38] 顾宏义（《教育政策与宋代两浙教育》，第 328—329 页）指出在《宋元学案》列出的 1839 个学者之中，有 120 位来自于温州。温州在两浙路各府中学者总数排名第三，而两浙路是全国学者人数最多的地区。

[39] 关于温州府科举成功情况，我的叙述是基于冈元司：《南宋期温州の名族と科挙》，引自 Chaffee, *The Thorny Gates*, appendix 3, 196–202。

[40] Chaffee, *The Thorny Gates*, 125, 155.

在 12 世纪学者的心中，永嘉代表着温州在科举上的成功。温州府下辖四县，永嘉拥有最多的进士。它也因此是宋朝产生进士最多的县之一。从 12 世纪 50 年代到 70 年代，若干温州进士在殿试上取得了极好的名次，进而被任命为高级官僚，这也都进一步提升了永嘉的名声（第四章）。

12 世纪永嘉学派的声誉是温州府的科举成就和商业化备考的结果。有关永嘉学者的一个刻板印象是他们身为备考教师，只会教授与科举考试有关的基础知识和技巧。这种负面的刻板看法是 12 世纪评论家在宏观层面上批判商业化考试的一部分。在朱熹等论者眼中，考试成为实现某种目标的方法；为了确保学生的成功和日后的事业，考试被教师和学生所操纵。因为举业课程只对那些负担得起的人士开放，考试不再能为政府机关和引领道德建设选择最有价值的人。

这种批评反映了士人生活的一种倾向。因供需之间的共同作用结果，考试教学成为一种吸引人的职业。州学考生和其他备考学生的数目都不断增加，（后者的数目可能更多，但我们还没有估算的结果，）这为教学创造了需求。一部分需求通过坊刻印刷和私人教学的扩展得到满足。成功学生的教师会拥有更多的追随者；其中一些人据说教过几百个学生。[41] 书坊积极出版他们的作品。教师数目的增加不但得益于需求的增长，也受益于大量无业学者从事教学工作的热情，因为他们可以获得临时的赚钱机会。这种趋势在温州特别显著，当地既有大量的考生准备解试，也有极多受过教育的人士无法找到或者维持一个政府内的职位，这里面有些人甚至还有学衔。

本书讨论的陈傅良和叶适这两位永嘉学者就是这种趋势的例子。他们靠教学来支持自己的生活。自从他们在 12 世纪 70 年代通过省试之后，他们的名声就传到温州之外。书商收集他们的时文，出版他们的考场策论文章。据官方和私人记载，这些书籍在考生中备受欢迎（第四章）。

某种程度而言，把永嘉教师当作考试导师的这种刻板印象有其道

---

[41] 温州府之外的例子，参见刘祥光：《印刷与考试》和梁庚尧：《南宋教学行业兴盛的背景》。

理。永嘉学术体现在永嘉教师举业课程的一些核心内容里面，这些内容强调经典诠释、历史研究、政府决策和文章写作等能力。这种刻板印象的问题是它忽视了启发永嘉考试教学方法的思想和政治动机，以及忽视了永嘉学者在更广泛层次上的学术成果。

与连篇累牍的新儒学或道学（狭义）的著作不同，永嘉学派几乎没有产生太多的学术作品。除了叶适因其政治理念和对朱熹道统的严厉批评让现代思想史家对他产生强烈兴趣之外，无论是具体的永嘉学者还是永嘉的思想史上都缺乏有深度的学术作品。[42] 本书并不试图填补这项空白；它其实是为重构宋代政治文化中各区域思想传统之间关系而迈出的第一步。第三章和第四章分析了"永嘉"在时文和举业用书中有关诠释方法及政府政策的立场。这些章节和第六章讨论的朱熹批评"永嘉"学术的一节共同强调了"永嘉"制度史与古典学术及考试教学的对应关系。

永嘉学术与一群12世纪在永嘉和温州其他各县活跃的教师分不开。它和这群学者的紧密关系可以从当时的叫法中看出来，比如"永嘉诸儒"和"永嘉诸公"。[43] 在陈傅良和叶适出现的12世纪60年代和70年代之前的思想界，周行己（1067—？）、郑伯熊（1127—1181）以及薛季宣（1134—1173）就已经在古典学术、制度史和行政研究方面建立了名声。陈傅良和叶适延续了这种学术传统，其特点是一套共通的行政原则，依靠制度史分析提出政策建议，以及对11世纪主流士人传统（尤其是程氏兄弟和苏氏家庭）的兴趣。永嘉传统进一步以其主要代表人物之间的师生关系而得到巩固。郑伯熊和薛季宣教过陈傅良，陈傅良则是叶适的老师。

50

---

[42] 关于叶适的英文研究只有两部：Winston Lo 和牛朴的。周梦江的作品提供了一个永嘉学术史的介绍，但是大部分章节都是在讨论叶适的一生和其作为思想家的事业。冈元司有一系列研究温州社会史和思想史的文章。也可参见 Bol,"Reconceptualizing the Nation"和祝平次、近藤一成的作品。在 1997 年，为了纪念陈傅良诞辰 860 周年，一本会议论文集得以出版。我没有办法找到此书（《陈傅良诞辰八百六十周年纪念集》）。我希望感谢宋在伦（Song Jaeyoon）提醒我注意此书，又把他复印的一些章节和我分享。罗荣贵（Lo Wing Kwai）的博士论文《陈傅良研究》目前不对公众开放。

[43] 《朱子语类》，第86卷，第2207页；第97卷，第2480页；第107卷，第2260页；第123卷，第2962页；第136卷，第3250页。

永嘉传统和道学不同，不是由一套作品或一个教师系谱来定义的。陈傅良和叶适尤其反对在定义士人学术传统的时候引入系谱式的话语。在他们看来，系谱会导致学者分裂，把偏见带入学术话语体系中。类似的，师生关系也不是基于一个系谱。他们认为师生关系应该是平面的，学生称呼老师为朋友、兄长，而不是专家或者父辈。[44]

与其用地理位置、考试场域中的立场、某套文本或者某条思想系谱来定义永嘉学派，我更愿意把其视为一种学术模式、一种由温州连续三代的教师发展出来的有关历史、政策分析和文字诠释的方法。永嘉学术和教学最大的特点是对当下事务的全面关心。[45]陈傅良认为其中四大主题很重要：皇权中兴（回应个人和派系对朝廷权力的垄断）、边境问题和军事计划、冗兵冗官以及税务问题。永嘉教师不只是在这些方面分享共同的忧虑；他们还制定一套建议来解决这些他们提出的问题。他们创建了一项行政原则来呼吁对中央政府的行为加以限制。他们设计了一个小型的政府，由一个小型的军队、更有效率的官僚体系和低税收来支持。在他们看来，一个精简的政府对于恢复宋朝权力和促进地方社会建设至关重要。

其次，永嘉学派的特点是对实现其行政原则的委身。这种委身必然会带来一种不敬的、独立的态度。独立性或者公正性对永嘉教师来说是政府要遵循的原则，这说明他们相信讨论和决策时必须要避免朋党政治。这种态度充分显示在他们对皇帝、朝廷朋党或道学排他思想政治的批评之中（第三章）。

第三，永嘉学派基于广泛的研究来制定政策建议。永嘉的教师大量阅读，在各种题目上都发表作品。他们对各种著作都加以参考，体现了他们的公正性原则。如同皇帝要听取所有学术意见一样，永嘉的教师也要阅读所有的学术作品。某些评论家把这种立场看作是缺少统一观点和整体哲学的标志。针对这种看法，永嘉的教师为他们广泛包容的学风辩护，认为这是分析宋朝军事、税务及官僚问题的基础，也

---

[44] 关于永嘉学派主要特点的讨论主要基于陈傅良纪念其老师郑伯熊和薛季宣的文章。参见 De Weerdt, "The Ways of the Teacher."

[45] 冈元司：《南宋期的地域社会における"友"》；De Weerdt, "The Ways of the Teacher."

是他们政治纲领的基石。

　　第四，永嘉学派用批判性的立场来整合程学。永嘉教师之间的思想讨论和出版记录都显示出他们对程学有明显兴趣。薛季宣给程学学者道德哲学的一些核心经典作注，包括《大学》、《中庸》和《论语》。他也为这些文本的价值辩护，因为有人反对在程学学者论述中包含这些经典。陈傅良引用薛季宣回应枢密使王炎（1137—1218）的文字： 52

> 不能格心正始以建中兴之业。徒侥幸功利夸言以眩听。今俗皆曰：中庸大学陈编厌闻。

永嘉的教师同意程学学者的看法，即皇帝和高层官员需要道德改革，这对于重建国家非常关键。他们也同意程氏兄弟对经典文本的选择，认为它们有助于推广道德培养的教导。

　　另一方面，永嘉的教师并不认可程学的排他性。对他们来说，程学只不过是能回应当下问题的诸多思想传统之一。程学和永嘉学之间存在历史关联性。周行己曾跟随程颐学习，薛季宣在少年时见过一次程氏兄弟的学生袁溉。[46] 这些联系显示出永嘉教师对程学的兴趣，但是他们并没有声称自己和程学有承继关系。他们和程学的关系并未给永嘉的教师提供一种身份认同。这和道学教师不一样。如同导论所述，我用"永嘉"（带有引号）来指代那些在温州府之外的教师。当时人们也把他们和永嘉学派联系起来，因为他们对程学、制度演变史、政府行政和写作方法都具有相同的兴趣。

学术与运动

53

　　道学话语的实践方式会培养出一种强烈的认同感，进而将道学本身转化为一种思想架构，该架构与永嘉之类的地方学派并不相同。在

---

[46] 陈傅良：《止斋集》，第 51 卷，第 2 页。

12世纪道学成为一个运动。在它的旗帜下，通过有组织和系统化的方法，道学运动成员对它产生自我认同，并且主张实现宋代社会的激进转型和道学道德哲学引领的政治路线。永嘉学派并没有类似的这种推行自己政治思想主张的行为。它更是一种学术模式，一种历史研究、政策分析和文本诠释的方法。它确实有自己的政治愿景（第三章和第四章），但是这种愿景不是来自于普世的原则，它也没有创立一套正典和建立一种吸收成员的机制。它的目标是改变学者（未来有抱负的官员）和官员对于政府行政的思考方法。永嘉的管理理论大致是以历史、政策分析和文本诠释为基础而构想的；它的教师并没有盼望来一场全面的社会转型。[47]

作为一种学术模式的永嘉传统和作为一种运动的道学之间存在矛盾，这种矛盾展现在两个学派话语的分歧上。永嘉全神贯注于当下事物和政治纲领的设计，这和道学希望发展及传承一种自洽的道德哲学对立起来。永嘉强调在政治话题写作中运用辩论的艺术，也重视传授这种技能；道学则强调个人对其基要理论的认同（第四章）。在永嘉传统中，涉猎广泛的学术研究、对程学的批判性评价、师生之间的平等关系、对公正客观的要求以及拒绝建立排他的思想或政治认同等几个特点都和道学相反。道学的中心是一部新的正典及北宋四子的作品，道学强调的是思想系谱中垂直的上下关系，另外道学在思想和政治活动中更多展现出一种攻击性和排他性。

这些差异对于我们分析道学和永嘉在学术方面的关系有重要意义。无论是帝制时期还是近现代的中国学者，永嘉的教师都常常被他们归入广义的道学阵营。道学运动和永嘉教师之间的区别，特别是后者不少人拒绝认同道学运动的现象，说明这两者即使有共同的思想和政治兴趣，仍然代表着完全不同的思想和政治架构，具有不同的组织

54

---

[47] 在《朱熹的历史世界》一书中，余英时认为所有的宋代儒士都在为社会和政治改革而奋战。我没有被说服，因为我们不能把对政治改革的认同等同于对社会改革的认同。道学运动有一个全面社会和政治改革（道德改革）的计划；永嘉学派只是关心管理层面的改革（社会和经济改革）。有关余英时研究方法和结论的一个全面批评，见 Hartman, "Zhu Xi and His World"。

特征。

考虑到它们的相互关系，接下来的章节在讨论 12、13 世纪考试场域思想史的时候，会沿着两条路径来立论。首先，永嘉学派和道学运动的历史表明各个思想派别是依照考试场域内它和其他学派的互动来定义的。永嘉教师的授课策略也好、道学运动的整组话语实践也好，某种程度上都是依教师和学生对其他学习模式的拒绝或修订而形成的。

第二，考试场域工作起来像是一个气压计，可以测量和预知各思想派别的权威程度。举业用书和文选揭示出学者和官员在思想传统解释方面的转变。考试场域的思想史研究让我们不但可以探寻著名思想家及其门徒对于思想传统的解释，也可以了解无名士人的想法。比如，从道学话语实践上发生的变化就可以看出它从 12 世纪的一个激进、弱势的意识形态转变为 13 世纪中叶的官方主流意识形态的过程。

第二章

士人文化中的策论

55　　如导言中所述，南宋每一级科举考试的第二场都要求士子写论一道，第三场写策三道。第一场考试的要求则随考生的选择而不同。诗赋科的考生要显示他们写作诗赋的能力。经义科的考生则要被考核他们对本经和《论语》《孟子》的掌握。

　　我对 12、13 世纪宋代举业的分析完全基于策论写作、训练学生策论的手册，以及政府和文人圈子中讨论策论写作的常规看法和标准。我之所以要把分析范围局限于五种考试题目中的两种是基于两个考量。第一，南宋时期的策论存世数量远大于诗赋经义存世的数量。在12、13 世纪文人的文集、选集中可以找到很多策论文章和相应考题。

56　与此对应的是现存诗赋经义的写作很稀少，以至于无法对它们在长期时段下的演变进行重建。[1] 第二，个人文集收集策论文章的做法说明宋代文人认为它们具有相当的重要性。这种重要性来自于它们在高阶科举考试中的决定性作用，以及它们在士人文化上的中心地位。策论展现的是定义士大夫身份的两个领域内的能力：文本诠释和行政政策讨论。

　　与当时的观察者类似，现代历史学家也低估后两场考试对于科举

---

[1] 据我所知，林希逸（约 1210—约 1273）文集（《竹溪鬳斋十一稿续集》，第 8 卷至第 9 卷）中三篇《春秋》经义文是南宋选集中仅有的经义考试作品。蒲彦光的一篇研究宋代经义文的文章主要基于《论学绳尺》一书。尽管"经义文"和"论"在考试时有重合之处，它们不可被看作相同的。北宋的经义文保存的更好。刘安节（1068—1116）的文集《刘左史集》中有十七篇。吕祖谦编选的《宋文鉴》中有两篇。明清经义选集中有十几篇。见《经义模范》，以及俞长城（1685 年进士）：《可仪堂一百二十名家制义》。我无法查阅俞氏的《宋七名家经义》。刘辰翁（1231—1294）：《须溪四景诗集》是唯一幸存的科举诗赋选集。

成绩的重要意义。[2] 在 12 世纪，考生和考官都认为第一场成绩决定解试的最终成绩。据吴琼（12 世纪）所言，底层的科举考试中，仅当第一场答卷无法让考官做出决定时，策论文章才会被考虑。[3]吴琼的观察确认了宋代士人的一个普遍观念，即考官要给这么多考生评分，其负担之重让他们不可能认真对待每份卷子。据传闻，州县试官只有在对第一场卷子的质量和排名有疑问的时候才会去查阅策论的文章。考官读的策论是首场答卷成绩在边缘地带的学生所写。如果一些考生在第一场的成绩相同，考官也会去看他们第二、三场的卷子。

　　倘若创作诗歌和熟稔经义是解试判断考生的首要标准，那省试和殿试看重的则是写作策论的能力。据吴琼记载，省试的考生成绩主要由后两场的策论决定。[4]也就是说，策论方面有一篇成功的答卷就可能决定结果。三场的平均成绩不一决定成功与否，不过在第二或者第三场杰出可以保证让考生进入贡士名单。

　　对策论写作的重视在殿试中更明显。这个最高级别的考试在 1070 年之后仅有策一场。策题是皇帝或更多时候高阶官员出的。因此，考生排名是以他们讨论政策问题的能力来评定的。1070 年殿试的重点由诗赋转向策论，这个决定是一个大趋势的缩影。最高级别的考试不再把诗赋写作看作关键因素，这反映了当时对诗歌在科举考试中功能的普遍怀疑。从 1070 年起，策文就代替诗赋，成为进士学位的标志。[5]

　　12 世纪士人辩论的题目主要以经、史、子部的注疏及本朝历史和时事讨论为中心。定义学者身份的一个标志就是能够参与这种关于经典注疏和政治问题的讨论。这在官场或学者私下交流中都很重要。传统上经典注疏跟官场密不可分。人们借助引用和解释儒家经典、前朝史书中的篇章段落在朝廷或官僚系统中用口头或书面方式构建自己的政治话语。科举考试对这些能力的测试也强调出它们和国家运作的关系。在政府的所有层级上，政治话语都把经学、史学诠释和宋代政策

---

[2]　比如可见 Elman, *A Cultural History of Civil Examinations*, 26。
[3]　《论诀》，第 3 页。
[4]　同上，第 2 页。
[5]　荒木敏一：《宋代科举制度研究》，第 299 页。

的讨论联系在一起。朝廷上的讨论、奏章和报告都显示出宋代官员对前代、当代政治气候的理解。考试场域中充满了有关宋初政治和行政事务的信息。除了经学、汉唐历史之外，学生也需要时事方面的辅导，也会购买收录最近官方文书的参考书和文集（这是一种违反了出版法的行为；参见第四章）。[6]

宋代统治之下，士人阶级扩张，参加解试考生人数的不断增长就可以证明这一点。这种扩张确保关于政策的讨论可以横跨官方和私有领域。一个人获得学位或者仅仅参加考试，都成为其作为学者的标志，也给他在地方上行使领导权力一张通行证。政策讨论把注疏训诂和交换诗作两者结合在一起，成为定义士大夫身份的一种活动。作为学者的精英们借助政治讨论来定位自己，这种行为可以从他们骄傲的回答策论问题时看出来。考试场域中允许进行政治讨论，这进一步为学者创造性地改变考试风格创造条件。在准备和参加考试的活动之外，士子在私底下的时事讨论中也继续探讨与政策相关的问题和解答（见第七章）。

注疏学与考场写作

59   注疏解释能力对于回答策论问题至为关键。试论的题目是从经史子书或偶尔从文学作品中摘录的文字。考生需要指出该段文字的出处、合理地理解该文及上下文意义，展示他们对文化传统的熟悉程度。在试论题目中也可以考查注疏解释能力。对经书和史书的案例进行讨论是回答经史与时事这两种类型"论"题的基本修辞步骤。此外，经史方面的题目经过特别设计，以便考察考生两种能力，一则是清晰解释经史典故的能力，二来是参与史上有关注疏方面辩论的能力。

考试标准在两个方面影响注疏的方法。第一，题目的选择决定注

---

[6]   有关档案文献的四散流通，见 De Weerdt, "Byway" 和 "What Did Su Che See in the North?"。

疏诠释的重点。士子会注意考试题目是否对某些经史书籍或者其中章节有所偏好。朝廷和备考教师也都具备影响士子注意力的能力。在 11世纪时，决定注疏诠释重点的是朝廷，到了 12 世纪，这项权力转移到了教师那里。下面的几章解释的就是这项转变为何会发生以及怎样发生的。第二，考试文体的修辞写作惯例会影响学生阅读和应用文本的方法。政治人物和教师热衷于改变士人解释经学、史学传统的办法，因此他们相互竞争，都试图对考试文体的结构要求进行改革。"永嘉"和道学教师们利用举业教学改变了诠释的方法。他们所做的努力要在下文介绍的 12 世纪考试背景中来理解。

考试的写作标准由政府规则所决定。在 11、12 世纪，宋朝政府频繁颁布考试规则。这些规则主要关注的是管理方面的情形，具体细节会在第五章讨论。这些规则中涉及判阅考卷的命令不多，只包括设定答卷长度、填写空白页的合适步骤以及列出让人直接被黜落的一些违法行为，比如使用违禁词汇或抄袭等等。官方并没有规定每种文体的结构要求，也没有确定一套核心科举用书或者给出一个禁书列表。[7]

无论如何，官方规定的制定者和他们的受众还是认为文章结构上的规定可以指导时文写作。1171 年一份关于省试的报告中，起居舍人留正（1129—1206）写道："国家取士，三场各有体制，故中选者谓之合格。"[8] 留正的这种讲法确认了 12 世纪士人普遍相信的一种理论，即每一种诗歌、散文体裁中都有一组特质，这些特质定义了此种文体的性质。留正显然觉得有必要清晰地确定一下这条理论假设，因为 12世纪 60 年代起的考场卷子上就显示出时文的性质发生了明显变化。

官方规定的制定者认为经部、史部、子部书目中大部分书籍都可以作为考试出题和解答所依据的正规文献。他们对于使用佛教书籍和时人作品比较担忧，说明他们觉得某些种类书籍应当被排除在外。但是因为在 1130 年代宋朝政府坚持"大公"（Great Impartiality）政策

---

[7]　关于考试规则的更详细讨论，见 De Weerdt, "The Composition of Examination Standards," 16–23。

[8]　《宋会要·选举》，四之四十一。

（第五章），官方规定没有指定写作和教学标准。考官和学生都去寻求专业教师和私人出版商的指引。

课程标准

61　　　教师收集考场答卷，编写模拟考题，然后在课堂上用这些试题辅导学生，让他们了解最近考试题目的出处和类型。通过对这些写作的仔细分析，教师可以教导时文的流行风格。书坊跟教师合作出版时文合集。这些合集通常提供注解，甚至有时候提供考官或著名教师对题目的评鉴。第四章讨论了大量的科举用书，时文合集。那些收录了及第士人文章的合集尤其会被看作是有关考题和评分标准的最可靠指南。《论学绳尺》（13世纪60年代末—13世纪70年代初）就是现存的这样一部合集，它让我们可以初步了解12世纪下半叶科举考试里论体文的内容和写作标准。

　　　　我们对该书的编者几乎一无所知。其一是魏天应，建安出身的进士，负责选定书中的文章。魏天应是谢枋得（1226—1289）的门徒。谢枋得则是一位颇有名气的科举教师，通常也编纂一些文集（第四章）。另一位是林子长，临安府学讲师，他给这本书做了注解。[9]魏天应所选的论体文至少28%来自省试，44%来自太学内部考试和太学解试。他也从解试、漕试、别院试、宗学试和地方官学考试中（见
62　　附录二的表2）选取了一些文章。[10]省试中名列前茅的文章是最珍贵的范文。太学生的作文反映了京城中最高学府的考试标准，也值得特别注意。[11]

---

[9] 见中岛敏：《宋史选举志译注》，第一卷，第10页，"京学"一条。

[10] 东京静嘉堂文库1330年代的版本列出了每一篇文章出自何种考试以及该作者的考场排名。绝大多数都是相关考试的榜首。祝尚书（《宋人总集叙录》，第366—372页）、张海鸥和孙耀斌（《〈论学绳尺〉与南宋论体文》）都没有提到这个版本，他们把15世纪的版本列为最早版本。关于太学解试和别院试，见 Chaffee, *The Thorny Gates*, 103, 108。

[11] 有关太学在备考过程之声望的其他例子，见第四章。太学中的时文受欢迎的另一个原因可能是很多人试图通过参加太学入学考试来提高他们考试成功的机会。见 Chaffee, *The Thorny Gates*, 104–105。

　　这些文章的写作贯穿了南宋最后一百年。最早的文章写于大约1154年，最晚的一些写于1268年；两者中间的每一个年代都有文章被选进此书。[12]大部分的文章来自12世纪晚期或者13世纪50年代和60年代[13]（见附录一和附录二的表3）。1200年之前的文章相对而言数目很多，可能反映出编者对陈傅良作品的喜好；13世纪50年代到60年代的文章更多，说明此书十分关注时文的最新动向。无论是其论体文写作时间跨度之广，还是涉及的考试种类之多，都说明《论学绳尺》是研究教程和写作标准的完美材料。

　　附录二的表4展示的是《论学绳尺》中论体文题目出典。为了便于比较，另外两部13世纪出版的文集也被包括进来。表4B显示的是《论学绳尺》中1150年到1200年间选文的题目出典。《止斋论组》收录的文章也是写于12世纪后半叶。这些表格揭示出题目典故所用书籍和所占比例上惊人的一致性。前后《汉书》在论题中最受欢迎。尤其是出自《汉书》《后汉书》和《新唐书》的历史题目占了总数的三分之一到一半。[14]《孟子》第二，其下是《论语》《扬子法言》[15]和《荀子》。

　　此种题目的选择见证了12、13世纪时古文的统治地位。[16]在第八和第九世纪，韩愈作为第一个建立道统的古文大家与皮日休（约834—约883）一同把孔子、孟子、荀子、杨雄和据传是《中说》的作者王通（584—618）列为正统的文化传承者。[17]10和11世纪的古文运动支持者也在他们的教学中强调这些先贤的作品，他们进而把韩愈也放入

63

[12] 张海鸥和孙耀斌（《〈论学绳尺〉与南宋论体文及南宋论学》，第95页）把最早的文章定为1132年。他们认为其中一个作者陈时中是1132年的进士。这里他们指的可能是某部地方志中提到的进士陈时仲（梁克家编：《淳熙三山志》，卷28，第11页）。不但这两人名字不同，其他进士也有叫做陈时中的，所以这个结论可能有问题。通常我不给作者有争议的文章指定年份。

[13] 13世纪50年代和60年代的文章总数比表中给出的数字高。很多没有给出年份的文章跟那些写于13世纪50年代、60年代的非常相似，可能它们也是写于那个时候。

[14] 关于宋代正史的出版史，见尾崎康：《正史宋元版の研究》。

[15] 扬雄（前53—18）在公元12年完成了《法言》。

[16] 有关12、13世纪古文在科举备考的进一步讨论，见第四章和第六章。

[17] 何寄澎：《唐宋古文新探》，"唐宋古文运动中的文统观"，第253—263页。

这个名单。[18]

12世纪的古文名家把汉唐正史看作他们历史研究的主要材料。[19]这些史书所占有的优势地位成为政府担忧的一件事。据1185年时任太学博士的倪思（1147—1220）所言，其时有关历史的论题全部都是从汉唐正史中选出来的。他对此表示反对：

64

> 至若三国六朝五代，则以为非盛世事。鄙而耻谈，然其进取之得失，守御之当否，筹策之疏密，计虑之工拙，奥夫兵民区处之方，形势成败之迹，前事之失、后事之戒，不为无补。皆学者所宜讲……乞申敕考官课题命题杂出诸史，无所拘忌。[20]

早期很多有名的论题出自经书，[21]但这些文集明显没有收录这类考题，这与第一场考试中经书所占的优势地位有关。因为第一场经义科考的就是考生对经书的专业熟悉程度，诗赋科的题目也经常从经书中出。不过虽然如此，倘若第一场和第二场题目涉及到的是《孟子》和《论语》这两部书，就没有人觉得这重复是个问题。经义科的考生在考试第一场中要为《孟子》和《论语》的大义题目各写一篇文章。这两部作品与其他儒家经典在考试中的地位差异证实在12世纪士人圈

65

子里《论语》与《孟子》享有的突出地位。道学的核心课程中把《论语》和《孟子》收入四书，确认了它们在古文运动中已经享有的地位

---

[18] 同前注，第264—271页，第282—283页。

[19] 有关陈亮和朱熹在这方面的分歧，见 Tillman, *Utilitarian Confucianism*, 134—52, *Confucian Discourse and Chu Hsi's Ascendancy*, 169—178, 和 "Ch'en Liang on Statecraft"。

[20]《宋会要·选举》，五之七至八。

[21] 苏轼在1061年参加制科考试，写了六论，其中之一讨论的是《春秋公羊传》中的一段，另一篇是分析《诗经》中的一节。参见金诤：《科举制度与中国文化》，第126页。他最有名的一篇文章《刑赏忠厚之至论》就是在1057年省试中为回应《书经》中的一段而写（前引书，第115页）。《易经》《礼记》和《书经》都是978年到1063年间殿试论题的常见来源。关于这些年殿试的题目，见《宋会要·选举》，七。又见宁慧如：《北宋进士科考试内容之演变》，附录，表2，第183—185页。

（第六章）。[22]

写作标准

学习论体文的范文不但让学生了解考题的主要出处，也让他们更熟悉论体文的修辞特点。教师、编辑和书商在课堂上、在《论学绳尺》等文集批点本中提醒 12 世纪的学生注意论体文的典型结构。到了 12 世纪 50 年代，论体文几个主要部分的写作顺序已经程式化了。即使考试规章中并没有具体规定，学生也应该在考试中使用标准程式。程式化不但影响了文体的组织架构，也影响了它的立论手法。[23]对于 12 世纪的观察者来说，用对偶和排比形式来立论已经成为标准。这两种实践不但影响了"永嘉"教师在传授论体文写作时的创新，也影响了道学对科举惯例的批评和改革想法。

17 世纪《四库全书》的编辑认为，1127 年建立南宋之后，考试论体文在写作上有一种明显迈向程式化的趋势。

> 其始尚不拘成格，如苏轼"刑赏忠厚之至论"自出。[24]未赏屑屑于头项心腹腰尾之式。南渡以来讲求渐密程式渐严。试官执

66

---

[22] 见第五章和第六章。批评道学的人士对于其使用《中庸》和《大学》更生气。在"伪学之禁"中的奏章里面，批评者督促学者"专以孔孟为师，以《六经》子史为习"，不可"专习语录诡诞之说，《中庸》《大学》之书，以文其非"（《宋会要·选举》五之十七至十八；《文献通考》，第 5 卷，第 302 页；亦见《续资治通鉴》，第 729 页）。有关"伪学之禁"的讨论，见第五章。

[23] 尽管 12、13 世纪的论体文和后世的八股文有相似之处，它们还是存在重要区别。这个区别就是论体文修辞手法中的第二项：立论手法。15 世纪之后，八股文运用对偶排比手法来立论，可是对偶排比仅是论体文的立论手法之一而已。见 Elman, *A Cultural History of Civil Examinations*, 380—403。据祝尚书（《宋代科举与文学考论》，第 210—232 页）所言，程式化结构几乎影响了除了策体文之外的所有考试文体，他认为策体文的结构由随机给出的问题来决定，本身就很难被程式化。我在下文讨论策体文的时候再讨论这个程式化问题。

[24] 见前处注 21。有关本文的译本，见 Margouliè, *Le kou-wen chinois*, 271–74 和 Shi Shun Liu, *Chinese Classical Prose*, 232–235。

定格以待人。人亦循其定格以求合。于是双关三扇之说兴，[25]而
场屋之作遂别有轨度。虽有纵横奇纬之才，亦不得而越。此编以
绳尺为名，其以是欤！

其破题接题小讲大讲入题原题式实后来八比之滥觞。亦足以
见制举之文源流所自出焉。[26]

67 　　"头项心腹腰尾之式"指的就是 12 世纪后半叶程式化文章的段落
名字。论体文包含六个顺序固定的段落，前三个相对较短。作者首先
在"破题"（两三行的简介）中简明介绍主要论点。在此之后，用同
样长度或者稍长一点的文字列出几个分论点（"接题"或"承题"）。
作者也可以选择在论体文的序论部分放入一段更详细的摘要，称之为
"小讲"。以上这一段必备的文字包含了"破题"、"承题"以及可选的
"小讲"，构成了论体文的导言（"冒子"）。文章的主干（主体讨论或
者"讲题"）之前通常有一个"原题"，确定题目在原引书中的出处，
它也代表导言的结束和主体部分的开始。极其罕见的情形下，"原题"
在"讲题"之后，此时它连接主体讨论和结论（"结题"）。[27]

　　18 世纪的编辑把"双关"和"三扇"单独拿出来，作为 1127 年
之后论体文程式化的标志。这种做法有很好的原因。双关三扇反映出
68 论体文规范化中以对偶排比来立论的趋势。[28]黄槐（1154 年进士）的下
面这篇文字描绘了 12 世纪论体文中程式化和对偶排比的应用。它进

---

[25] 有关这方面的例子，见《论诀》，第 25—28 页。尽管"双关"可以转指八股文中的对偶句，
作为一种修辞手法，它在古文作家中也很盛兴。在南宋出版的文集中，韩愈的名字常常
跟这种手法联系在一起。见《论学绳尺》和铃木虎雄：《八股文の沿革及び形式》，第 699
页。这是有关对偶和古文写作之间模糊界限的一种描述。通常从对偶手法上的区别（严格
遵守或表面功夫）可以看出作者到底采用的是何种文体；其他风格特点也会提供进一步的
信息。有关"双关"和类似名词的使用，见顾炎武：《日知录集释》，第 16 卷，第 21 页 a，
引自尹恭弘：《骈文》，第 158 页。

[26] 纪昀等编：《四库全书总目提要》，第 38 卷，第 4162 页。

[27] 这种结构上的分段可以追溯到唐代诗赋考试中类似的组织格局。参见梁章钜（1755—
1849）：《制艺丛话》，卷一，第六叶所引毛奇龄（1623—1716）和钱大昕（1728—1804）的
意见。亦见和铃木虎雄：《八股文の沿革及び形式》，第 697 页和金净：《科举制度与中国
文化》，第 61 页。《四库》的编辑认为八股文是这种段落程式的延续，以上这些文学史家
也均持此观点。

[28] 参见第六章引用朱熹对此的批评意见。

一步显示出 12 世纪中叶古文运动对举业的影响力。

　　智者行其所无事（题目）

　　　　论曰：

　　　　天下之事成于智者之善谋，

　　　　而败于智者之多事。（破题）

　　　　故成天下之事者智也。

　　　　而败天下之事者亦智也。（接题）

　　　　天下之事是非利害之未形，非有智者孰能辨之？因其是非利害之定势而处之以是非利害之当，然则君子于智何恶之有！

　　　　惟夫智者过而矜之裂道以徇名任术以处事，取天下之所安行者而畀之胶胶扰扰之地。天下之事始有不循其理者矣。不循其理而从事于是非利害之际，将以利之适以害之。多事之原实基于此。（小讲）

　　　　智者行其所无事。宜有激于孟子之论也。（原题）[29]

　　以上的题目出自1154年的省试，是考官从《孟子》中选出来的一句话。在《离娄下》这一章，孟子讨论了"智"和"智者"这个题目。[30] 尽管那段话只涉及孟子的回答而不是当时辩论的背景，我们还是可以想象孟子是在回应墨家的观点。他论述中的两个主题是知识（"智"）和内在特质（"故"），都是墨家哲学的中心观点。孟子认为知识是模棱两可的一个概念。他反对那种忽视和扭曲了万物自然本性的知识。孟子解读知识的前提是他对人性与发展的看法，广义来说，是他对万物本性和发展的看法。在《孟子》其他对话和论述中，他坚持认为所有人和物都具备内在的潜力，这种潜力若能被正确的培养，就可以决定其自然和道德发展的过程。

69

---

[29]《论学绳尺》，第 2 卷，第 89—93 页；Legge, *The Chinese Classics*, vol. 2, *The Works of Mencius*, 331。

[30] 有关这段的英文翻译，见 Legge, *The Chinese Classics*, vol. 2, *The Works of Mencius*, 331，以及 D. C. Lau, *Mencius*, 133。

在上面这段论题的写作中，黄槐被要求考虑孟子的观点，即欲讨论万物的本性（"性"），必先了解他们内在的特质（"故"）。孟子认为追求内在特质很简单，就是古时大禹治水所用的方法。孟子形容大禹让水顺其自然之势而行。大禹的工作简单又有效，因为他不干预水的自然之性。考官即从这里摘出一句话作为论题："如智者亦行其所无事，则智亦大矣。"

上面这段话中前两句是破题和接题，黄槐在此建立了本文论点的二元对立：使用知识既必要又危险。在结尾的一段，黄槐指出本篇论体文所奉行的两条观点。一方面，世界上一切事情都要依靠有知识的人来完成。另一方面，知识也是导致万事衰败的一个潜在源头。作者在文章的主体中同时讨论这两种观点（见图1）。

在上面引用的"小讲"中，黄槐对于为何知识会有不同用途提供了一种理论解释。无可指摘的智者拥有知识，可以利用机会，使事物顺势而行。这些智者积极正面的使用知识，时刻观察他们的四周状况。他们决定事情的是非利害，引导其依照本来的方向而发展。相反，备受责难的智者不依照本来发展的途径来辨别是非利害。因此，他们的行为片面追求利益，无法呈现大禹治水显现出来的自然平和。

黄槐的论体文认为观察事物定势十分重要，他把义利当作观察事件的标准，这会令人联想到第三章详细讨论的永嘉教师的政治哲学。永嘉教师在他们的授课和辅导材料中教导学生如何评估环境遭遇、如何计算不同的行为带来的利害结果。不过，黄槐的论点跟典型的永嘉论体文所直接讨论的实用利害观也不同。在黄槐的文章中，利害基于事件自然发展的模式。从这个角度来说，计算利害无法决定行为，因为在进行计算的时候，每一事物的内在发展模式仅是若干因素之一而已。

黄槐的论点跟12世纪另一个思想学派也不相同。黄槐对于万事之理的使用会让人想起道学教师对于同一概念的解读。"理"是11世纪中叶之后四代教师发展出来的哲学基石，又在12世纪50年代开始被朱熹加以总结。道学教师们把"理"定义为世界的道德准则。"理"在新儒家道德哲学中占据中心地位，因为它既表现出对宇宙中一种绝

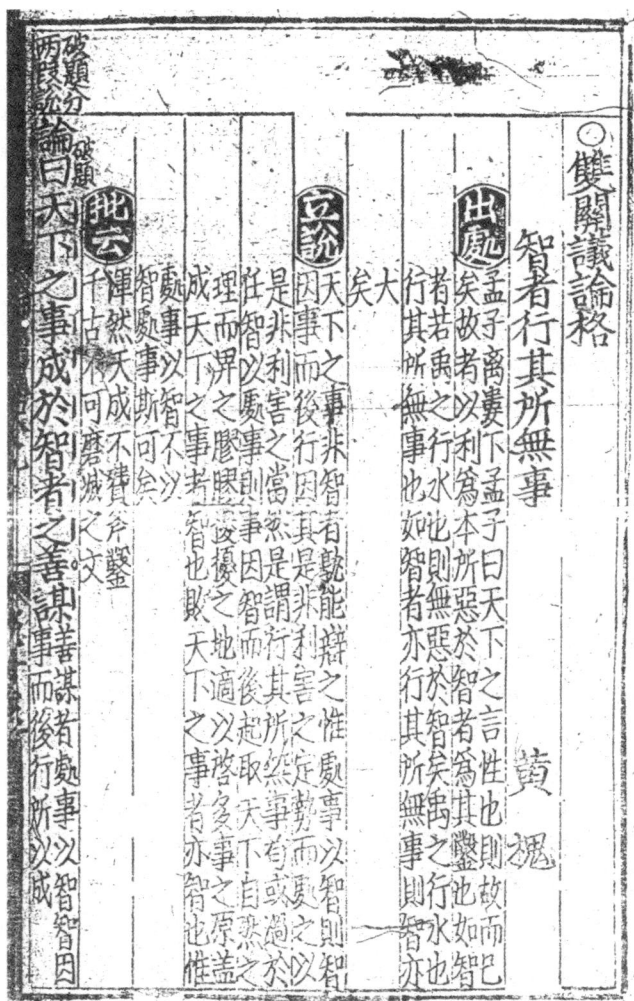

图1：《论学绳尺》中黄槐论体文的开篇。本页展示了13世纪时文文集的几个特点：开篇批注（包括题目出处、立说和批云）、眉批、夹批、旁批，以及标点和着重号的使用（元刻本，1335—1340年左右，收藏于静嘉堂文库，哈佛燕京图书馆缩微胶片版）

对道德力量运作的信仰，也显示出人心可以直接理解这种道德力量运作的原则。新儒学思想家们建立了几种关于道德自我修养的模式，这种修养本身是每个人都必须遵循的路径，这样才能深刻理解且回应宇宙及人心所蕴含的普世道德准则。最基本的儒家道德价值，包括仁、孝、忠、智，都被重新定义为这种普世道德准则的表现形式。

黄槐并没有依照他同时代新儒家作品解读"理"的解释力来行文。在他的论体文中，他把"理"解释为万事的"自然之理"。所谓"事"，他指的是行政干预，在讨论如何正面使用知识（文章中的主体议论部分）时，他所整理的例子是上古圣王的社会政策。这些统治者们教导他们的百姓农业技术、纺织方法，以及造船技艺，因为这三种东西都能满足自然的需求。这些统治者们也发明了武器、图章和城墙来保护他们的百姓不受邪恶和暴力的侵犯。在黄槐的评论中，这些教化政策和保护措施都证实圣王能依照正确有利的方向来引导公共事务。

黄槐的一些例子跟韩愈在《原道》中使用的完全一样。[31]这篇 8 世纪的古文和整套韩愈文集在 12 世纪举业师生中得到广泛的认同。"永嘉"教师提倡分析韩愈和柳宗元的文章，因为那是古文写作的典范，但他们也超越了这种唐代模式。在 1154 年考试之后的几十年中，"永嘉"教师修改了 8 世纪的古文写作方法，提倡更时下的模式。

黄槐的文章模仿的是旧时 8 世纪古文写作。林子长在黄文的批注中指出黄槐的写作受到柳宗元影响。[32]对偶排比手法是六朝、唐代朝廷之上文章写作的标志。尽管 8 世纪的古文作者批评这种形式，他们并没有完全抛弃对偶排比，只不过他们像先秦诸子一样灵活的运用它。在古文中，对偶排比在修辞手法中并不占统治地位，它只是增加作者讨论效果的诸多工具之一。[33]

在韩愈和柳宗元的文章中，修辞的灵活度与措辞的轻松度相一

[31] 关于这篇文章的讨论，见 Hartman, *Han Yü and the T'ang Search for Unity*, 145–162。
[32] 下文要介绍的段落中第一行和第四行模仿的就是柳宗元《封建论》的开篇：
　　天地果无初乎？吾不得而知也。
　　生人果有初乎？吾不得而知也。
　　关于柳氏这篇文章的简短讨论，见 Chen Jo-shui, *Liu Tsung-Yüan and Intellectual Change*, 96。
[33] 有关古文中的对偶排比，见尹恭弘：《骈文》，第 161—163 页。

致。柳宗元的文章以简洁著称，但这并未损伤其清晰度。古文的语言直白，没有层出不穷的譬喻用法。句与句之间以语法虚词连接在一起，用来厘清多义字之间的关系。下文摘选自黄槐的"讲题"，显示了古文写作清晰的措辞和对偶排比：

一

天下果无事乎？

不为则不利；

不行则不成。

天下盖未始无事也。 74

故以无事而去智，则不足以立天下可成之功。

二

天下果有事乎？

为者败之；

执者失之。

天下盖未始有事也。

故以有事而任智，则适以启天下纷纷之祸。

三

君子于此当何如哉？

在"讲题"的第一段中，黄槐使用排比结构来描绘知识与处事之间的两难关系。是知识先有，然后创造事物来影响自身？还是事物先存，触发合宜的知识？这一段中排比手法体现在两个层面。第一节和第二节的第一、四、五行的句法和语义相互对应。每一节中的第二行和第三行自身互相对偶，同时也和另一节的相应部分风格一致。"讲题"开篇的这种排比句式把黄槐后文主张的两行要点简明扼要的表现出来。黄槐首先认为事物应该先于知识应用而存在，他引用古时先贤的行为来描述这个观点。在"讲题"的第二段，他为他的论点提供论据，认为不恰当的使用知识会带来灾难。黄槐引用战国时代纵横家和兵家的例子得到结 75
论，即如果逆势而行地知识决定行为，灾难会随之发生。

总之，黄槐 1154 年所写的这篇论体文示范了 12 世纪中叶时文的标准格式。其大纲体现了当时写作手册中最理想的结构。[34]他的文章显示出古文运动对时文的影响，也印证了当时对用排比手法为儒学、哲学讨论而立论的批评。[35]

论体文的主题着重于一段孤立的文字，有关经书和史书的策文就不同了，后者测试学生对于经、史、子书及其注疏传统的宏观熟悉程度。策题从一种或多种书中挑选若干段落，排列出来，要求学生解释其晦涩与矛盾的观点。下面的这个题目就展示了这种技巧。作为考官的吕祖谦让学生讨论《论语》、《孟子》、《周礼》中一系列有关"仁"和"圣"互相抵触的看法：

> 问孔门之论圣与仁。虽夫子，有所不敢居。其道至大固非它人之所能与也。而周公之制周礼列仁圣于智义中和之间。并举以教人而无所轻重。夫子犹不敢以此自居，而周公乃以此待天下之学者，周孔岂二道邪？
>
> 子贡[36]问博施济众而孔子对以何事于仁必也圣乎。[37]是仁与圣果有优劣耶？仁之一字号为夫子所罕言。然其立言其答问及于仁者不可缕数。安在其为罕言耶？
>
> 至于圣初非夫子之所罕言。[38]而载于论语反不若言仁之多，抑又何也？
>
> 夫子许伯夷以仁，止目之以贤。[39]孟子许伯夷以仁，遽目之

76

---

[34]《论诀》是一部收集论体文写作技巧的作品，它引用 12 世纪教师的文章。黄槐的"论"文示范了其中一些教师关于结构格式的观点。

[35] 杨万里（1127—1206）的文章可以为这种手法提供更多的范例。他写的十篇论中，有九篇的结构基于两个略微不同的概念组成的二元对立体系；见其文集中的"论"部分，《诚斋集》，第 90 页。

[36] 有关子贡更多的传记资料，见 Brooks and Brooks, *The Original Analects*, 290。

[37]《论语·雍也》；D. C. Lau, *The Analects*, 85。

[38]《论语·子罕》；D. C. Lau, *The Analects*, 96。

[39]《论语·述而》；D. C. Lau, *The Analects*, 87–88。伯夷因其兄弟之爱和对王朝之忠而被视为榜样。他是孤竹君的长子。他的父亲把其次子叔齐定为继承人。当他父亲死去之后，叔齐将位子让与伯夷，但是伯夷拒绝接受封地。当周武王结束商朝统治之时，伯夷和叔齐因他们对商王的忠心绝食而死。

以圣。[40] 其说复安在耶？此皆疑而未喻者。愿明以告我。[41]

这道问题在当时题目分类中属于"经疑"（见附录二的表5）。这 77
个名字本身就揭示出这类题目和12世纪思想文化大背景之间的关系。
"经疑"可以被翻译为"对经书的疑惑"。在11、12世纪，对某部经书
自身不一致的地方（用词或者观点）或者对经典之间的差异进行批判
性研究成为当时古典学术上的趋势。[42] 一些注释家在作品中批判性地分
析古典传统中语言语义一致性，从而开始对正典文本的真实性产生怀疑。

可是在12世纪策题中，列出相互矛盾的章节通常不会带来对经
书的激烈质疑。这种提问技巧反而是用来测试考生对文本传统是否涉
猎广泛、是否具有考据功底以及能否解决经书之间矛盾所在。如同我
们在第六章所看到的，道学教师所出的策题具有一个特点，即强调把
矛盾简化为佯谬、把经书解释为协调一致的道德哲学的能力。

这种基于文献传统的策题把思想领域中的争论直接表现出来。有
关经史的问题不但强迫学生努力解决原始文本中相冲突的观点，也要
求他们讨论后世的注疏和学术成果（表B5，主题11）。12世纪学者争
论的焦点之一就是汉唐和宋代注疏是否有价值，但此问题到了13世
纪逐渐依照道学的思想系谱被解决了。第七章分析了"永嘉"诸子和
道学支持者关于策题中宋代注疏相对价值的争论。

政府与时文

在12世纪备考学生心中，策论是常常被连在一起的。在策论的 78
这两场中，学生要被考察他们如何回答哲学、历史问题、甚至是出自

---

[40]《孟子·万章》下；D. C. Lau, *The Works of Mencius*, 149。

[41] 吕祖谦：《东莱集》，外集，第2卷，第15—16页，又见《吕祖谦全集》，第1卷，外集，
第639—640页。

[42] 叶国良：《宋人疑经改经考》。叶氏作品的附录一（第177—203页）提供了一个疑经、改
经作品的出版年代概述。有关宋代早期疑经、改经方面更具体的研究，见冯晓庭：《宋初
经学发展述论》，第一部分。

11、12世纪官方正典之外书籍的问题。策论两场因为它们在课程上的相似性以及与经义场的差别经常被一起讨论。策题从经书、正史、时下官方档案、子书以及唐宋文集等包含很广的文献资料中出题。有时候考官会违反朝廷禁书的诏令，在题目中使用不成文的材料，比如无法确认来源的观点。

与此不同的是，经义科第一场只检验考生对本经及注疏的熟悉程度；正典之外的资料通常不会出现在题目和答案中。正典的列表经过若干改动，但在任何时候，它都有一个严格规定的书目。在南宋时期，这个列表包括《诗经》、《易经》、《书经》、《周礼》、《礼记》、《春秋》、《论语》和《孟子》。[43]

79　　　策与论的区别在于它们使用历史论据和哲学观点方法上的不同。在论体文中，学生被要求从题目涉及到的事件中归纳出一条普遍真理。从定义上来说，论体文关心的是历史事件和思想主张之下的基本原则。据《文心雕龙》这一问世即影响文学理论的名著所言，"论也者，弥纶群言，而研精一理也"。[44] 揭示普遍真理的目的决定了考试中论体文的结构和修辞手法。在黄槐的文章中，该普遍真理是在开篇第一句被宣告出来的。他文章的每一节都在支持其中心论点，即成功完成一件事的必要条件是对该事的方向趋势有恰当的知识。论体文因此考察了学生从文献传统中发现哲学真理的能力。历史和哲学上的论据也为理论上的辩论提供素材。

策题则要求学生实现一种反向的思维过程：该类题目的主要目的是把问题具体化，而不是抽象化。某一道策题给学生提供了一个历史事件的列表，然后要他们把这些事件中所学到的功课应用在时下行政和文化问题上。理论上来说，写作策文的目的是应用文化知识并且提出建议和解决办法。

---

[43] 袁征：《宋代教育》，第50页。这个列表在北宋末年被改变过，见前书第29页，第34页，第38—39页。

[44] 刘勰：《文心雕龙》，第4卷，第18页（第327页）；有关本段和整章的英文翻译，见 Shih, *The Literary Mind and the Carving of the Dragons*, 101–108. 本段在第102页。有关论体文的早期历史，见 Kinney, *The Art of the Han Essay*。

宋代政府不但对策题的出处没有规定，对其题目范围也不做限制。官学和私学的教师创立课程、编写教材，给学生介绍常见的策题和文献出处。曾坚是 13 世纪后半叶的一位著名老师，他的《答策秘诀》一书列举各种题目[45]，仔细分析解答的论点，给学生介绍了各种策题的可能性。曾坚的建议基于他对当时时文的广泛阅读而来。他引用了四十一位策文作者的作品，其中二十一位作者在历史上留有记载，这其中的九位是在 12 世纪后半叶获得进士，剩下的则在 1202 年和 1205 年成为进士。这本辅导手册因此是一本杰出的 12 世纪策题范围索引（见表 B5 和附录一）。[46]

　　曾坚列出的主题和副题大致与 12 世纪宋人别集中的题目一致。唯一值得注意的区别就是曾坚书中缺少经济和财政方面的内容，比如货币政策、中央和地方政府预算、盐茶酒的专卖。[47]这些题目也包括"性学"和"道统"，说明道学的核心概念在 12 世纪晚期时已经进入了举业用书。[48]

　　曾坚列出的全套主题宏观上涵盖了政治和思想的领域，反映出中国政治文化的基本特质。举业学习从三个方面训练宋代精英对帝制政治文化的掌握。首先，理解君臣之间的合宜关系。考生被要求清晰阐述帝制政府的优点以及君权运用需遵循的标准（曾坚主题中的第一类）。学生也被要求讨论臣子的品性及辅佐皇帝运用君权时的责任（第二、六、十类）。第二，考生在文献传统上要展现出广博的知识，因为这种传统构成了时下政治话语的基础。有关经史、文学和各样学术的策题通常可以考查出学生对经典文本的熟悉程度以及他们基于这些文献的解释和价值来讨论时下问题的能力（第七、十一类）。最后，策题训练考生有关帝制政府及其架构、功能和运作流程的知识。这一大类的各样题目与中央政府"六部"的运作相对应。这六部是礼部

80

81

---

[45]《答策秘诀》的一个现存版本被附加在《太平金镜策》的后面。《太平金镜策》是元代策体文的一个选集，藏于台北故宫博物院图书馆。更多有关版本的信息，见附录。

[46] 王应麟（《玉海》，第 201 卷，第 3—11 页）引用了一些类似的题目列表，这些列表是由准备参加要求更高的贤良方正科的学者们编写的。

[47] 第四章会讨论其与科举类书的比较。

[48] 关于 12、13 世纪时询问道统的考题，见第七章的讨论。

（祭祀、宫室、礼乐、学校与科举、灾异，以及历象等事，第三、五、九、十二类），刑部（法律事务，第一类），户部（田税，第三类，以及曾坚未曾提到的商税与专卖），工部（水利，第三类），吏部（取材与铨选，第五类）和兵部（兵制、兵略、恢复，第三类和第八类）。这些主题显示的是不同学派中教师和考官使用的课程科目，它们反复出现在 13 世纪的教材和考场上。无论是这些宽泛类别中的具体题目还是回答这些题目必用的方法都多种多样、经常变化。

策题可以被分成两大类："经史"（前文已讨论）和"时务"。[49] 询问政府事务的第二类策题和第一类经史题目的结构类似。教师和考官通常列出一些政府组织结构和行政执行上的一些选择，让考生来评估它们的优缺点。他们从中国历史各时期摘选一些案例，让学生在过去或当下的政策讨论中选择自己的立场。这种论证练习测试了考生作为未来官员在政策讨论时筹划和维护自己计划的能力。通过列出相互竞争的观点，策题把教师、考官和考生带入了政府和学术方面广泛的争论之中。

宋代策题享有很高声望，这从它们在宋代史料中的地位就可以看出来。很多宋代学者都保留他们写过的策文，并把它们收入自己的文集；作为对比，几乎没有任何科场诗赋或经学方面的论体文被留给后人。[50] 宋人传记会引用传主在省试、殿试或者制科中的策文来称赞其人的道德造诣或者政治洞见。[51] 不同学派的学者也会编写教学用的策题或是给朋友、读者看的谜题。[52]

考官和考生赋予此文体如此声望，因为传统上高级官员会利用这

---

[49] 宋祁（998—1061）提议在省试中的第一场采用三道策题，一道试经史，两道试时务。仁宗皇帝在 1044 年实行了这项方案，但是因负面意见，他同意下一年取消这项政策。1045 年颁布的规定把三道策放在最后一场，没有限定它们的题目范围（荒木敏一：《宋代科举制度研究》，第 96 页）。

[50] 南宋时期的大部分文集都不包括论体文。陆九渊、杨万里、方逢辰（1221—1291）和魏了翁（1178—1237）的文集是罕见的例外。又见本章注 1。

[51] 这样的例子非常多。例如陈傅良的传记（《宋史》，第 423 卷，第 12634—12636 页，以及《止斋先生文集》，卷 52，第 8 页）。

[52] 很多宋代官员的文集中都收录了他们出的策题。比如本章和第七章讨论的朱熹、陈傅良、吕祖谦、真德秀（1178—1235）、程珌（1164—1242）和吴泳（1208 年进士）。

种文体向君主提出坦白的意见。他们中间最有名的就是汉代学者董仲舒（约前179—约前104）。他用政府之道的文章来回答汉武帝（前141—前87在位）一次制科考试的题目，显示出考场写作可以直接影响中央政府的行政。董仲舒对于皇帝问题的解答后来让汉武帝下令推广董氏的经学解释。[53]

策题是宋代进士考试中最后加入的题目类型。在臣子不停的要求之下，仁宗在11世纪20年代中期同意把这类题目加入进士考试。[54]自1043年庆历新政起，策题在宋代科举中的地位不断提升。范仲淹和欧阳修主张三场中首试策场，第一场结果对于最终成绩最为重要。第一场失利的考生不允许参加之后论和诗赋的场次。[55]范仲淹对考生讨论政策能力的要求影响了宋代科举。不过第二年，这项改革便被中止。虽然策题还是被安排在第三场，它仍然成为决定考试成绩和学者声誉的至关重要的因素。据同为改革者的宋祁（998—1061）言，当时将诗赋贬为第三场的做法有助于让读书人进一步重视策论。[56]

王安石追随着庆历时代改革者的脚步实行了一系列的政策，加强科举中策题的地位。其中最重要的一条就是将策题定为殿试中的唯一科目。因此有关时下政策的讨论会决定科举的最终结果。[57]

策题要求考生回答一长列问题。宋初时，这些问题还比较短，考官把他们的问题精简至十到十二行，学生可以在答卷上把这些问题全抄一遍。尽管11世纪前半叶的策题成为简洁的典范，[58]到了1190年代题目都明显变长了。考官已经习惯于写出长长的论述。《策学绳尺》这部书收录了十九篇南宋末年学校和考场的文章，说明了这个12世

_____

[53] 有关这三篇文章和它们对汉代朝廷的影响，见 Twitchett and Loewe, eds., *The Cambridge History of China*, I: 710–713, 753–756。据《剑桥中国秦汉史》，这场考试的时间是前140年或前134年。

[54] 宋朝一开始的进士考试就有诗赋、论、墨义这几类题目（荒木敏一：《宋代科举制度研究》，第94页，第372—374页）。有关早期将策纳入科举的努力，以及其被正式采用的历史，见宁慧如：《北宋进士科考试内容之演变》，第104—106页。

[55] 荒木敏一：《宋代科举制度研究》，第377—380页。

[56] 同上，第374—380页。

[57] 王安石在进士考试中取消了诗赋，把省试中的策题从三道增加为五道。（荒木敏一：《宋代科举制度研究》，第298—299页；宁慧如：《宋代贡举殿试策与政局》，第147页）

[58] 朱熹：《学校贡举私议》，《朱熹集》，第69卷，第3639—3640页。

纪开始的趋势。11 世纪前半叶的策题通常是一百字上下，而这本书中的题目长度则在 536 个字和 1373 个字之间，平均起来是 833 个字。在 12、13 世纪，考生不再需要把题目抄写一遍；题目会被印出来，发给考生每人一份。[59]

考生对策题的回应与奏章的形式很类似，后者是讨论行政问题和对策的官方媒介。在北宋初年，官方规定策文的长度不得超过 500 字。王安石在 1070 年的法令中要求策文不得长于 1000 字。1145 年颁布的科举法规没有提到长度限制，但再次确认了元祐年间（1086—1094）的法令，说明当时的字数限制很可能是 700 字。[60]

如同考官可以决定题目长度，考生只要认为合适，文章写多长都可以。《论学绳尺》中有十九篇文章是从解试和太学试选出来的，平均长度是 1467 个字，范围从 822 个字到 2205 个字不等。参加殿试和 85 制科的学生甚至会写出更长的文章，享受到更大的自由。在这些考试中人们对策文的期望也更高。汉代的文章长度一般是 2000 字左右，到了宋代，制科文章的最短长度被定为 3000 字。[61] 考生会超过这个规定，和他们解试时会超过长度限制的做法一样。第三章讨论的周南（1159—1213）在 1190 年殿试时写的策文长度达到了 8061 个字。

对长度限制的这种忽视证实了策文和奏章等文体之间的类似之处。姚勉（1216—1262）在 1253 年殿试时所写的文章有 10651 个字，是现存的几份"万言书"类文章之一，这种万言书多被用来提出重大的改革措施。[62] 因为讨论行政问题的策文和奏章彼此相似，几位南宋考生的策文与他们获得进士之后的上奏被归为一类。王迈（1185—1248）在 1217 年殿试所写的文章有 7553 个字，他在 1235 年制科考试的文章长度类似，两者都被收入他个人文集的奏章部分。[63] 在写给另一位殿试

[59] 1008 年，考题第一次被印出来，展示在贡院的空场中；后来，印制的考卷会发给所有考生。（荒木敏一：《宋代科举制度研究》，第 338 页）
[60]《宋会要·选举》，四之二一至二二，四之二八。有关元祐年间的字数限制，见荒木敏一：《宋代科举制度研究》，第 95 页。
[61] 荒木敏一：《宋代科举制度研究》，第 408 页。
[62] 姚勉：《雪坡集》，第 7 卷，第 1—33 页。
[63] 王迈：《臞轩集》，第 1 卷，第 1—23 页，第 23—46 页。

考生文章的跋中，李昂英（1201—1257）认为许广文所写策文和一篇奏章之间没有差别。[64]12、13 世纪的考场策文与党争之间的关系会在第三章、第五章和第六章讨论。

---

[64] 李昂英：《文溪集》，第 4 卷，第 2 页。

第二篇　科举场域中的"永嘉"教师

第三章

"永嘉"教师的考试成功标准
（约1150—约1200）

12世纪后半叶，永嘉县在全国闻名遐迩，因为它培养了大量的登
科及第考生。它在考试上的成功以及永嘉作为一种科举导向的教学传
统，一同促成其举业中心的名望。因为这种名望，永嘉县的名字不但
被用来特指在那边工作的教师和该地的学术方向，也被用来指代温州
府附近的教师（因永嘉县是温州府的府治，见第四章）。带有引号的
"永嘉"指的就是这种广义的概念。

本章分析永嘉编写的策论合集在商业上成功的因素，认为永嘉教
师在1170年代考试场域上逐渐成功的原因是他们以自身的方法来有效
回应了宋廷在行政和军事上的问题。在策论写作中，永嘉教师讨论的
是他们心中南宋朝廷面对的主要问题：政府过度扩张与朋党之争。通
过在"论"中讨论行政理论、在"策"中讨论具体措施，他们提倡政
治纲领，建议削减中央政府的功能、重建君主权力。

策文标准

《待遇集》与《进卷》

据官方和私人材料显示，12世纪90年代时有两部策文合集在考
生中最为流行。朱熹在1191年写给叶适的一封信中提到叶适的《进

卷》在考生中流传广泛。13 世纪前半叶，吴子良（1197—1256）提到陈傅良的《待遇集》自从 12 世纪 70 年代一问世，考生就争相学习。[1] 官方的史料也证实了这两部书的受欢迎程度。在吏部尚书叶翥（1154 年进士）1196 年的一篇奏章中，他提到"有叶适《进卷》、陈傅良《待遇集》，士人传诵其文。每用辄效。"[2] 叶翥是在监考 1196 年省试之后写的这篇报告。他提议在全国范围内销毁这两部书的书版。

这条禁书令似乎是有效的，当时的目击者评论了该禁令。朱熹在私下的书信和谈话中支持并赞美了政府的决定。[3] 这条禁令说明在 12 世纪 70 年代到 90 年代间，这两部书的印本还在流通，但是从 13 世纪初开始，它们的单行本就不复存在了。如今没有一本被保留下来。陈傅良的作品亡佚了，仅有序言还在。[4] 叶适的这部书在 13 世纪被收入他的文集，1448 年从若干史料中被恢复出来。[5]

这两部合集都写于 12 世纪 70 年代。陈傅良的文章写于其 12 世纪 70 年代进入太学之后和 1172 年通过省试之前。叶适的文章可能写于 12 世纪 70 年代中叶。[6] 在这两部作品中，二人表达了他们对中央政府和精英文化方面所有事务的看法。比如叶适的《进卷》包括五十篇文章，它们涵盖的主题与曾坚的策文主题大致相仿（见附录二的表 5）。叶适纳入了有关国家政体（至高君德）、帝制政府事务（财政管理、人事管理尤其是外交和军事）和士人学问（经、子、史及重要历史人

---

[1] 吴子良：《林下偶谈》，第 4 卷，第 42 页。

[2] 《文献通考》，第 32 卷，第 302 页。Schirokauer（"Neo-Confucians Under Attack," 180）错误地把这篇奏章的时间定为 1197 年。这篇奏章也收录于《宋会要·选举》，五之十七至十八。此处有关查禁书籍的部分被略去。参见近藤一成：《宋代永嘉学派叶适の华夷观》，第 58 页。

[3] 《朱子语类》，第 123 卷，第 2967 页。有关其书信中的评论，见 Niu, "Confucian Statecraft in Song China," 100–101。

[4] 这篇序言被收录于一本南宋古文文集中，现藏于台北故宫博物院图书馆（刘振孙：《古今文章正印》，后集，卷 14，第 2—3 页）。有关这部文集的进一步讨论，见第六章。

[5] 近藤一成：《宋代永嘉学派叶适の华夷观》，第 58 页。《叶适集》，别集，序，卷 1，第 631 页；跋，第 871—873 页。

[6] 叶适传记的作者们对于此书的年代有争议，可能的范围在他早年（1170 年代）和 1184 年制科之间。张义德（《叶适评传》，第 61 页、103 页、365 页）建议 1178 年，他认为叶适在他进士及第之后、为母守制之时写作本书。周学武（《叶水心先生年谱》，第 7011—7012 页）认为以现有史料无法解决这个问题。周氏也引用了一些学者的观点，他们认为成书日期应该在 1178 年之前，他们也指出 1177 年的一篇报告中提到"进卷率皆宿着"（《文献通考》，卷 33，第 316 页）。叶适可能在早期进奏的时候写的此书。

物）方面的文章。

这种类型的合集并不少见。从唐代开始，有抱负的学生就会把他们自己的作品结集为行卷，送与官员过目，期望获得他们的支持与推荐。唐代学生可以在进士考试之前就进献他们的作品，这种自我推荐在第七、八世纪时很常见。到了宋初，皇帝颁布法规禁止进士考试中的裙带关系，尽力实现公正公平，行卷之风也随之消失。[7]考前考官和学生之间不允许有往来。直到考试前一刻，考官的名字才会被宣布，他们随即会被立刻护送进贡院，关在里面直到考试开始。政府也用其他手段来确保阅卷的公平性，比如书吏会先抄写所有的答卷，防止考官认出考生的笔迹。

严禁考前往来请托的规定有一个例外，就是宋代设置的制科考试。与三年一次的进士考试不同，制科考试只能由皇帝下令举行。尽管如此，制科在12世纪时还是定期举行。从12世纪30年代到60年代，有关制科的诏令每三年就颁布一次。[8]标准进士考试和制科考试的最大区别不是它们举行的频率或者遵守的规范，而是它们的难度。在整个南宋时期，仅有一位考生通过了有宋一代最常见的"贤良方正能直言极谏"科。

为了发现杰出人才，"贤良方正"科由汉代政府在前178年首先创立。12世纪时，倘若杰出人才有资格参加"贤良方正"科考试，他们就可以跳过科举的各关。为了获得这种资格，考生必须获得高层官员的推荐。推荐信必须与五十篇策文一同提交。推荐者将考生的文章合集上交给朝廷。仅当两省（中书门下）的指定朝官或有时皇帝亲自认为这些文章过关，这个考生才能参加"贤良方正"科考试。考试有两场，分别是六篇论和一篇策。通过考试可以直接授予朝官。[9]

能够参加特科考试的人数很少，通过的更少。陈傅良和叶适可能

---

[7] 有关宋初这些举措以及在考试前继续用行卷发展人际关系的做法，见东英寿：《行卷よりみた北宋初期古文运动について》，高津孝：《宋初行卷考》，以及祝尚书：《宋代科举与文学考论》，第340—362页。

[8] 王德毅：《宋代贤良方正科考》，第10—11页。

[9] 同上，第1—31页。

认为特科是一种快速获得声望和朝廷职位的办法。陈傅良《待遇集》的书名和前言说明他的目标跟别的特科考生一样，都是获得名望、得到政府重臣的支持。在《进卷》中，叶适公开表明他响应诏书，鼓励高官提拔智慧卓越的平民百姓和那些敢于对政府问题直谏的人士。

陈傅良和叶适可能是被 1171 年李垕的成功所激励的，因他是整个南宋时期唯一通过"贤良方正"科的考生。[10] 在李垕这个例子之前，很多年都没有人回应朝廷号召提交自己的文章。可是到了 12 世纪 70 年代时，大家对"贤良方正"科的热情突然高涨，一批考生都获得了推荐资格。叶适的企图没有成功，但他的合集成了畅销书。为什么这本策文集到了 12 世纪 80 年代和 90 年代在备考进士学生中如此受欢迎呢？为何它在 12 世纪 90 年代末期被朝廷查禁呢？

这两部策文合集的成功跟陈傅良、叶适故乡永嘉县师生在考场取得的成功分不开。如第一章所述，从 12 世纪 30 年代到 12 世纪末，以获得进士人数而言，永嘉是宋朝最成功的县之一。[11] 陈傅良及第的 1172 年，有十位永嘉考生通过考试。在那一年，永嘉的考生就占了温州府下辖四县十九个进士中的十个，而温州的进士占了全国总数的 4.9%。叶适登科的 1178 年也有类似结果。温州府二十位进士中，九位是永嘉的考生，温州本身也占了全国总数的 4.8%。

温州府的录取名额在 1156 年由 13 人调整为 18 人，原因是当地学生在考场上的优异表现和他们之间过于激烈的竞争。实际考试过关人数常常比新规定的还要高。12 世纪 60 年代有 28 位、1163 年有 26 位温州士子获得进士，这个趋势一直持续到 12 世纪 90 年代。温州府尤其是永嘉县有这么多人获得进士，部分原因是人们利用别种考试途径。考生除了地方解试，也可以通过进入太学来获得省试资格。他们如果在竞争不那么激烈的太学试中过关，就不用在故乡争夺那几个位子。1172 年陈傅良和温州的其他三个人走的就是这条路线。叶适参加的是专为本路官员子弟亲友举行的漕试，回避了解试上的竞争。翰林

---

[10] 王德毅：《宋代贤良方正科考》，表 56；近藤一成：《宋代永嘉学派叶适の华夷观》，第 57 页。

[11] 有关温州府科举成绩的描述是基于冈元司：《南宋期温州の名族と科举》，以及 Chaffee, *The Thorny Gates*, appendix 3, 196–202。

学士周必大（1126—1204）很赏识他的年轻才华，以门客的名义又用自己的关系来推荐他参加 1177 年的两浙路转运司别试。[12]

温州考生不但登科人数多，他们的排名和日后发展也都让当时人们印象深刻。温州的进士在 1157 年和 1163 年都拿到了殿试的状元。1172 年陈傅良在进士五甲中身居第一等，他的学生蔡幼学（1154—1217）则拿过省试第一名。叶适则是 1178 年殿试的榜眼。温州府士人在考场的卓越表现带来了他们在中央政府的任职机会。陈傅良先后担任过中书舍人、起居郎以及短暂的太学录。叶适担任过好几个中央政府职位，包括太学正和国子司业。省试的考官是从高级官员中选取的，这里面温州人也很多。陈傅良在 1172 年考试中的两位温州同年成为后来的考官。冈元司在研究温州精英的社会政治史的时候，发现 1142 年至 1199 年间二十次省试里面，仅有两次考官中没有温州人。[13]

永嘉的成功成为科举教学的催化剂。12 世纪中，学生间的激烈竞争和登科后逐渐无望的仕途机会都刺激了科举教学的发展。学生涌向有名气的老师；有些老师据说有几百个学生。出版商也积极地给那些无法亲自上学的学生出版这些教师的作品。对于那些备考多年的考生或及第但仍失业的士人，从事科举教学是一项有吸引力的职业选择。

陈傅良和叶适都是这种趋势的例子。他们都出身寒微，他们的父亲都是乡村教师，讲授最基本的识字和初级课程，这种工作带来的地位和收入很有限。[14]陈傅良和叶适很早就开始教书以便支持自己的学业。他们在通过进士考试之前就已经因科举教师而闻名。陈傅良在 1172 年后等待朝廷委派官职的时候仍然继续教学。[15]叶适在 12 世纪 60 年代跟随陈傅良学习，后来记录了陈氏在永嘉举业课程的非凡魅力，[16]连光宗皇帝都向陈傅良询问那跟他学习的几百位学生的情况。[17]

95

96

---

[12] 周梦江：《叶适与永嘉学派》，第 160—161 页。

[13] 冈元司：《南宋期温州的名族与科举》，第 17 页。

[14] 周愚文：《宋代儿童的生活与教育》，第 137—147 页。

[15] 周梦江：《〈宋史·陈傅良传〉补正》，第 29 页。

[16] 见下文"陈傅良：论体文之父"一节。Niu, "Confucian Statecraft in Song China," 65–66.

[17] 陈镇波：《〈永嘉先生八面锋〉探析》，第 44 页。

叶适十六岁时开始教书。他在教学的同时还继续跟其他学者学习，他们都对陈傅良的学术有共同的兴趣。叶适1169年拜访了陈氏的老师薛季宣，1175年与吕祖谦见面。[18]吕祖谦也从事教学工作，他的教学内容和陈傅良所授很相似，1170年，他跟陈傅良在太学一见如故。两人兴趣相似，1172年陈傅良和蔡幼学双双登科再次证明了这一点，因为吕祖谦刚好是那一年省试的考官。叶适也由此开始熟悉永嘉学的思路及其著名人物。他继续在永嘉执教到1178年，仅在1173年和1174年之间有短暂的中断。如同12世纪70年代初的陈傅良一样，叶适在12世纪70年代中开始建立自己作为科举教师的声望。

除了永嘉县在科举上的成功以及温州人在中央和主管省试方面的地位，别的因素也能说明为何永嘉时文合集会在考生中流行。首先，这类合集覆盖了很多可能会被考到的主题。叶适的《进卷》可以成为写作各种策题的入门手册，毕竟书中所有文章都是由一位刚刚成为榜眼的士人所写。不管叶适自己对此书的看法为何，12世纪官方和私人都记载了它在准备进士考试学生中受欢迎的程度，也说明他的策文在常规考试的各种情况之下都能被灵活的使用。学生看不出叶适的制科文章和他进士考试最后一场的策文之间到底有何不同。15世纪的一部叶适作品集再次证明了《进卷》被广泛用于举业中。此版本的《进卷》和收录叶适1185年左右写作的四十篇策文的《外稿》被一并放入《策场标准集》一书。[19]

陈傅良和叶适在1170年至1190年间的教学出版活动体现了永嘉之学的吸引力，也再次展现了12世纪举业中时事内容的重要性。其中最主要的两个问题就是如何恢复北方失地、如何解决道学兴起所带来的党争。永嘉教师对这些问题的看法说明了为什么12世纪最后三十年中他们的策文成为考生的范文。他们对于这些问题的立场也解释了为何他们的作品会被政府查禁，并在12世纪90年代末被道学领袖批评。

---

[18] Niu, "Confucian Statecraft in Song China," 66.

[19] 近藤一成：《宋代永嘉学派叶适の华夷观》，第58页。

面对外敌

永嘉教师大声疾呼，要恢复宋朝的政治权威，并收复1127年失去，然后在1141年和1161年被正式割让与金的北方领土。叶适在他1178年殿试策文中写道：

> 复仇天下之大义也。环故境土天下之尊名也……陛下若欲教天下以为人子之义，使枕戈北首，虑不顾身。天下之人其又何辞！[20]

尽管这段话颇具爱国主义成分，但叶适呼吁恢复北土的重点并不是要马上用兵。在《进卷》和其后作品中，叶适设计了一个国内改革的计划，调整宋朝的制度和管理政策，这样才能为北伐这个"大义"做好准备。他认为政权的延续及收复北方的先决条件是要动员百姓以获得他们的支持。获得百姓支持需要中央政府先缩减自身的规模和行为。在《进卷》、殿试作文和他余下的职业生涯里，叶适一直主张通过减兵减员和缩小政府规模来达到减税和削减开支的目的。[21]

叶适对制度和行政改革的重视和他对金融财政的兴趣反映了永嘉学术的特色。陈傅良和他的老师薛季宣研究制度史，为的是找到解决宋代地缘政治困境的方法。尽管陈傅良的《待遇集》已不存于世，他给自己学生出的策题表明这本文集也是在恢复北土的背景下提倡制度和行政改革。

陈傅良的一些策题以军事组织为主题。下面这道题目讨论的是水军，代表了陈傅良和后来叶适关于制度改革的想法，也展示出永嘉教师赖以成名的方法：

98

---

[20] 叶适：《叶适集》，别集，第9卷，第754页；又见周梦江：《叶适与永嘉学派》，第198页和 Niu, "Confucian Statecraft in Song China," 36。

[21] Niu, "Confucian Statecraft in Song China," 32—41; Bol, "Reconceptualizing the Nation," 17—24. 近藤一成（《宋代永嘉学派叶适の华夷观》，第60—64页）讨论了叶适的夷夏观，也从这个角度分析《进卷》一书。在《叶适的人生与思想》（*The Life and Thought of Yeh Shih*）一书中，Winston Lo 按照类似的角度分析叶适的行政思想，不过他的重点是《外稿》一书。

99   　　方今江海要击，其备严矣。间者有卒然之警。犹调民舰以佐
王旅。渔贾无拟发之常；州县有乏兴之遽。一时趣督，往往条理
未彰。或被其患。伊欲以鄂渚之戍施之沿江，自荆达扬，许浦之
戍推之沿海，自吴达闽。联次比伍。辑以军政，使之大小相维，
远近相及。而稽之周汉，参之楚越，按之梁唐之间，靡有成宪。
且夫治船置卒，多縻官钱，胡能赡之？一切科民则有不忍……幸
诸君察察陈之。毋徒曰道德藩篱！将安用此？[22]

　　陈傅良要考生思考与宋室中兴有关的政策问题。宋朝政府是否应
该扩张并重建其水军？舰船应在何处驻防？沿着淮河还是长江？水军
是否应沿海岸线配置来抵挡女真（以及后世的蒙古）入侵？还是应该
100 在北方准备水战？陆军和水军如何协调配合？另外，国家如何支付扩
建水军的开销？[23]

　　他要求学生借助历史上的例子来解决这些问题。给出上面结论之
前，他先询问了一长串有关历代水军架构设置的问题，其中提到的既
有大一统的周、汉、唐时期，也有南北分裂的战国和六朝时期。陈傅
良通过检阅史料，列出了各个时期有无水军、水军的军队结构和资金
来源的记载。这种题目类型说明在回答策题时，考生对历史上的相关
制度政策要仔细地分析研究。

　　陈傅良作品涉及到的历史问题覆盖了整个历史时期，从经书中的
三代直到宋朝。传统的史学研究着重于周、汉、唐这种盛世王朝，即
使有时盛世是想象出来的，但陈傅良的书中也包括了短命的六朝时
期。如上文所引的南梁史等南朝历史有其价值，因为六朝时期南部政
权面临的地缘和军事挑战跟 12 世纪宋朝面临的很相似。

　　在陈傅良的解读中，历史也包括晚近的历史。他对北宋历史的了
解在当时士人中很有名。[24]他学习、教授、研究北宋历史，因为他相信

---

[22] 陈傅良：《止斋集》，第 43 卷，第 11～14 页；《陈傅良先生文集》，第 33 卷，第 550 页。

[23] 关于这些问题之间的相关性，见黄宽重对于 13 世纪南宋朝廷上和战争议的研究，《晚宋朝臣对国事的争议》。

[24] Niu, "Confucian Statecraft in Song China," 55.

过去的政治经验与时下情形很有关联。他阅读宋代前两百年的史料，认为宋代制度史的知识对于回答财政和军事的策题颇有帮助。

陈傅良的制度史研究范围广泛，注重历史研究的实际功用，这方面有名的例子就是其《历代兵制》。[25] 此书有八卷，按照时代顺序介绍了从周到宋的军事制度史，开创了这类书的先河。在宋代兵制和政策一卷中，他认为太祖、太宗的军队规模相对较小，大概二十万人左右。即使如此，由于他们严格的组织结构，这些军队可以征服统一分裂了约一世纪之久的中国疆域。从 11 世纪初开始，军队的规模逐渐增大，到了 11 世纪中叶已经有 141 万人。[26] 士兵们忙于运粮、劳役和各种杂七杂八的工作。这种扩张不但让军队对战争准备不足，也成为国家财政的主要负担。

陈傅良对宋初兵制的解读不但显示了制度史（包括宋代的案例）在永嘉学派中的地位，也揭示了一个范围更大的改革计划。他对宋初兵制及其效果的描述进一步说明了他主张减少兵员和军事开支的原因。在上文引用的这道策题中，他也用前朝的水军史来提出同样的观点。上古汉唐的史料中或者没有水军，或者提到的规模很小。陈傅良让其考生批判性地检验当时一些扩军的提议。对于陈傅良以及后来的叶适来说，不断增加的军费开支是宋王朝财政管理上的一大问题。在《历代兵制》中，在他 1172 年写的策文以及他给学生出的策题中，陈傅良都认为增税不再是一个政策选项。[27] 跟他老师薛季宣、门徒叶适、郑伯谦（12 世纪温州人）以及其他永嘉之学士人一样，陈傅良相信小政府对于宋朝权力中兴至为关键。这样的小政府拥有人数较少的军

101

102

---

[25] 有关陈傅良和这本书的关系，见徐规和周梦江：《陈傅良的著作及其事工思想述略》，第 12 页。

[26] 陈傅良：《历代兵制》，第 8 卷，第 3 页，第 6 页。陈氏的估计只比《宋史》中 11 世纪中叶禁兵的数目略高一点（《宋史》，第 187 卷，第 4576 页）。吕祖谦在《历代制度详说》中的数字比较低，见第四章。

[27] 在他 1172 年的策文中，陈傅良主张废除内藏库。内藏库本是一个供非常之用、包括应付战争的财政基金，后来逐渐被挪用以支付朝廷的开支。见 Niu, "Confucian Statecraft in Song China," 59. 关于孝宗对内藏库的使用，见 Gong Wei Ai, "Emperor Hsiao-Tsung and the Consolidation of Southern Sung China," pt. II, 54–57。

队，一个更有效率的官僚体系，需要的税务收入也较低。[28]要提出这个新政府组织和操作的具体建议，还是要依赖制度史的创新研究。

陈傅良关于水军的问题结尾有一段激励之词，暗示出永嘉学派和正在兴起的道学运动之间的关系。在 12 世纪后半叶，宋廷对其称之为"'道'学"运动的政治意图越来越不安。第五章会仔细讨论道学支持者和朝廷中反对者之间的冲突，以及考试场域与这种冲突的关系。永嘉教师如何看待道学运动的合法性？他们的立场同时导致了其策论书籍的畅销和日后的被禁命运。

调和内部政治和思想争议

陈傅良在给考生的教导中警告他们不要把道德方面的讨论带入他的水军问题中。12 世纪有一种论点，认为宋朝政府的军事和财政问题
103 只有通过皇帝与百姓加强道德修养才能解决，这种论点在制度政策改革之外给人提供了另一种选择。朱熹把自己看为道学运动领袖，他和永嘉教师一样期望恢复北土、反对 1161 年采石矶之役后的宋金和约。与永嘉教师类似，他呼吁内政改革；只有改革才能重建国家力量，为最终收复失地做好准备。不过朱熹的改革主张关注的是皇帝与整个社会的道德改革。在他看来，只要皇帝和其臣子的心思意念还被人欲恶习所遮蔽，制度政策上的任何变化都不重要。如同第六章和第七章所讨论的，12 世纪后半叶道学内政改革的这种立场在考试场域中越来越有影响。

晚近的学术研究中，永嘉教师对道学运动的态度是一个有争议的话题。田浩认为陈傅良、叶适及其他永嘉学者都是道学团体中的成员。按照田浩对 12、13 世纪道学发展的论述，叶适等永嘉学者只是到了 12 世纪晚期才逐渐开始批评道学，与道学保持距离。[29]其他学者对

---

[28] 郑伯谦的《太平经国之书》（12 世纪末至 13 世纪初）也同样主张缩小政府规模和减税，见 Song Jaeyoon, "Tensions and Balance"。

[29] Tillman, *Confucian Discourse and Chu Hsi's Ascendancy*, 139, 143, 231, 247, 257, and *passim*; Niu, "Confucian Statecraft in Song China," 26, 95–96, 99, and *passim*.

此有异议，他们认为陈傅良和叶适的学术方法跟道学的核心主张有根本上的差异，不可能成为道学的一员。[30]

永嘉教师对道学支持者的态度很矛盾，这也是为何学者会有上述 104 的争议的原因。一方面，他们批评在历史和政策讨论中过分推崇道德哲学的解读。永嘉学者也对道学支持者排他的真理观表示怀疑（见第七章）。另一方面，永嘉学者对道学的改革措施是同情的，为其蒙受结党的指责而辩护。

与陈傅良一样，叶适也不认可在政治和士人文化中处处以道德人心为纲。在《进卷》中，他反复批评那些重视内在性命、轻忽外在事物、自称追求行道的同时代人物：

> 今之为道者务出内以治外也。然而于君臣父子兄弟朋友夫妇常患其不合也。守其心以自信，或不合焉，则道何以成？于是三者（注：皇极、《中庸》、《大学》）或不能知其所当施之意。[31]而徒饰其说以自好，则何以为行道之功？[32]
>
> 则无验于事者，其言不合。无考于器者，其道不化。论高而 105 式违。是又不可也。[33]

毫无疑问，叶适此处"今之为道者"指的是道学学者。在同一篇文章中，他首先谈到近来几代学者对延续儒家传统所作的贡献。他认为上古道统在周亡之后就断绝了，直到晚近才被重新接续起来，因为这时学者不再注意文本片段的注疏，而从整体上看待经学传统的内在

---

[30] Chu Ping-tzu, "Tradition Building and Cultural Competition in Southern Song China," 367–443. 祝平次（Chu Ping-tzu）进一步认为永嘉学者之间的关系是横向的，跟道学运动中纵向的师生联系不一样。"群体"（fellowship）这个词也忽视了12世纪知识分子之间各种各样的关系。在有关永嘉学者的今人论著中，他们一般被看作道学之外的另一个学派。见徐规、周梦江：《陈傅良的著作及其事工思想述略》，第8页。

[31] "皇极"此处意思为"最高施政纲领"，出自《书经》。见 Legge, *The Chinese Classics*, vol. 3, *The Shoo King*, 328–33。"皇极"首先出自于《洪范》一章，有关这章文化意义的解读，见 Nylan, *The Five "Confucian Classics*," 136–167。有关叶适在《进卷》中对这个词的解释，见余英时：《朱熹的历史世界》下，第566—568页。注意余英时错误的把此书年份定为1194年。

[32]《叶适集》，别集，第7卷，第727页。

[33] 同上，第5卷，第694—695页。

意义。叶适的这个主张不但跟道学核心人物（如二程和后来的朱熹）的主张完全一样，也把道学的核心概念作为复兴上古之道的关键。"以心起之，推而至于穷事物之理，反而至于复性命之际。"这些在叶适的心目中是重建儒学传统整体意义的关键步骤。[34]

可是在他称赞完道学人士的贡献之后，叶适开始讨论这些复兴上古之道的学者治学的基本弱点。在《进卷》中他对道学学术重视内在、轻视外物的倾向进行了批评，这与他后来作品中对道学的负面态度相同。[35] 在同时代之人看来，《进卷》所提倡的是新兴道学运动之外的另一种选择。叶适的这种选择包含了道学最好的内容，但其范围覆盖更广。对于叶适来说，"道"最终就是政府之道，为了参与政府之道，历史研究、政策分析这种对外物的关注成为道德哲学的重要补充部分。

叶适和其他永嘉学者的含糊态度一直持续到 12 世纪 90 年代。在双方彼此的通信往来中，永嘉学者和道学领袖朱熹讨论了他们哲学上的分歧。同一时间在 12 世纪 80 年代和 90 年代，当朝廷中人争辩道学结党倾向时，永嘉学者为其辩护。1188 年朱熹被朝廷人士指责，说他建立道学是为了一己之名，叶适却上书朝廷支持朱熹。1194 年陈傅良上书宁宗（1195—1224 在位），要求他撤销对朱熹的免官决定。[36] 这些勇敢的行为一直被当作永嘉教师也属于广义的道学群体的证据。可是，当永嘉教师在支持道学运动免受结党责难的时候，他们的用语表明他们其实是处于第三者的立场。这个立场让他们可以调解朝廷宰相和道学支持者之间不断升级的冲突。

当他们为道学说话时，永嘉学者并没有把自己看作那个运动的一分子。[37] 他们不为道学的道德哲学或者对现政府的批评来辩护。一些

106

---

[34] 同前注，第 7 卷，第 726—727 页。

[35] 因此我不同意田浩和牛朴的主张，他们认为直到 12 世纪 90 年代末，叶适都还是道学群体之一员。叶适对道学的批评可以追溯到 12 世纪 70 年代。见 Chu Ping-tzu, "Tradition Building and Cultural Competition in Southern Song China," 399–431.

[36] Niu, "Confucian Statecraft in Song China," 95.

[37] 有关反对把陈傅良纳入道学群体的一个强有力论点，见周梦江：《〈宋史·陈傅良传〉补正》，第 31—34 页。

12 世纪 80 和 90 年代攻击道学的主张早就出现在叶适《进卷》之中。在给 12 世纪 90 年代殿试写的策文中，叶适的学生周南认为朝廷官员和道学领袖之间不断加剧的冲突问题严重，急需解决。在政府不能分裂的时候，这个问题会把政府瓦解。周南指出，指责道学结党反而会为党争创立条件：

> 彼谮人者谩不知道学为何事。意以为凡不与人同流合污者皆是也……彼为道学之论者曰：心术暗也；才具偏也；恶静而喜生事也……自道学之名既立，无志者自贬以迁就；畏或者迎合以自污；而中立不倚之人，则未尝顾也。彼其出处偶同，则何害于私？相往来，好恶不偏，必不肯随人毁誉。彼谮人者则又曰：吾方绝道学，而彼则与之交通。吾方以道学为邪佞，而彼则颂言其无过行。是党道学之人也。
>
> ……谓其才虽有偏，而终有可用，则亦当收拾而成就之者也。若以实而论，则今之所谓朋党道学之士是乃皇极之所取用之人也。[38] 今奈何废弃天下有才有智之士，取士之所为庸人？[39]

当时对道学的攻击逐渐升级，这一点在第五章会进一步讨论。周南批评这种现象，因为这些攻击者不分对象就给人贴标签。所有的学者，包括那些"中立"人士（如永嘉学者）都成了被怀疑的对象。周南和他在永嘉的老师叶适和陈傅良的立场一样，都不偏不倚。他承认道学运动纳入了很多有才华、有能力的追随者。当然，如同那些攻击者和周南的老师所指出的，这些道学人士的兴趣过于狭窄，只关心个人道德，不过这也不是把他们免官的理由。

周南对道学的辩护乃基于不偏不倚的取士原则，在他看来，这也应该是"皇极"（最高施政纲领）体现的基本原则。在叶适《进卷》和周南策文中，"皇极"这个中心概念的意思是"君主之公共精神"。

---

[38] 见前注 30。
[39] 周南：《山房集》，第 7 卷，第 10—11 页。

据《尚书·洪范》，君主鼓励所有臣民贡献才智、虚心听取百姓意见，这样才能让国家强大。[40]因此周南劝说皇帝用公平的标准来检验遭受攻击的道学成员，停止任用谄媚奉承之辈。周南对"公共精神"的强调显示了朝廷的"大公"原则（第五章）。[41]他批评朝廷用"皇极"（取其"大中"之意）一词来代表节制和安静。"节制"本身没有问题，但朝廷实际上做不到"节制"，反而违反这个原则。周南对道学的辩护与道学学生自己的策论文章的立场有所不同，他采取的是永嘉学者调解争议的立场。周南并不把自己看作道学中人，在其策文中也没有维护道学的信仰原则。在第七章讨论的那些策论文章中，很多人跟周南相反，认同道学，极力维护道学的教导。这最终导致了12世纪90年代朝廷官僚集团对道学的不满与猜疑。

永嘉学者对宋朝政府和社会面临的两大挑战做出回应，这种回应有助于他们在考试场域中树立权威。他们也因这种立场而招致了朝廷和道学的批评。永嘉改革计划的目的是恢复宋廷对北方的统治，这不但是南宋精英的共识，也不断激励年轻的学子。[42]永嘉改革计划呼吁缩减中央政府规模，这种减少税收开支、缩减军队的主张也会受到那些越来越热衷于地方事务的地方精英的欢迎。[43]北宋到南宋的政权变化与精英在策略上从中央到地方社会的转型同时发生。在12世纪后半叶，永嘉主张增加地方上的财富、增强地方精英管理财富的权力，这些观点听在精英家庭出身的考生耳中，十分受用。

道学运动不断扩张，永嘉学者对此的态度让他们在广大士人中颇

---

[40] Nylan, *The Five "Confucian Classics,"* 140-41.

[41] 可参考束景南：《朱子大传》，第714页；余英时：《朱熹的历史世界》下，第552—558页。（译注："皇极"一词有两种解释，孔安国、孔颖达解之为"大中"，朱熹认为是"皇建此极"。当时王淮的朝廷以"皇极"为"国是"，取的是"大中"之意。见余英时：《朱熹的历史世界》下，第532—577页。又见陈来：《"一破千古之惑"——朱子对〈洪范〉皇极说的解释》，《北京大学学报：哲学社会科学版》，2013年，第2期，第5—17页。）

[42] 有关太学生的政治活动，见王建秋：《宋代太学与太学生》，尤其是第七章和第八章。余英时（《朱熹的历史世界》下，第475页，第481页）认为这种立场表达的是一种"中国人"的集体认同。他提出证据以证明朱熹等主战派的立场广泛存在于普通军民的心中。是否当时主战的看法真的广为流行，以至于成为一种集体认同？这个观点很有争议。

[43] 有关永嘉课程如何影响地方精英看待帝国政治的进一步讨论，见De Weerdt, "The Empire-Wide Significance of Local Intellectual Traditions"，尤其是结论部分。

受欢迎。陈傅良和叶适认可道学人士对当下思想、政治争论所做出的
贡献。在不少道学追随者看来，陈氏和叶氏的学术取向跟道学是相容 110
的。与此同时永嘉学者也对这个运动的排他性予以警告，希望能维持
更传统的课程，仍然着重于研究历史资料、经典注疏和文章写作。他
们这种坚持传统科目、以史为鉴的立场受到一些人的欢迎，这些人批
评道学只用道德哲学的观点来回答策题的做法。

出于同一原因，《待遇集》和《进卷》两书成为畅销读物，但也
被政府所查禁。作者的改革建议和调解纷争的企图未能赢得 12 世纪
90 年代党争中各主角的认同。永嘉学派关于恢复北方的想法暗示了对
当时朝廷官僚内政外交政策的批评（第五章）。永嘉学派认为欲要恢
复、必先自强，这是官僚集团主和政策之外的别种选择。

军备和减支方面的一些永嘉政策跟朝廷某些人的观点不谋而合，
尤其是在孝宗时期。孝宗皇帝对于金廷的立场更主动，也同意要减少
开支。尽管他的具体措施跟永嘉教师建议的有冲突（皇帝严重依赖朝
臣，因此不愿意让官员和学者之间就政策展开讨论；他把政府钱财转
入内藏库，所以拒绝为财政承担责任；他对金廷摆出挑衅姿态，这反
而伤害了帝国内部的长期改革和为北伐进行的军事准备），他对改革
的兴趣还是吸引了一些对未来有详细规划的士人。另一方面，这些措
施也招来了反对的声音，这些人更倾向于高宗时代保守的外交和军事
政策。[44]永嘉学者为道学辩护，进一步说明他们对现状不满。如周南意 111
见所言，朝廷的官僚集团乐意将永嘉的调解努力看作是他们和道学合
流的证据。

永嘉学者试图调和朝廷和道学之间的冲突，这种做法也被道学领
袖所否定。朱熹支持政府对《待遇集》和《进卷》的查禁，虽然同一
条命令也查禁了他自己的作品。朱熹以此强调他反对永嘉学派重视制

---

[44] 江伟爱（Gong Wei Ai）有很多关于孝宗皇帝和当时朝政的作品，尤其值得参考 "Emperor
Hsiao-Tsung and the Consolidation of Southern Sung China"。祝尚书（《宋代科举与文学考论》
第 436 页）谈到孝宗主动接触那些会批评现状的臣子，也因此欣赏陈傅良的考场文章。有
关孝宗朝积极政策的反对声音，见余英时：《朱熹的历史世界》上册第七章和下册第十、
十一章。

度研究和内政改革的做法。他认为"永嘉"式的考场写作是精英忽视个人道德建设的原因之一，这种写作和道学不相容。朱熹对永嘉学者12世纪90年代给予的帮助也没有很欣赏。在"伪学之禁"中（第五章），朱熹对永嘉学者的命运漠不关心。这可能是因为永嘉学者在给道学辩护时没有采纳道学人士的言语风格，而且他们的策论路线比道学的道德观更成功，甚至成为了考试场域的标准。

论体文标准

陈傅良：论体文之父

在《论学绳尺》收录的131位作者中，魏天应对大部分人仅选了一篇文章。如果作者很有名，比如吕祖谦（第四章讨论他的科举教学），魏天应选择了两三篇。由此可见陈傅良应该是最受欢迎的论体文作家，因为此书收录了十篇他的文章。一位批点者云："止斋之论，112 论之祖也。"他进一步补充说道，他此处评点的这篇文章被认为是所有考试成绩优秀的太学生的模仿对象。[45]

考生和老师对陈氏作品的热情很高，这从收录他范文的文集和冠其名的指南之多即可看出来。陈傅良全集包括了几部属于举业用书的作品，他尤其因论体文而获得声望。陈傅良是第一个编写了重要论题列表的教师。这份列表叫做《论格》，依照修辞方式来分类，也可以看做后世《论学绳尺》等论体文合集之祖。[46] 陈傅良有一个称号："论体文之父"，部分原因是他对论体文的精彩分析，部分原因是他自己有很多的考场范文。12、13世纪时陈氏的论体文合集流行于世，后来几百年中还被不断重印。现存的有《奥论》[47]和方逢辰注本《止斋论

---

[45]《论学绳尺》，第6卷，第25页，第30页。

[46] 同上，第5卷，第74页。

[47] 周梦江：《叶适与永嘉学派》，第93页。附录中有关于《十先生奥论注》一书的讨论。此书包括了吕祖谦、陈傅良和其他人的"奥论"选集。

祖》。[48] 后者共有 39 篇科举论体文。[49]

陈傅良二十多岁时已经吸引了大量的考生，这离他 1172 年考取进士还有几年。为了聆听他的课程，数百名学生聚集在温州府南门附近的茶院寺。[50] 陈傅良受益于 12 世纪前半叶永嘉这个学术中心的声望。他是温州府瑞安县人，但在时人眼中，他跟永嘉联系在一起，因为永嘉代表的就是温州府整体在科举上的成功。在其作品中，陈傅良延续了温州前辈教师如周行己、郑伯熊和薛季宣的治学传统。[51] 陈傅良的论体文对历史脉络和政策分析都十分重视，这跟永嘉教师在制度史方面的造诣相一致。不过陈氏把考试准备工作带到了一个新的方向，永嘉作为举业中心的声望从而在 12 世纪 60 年代和 70 年代达到了顶峰。

叶适给陈傅良的墓志铭中谈到陈氏让"诸老先生传科举旧学"都相形见绌。[52] 陈傅良十分受欢迎，学生中就算有人跟别的老师学习，他们还是想挂名为其学生。叶适把陈傅良的名声归功于他教学中所鼓励的杰出诠释能力和创新的论点。到底是什么让陈傅良的诠释和措辞具有如此的吸引力呢？

在陈氏论体文写作方面，这个答案就是以戏剧化的方法呈现历史事件，从而讨论政治原则。陈傅良为他的讨论对象建立了心理模式，展现出他们的行事动机。他以戏剧化手法展现历史背景，为描述行政管理的原则建立了有效的案例研究。本节的第一个小节中我讨论了陈氏作品对政府原则的解释与对历史的心理解读之间的关系。下面的第

---

[48] 据傅参之 1268 年序言所述，这个新版本是基于早年间陈傅良论体文选集的印本。所谓方逢辰注解可能是编造的，见祝尚书：《宋人别集叙录》下，第 1070 页。

[49] 当时也有其他种类的"论"文。与程式"论"文不同，这些文章不是着重于一段文字，而是讨论更宽泛的主题、某种制度、或者某位历史人物。它们的区别是明显的，一个例子就是杨万里文集中收录的论体文。其"程式论"（科举"论"文）的主题是历史和哲学文本段落，而他的非"程式论"不遵从"程式论"的结构要求，自由的讨论韩愈思想或者其他广义的题目。见杨万里：《诚斋集》，第 84 页（非"程式论"），第 90 页（"程式论"）。

[50] *Sung Biographies*，103。孙萋田：《陈文节公傅良年谱》，第 3 页 b– 第 4 页 a。《南城集》一书可能收录了他在茶院寺教学时期写的考试资料（徐规、周梦江：《陈傅良的著作及其事工思想述略》，第 25 页注 15）。

[51] 周梦江：《叶适与永嘉学派》，第 48 页，第 60—61 页，第 72 页。

[52] 孙萋田：《陈文节公傅良年谱》，第 3 页 b，引用叶适为陈傅良写的墓志铭，见《叶适集》，第 16 卷，第 298 页。

二小节介绍的是他作品被同时代人欣赏的新鲜观点。

政府原则

从定义上而言，论体文关注的是万事万物之原则。这种文体是理论化的，但不同作者之理论侧重也都不同。陈傅良论体文的中心主题是政府。他把历史和哲学文本按照政治哲学的原则来解读。《论学绳尺》收录的陈氏论体文主题包括君臣之间的互补关系、使用有功之人不如使用有过之人、判断将官优劣当以德行而非地理背景为标准、官员报告君主时不可隐瞒、因时建立制度和政策、命运在政治中扮演的角色，以及圣王如何看待百姓、历史变迁及治理天下的责任。《论学绳尺》的文章主题列表着重的是统治者和中央文武百官的责任。这说明在陈傅良看来，写作探讨的原则就是君臣责任及相互关系。

科举论体文关心君臣关系，这种做法符合永嘉学派对君臣共治和恢复皇权的呼吁。永嘉学者希望皇帝可以跟整个官僚体系和学术精英分享权力，他们相信只有当皇帝重视治理之道的时候，这个目标才有可能达成。通过掌握权力，皇帝可以避免把皇权转移到官僚个人和朝廷朋党手中。在永嘉教师看来，皇权的恢复包括皇帝积极主动地参与政治和他广泛的跟官员和学者精英咨询建议。厘清行政管理原则有助于恢复皇权。不但陈傅良的论体文包括了这些政治原则的行政理论，各种举业用书也传授这种观念（见第四章）。

陈傅良的论体文通常分三步来厘清政府的行政原则。据他的论体文写作纲领，第一步是先想象题目用典的原始背景。在其论体文写作指南中，陈傅良强调"认题"的重要性："凡作论之要，莫先于体认题意。故见题目，则必详观其出处上下文。"[53] 论题会从经、史、子部或偶尔文学选集中摘引一段简短的文字，题目通常包含一个四到八个字的短语。[54] 12世纪经史题目的典型风格是直接引用原书中的文字。

[53]《论诀》，第7页。

[54] 这条规则仅有少数的例外，除了其中之一，它们都是来自北宋时期。参见《宋会要·选举》七，该处列举了978年到1063年之间的论题。

比如下面这些题目就是直接选自《孟子》："智者亦行其所无事"、"仲尼不为已甚者"、"吾于《武成》，取二三策而已矣"。[55] 典型的历史题目常从《汉书》中引一条短语，譬如"孝文几致刑措"、"孝文好刑名之言"、或"为治顾力行如何"。[56]

　　陈傅良理解上下文时不仅关注原书中该题目前后几句的意思，而 116
是把历史事件的大环境表现出来。其《为治顾力行如何》一文的开篇为："论曰：士有一旦卒然遇其君者，未见其趋舍之方，则亦何以告之？"此处陈傅良没有讨论"力行"的意思是什么，也没有考虑申公（前二世纪）这句话和原书下文"是时上方好文辞"一句的关系。整篇文章只着重讨论一个问题：为何申公他老人家被召至廷前时候会讨论"力行"这个话题。[57]

　　陈傅良同时代人士注意到这种重构历史环境的做法。当时的评论家冯椅（1193年进士）如此评论这第一句话："此句如画图言，其破义活也。"[58] 冯椅自己就是一位成功的作家和时文写作的老师，他注意到陈傅良的时文写作具有两个关键特点。陈氏擅长描绘某一场景，把文字背后的世界生动地表现出来，这种手法极受欢迎，他可以说是改变了当时时文写作的基本规范。陈傅良的开篇之句列出了一个问题：当申公完全不知道君主的政治倾向时，该如何向其提出建议？在陈傅良的历史想象中，申公面临的问题给后文的讨论铺平了道路。陈氏的首句把读者带入当时的场景之中，也带进后面的内容讨论里面，只不过冯椅还是觉得这句不够精细。通常起首句用来总结整篇文章的论 117
点，而陈氏的这种开篇跟一般做法不同。

　　陈氏对题目的历史背景进行重构，让读者可以更好地理解故事中历史角色的意图和动机，这是他论体文写作的第二步。在点出这位皇

---

[55]《论学绳尺》，第2卷，第89—93页，第6卷，第25—30页，第1—7页。这些题目分别来自《孟子·离娄下》第26节，第10节，和《孟子·尽心下》第3节。

[56]《论学绳尺》，第7卷，第65—69页（班固：《汉书》，第4卷，第135页），第70—75页（《汉书》，第88卷，第3592页），第4卷，第95—100页，或者第7卷，第55—59页（《汉书》，第88卷，第3608页）。

[57]《论学绳尺》，第7卷，第55—59页。班固：《汉书》，第88卷，第3608页。

[58] 破义指的是论的第一节，更常用的名词是破题。作者在该处把题目分解为几段（一般两段），然后在后文加以阐述。见第二章对论体文结构的讨论。

帝的谋士所面临的难处之后，陈傅良开始列出申公如此回应的几项原因。他认为历史背景和申公的个人处境让他提出了"为治顾力行如何"的建议。

陈傅良首先解释说这次会面时武帝（前 141—前 87）刚刚登基，其治国原则还不清晰。[59]陈氏在"讲题"部分发挥想象，认为申公面对武帝也是两难。陈氏提醒读者注意，大部分跟武帝时期有关的事情此时都还未出现，比如他侵略性的对外政策以及对长生不老的追求。陈氏去除掉了读者一些先入为主的想法之后才介绍武帝当时的情况。这位皇帝还年轻，既乐于聆听贤臣的建议，也容易被朝臣和方士可疑的见解所影响。陈傅良认为申公不清楚武帝早年对政治的态度，他自己也不过是刚被召至朝廷的一位林中老人，因此他很有先见之明，不对任何事加以判断，仅仅鼓励皇帝用行动来说话。这样一来，日后他对于皇帝政策的态度无论是毁是誉，都有很好的理由。

陈傅良对情境和心理分析的偏好从这篇"使功不如使过"论中也可看出。[60]这个题目是《新唐书》唐太宗（626—649 在位）的一句话。唐太宗这句话是指着李靖将军（571—649）说的。李靖当时本来要被处斩，结果被免罪重新成为指挥官，击败了一群贼寇。陈氏在此文中讨论了若干名将的经历，从而得出结论：成功带来志得意满，结果导致了灾难的发生。他进一步表明人在犯错之后希望弥补自己的过错，反而会小心稳重行事，最后给君主带来利益。与前面第二章介绍的黄槐 1154 年那篇文章不同，陈傅良没有使用大量的典故和历史故事，反而把他的讨论限制为少数几个案例。在每个案例之中，他用心理学的观点来解释失败和成功。《论学绳尺》中陈文的注者尤其对下面这段论据分析印象深刻：

> 昔人有夜行者，见寝石以为扶虎也。以石为虎是有惧心也，援弓而射之，一发没矢。下视之乃石也。却而复射则矢跃无迹。

---

[59] 这段话对应的是"原题"一节。

[60]《论学绳尺》，第 5 卷，第 99—104 页。欧阳修、宋祁：《新唐书》，第 93 卷，第 3812 页。

夫射一也而中否异焉，一中一否何哉？以虎视石则其心有不免之惧，以石视石则恬不知怪而以戏处之者也。故夫有功处事以石视石者也，以过处事以虎视石者也。人君之用人也能得以虎视石之心者而用之，亦何所不济哉！[61]

这个寝石的寓言不是陈傅良的发明。他叙述的是一千年前刘向（约前79—前6）《新序》中的一个故事。陈傅良的这个版本扩充了本来的内容，加入了心理学和政治学的意涵。他从刘向的轶闻选集中摘出这个故事进行叙述讨论，反映了他的善政观。

在本论的第三节和最后一节，陈氏分析辨析历史角色的动机，从而支持他的善政原则。他基于对政府行政原则的理解，将历史事件情境化，对其中涉及的人物进行心理分析。

陈傅良通过详细分析刘向的心理观察来解读政治原则，这条原则也是永嘉学派政治思想的缩影。陈氏认为，一个深谋远虑的君主会使用位子不稳的官员，从而受益于他们因恐惧而产生的能力。他在"使过"这篇论中也有同样的观点。[62]第四章讨论的一本永嘉科举类书《八面锋》中有一条原则叫做"不可以一节而弃士"，也强调继续使用仕途有过失的官员可以带来好处。[63]与此鲜明对比的是朱熹摒弃这种实用的选官立场，认为应当依据道德上的优劣来选择官员（第六章和第七章）。

在陈傅良时文所体现的政治愿景中，统治者的核心责任是挑选能干的官员。反之官员最主要的责任是在必要之时提出忠实建议。陈氏重现了申公和武帝第一次见面的场景，强调官员进言的责任建立在其对当时政治文化的理解之上。在他看来，申公用简洁的回答拒绝对政策发表意见，因为他对当时政策制定情况一无所知。申公对年轻皇帝的这种回应说明了一条基本的政治原则：倘若不能讨论具体政策的优缺点，就不要对统治者提出泛泛建议。

在陈傅良看来，官员进言是否有效，首先取决于他对当下事务是

[61]《论学绳尺》，第5卷，第102—103页。此故事出自刘向：《新序》，第4卷，第12页。

[62]《十先生奥论注》，后集，第8卷，第9—10页。

[63]《八面锋》，第12卷，第89—90页，抑或第11卷，第82—83页。

否了解，其次看他是否能因着当时需要对行政问题提出建言，而不是由普世道德或礼仪惯例来决定。与他的永嘉同事一样，陈傅良对行政制度的强烈兴趣给他带来名望。令人惊奇的是，他写的论体文很少会讨论制度方面的话题，这可能跟这种文体本身的要求有关，跟他的个人兴趣无关。相比之下，策题和策文的体裁更适合讨论社会经济、军事和政治制度。陈傅良在他的论体文中详细阐明了其政治愿景，其中一条就是制度和行政措施需要因时而变。

陈傅良提倡用时下的方法解决时下的问题，他批评论题"王者之法如何"中的传统主义倾向。这道题目来自汉成帝（前33—前7在位）在某策题中询问其臣杜钦[64]的一系列问题[65]：

> 策曰：天地之道何贵？王者之法何如？六经之义何上？人之行何先？取人之术何以？当世之治何务？各以经对。[66]

陈傅良的看法是：

> 吾意，成帝问其所不当问。杜钦之答又答其所不当答。

121　陈傅良批评成帝及其臣子只重上古传统、忽视汉代的模式。

> 彼尧舜三代非不足慕也。吾刑罚不能清，何有于画象？[67]吾政事不能修，何有于舞干？[68]吾赋取无度教养无术，何贡助彻校庠序之异哉！故凡治效不古。

在他搜集的用来说明其观点的例子中，他并不在乎具体制度的得失，或者其是否符合基本原则。[69]陈傅良认为官员需要按照当时时代的需要

---

[64] 有关杜钦和陈傅良记载的这些事件，见 Loewe, *A Biographical Dictionary*, 81–82。

[65]《论学绳尺》，第 4 卷，第 50—55 页。

[66] 班固：《汉书》，第 60 卷，第 2673 页。

[67] 此处注者指向班固：《汉书》，第 23 卷，第 1097 页。

[68] Legge, *The Chinese Classics*, vol. 3, *The Shoo King*, 66.

[69] 此观点仅说明陈傅良对制度的基本看法，并不表示他从未讨论过具体制度的优劣。有关他的策文，见前面《待遇集》与《进卷》一节及第四章。

来设计制度，也以此原则来评价杜钦的观点。

陈傅良认为优秀官员的第三种基本品德是大公无私。徇私舞弊会损伤官员因时行事的能力。在他关于成帝和杜钦的论体文中，他认为杜钦因着党争而未能遵行因时行事的原则。杜钦支持王凤（？—前22）一党，而王凤是王莽（9—23在位）的伯父，推荐王莽进入政府。[70]王莽在公元9年策划了宫廷的变乱，一度推翻了汉室江山。在陈傅良对此事件的叙述中，杜钦担心若鼓励皇帝依照汉代前例行事，他自己的恩主会走向衰败。王莽提倡将社会带回到理想化的周代模式。

陈傅良为君主和官员分配的责任表明他眼中君臣关系是不对等的。君主是统治者，可一旦他选好臣僚，提出可行应时的建议就是臣僚的责任。管理政府事务以及管理皇帝本身的权力都在其选拔的臣僚手中。在"魏相称上意"一文中，他认为历史学家班固（32—92）仅仅形容魏相（？—前59）"称上意"是有原因的。[71]在陈氏看来，魏相与宣帝相仿，同样以严厉态度待人，因此号称名相。可是其实魏相跟其他贤相无法相比，因为他未能以自己的行为来平衡皇帝严厉的作风，也没能回应当时的各样需要。陈傅良认为合宜的君臣关系不在相知、而在相济，也就是说官员应当发现方法来弥补君主的弱点。

修辞手法

陈傅良仔细研究了当时时文写作的规范。《论诀》一书保留了他对论体文结构的看法，也证实了他对时文写作规范的坚持。他教导学生论体文各段之间合适的顺序，也就是在12世纪50年代成为主流的"导言—讲题—引用—结论"模式。与此同时，陈傅良重视题目涉及

[70] Twitchett and Loewe, eds., *The Cambridge History of China*, I: 215, 226. 王氏家族占据了中央政府中权力最大的位子，而王凤为此居功其伟。

[71]《论学绳尺》，第5卷，第94—98页；班固：《汉书》，第74卷，第3135页。

到的历史情境和心理状态，这会让他修订既有的写作规范。[72] 他发展出一些写作技巧，可以建立有效的历史案例分析，进而用在行政原则的讨论中。陈氏通过戏剧化的表现手法来表达他对历史事件的再想象。这些技巧与当时的写作规范在结构、语法和用词上都不一样。他巧妙地突破既有标准，将生动化和戏剧化带入论体文中，评论家和学生们对此都十分欣赏。

陈傅良的全套写作手法在各个方面几乎都违反了黄槐那篇文章的规范。当我分析黄槐 1154 年论体文时，我强调的是其 12 世纪论体文的标准格式以及对偶排比手法的使用。那篇 12 世纪 50 年代的范文符合当时规范中对每段内容和各段顺序的要求。陈氏论体文跟黄槐文章就不一样了，它没有各段之间明显的分界，而是以连贯不断的讨论来模糊化段落之间的过渡部分。那篇申公见武帝"论"（《为治顾力行如何》）的开篇就是一个例子：

> 论曰：士有一旦卒然遇其君者，未见其趋舍之方，则亦何以告之？（破题）徒信而许之固不可；徒疑而禁之又不可……（解题）
>
> 申公之始见武帝也，曰：为治不在多言，顾力行何如耳。公之意盖有待而后言也。（帽子结束，第一段）
>
> 呜呼！可谓老成长虑者矣！是何也？（原题开始）

124　　　与黄槐一文的"解题"部分不同，陈傅良的第二句话没有和"破题"对偶，反而直接接着前一句话来讨论。开篇第一句描写了申公初次见武帝的场景，下一句话表达的则是申公心中不确定的感觉。与此类似，陈傅良也打破了"冒子"中"小讲"的本来规范。标准格式会要求作者在此指出题目所出何书，然后对其论点予以介绍，这样就可以结束导言部分。陈傅良这里的总结句却没有作者的个人声音，反而

---

[72] 祝尚书（《宋代科举与文学考论》，第 220—225 页，第 430—436 页）讨论陈傅良论体文的时候着重于其文章的风格特点，主要利用陈傅良对论体文的讨论和当时对陈氏作品的意见作为史料。祝尚书把陈氏的文章看作标准化写作的样板，而不是对当时标准的主动修订。

再一次增强了与前句的联结性，进而过渡到"原题"部分。

时文写作标准化后，考生在首段提出论点，依照既有格式把文章分为几个固定段落。12世纪时人们对考官作决定前只是略略浏览考卷的做法十分不满。考官要阅读几千篇文章，所以他们都是匆匆读完第一段就决定该篇文章的命运。陈傅良有意识地修改时文写作的格式，将政治论点表达的生动活泼。比如在上例中，他打破既有段落划分、连续讨论题目内容，让读者的注意力集中在历史案例上，不会被作者的个人见解或时文固定用语打断思路。同时他的叙述脉络仍跟标准段落相符，显现出有规律的行文节奏，强烈的吸引了他的读者。陈傅良分析史料的技巧也产生类似的效果，带给他相似的声望。

常规而言，考生需要大量引经据典，展示他们对历史、文学传统的掌握。考生的文章中通常充斥着格式对仗的各类比喻。黄槐在下文演示了这个技巧，他在三句话中就放入了六个历史典故：

> 苏张以口舌投其机，孙吴[73]以爪距媒其权，申[74]鞅[75]又以刻剥之术逞其欲。[76][77]   125

陈傅良一样也能以历史知识打动读者，但是他表达这些故事的方法让他赢得了更广泛的赞誉：

> 昔者傅说之遇高宗，其君臣甚相欢也。而说未始有一辞及当世者。命之以纳诲，复之以从谏，皆大略之说也。
>
> 及进之以率百官则始一二而言之。
>
> 盖至于黩祀之论，累数十言而高宗不俟其终篇，辄剿其说而有旨哉之叹。[78]

---

[73]《论学绳尺》，第7卷，第55—56页。

[74] 有关此处这些人的生卒年份，见Loewe, *Early Chinese Texts*, 449。

[75] 有关申不害生卒年份的不同说法，见Loewe, *Early Chinese Texts*, 394。

[76] 同上，368, 394。

[77]《论学绳尺》，第5卷，第92页。

[78] 同上，第7卷，第56—57页。

《论学绳尺》此段附注："一事作三节说，用得活处。"在他关于
申公的文章中，陈傅良用傅说辅佐高宗的例子来佐证其论点，即臣子
126 初次面君时当谨慎。傅说在商高宗（武丁，前 13 世纪初在位）召见
前是一位隐士。[79]陈傅良并没有从相关史书或者经书中引用典故来解说
这个例子，而是把"一事"分作原文（《书经》）没有的几段。[80]他分
析和重现这个故事的方法跟前文解释申公初见武帝（《为治顾力行如
何》）论题的方法同出一源。

陈傅良强调政治理论的基础是对历史资料进行重建，这也带来时
文写作的结构转型。与黄槐不同，陈氏享有名气不是因为他细心使用
对偶排比结构或是他严格遵守段落规范，而是因为他可以熟练应用各
种各样的修辞手法。在文章的文法层次上，陈氏论体文表现出来的模
式和突破对偶排比结构的手法很相像。他文法技巧的标志是"接龙句
型"。下面这段选自他的"舜禹有天下而不与"论，就清楚地展示了
这种技巧：

> 论曰：不见天下之为大者，其自视小者也。夫自一介而上皆
> 人之所役役焉。求之而弗遇者，况夫天下而有无故之获哉！天下
> 不可以无故得也，而傥然得之，则若必有以大过人者。呜呼！吾
> 视吾身诚有以大过于人而能得天下，则夫得天下者始可挟之以为
> 喜，固之以为私。[81]

127 12 世纪主流时文写作中，作者先在导言中列出彼此对立的意见，
然后在文章主体用对偶的形式进行讨论。第二章提到的黄槐 1154 年
那篇论就展示了这种修辞手法：文章结构决定于两行相对的论点（用
智慧回应环境的变化对应以诡计干涉事物自然的发展），每条论点然

---

[79] 有关武丁在位年份，见 Loewe and Shaughnessy, eds., *The Cambridge History of Ancient China*, 25, 181.

[80]《书经·说命》一章提到国王和傅说的故事，见 Legge, *The Chinese Classics*, vol. 3, *The Shoo King*, 248–263。陈傅良涉及到的段落是原文第一和第二部分（Legge, 253, 254, 257–258）。

[81]《论学绳尺》，第 8 卷，第 83—86 页。Lau, *The Analects*, 94.

后都按照对偶排比的形式来分析。陈傅良却不然，他用蜿蜒周折的笔法把读者带入他的结论之中。在上文引用的这段文字中，他首先列出中心论点，即上古的圣王因着他们的谦卑而拥有天下。然后他似乎推翻了这个观点，因为世上没有不劳而获，一个人能够统治天下就证明了他超越常人。他在接下来的一句文意再次转折，认为那些相信自己不凡的君主会为一己之私而压榨天下——暗指这种君主将无法持有天下。在当时一位文论家的眼中，本段这种错综复杂的转换方法使得陈傅良的时文写作十分"圆活"。[82]

文字上的重复常常被看作是不够老练的写法，但是陈傅良用有规律的文字重复（引文中粗体的文字）逐渐把读者推向高潮。他用文字重复这种手法把他的论点表达得极有魅力。在前文那篇成帝和杜钦的论中，他用下面这段话显示出杜钦建议本身的党派倾向："言则帝悟而凤斥矣……钦肯是言耶？……言则帝悟而凤斥矣。钦肯是言耶？"[83] 128
这种修辞手法使得陈傅良对杜钦的解读具有一种戏剧化的效果，这种效果极少在考场论体文中出现。

至于用词方面，陈傅良把经典中的书面语和日常口语中的词汇混用在一起。在当时传统文学卫道士的眼中，这种混杂术语的使用十分不恰当，而且过于傲慢自大。他写作中常用口语词比如"吾见"和"吾意"，而不是更谦卑的"愚"。12世纪80年代考官抱怨这种不适宜的用法及其对广大学生的影响。[84] 如同下面几章所展示的一样，陈傅良试图打破传统的修辞模式，以展示自己对历史的解读和对政治的看法。这种行为同时唤起了人们绝大的热情和沮丧。

---

[82]《论学绳尺》，第8卷，第83页。

[83] 同上，第4卷，第54—55页。

[84]《宋会要·选举》，五之十。有关批评时文中使用口语词汇的奏章，见第五章。

第四章

举业（约 1150—约 1200）:"永嘉"课程

129　　私人书商把陈傅良、叶适的策论结集出版，当时人们因此有一种感觉，即时文写作标准是由永嘉教师制定的。这些永嘉教师的名气是他们自己有意为之，书商只是把其在考试场域已有的声望化为物质财产而已。他们教授的课程有文章写作、制度历史、行政决策以及对经史子书的文本分析，这些课程都是他们所倡议的改革计划的一部分，目的是为了让宋廷恢复北方失地。借着对朝廷与官僚机构关系、税收政策、财政管理以及军事组织等方面的研究，他们的改革计划建议政府减少对内部事务的干预。

　　永嘉教师并不是唯一设立举业课程的士人群体。在附近的婺州府，吕祖谦也在考试教学上享有类似的声望。他的课程内容跟永嘉学派所教的颇有重合之处，也因此同时代的朱熹把吕祖谦视为"永嘉"中人。本章通过分析永嘉学者和吕祖谦名下的考试书籍，重建他们为几百个学生设计的课业内容。本章的一个重点是研究（包括温州和婺130州在内的）两浙东路科举教师在教学实践上的相似之处。12 世纪 60年代和 70 年代温州和婺州发展出来的备考课程在 12 世纪晚期成为影响科举结果的关键因素。

　　本章也注重研究温州和婺州在科举辅导课程上不同的重点。尽管它们之间有相似之处，但对改革前景不同的看法导致两地课程所使用的分析方法不同，对于道德哲学在历史、政治上扮演何种角色的看法也不同。浙东教师在教学方面的异同显示出 12 世纪考试场域的两个特点：地方教师在制定考试标准上的影响力以及他们对举业课程的参与。举业课程也成为各方学者辩论科举标准和精英身份的角力场。

历史与行政决策

两浙东路在 12 世纪建立了其科举上的声望。如上所述，温州府在南宋拥有的进士数目全国第二，婺州也有类似的成功记录。包弼德估计 1150 年之后每次科举考试都有大概九位或者十位婺州考生获得进士。[1]1156 年颁布的一道旨意显示出这两地竞争的激烈程度，当时各地的解额都被设为 1 比 100，只有温州、婺州和旁边的台州是 1 比200。[2]浙东在考场上的成功以及其激烈的竞争程度跟充满活力的考试文化分不开。吕祖谦、陈傅良等教师身边聚集了几百名考生，还有更多的人购买或者抄写这些名师或其弟子编写的辅导书籍。

温州和婺州教学的标志就是对制度史和行政理论的重视。当时人　131
们把浙东教学的这个特点跟“事功”或“功利”思想联系在一起。永嘉学者和他们的同仁研究历史、尤其是政策和制度历史，进而讨论在时下情形中，这些政策制度是否可行。浙东出版的策题指南印证了当时对政府事务、历史记录及以结果为导向研究历史的兴趣。在下面的第一小节中，我会依照两本现存的策题指南来讨论浙东教学有关历史诠释和行政决策的内容。这两本书是《永嘉先生八面锋》和《历代制度详说》。

从 12 世纪 60 年代开始，这两本书和其他同类书籍的影响力在浙东之外也能感受到。朱熹当时批评“永嘉”教学上的事功思想，他在1173 年就提到吕祖谦的一本手册在建阳也被出版，而建阳相对来说是福建的一个边缘地区，因其私人印刷业而闻名。[3]朱熹后来又提到1160

---

[1]　Bol, "Neo-Confucianism and Local Society," 257.

[2]　Chaffee, *The Thorny Gates*, 125, 155.

[3]　市来津由彦：《朱熹門人集團形成の研究》，第 306 页。

年到 1180 年间时文写作的主要取向就是浙东学派的事功思想。[4] 下面有关策题指南的讨论展示了"永嘉"课程中考生所受的训练，说明"永嘉"教师在举业课程上的专业参与奠定了他们在考试场域的权威（第三章）。

行政决策：《永嘉先生八面锋》

《永嘉先生八面锋》描述的是"永嘉"事功思想的一个中心特点，即"计利病"（计算利益和损失）。根据这个"永嘉"模式，一位行政管理者在面对任何行政挑战时，都要以国家和人民利益最大化为目标。达到利益最大化的方法是分析一切会影响到政策结果的积极和消极因素。这本手册让学生沉浸在一种思考模式之中，让他们相信政府官员永远要面对一个决定，即是否应该干预某种状况。管理者在一个自然的、政治的大网中穿行。自然条件和社会环境会有无法预测的变化；管理者必须要注意到这些变化、评估它们造成的影响。他们需要把可能的政策方向和宏观的政治环境联系起来。手边的事物和其他事情要彼此衡量，一丝不苟的考虑某项政策的可能后果。仅有当政策手段带来的利益超过可能遭受的损失时，政治上的行动才是必须的：

> 天下未尝有百全之利也。举事而待其百全，则亦无时而可矣。圣人之举事也，利一而害十，有所不忍为。利十而害一，当有所必为。利害之相当，有所不能为。以其害之相当，虽得其利，而其为害亦足以偿矣。不若安于无事之为愈也。[5]

《八面锋》教导学生如何使用风险利益分析来提出政策建议。这种计算不需要使用统计模型，而是基于行政决策原则的应用。行政决策会涉及到种种因素，为了帮助学生在这些因素编织的网中找到路

---

[4] 《朱子语类》，第 109 卷，第 2701 页。

[5] 《永嘉先生八面锋》，第 1 卷，第 2 页。

径，"永嘉"教师创立了一套行政原则，这套原则体现在《八面锋》及更宏观的"永嘉"教学核心思想中。

这部选集是按照这些原则来组织的。它主要是策文，按照标题排序。标题不长（七到九个字），体现的是行政原则。每一条标题也是一条解释，提醒学生其下各文章的要点。这93条标题放在一起，就成了考场策题和行政世界中可以随时应用的行政策略宝库。清代学者认为这本书主副标题的组织结构显示出它在备考课程中的用途。[6] 为了方便记忆，这些标题具有短句的样式。题目精炼、遵循一定的长度标准，因韵律节奏被分成对偶的两段（见下面的例子）。

如下所示，主标题或行政原则之下常常会有一系列的副题。这些副题表明这条行政原则可以具体应用的领域：

> 兴大利者，不计小害。
>
> 冗官　冗兵　郊赏　入粟　习射　用兵　水利　民兵[7]

在此例中，编者建议在回答"冗官"、"冗兵"、"郊赏"等题目时，可以引入"兴大利者，不计小害"这个原则。不过每项原则之下给出的选文或者选段不一定会涉及到所有相关的情形。比如上面这例子给出的文章就只讨论了"兴大利者，不计小害"在"入粟"和"用兵"方面的应用。因此，这本手册给学生提供了一套行政管理的普遍原则，训练他们在政府事务各方面应用这些原则的能力。这本书显然不是收录一些现成的范文让学生死记硬背或者直接套用。

《八面锋》提供的行政原则及收录的文章体现了政治和思想上的一种观点，这种观点跟前面一章讨论的陈傅良、叶适策文选集中的改革计划相呼应。编写这本书的"永嘉"教师在行政思想和策文写作中展示的想法表达出某一类学者的观点，他们主张财政保守主义，削减中央政府职能，并将决策权赋予地方机关。

---

[6] 《四库》提要中提到本书一共有93类题目，这个数字跟我的统计结果一致。纪昀的《四库总目提要》（第26卷，第2798—2799页）认为一共是88类。

[7] 《永嘉先生八面锋》，第1卷，第2页。

《八面锋》的一项重要观念就是认为学生应当参与政策讨论。"永嘉"学者相信并不只有官员才能参与政治，他们的信念是共享治理以及士大夫阶级在行政事务上的主观能动性。据余英时所言，从 11 世纪初开始，士大夫就不再把自己仅仅看作接受皇家指令来管理政府的一员。治理帝国不但是范仲淹等典型政治家的个人责任，也成为士大夫阶级总体身份象征的一部分。这些士大夫不再是单独的个人，他们作为一个阶级把治理帝国看作是自己和皇帝共享的责任。这其中暗含的一个责任就是制定标准来决定何人可以参与行政管理。[8]余英时认为此种政治主观能动性对大部分士大夫的生活和职业具有激励作用，我同意他的这一观点，但他有关非官员也能参与政策讨论的看法有争议，需要做出进一步的分析。

很多官场精英都把地方政府和私人学校对朝政的批评看作是对御史台特权的一种侵犯，因为在理论上御史台是唯一可以评估政府政策和官员表现的机构。《八面锋》表达的政治哲学则描绘出一种不同的政府架构，在此架构中，学者（尤其是那些不具备官职的学者）都拥有具体的政治角色：

> 天下非未治之可畏；已治之可畏也。非未安之可忧；已安之可忧也。方天下之未治未安，为士者相与讲治安之术而为学；为公卿大夫者相与进治安之术而为忠；为人主者则又日夜求治安之术而为政。[9]

这段话是"致治非难、保治为难"的注释，它把这个原则解释为士人在地方和中央应该都参与实行"治安之术"。根据这段话及整本书所描绘的政府架构，政治体系应由功能不同的三层组成，其中较高一层依赖较低一层提供信息。皇帝在这个层级体系中居于最高点，理论上可以做出最后决定。策文无论是从起源上，还是在原则上其实都

---

[8] 余英时：《朱熹的历史世界》上，尤其是第三章。

[9] 《永嘉先生八面锋》，第 7 卷，第 56 页。

是对皇帝的直接进言。[10] 实际中君主的角色是模糊不清的，带有强烈的象征意味。在永嘉的政治理论中，皇帝维护并代表合一的理念，他"当固结人心"，因此他必须要避免被牵扯进帝国管理事务的细节中去。[11] 另一方面，维护合一的努力取决于皇帝是否可以明智地选择最高官员以及是否可以广泛地听取意见。他虽然能选择宰相的人选，但是 136 领导官僚体系和做出政策建议的人是那些宰相。[12] "永嘉"政治理论在讨论相权时强调广泛听取意见的重要性。宰相和其他高层朝官理应根据学者和官员讨论的结果来提出他们的政策建议。

在"永嘉"作品中，时人对地方精英各样"议论"所持的怀疑态度是不成立的，因为具体的"利害"、"对错"讨论是高层做出决定的基础。[13] 不同的意见其实是财富，这也符合上古的管理实践。《八面锋》认为上古贤君让人们全面表达自己的思想，因为对各种意见的明智考察有助于贤君做出最合适的决定："其言愈多、其理愈明、其见愈审"。[14] 策文或类似文体中的不同观点被地方官员和无官职的精英提交于上，成为高层做出政策决定时可以参考的原始意见。不过这本书在依照惯例提醒疏忽漏算的时候，也警告学者不要过分高估他们自己的能力："天下之患，每大于不量其学力之所至，而妄施之。"[15]

这种低调警告也出现在书中别处。《八面锋》表达了"永嘉"学者鼓励考生积极讨论各项事务之利害的努力，但它同时也明确反对考生提出具体的政策建议。相反，这本书认为最好不要直接提出新的方案，以避免刺激到他人。一项新的政策只会为他人的攻击提供对象而已。 137 此书讨论了"害除而利自兴"这条原则，反对用立新法来解决问题。[16]

---

[10] 对于宋代士人来说，这方面最早的模板就是汉代士人针对皇帝提出的政策问题撰写的长篇文章。宋代策题通常带有一个公式化的结尾，考官在该处勉励学生提出实际的建议，并且承诺这些文章会被转交给皇帝，以便得到批准。

[11]《永嘉先生八面锋》，第 4 卷，第 29 页；第 7 卷，第 51 页；第 13 卷，第 99 页。

[12]《永嘉先生八面锋》，第 12 卷，第 90 页。

[13] 作者认为庆历年间的政治家就是公开讨论行政措施的好例子。有关这方面的别种看法，见 13 世纪刘达可的作品《璧水群英待问会元》，第 22 卷，第 1—10 页。

[14]《永嘉先生八面锋》，第 6 卷，第 42 页。

[15]《永嘉先生八面锋》，第 8 卷，第 63 页。

[16]《永嘉先生八面锋》，第 9 卷，第 70 页。

这种小心翼翼的原则一方面是为了避免政府和士人中出现结党纷争，另一方面也表明一直不变的中央政策不能解决地方上的问题。要避免设立新的纲领，因为自身会成为他人的攻击对象。这种警告跟 12 世纪 80 到 90 年代永嘉学派在道学冲突中扮演的和解角色相一致。书中用王安石新法的例子来描述在全国范围内推行改革所带来的危险。尽管永嘉学派偶尔会支持王安石的一些创新之举，其推行的农夫贷款政策（"青苗法"）和教育改革都被他们批评，因为这些做法没有解决已有的问题，反而带来新的麻烦。[17] 它们也导致 11 世纪末和 12 世纪初政治史上激烈的党争。计算利害的这种思考方法把学生的注意力从规划整套中央政府的政策转移到地方条件出发、提出具体方案来解决地方上的问题。

这本手册有关南宋国防安全的分析很好地演示了以地方具体措施来解决问题的办法。由于金宋之间的紧张关系，两淮地区作为 12、13 世纪金宋两国的东段边境一直被地方上的动荡不安和流民问题所困扰。12 世纪 60 年代前期开始的边境冲突导致人口大量死亡、流离失所，也促成了地方上的盗匪兴起。此书中的一篇范文就以"立事不必执事之名"作为原则来阐述为何在当地解决问题能带来政治上的益处。

这篇文章主张用一套特定办法来解决地方动乱和流民问题。作者建议结合地方的铁腕人物来扫荡盗匪、重新分配土地、以及从其他地区迁入穷困人口。[18] 他认为这种具体措施比那种整合所有边境的防卫计划更有效。永嘉教师通常反对在边境上派遣更多的政府驻军，提倡更节约的国防计划，比如利用乡兵或者屯田。《八面锋》的作者也赞赏节约资源的乡兵和屯田政策，但是同时认为在当时的政治生态下公开支持这些政策必然会引来反对的声音。通过考虑政治上各方的态度和可用的财政资源，作者的结论是一系列小措施更能为国家和地方人民带来最大的利益。据他估算，如果利用地方人物维持治安，为现有居

138

---

[17] 同前注。有关陈傅良对王安石变法的批评以及浙东其他学者的看法，见李华瑞：《王安石变法研究史》，第 49—64 页。

[18]《永嘉先生八面锋》，第 10 卷，第 75—76 页。

民和新迁贫民重新分配土地，这样的益处跟组建乡兵和屯田差不多，但是前者这种特定的办法成功率更高，因为牵扯到乡兵的政策在朝廷上会是一个敏感话题。

无论是利益优先还是重视政策建议之有效性都让人很难给"永嘉"的政治意图下一个具体的定义。上面这个例子说明灵活性是"永嘉"行政决策的中心。不过"永嘉"教师在 12 世纪后半叶也一直认为政府应减少干预。针对两淮流民问题的建议说明他们主张小规模驻军以及利用地方资源解决地方问题。"永嘉"政治倾向的第二个特点是在一切政策制定中贯彻财政责任，甚至财政保守主义思想。这也是陈傅良和叶适的策文合集的中心观点。从"永嘉"政治哲学来看，一个谨慎的政府需要对未来需求量入为出。在"兴大利者不计小害"一文中，作者用财政原因警告孝宗（1163—1189 在位）的北伐计划。他认为当危险太近的时候（比如当时金国军队的威胁），政府无法承受牺牲其最后资源的损失。[19]

《八面锋》不但与 12 世纪 70 年代代表永嘉科举成功的陈傅良和叶适二人的政治立场和兴趣相同，也在书中传授这两人时文写作的立论方法。第三章对陈傅良论体文的分析说明生动的表达历史论据和用古文形式来写作会让文章十分吸引人。《八面锋》收录的文章也用这两种方法讨论行政原则。我在下文会介绍其对历史资料的使用，在本章最后一节讨论古文教学。

作者利用大量的历史资料来描绘行政管理的普遍原则，正反面均有，其使用的例子多出于战国时期和汉唐、北宋诸朝。在"永嘉"有关制度史的作品中，周代非常重要，但是周代政府也有不适用的时候，当讨论历史上突发事件或者仁政的标准时，周代统治者在古典作品中的形象过于完美，不像战国、汉唐、北宋的君臣能提供更复杂、更值得警醒的例子。[20]这本书教导学生推测历史人物的动机和他们行为的后果，把历史置于当时情境之中。

---

[19]《永嘉先生八面锋》，第 1 卷，第 3 页。

[20] 有关陈亮对汉唐的兴趣，见 Tillman, *Utilitarian Confucianism*, 134–43 以及他的 *Confucian Discourse*, 168–86。

140　　　在历史背景下分析史料是评估政府干预政策会带来的风险和收益的第一步。在"兴大利者不计小害"一文中，作者分析了前三世纪末刘邦（约前 256—前 195）和陈平（？—前 178）间的一项密约。刘邦给陈平提供了四万斤的金子，让陈平去行贿项羽（前 232—前 202）的顾问。这笔钱看起来数额很大，但此决策最终铺平了刘邦的成功之路。[21] 在作者看来，这项贿赂成功地使项羽和其前盟友范增（前 277—前 204）彼此疏离。作者的这种重新解读描绘了一条原则，即倘若回报更高，高投入是可行的。"永嘉"一派的行政理论对历史事件及人物的道德评价漠不关心，对以前政策的看法也仅基于其对政体和人民幸福程度的影响力来进行判断。比如长期而言，刘邦的贿赂行为其实有利于内战的结束和汉朝的建立。

　　　与此相反，汉武帝的军事开销在作者看来就是回报比不上付出的例子。在武帝西北军事征伐中，他抓获很多战犯，处死不少敌人，但是这些胜利与庞大的人员资源损失相比就不值一提了。汉朝的武功把疆域扩展到中亚，但这些果实只是暂时性的。此文作者不是专门反对军事行为，他认为武帝的军事战役欠缺考量，因为它们给国家和人民几乎带来不了什么利益。

　　　由于《八面锋》在政治立场、学术观点方面和陈傅良、叶适的著作十分相似，它被看作是这两位作者之一的作品。陈氏与叶氏除了在思想和政治上的抱负之外，也都被后人冠以"永嘉先生"的称号。据15 世纪的一位编者张益（1395—1449）所言，他所收录的《八面锋》版本曾有陈傅良写的一篇序言。他觉得此序言说明叶适应该是此书作者，因为作者应该给自己写"自序"，而不是"序"。[22] 在 1778 年，《四库全书》的一位编者给《永嘉先生八面锋》写了一篇迄今为止最全面的书评。尽管在四库中陈傅良被列为此书作者，但是编者对此表示怀

141

---

[21] 司马迁：《史记》，第 8 卷，第 373 页；Loewe, *A Biographical Dictionary*, 35.

[22] 这篇序言以及附录中提到的都穆的文字可以在一个 1844 年日本出版的版本中找到。此书收录于上海图书馆。它也包含了陈春为 1819 年重印本写的后记。有关出版时间和版本的更广泛讨论，见本书附录。陈镇波（《永嘉先生八面锋探析》）认为《八面锋》是在陈傅良1172 年登第之后回乡教书时所作。不过其给出的证据并不充分。

疑。我赞同其观点，即没有证据可以证明陈傅良或叶适跟这本辅导手册有关。以内证而言，这本手册明显是南宋作品。可是它提到"永嘉先生"不代表它就是当时永嘉科举教学最知名学者的作品。在这里，"永嘉先生"一语可能只是一种营销技巧。它说明"永嘉"不仅是指一两个具体教师的教学活动或作品，而是代表一种学术风格，包含了历史分析、政治决策、古文写作以及一种政治立场。这是陈傅良和叶适共有的学术风格，但也不局限于这二人。这本手册是永嘉和浙东地区出版的大量举业用书之一，显示出"永嘉"学派在考试场域中的权威地位。

制度史：对各代制度的详细解说

永嘉在制度史研究上颇有声名。12 世纪那里的教师为《周礼》这本据说概述了周代初期诸项制度的经典撰写注释、进行研究。有些也写作制度史方面的专著。比如薛季宣就出版了一本有关汉代兵制的作品。他的学生陈傅良则完成了一部从周到宋兵制演变的总论。制度史不但在永嘉地区是举业教学的重点，在浙东其他州县也是如此。在 12 世纪晚期和 13 世纪上半叶，浙东地区的师生编纂了大量类书，收录了有关制度研究方面的广泛信息。[23]

制度史对于准备策题的考生尤其有意义。策题常常包含详细的副标题列表，要求考生解释创立制度规章背后的动机，并评估它们在各朝各代中的实施效果。《历代制度详说》就提供了一个少见的了解浙东制度史教学的机会。

这本手册在传统上被归为吕祖谦之作。吕祖谦来自金华（婺州府），在陈傅良 1170 年进入太学时成为其作品的认同者。很多人怀疑这本书不是吕氏所作，因为在已有的一些吕氏著作目录中找不到此书。另外，出版商因吕祖谦作为名师的名气而将其名字放在备考指南

[23] Bol, "Zhang Ruyu, the *Qunshu kaosuo,* and Diversity in Intellectual Culture"，周梦江：《叶适与永嘉学派》，第 304—305 页；Song Jaeyoon, "Tensions and Balance."

中，这反而让人怀疑此书作者不是他。不过，最少有两部 13 世纪出版的类书把吕祖谦定为《历代制度详说》的作者。[24] 这条证据及此书跟吕氏其他论著的相容性让我认为《历代制度详说》是基于吕氏授课讲章编写而来，在其 1181 年去世之后出版发行。[25] 由于这本书复杂的来源，我将会把文字中的讨论声音称为"那位讲员"，而不是"那位作者"或者"吕祖谦"。尽管从几个方面来说这本书未必是吕氏所作，我还是把这些被归类为吕祖谦的手册称为"吕祖谦"之考试教学，因为时人也把它们跟吕祖谦的教学教法联系起来，也因为他们跟吕祖谦名下的一些写作方法颇多相似之处（附录一）。[26]

143

　　这本十五卷的手册覆盖了政府制度规章方面广泛的内容：科举、学校、税收、粮运、食盐专卖、酒专卖、货币、救灾、土地分配、军事征服、兵制、马政、人事考察、皇室以及祭礼。这部私撰类书的教学目的可以从其组织题目的方法上看出来。[27] 每一章或每一项条目都被分成两节：征引自原始文献的文字及其注解。第一节从与题目相关的原始文献中征引文字，通常按照副标题和时代排序。注解的部分则回顾历史上此一制度的演变趋势。这部分概述制度的历史，同时提出过去和现在为实行此制度制定规章时遇到的问题。

　　《历代制度详说》一书的组织方法可以展示出浙东学派制度史课程的结构。其中原始文献与注解之间的关系就很像课堂中讲义与具体授课内容之间的关系。在注解部分，作者或讲员直接引用原始文献中的段落，其引用时常在文言文中直接插入口语词汇。比如文中出现的"详考前一段"、"只看宾之一字"等语句就说明当时讲员正让学生仔

---

[24] 比如，《源流至论》续集，第 2 卷，第 9 页引用的一段可在《详说》第 2 卷，第 9 页找到；《源流》第 4 卷，第 1—5 页引用《详说》第 6 卷，第 2—3 页；《源流》第 4 卷，第 16 页引用《详说》第 5 卷，第 5—6 页；《璧水》第 79 卷，第 4 页引用《详说》第 4 卷，第 8 页。有关这两种类书的更详细情况，见第六章和附录。

[25] 有关版本、作者和时间方面更详细的讨论，见附录。

[26] 又见 De Weerdt, "Content and Composition"。

[27] 在我一篇论文（"The Encyclopedia as Textbook"）中，我比较了《历代制度详说》这部私人编写的类书与官方的类书在各方面的差别。

细思考刚读完的一段文字。[28]讲员有时候也会重新阐述和解释原始文献中晦涩难懂的内容，[29]这也表明学生阅读的各种原始资料应是当时每堂课的核心内容。在 12 世纪无论是原始资料，还是相关讲章等课堂笔记都很有销路，吕祖谦等名师讲课的笔记尤其受欢迎。 144

各样课程和相关的辅导手册向学生介绍了制度史方面的主题、资料和研究方法。《历代制度详说》的各卷题目和第七章要讨论的其他手册一样是课堂讨论内容的一种索引，这些题目也是主要的策题话题。在《历代制度详说》中，讲员向学生介绍研究教育、经济、军事以及政治上各项制度史所需使用的重点原始文献。在每一卷中，学生可以找到一个按年代排序的引文列表，这些引文偶尔出自于经书和子书，大多来源于历代正史、杜佑（735—812）的《通典》（801 年）、司马光的《资治通鉴》（1084 年），以及有关晚近发展演变的宋代官方材料（比如《会要》）。

在课堂上，教师教导学生研究制度史的方法。对于《历代制度详说》书中的讲员来说，策题写作的基础就是对每一领域中各样制度按照时间顺序全面理解。他把各历史时期的各样资料放到一起，描绘出历史发展的脉络。以制度在历史各代发展为背景，学生学习如何针对当下问题来比较各种不同制度的优劣。原始资料按照年代先后排序，覆盖了直到 1180 年左右的所有中国朝代，这种做法表达出教师对于编年的重视。这种做法也反映在与原始资料有关的授课中，这种课程通常开篇讨论某主题下各样制度在中国各历史时期的演变。

《历代制度详说》一书十分重视对过往历史全面广泛的理解，这和吕祖谦历史教学的理念以及他自己对史学史的看法相符合。"史当自左氏（《左传》，前 4 世纪）至五代史，依次读则上下首尾洞然明 145

---

[28]《历代制度详说》，第 1 卷，第 5 页。我在"The Encyclopedia as Textbook"一文中讨论了行文中将原始文献与时人议论区别开来的作法，认为这种现象与当时出现的一种重视档案研究的心态有关。

[29]《历代制度详说》，第 1 卷，第 6 页。

白。"[30] 他的《大事记》一书是对前 481 年至前 90 年历史的简略概括。他计划把此书的范畴延伸到五代和宋初，但是疾病让他无法写作自己的"《资治通鉴》"，也就是那部 11 世纪司马光编写的中国编年史。[31] 在其他历史作品中，吕祖谦也强调研究古往今来原始资料的重要性。就这点而言，他编写了两部奏议合集，第一本是《历代奏议》，收录宋代以前的作品，第二本是《国朝名臣奏议》，收录宋代本身的文章。

在《历代制度详说》中，无论是原始资料，还是那些针对历史上某制度所经历的重要演变而做的介绍，都在为讨论当下问题提供了舞台。历史被用来检验现在的政策，也提供了它种方案的选择。本书作者试图证明一事，即若想解决时下政策问题，需先理解长期的发展趋势。比如在兵制史上，他认为时下军事和财政问题来源于晚唐五代以来的一些趋势。在他看来，749 年府兵制的废除和安史之乱之后节度使的兴起标志着军事制度发展史上的一个低点，后来的各个统治王朝从未从此恢复过来。节度使长期拥有规模庞大的职业军队，这在中国军事史上从未出现过。地方节度使竞相征税，以便维持他们的军队，也促成了唐朝的灭亡。五代的兴亡也出于同一原因。

146　　作者继续提到，在宋初的几十年中，这种进一步军事化的势头被暂时遏制住。太祖皇帝（960—976 在位）严格规定军令传达的方式，用一支军队在庞大的帝国中实现了和平。这支军队的规模据作者估计仅有十五万人。可是从太祖的继承者开始，官员就一直用内忧外患的理由来雇用越来越多的士兵。据作者估计，到了当时的 1180 年，全国军队共有八十万士兵。[32] 在他看来，这种惊人的增长缺少理由，因为晚近以来并没有战争的威胁。维持如此庞大的军队正是宋代政府在财政和行政上面临困扰的核心原因。

作者认为这种军事化的趋势需要被阻止，而不是被加强。他对于

---

[30] 引自潘富恩、徐余庆著：《吕祖谦评传》，第 435 页。有关《左传》的年代，见 Schaberg, *A Patterned Past*, appendix, 315–24；以及 Loewe, ed., *Early Chinese Texts*, 67–72。我在下文会讨论此书。

[31] Hervouet, *A Sung Bibliography*, 76; Tillman, *Confucian Discourse*, 99.

[32] 吕祖谦估计的数目较少。《宋史·兵志》（《宋史》，第 187 卷，第 4576 页）中以及陈傅良《历代兵制》中的数字稍多一些。参见第三章。

唐及后来各朝军事和财政困境原因的阐述跟当时别人的意见相反。宋朝官员跟他们唐代和五代的前辈一样被军事化政策累积下来的后果所蒙蔽，继续从人民百姓中榨取新的资源以维持军队。作者反对那些扩军的提议。相反的，他建议逐渐实现三个目标：未来几年不再扩军，加强训练现有士兵以及恢复府兵制。这三项措施跟永嘉学者在国家预算上的立场一致。如同第三章和本章前面显示的那样，他们也主张停止宋朝军队的增兵，以及实行包括府兵制在内的一些更节俭的方案。

这种对制度史的兴趣以及有关缩减军队规模和国家预算的主张，都显示出永嘉教师和吕祖谦等浙东其他教师在政治立场及学术上具有广泛的相似性。朱熹注意到吕祖谦在举业教学方面的一些做法，批评他在树立"永嘉"学术声望方面做出的贡献："至于左氏奏疏之言，[33]则皆时事利害，而非学者切身之急务也。"[34]在吕祖谦同时代的人看来，吕氏的历史研究作品和其辅导指南跟"永嘉"学派的利害分析这一核心理论是密切相关的。 147

不过，永嘉出版的指南与其他浙东地区的作品也有明显的不同。下面提到了两条差异，其一是在考试教学方面缺乏单一标准，再有就是地方教师在举业课程的中心作用。吕祖谦的举业教学整合了程氏兄弟的道德哲学和"永嘉"教师结果导向的管理思维模式。他相信上古圣王道德标准的普世价值。《历代制度详说》对历代变迁的介绍总是从三代之时的理想化制度和实践开始。程氏兄弟的道德哲学解释了为何后来的制度规定总是达不到理想的程度。当先王统治结束之后，人们对自我欲望的追求取代了对仁慈政府的追求。

《历代制度详说》对各朝各代的概述是一篇有关制度如何瓦解的故事。完美的制度体系只有在三代才能找到。例如当作者叙述兵制史时，他一路讨论上古之后军事制度逐渐瓦解的过程以及兴衰的时机。军事制度原本是文明化的一部分，并且它也与社会上所有成员都有关。圣人在尚未开化的人民之中创立文明。他们教导百姓如何耕地以

---

[33] 这里指的是《左氏博议》，由吕氏在 1168 年出版的一本手册。此书下文会进行讨论。

[34] 朱熹：《朱熹集》，第 35 卷，第 1535 页，引自林素芬：《吕祖谦的辞章之学与古文运动》，第 148 页，第 154 页。

获取食物、如何修建房屋。当自我防卫的需求产生之时，他们也教导人民成为士兵。与一些人的观点不同，作者指出三代先王并不是"寓兵于农"，换句话说，他们并没有建立一支专业的军队。通过对历史记录的分析，他认为因着自我防御的需要，在上古之时每个人都可以成为士兵。

兵制瓦解的第一步出现在先王之治结束以后。作者把军队体制的衰落和转型归因于东周以后政治领袖以自我为中心的动机。周代的封建领主动员他们的百姓，可是不是为了保护人民，而是为了追求自我利益。秦汉魏晋南北朝之际，统治者也因同样的理由而持续参与战争，夺取百姓的财物，令他们丧失生命。作者注意到这个问题在唐代得到短期的缓解。在唐代建立的府兵制之下，每个行政单位里面有固定人数的男子被征召，不过他们也享有免徭役的待遇。尽管这个制度还没有达到上古之际全民动员自我防卫的理想境界，作者还是认为它是一个有意义的模式。倘若没有圣王掌权，人民不得不为合理自卫之外的理由而被迫参战。府兵制具有双重的优点：既能维持一支常规军队，又不会给人民带来太大的负担。安史之乱之后，军事制度的变迁继续沿着既有的衰败方向而行，到了 12 世纪还愈加严重。如同前文所述，作者认为不断膨胀的宋代军队规模毫无疑问是制度恶化的表现。

道德哲学在《历代制度详说》中是次要角色。它可以用来解释上古理想化政府和后世政治实践之间的差异，但是作者并没有用它来解答行政方面的问题。作者注重研究三代之后制度的转型以及因制度变化的长期影响而产生的时下问题。作者认为若要逐渐回归上古的理想，最好的办法是全面理解历史发展过程，而不是仰赖道德哲学。解决 12 世纪冗兵问题的几项措施（如减员、增加训练、建立府兵制）展示了他的主张，即要先理解当下适宜制度的历史与政策才能建立政府中兴的基础。

道德哲学在吕祖谦名下其他的一些举业用书中扮演了中心角色。《左氏博议》（1168）是一部有关《左传》的文章合集。《左传》是与《春秋》有关的历史叙事和注解作品，涵盖了前 722 年到前 479 年的历史时期。[35]《左氏博议》收录的是学校考试中可以参考的范文。在这些文章中，吕祖谦依据11世纪二程理学思想的伦理原则来解释评估《左传》中的历史事件。[36]他明确反对针对君、相、臣行为的情境化解释，试图在事件中发现并且评估符合道德跟违背道德的行为。

吕氏努力把二程的道德哲学和他自己的考试教学整合起来，但他们作品的主要评论者并不欣赏这种做法。朱熹不喜欢吕祖谦关于《左传》的作品。他认为吕氏的这部力作尽管试图从故事中读出道德哲学，但其实是被误导。对于朱熹来说，《左传》作者是一位机会主义者，对道德哲学一无所知，总是错误理解人际关系中的责任问题。[37]他认为吕氏对《左传》中故事的解释太过复杂。[38]道德原则必须是浅显易懂的。朱熹提醒吕祖谦在其教学中多注重五经、《孟子》和《论语》。这些书会给学生提供处理历史问题所需的道德知识。可是在吕祖谦心中，了解历史上兴衰成败才是通往自我认知及社会政治复兴的一条更吸引人的道路：

> 终使君臣之分，天高地下，再明于下，是果谁之功哉？呜　　150
> 呼！文武周公之泽既竭，仲尼之圣未生，是数百年间，中国所以
> 不沦于夷狄者，皆史官扶持之力也！[39]

吕氏试图在历史研究中应用二程的道德哲学。他和朱熹针对考试教学中的道德哲学重要性彼此交换意见，这显示出12世纪考试场域中第二种重要的学术传统。我在第六章和第七章会回来讨论二程道德

---

[35] 有关《左传》体现的前四世纪史学研究方法的精彩解释，见 Schaberg 的 *A Patterned Past*。又见市来津由彦：《朱熹门人集团形成的研究》，第298页。

[36] 这里的一些文章显示出吕氏持有内在导向的伦理观，也重视人际之间的等级制度，特别是君臣关系。有关这方面的讨论，见 Ji Xiaobin, "Inward-Oriented Ethical Tension," 第三章，以及徐儒宗：《婺学之宗》，第85—96页。

[37]《朱子语类》，第123卷，第2959页。

[38] 同上，第2160页。

[39] 吕祖谦：《左氏博议》，第8卷，第11页b；吕祖谦：《曹刿谏观社》，《东莱博议》，第3卷，第217页，引自潘富恩、徐余庆：《吕祖谦评传》，第433页；Ji Xiaobin, "Inward-Oriented Ethical Tension," 48。

哲学及朱熹理学的影响。与朱熹及其追随者不同，吕氏和永嘉教师虽然也熟悉二程的作品，但并不把道德哲学作为他们教学的基础。在一篇馆职策中，吕氏显示出他无意深入阐述道德规条。他批评贾谊（前201—前169）和姚崇（651—721）这两位皇家顾问没能教导他们所服侍的皇帝"治之大原"，即君者修心的道理，但他也说："讲大原之所在，间燕咨访，将有人焉，愚不敢躐等而议。"[40] 朱熹的一些追随者对此颇有不同意见，他们意图参与此话题，对理学基本概念提出一套系统化的论述。

阅读与写作

151 　　除了行政决策和制度历史，"永嘉"教师举业课程的第三项重点就是写作——即修辞技巧的学习。写作教学体现在其他所有科目中。教师在行政决策和制度史的课程及辅导手册中收录了修辞方法的训练内容。在 12 世纪，写作也成为教学意向上的一个独立领域。"永嘉"教师教导学生如何阅读、分析范文，在他们自己的写作中训练他们使用修辞技巧的能力。通过他们的课程和辅导手册，他们对于创立和制度化"古文"正典做出了重大贡献。

　　古文这种文体起初在 8 世纪末和 9 世纪初发展开来。当时它被定义为在写作中主动模仿古典文本的风格，它也和复古运动联系起来。上古以其自身的道德和文化价值来定义。对于早期古文运动作家来说，古典文本包括中华帝国尚未建立之前以及帝国初期的文学作品，时间上直到 2 世纪为止。韩愈是古文运动的首位重要提倡者。他文学改革的最重要目的是劝告文人在自我表达时用一种更直截了当的方式，不要被骈文的格式需求给限制住。韩愈编纂了一个他自己心目中

---

[40] 吕祖谦：《东莱集》，第 5 卷，第 3 页 a—12 页 b。有关朱熹对此文的看法，见《朱子语类》，第 122 卷，第 2953 页，2954 页。

经典作家的列表，这些人都具有清晰、自由的写作风格。[41] 到了 11 世纪，韩愈的那个列表被扩充，容纳了古典时代之后的作者，比如他自己和后来也依照古典模式写作的作者。与此同时在精英的圈子中，有关古文的看法多种多样，且相互争竞。这些对于古文不同的解释方法影响了 11 世纪的考试场域。

宋代早期的古文运动支持者主张恢复上古之道。圣人之道象征着 152 对某种伦理的期望，这种伦理体系可以将学者生活中的若干领域（个人品德、文学水平，以及社会和政治责任）重新统一起来。对于 11 世纪的精英来说，这些努力似乎已经彼此分立了。早期古文运动的提倡者批评当时的文学时尚，因为精英身份之中的各个部分被分割开来。他们认为全方位的道德价值构成了古典文明，这种道德价值可以通过研读一个传承上古之道的特殊群体的作品而获得。柳开、孙复、石介和祖无择（1006—1085）所定义的道统传承包括孔子、孟子、荀子、贾谊、董仲舒、杨雄、王通和韩愈。尽管他们的思想有差异，但所有这些人的写作意图和表达应该都是基于经典文本。宋代早期古文运动支持者同样也期望脱离当时的写作习惯，把他们的写作建筑在经典作品的"简洁"文风之上。[42]

他们的写作招致当下人士的批评和嘲弄，因为他们模仿上古经典写作的方法看起来既古怪又不可理喻。尽管他们的作品有太过复古的腔调，这些宋初诸子的古文写作还是在 11 世纪 40 年代和 50 年代的教育中心找到追随者。当孙复（1042—1045，1055—1057）和石介（1042—1044）成为国子监直讲的时候，他们向太学生介绍古文写作。通过他们的努力，古文第一次进入了举业课程之中。[43]

欧阳修给古文的定义和其在举业及时文中扮演的角色带来了重要改变。从欧阳修开始，古文运动的支持者扩大了此传统作品的范畴，153

[41] 有关韩愈对于"古文"的解释，见 Hartman, *Han Yü and the T'ang Search for Unity*, 特别是第 220—225 页，以及 Bol, *"This Culture of Ours,"* 特别是第 131—136 页。

[42] Bol, *"This Culture of Ours,"* 165.

[43] 东英寿：《"太学体"考》，第 100 页；王水照：《宋代文学通论》，第 205 页；高津孝：《北宋文学之发展与太学体》，收录于《科举与诗艺》；祝尚书《宋代科举与文学考论》，第 383—392 页。Michael Fuller 建议我进一步研究 11 世纪中叶的太学体，对此我十分感谢。

包括了那些原本不在古文运动系谱中的作家。在欧阳修和其推崇的古文新家苏洵（1009—1066）看来，古文作家的列表应该包括历史学家司马迁（前 145—前 90）和班固，因为他们的写作风格坚实有力。战国时期的兵家孙武（前 6 世纪）和吴起（前 381 年去世）也属于这个名单，因为他们的写作风格简单深入。[44]对这些作品的采纳显示出欧阳修和苏洵广泛的思想和政治兴趣，这也标志着宋代古文运动本身的转型。在欧阳修和苏洵之后，古文写作成为重点分析的对象。12 世纪的士人越来越把古文看作是一套优秀写作技巧和特质的组合，这样的作品最能体现在唐宋作家的选本中。在 12 世纪古文运动确立标准作品之前，欧阳修和苏洵已经拥有了他们的文学模式。

欧阳修反对孙复和石介所提倡的更古老的古文文体。在 1057 年的省试中，他惩罚了那些食古不化或者深奥难懂的文章作者，选中的则是那些既能采用经典作品论述，又能根据当时语言用法而调整文风的作品。[45]欧阳修的介入标志着古文传统开始朝向更符合时代需求的文学模式转型。他重视韩愈的文章，因其体现了回归浅显自由文风的方法，而这种文风是经典写作的本质。[46]欧阳修对考场文章中新式古文写作的偏爱在 1057 年激起了强烈的抗议。可是他的介入还是有助于韩愈及苏轼的作品在 11 世纪晚期士人和学生中越来越受欢迎。[47]

154　　　12 世纪古文正典的确立与传播经历了一个重要的突破。这个突破可以由当时出版的文集数量来证实。11 世纪的作品几乎没有存世的，1130 年到 1270 年代之间有十几部出版的文集流传下来。[48]12 世纪中期到 13 世纪中期出版的合集中，一些古文作者及其文章逐渐成为一组非正式的正典文本。12 世纪的教师和书商通过创立课程和出版分析唐宋作家选集的立论方法来教导古文运动的写作语言。这些文集成为帝

---

[44] 何寄澎：《唐宋古文新探》，第 273 页，第 276 页。

[45] 东英寿：《"太学体"考》，第 104—105 页。

[46] 有关欧阳修对韩愈文章的欣赏以及他对宋代古文家忧喜参半的心情，见 James Liu, *Ou-yang Hsiu,* 143–145。

[47] 同上，151–152；Bol, "This Culture of Ours," 192–193。

[48] 有关宋代文集的概述，见王瑞生：《今存宋代总集考》；Poon, "Books and Printing in Sung China,"394–402；以及 Chia, *Printing for Profit,* 140。文集数目的增加与 Chia 的研究成果相对应，Chia 认为"商业印刷开始于 11 世纪的北宋时期，在南宋迅猛发展。"（同上，第 66 页）

制时期教导"文言文"的课本，一直流传至今。这个时期出版的三部文集一直是畅销书。他们在东亚地区被再版了无数次，成为向学生介绍文言文和书面语言的权威教材。[49]

　　本节梳理古文正典文本的形成史，特别是浙东学派举业课程在创建经典文本过程中的作用。本节重点讨论正典形成的第一个阶段。13世纪古文正典的转型会在第六章讨论。

古文的正典化

　　12、13世纪出版的古文文集有一些重要特点，这些特点展示出文集中古文正典文本是如何通过教学兴趣和科举教师书商的教育主张塑造出来。这些文集共有的第一个特点就是重视议论写作。不同文体的作品都可以按照议论的模式来写作。古文文集一般包括论、序、记、信等文体。对议论文的重视跟科举考试由诗歌到文章的重点转向同时发生。12世纪书写议论文章的能力是科举成功的关键因素。每一级别的考试都要求文章写作，而绝大多数的答卷都是散文作品。

155

　　这种议论文合集体现了一种与传统文集编写不同的趋势。大多数宋代早期的文集是按照6世纪《文选》的标准做法来编写的，它们包括了很多不同的文体类型。比如吕祖谦主编的《皇朝文鉴》（1179）就可以看作宋代所有文体的优秀作品索引。类似的还有吕祖谦老师林之奇（1112—1176）编纂的《观澜文集》，该书提供了一份战国至宋的文学史概论，也收录了十八种诗歌和散文体裁的例文。

　　对议论文日益增长的偏好来自于新出现的一种修辞学的职业兴趣。通过对古文风格的议论范文进行结构和风格分析，可以教导学生如何表达关于社会、政治和文化议题的看法。吕祖谦以科举教师的身份所做的工作（而不是身为御用编辑所做的）成为在写作课程中强调议论文的先例。吕祖谦名下的文集比如《古文关键》（1160—1180年

---

[49] 它们是《古文关键》,《文章正宗》和《文章规范》。本章讨论第一部，第六章讨论其他两部。

156　之间出版）和《东莱标注老泉先生文集》^[50]就特别收录议论文。吕祖谦把"议论"定义为"有用文字"。^[51]他相信对于古文名家之论、序、记、书进行结构和风格分析是教导学生如何表达他们对学术和政治问题意见的最好做法。

其次，古文文集出版的同时也出现了一种新的评点方法。古文文章成为精读对象。浙东的科举教师发展出一整套评点方法和一种文本批评手法来分析文章结构、句法模式及文字使用的有效性。这些技术意图引导学生的阅读和写作行为，因为古文经典的创立过程不只是选择一些文章，而是描述出正确阅读和应用这些范文的方法。^[52]

《古文关键》展示的是"永嘉"教师在教导写作时使用的概念和方法。吕祖谦希望他的学生用一种新的方法来阅读他选文中的古文文章，他也在这些文章之前写作序言，教导如何阅读古文。这些教导更鼓励安静的、结构化的阅读方式，而不是死记硬背。吕祖谦教学生要"看"文字，分析整篇文章的在语义和风格上的组织方法，他特别警告不要只是背诵文字：

第一看大概主张

第二看文势规模

第三看纲目关键

如何是主意首尾相应？如何是一篇铺叙次第？如何是抑扬开合处？^[53]

157　　　第四看警策句法^[54]

---

[50] 我使用的是一部宋本，由贵阳当地官学教授吴炎主持出版。此版本保存在北京图书馆。有关文献方面的描述，见祝尚书：《宋人别集叙录》上，第222—224页。关于吕氏名下各种文集的讨论，见杜海军：《吕祖谦文学研究》。

[51] 林素芬：《吕祖谦的辞章之学与古文运动》，第152页。

[52] 有关宋元作品中评点标记的使用，见高津孝：《宋元评点考》。又见祝尚书：《宋代科举与文学考论》，第284—301页。

[53] 开合的意思是提出一行新的论点，然后把它和主论点联系起来。抑扬指的是先褒后贬、或是先贬后褒这种常用手法。见陈绎曾：《文章欧冶》，古文谱，第3卷，第10页，第11页。有关开合，见周振甫：《文章例话》，第143—149页。

[54] 吕祖谦《古文关键》，第一部，第1页。我用的版本是一部江苏书局再版的重印本，约1898年出版，原本为康熙年间（1662—1722）徐树屏刊本。

如何是一篇警策？如何是下句下字有力处？如何是起头换头佳处？如何是缴结有力处？如何是融化屈折剪截有力？如何是实体贴题目处？[55]

吕氏文集提倡一种与学生以前阅读古文诸子作品不同的方法。之前的名家文章刻本会有特别标注的考据注解，但不是修辞注解。12 世纪 60 年代麻沙（福建建宁府）的书坊以廉价的商业印书而闻名，他们试图用小字版的柳宗元（9 世纪古文运动排名第二的人物）合集来吸引顾客，着重提供音韵和考据上的注解。《增广注释音辩唐柳先生集》的特色就是为柳氏文章提供了宋代训诂成果。[56] 该书序言的作者如此解释此书出版的原因："余读韩柳文，常思古人奇字龃龉吾目，且梗吾喉也。开卷必与篇韵俱检阅反切，终日不能通一纸。"[57] 此书的编者按照类似韩愈文集的做法来规划此书，"音义既反切，[58] 难字又注其所从出。"[59] 柳宗元的名文《封建论》的注解共有四种：难字发音、考异、柳氏论点和历史案例之出处，以及名词解释和历史事件的背景信息。[60] 这样的版本有利于学生背诵记忆古文名家的作品。

考据仍然在吕祖谦名下的各种文集中占据重要部分。《古文关键》整合了麻沙本收录的考据注解，并且引用其他的原始资料，以便给柳宗元的论点提供背景知识。在吕祖谦老师林之奇编写的一系列经典文集中，吕氏被列为注者。《东莱集注类编观澜文集》[61] 中的笔记就是完全的考据性质。在这本文集中，《封建论》一文的注和《古文关键》

158

---

[55] 同前注。

[56] 我曾检阅台北"故宫博物院"图书馆收藏的宋代原本。

[57] 柳宗元：《增广注释音辩唐柳先生集》，1168 年本，序由陆之渊书写。

[58] 在反切系统中，一个字的发音由另外两个字来标注出来，其中第一个字标示的是欲注字的声母发音，第二个字标示的是欲注字的韵母发音。

[59] 柳宗元：《增广注释音辩唐柳先生集》，序。

[60] 同上，第 3 卷，第 1—4 页。

[61] 我查阅了北京图书馆馆藏的宋本。林之奇用"观澜"一词来命名此书，出处可能是《孟子·尽心上》（译注："观水有术，必观其澜"），引自 Legge, *The Chinese Classics*, vol. 2, *The Works of Mencius*, 463. 孟子在那里认为当一个人以更高的视角来看待事物时，曾经看起来大的东西会变的很小。一个看见过大海的人不会被小溪所震撼。林之奇在书名中用这个词，表示他这里收录的是最佳的文章。关于林之奇，见 *Sung Biographies*, 606—607。

一书中的考据注解完全一样，[62]但是后者具有的结构风格的注解在前者
中就找不到。在上文提到的 1193 年出版的吕祖谦注解苏洵文集中，他
为历史背景信息提供注释，也解释了文章各段之间的联系，这都有助
于读者理解文章的论点。

吕祖谦延续了考据注解这一传统，但他在古文文章的修辞学分析
上名声更响亮。前文提到的有关阅读的总体建议也在文集每一篇文章
的注解中体现出来。吕祖谦提供了夹行注和边注，也在每篇文章之前
或之后进行讲解。他在柳宗元《封建论》一文的概述中说："此是铺
叙间架法。""间架"仅是各种文章分析技术名词之一种。它指的是对
一个论点逐渐进行发挥，用一系列的例子或者是分论点来带出一个更
宏观的结论。在文中各行之间的小字注解表明了立论的各个步骤。吕
氏标出了柳宗元总论封建制度历史之第一步，在讨论周代封建制度的
文字之后标示了"间架"一词。在讨论汉代的封建制度之后，"间架"
又一次出现。

这种基于文本的注解方法令吕氏的阅读原则更具说服力。读者在
浏览文字和找到主要论点及文章大纲之后，会被带到低一层的分析方
法上去，留心到文章结构和文笔方面的两个特点：过渡部分和精彩段
落。吕氏让读者注意一些具体句子的功能。他特别指出一些句子中作
者在那些地方"结一段意"、"封建本意"、"结周"、"难"（提出一个
问题）、"应"（回应那个问题）、"再难"（提出更多的问题）、"罪封
建"。[63]他提醒读者注意论点的"起伏"，也就是作者如何展示关于历史
事件截然相反的观点。柳宗元此文的中心论点是封建制的历史与人力
之外的历史大势有关，某时期是否实行封建制不取决于当时有没有圣
王或圣王意图为何。在某处柳宗元特意给这个论点提出一条质疑，即
某些人可能认为应该一直遵行封建制，因为商周的圣王就主动延续他
们继承下来的这种制度。柳宗元随后反对此意见，认为当时的圣王因

---

[62] 林之奇：《观澜文集》，第 7 卷，第 1—6 页；吕祖谦：《古文关键》，第 1 卷，第 27—33 页。
[63] 吕祖谦：《古文关键》，第 1 卷，第 27—33 页。此文的选译见 de Bary et al., eds., *Sources of Chinese Tradition,* 559-564。关于此文的简介，可见 Chen Jo-shui, *Liu Tsung-Yüan and Intellectual Change,* 96。

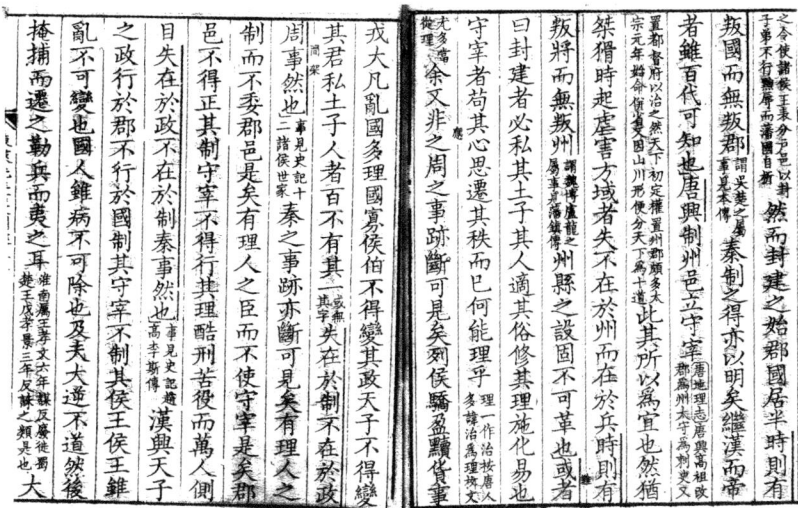

图2：吕祖谦：《古文关键》中柳宗元《封建论》一文中的双行批注和夹行批注。（12世纪晚期）（哈佛燕京图书馆藏清本[19世纪]）

着其时形势、不得已而延续封建制，并不是因为他们自己真的相信这种体制的持久性。吕祖谦的那些注解进一步标出此文段落之间的灵巧过渡以及文中令人印象深刻的语句（见图2）。

在宋代的版本中，这些注解因着字旁的评点记号而更具说服力。后来的版本常常省去了吕祖谦的评点记号，一些商业化的文集把若干评家的作品集合到一起，吕氏的记号也就跟其他人的混在一起了。[64]比如徐树屏（1712年进士）在他整理的《古文关键》一书中就记载到他使用的两种宋本都是带有评点记号的。[65]这些记号主要用来标示主要论点，并给文章分段。偶尔情况下，圆点被用来标出词语的使用。这些着重号因此在印刷文字之上成为直观的语法符号。[66]

《东莱标注老泉先生文集》提供了12世纪古文写作手册使用线条

[64]《新编诸儒批点古今文章正印》一书就是如此，见第六章的讨论。

[65] 吕祖谦：《古文关键》，凡例。又见俞樾（1821—1907）在1898年版中的跋。陈振孙（《直斋书录解题》，第15卷，第451页）提到吕祖谦同时提供了评点记号和注解。

[66] 有关标点符号作为可视的语法标记之功用，见 Parkes, "The Influence of the Concepts of *Ordinatio* and *Compilatio*"；引自 Carruthers, *The Book of Memory*, 224。

进行批注的直接证据。连续线标出文章的架构，它们或者标出连接词、或者标出短语，往往是两三个字长，指出讨论过程中的转折。在长句中，它们也把讨论的多个观点连接在一起。编者也用眉批来指出这些段落的重点。这些注释包括文章结构的索引（例如"主旨"）或者是相关段落论点的摘要。点、短勾等点明警句或精彩片语的记号也会偶尔出现，就跟《古文关键》宋本显示的一样。

在 12 世纪，吕祖谦既不是第一个，也不是唯一一个使用评点记号的人。中国文学中标点符号的使用有很长的历史。在吕氏编纂的古文文集中，他把这些符号作为教导写作的工具。这些符号后来也被应用在诗文集中，到了后世的朝代还出现在别的文体中。[67]加入注释和符号被证明是商业化出版古文文集和类书时非常有效的做法。贾晋珠在她研究建阳（福建建宁府）的商业出版一书中提到举业用书市场的竞争带来了市场推广手段的诞生。出版商定期以经典作品的新出注疏、页间注解（空白处和夹行）以及使用评点记号等作为营销出版物的手段。[68]

吕祖谦的例子显明"永嘉"教师为注释工具和举业用书出版的结合做出了贡献。他们自己的作品也成为商业化书籍中加以评注的对象。13 世纪某书商的一份广告中就特别强调评点符号可以帮助学生学习古文写作的语言和语法（见图 3）。[69]这份广告推广的是 1212 年出版的《圈点龙川水心先生文粹》两集，收录了叶适和陈傅良两人的文

---

[67] 有关历史上阅读批评文字时标点符号的使用，见管锡华：《中国古代标点符号发展史》。有关这类用法产生和发展的背景因素的讨论，见张伯伟：《评点四论》。有关其在宋代的使用，见任远：《宋代经读之出新与弊端》，第 59 页，以及高津孝：《宋元评点考》。有关后来的例子，见 Chia, "Printing for Profit," 96—97。又见郭绍虞：《中国文学批评史》，第 458 页；罗根泽：《中国文学批评史》，第 875—880 页；以及 Cherniack, "Book Culture and Textual Transmission in Sung China"。

[68] Chia, *Printing for Profit*, 46—50. Chow Kai-wing (*Publishing, Culture, and Power in Early Modern China*, 12—14, 109—123, 以及第四章) 将这些文字和其他种类的附加文字看作"旁文"(paratext)，把它们看作一个文本空间 (textual space)，在这个空间中公众读者逐渐形成，通过这个空间政治权力加以运行。他的分析描绘出旁文是如何在文学场域中建立公共性和权力的。就这些因素如何与政治实践相结合的过程而言，该书的分析不是很成功。

[69]《圈点龙川水心先生文粹（前集、后集）》，目录，第 1 页。

章选集。[70] 如第三章所言，叶适跟陈傅良在 12 世纪最后三十年是永嘉最有名的代表人物，代表着该地区科举教学及考场表现方面的出色成绩。陈亮和吕祖谦一样都是温州府人，跟永嘉诸子一同拥有对制度史和古文习作的思想兴趣。陈傅良的文章也享有类似的待遇。其现存最早的论体文文集是方逢辰批点 13 世纪 60 年代出版的《新刊蛟峰批点止斋论祖》。[71]

　　收录 12 世纪“永嘉”教师著作的商业化文集体现出 12 世纪和 13 世纪早期古文文集的第三种特点，即强调晚近的文学模式，而不是古典模式。宋代古文正典的形成跟阅读写作方面的教学紧密相连。对于教学中哪些作品和作者最有用这个问题来说，11 世纪和 12 世纪的答案是不一样的。12 世纪古文教师跟他们 11 世纪的前辈不同，特地从一组唐宋名家作品中选择古文风格的范文。这些文章和作者被收录于商业化文集中，形成了古文正典的核心内容。与此同时，古文正典的建立是开放的过程。有名气的时下作者和教师会被不停的被加入一份经典作者的名单里面。

　　11 世纪古文写作的教师认为战国、秦、汉、唐等时期的文学作品也应该是他们的主要学习范本。苏轼让他的学生阅读《战国策》（约编于前 1 世纪）以便了解如何讨论“利害”问题。他让他的学生阅读汉代官员贾谊、晁错（前 200—前 154）和赵充国（前 137—前 52）的奏章，以便了解如何讨论行政事务，阅读《庄子》，以便懂得如何解释万物之理。他也让他们阅读韩愈、柳宗元的作品，因为韩柳的文章涉及到文章写作的方方面面。[72] 苏轼推崇唐代作家的作品，因为其中展示了多个层面的修辞手法，这也解释了为何从 12 世纪起这些作品成为教学中特别关注的对象。

[70] 藏于台北“国家图书馆”。见 Tillman, *Utilitarian Confucianism*, 19–22，以及 Tillman, "Ch'en Liang on Statecraft"。需注意的是饶辉为此本作序，但他不是编者。见邓广铭：《陈龙川文集版本考》，收录于陈亮：《陈亮集（增订本）》，第 1—27 页。

[71] 据 1268 年本的前言，此书来自于更早的印本。方逢辰的批点是被邵青叟加入此本的。（青叟是一个常见的号，我无法找到有关这位邵氏更多的资料。）我读过藏于东京内阁文库此书疑似明代刻本的序言。最早提到此书的是瞿镛：《铁琴铜剑楼藏书目录》，第 21 卷，第 17 页。

[72] 王构：《修辞鉴衡》，第 35 页，引的是苏轼之友李廌（1059—1109）之语。

图3：1212年本《圈点龙川水心先生文粹》中的广告页（原本藏于台北"国家图书馆"，哈佛燕京图书馆藏有此书胶片）

南宋教师和编辑跟 11 世纪的古文教师不同，他们重视唐代文章，但是也特别重视北宋和南宋古文名家的作品。[73]在南宋古文文集中，唐代和北宋的名家（如韩愈、柳宗元、欧阳修和苏轼）从他们向往的古典作品语言中提取出一种新的文风。对于南宋教师来说，学生在唐宋作者的文章中，而不是在原本那些经典文本中更容易感受到古典式写作的特点。

韩愈、柳宗元及苏氏一家的作品在 12 世纪中叶已经很有名。从古文名家文集的出版史可以看出，他们的作品已经成为考试内容的一部分。商业出版的韩愈、柳宗元文集有好几个版本在市场上流行。[74]欧阳修、苏洵和苏轼的文集也有若干版本。[75]除了他们全集的版本之外，书商也出版他们的多种选集，比如《欧阳文粹》（1173）和《三苏文粹》（现存最早的本子是由某 12 世纪 90 年代早期版本扩充而来）。[76]

吕祖谦在确定唐宋古文作者之正统地位方面扮演了主要角色。在他教学和文集编纂中，他从后世著名的"唐宋大家"的作品中选择文章。这些"大家"包括韩愈、柳宗元、欧阳修、苏洵、苏轼、苏辙（1039—1112）及苏轼的一些弟子。[77]这些人的文章成为吕祖谦写作教学课程的核心内容：[78]

166

> 学文，须熟看韩柳欧苏。先见文字体式，然后遍考古人用意下句处。

吕氏选集《古文关键》和《东莱标注老泉先生文集》都强调一个教学主张，即这些古文名家作品和浙东教导的一种特殊阅读方法可以帮助学生掌握学习写作的"关键"。除了他自己编纂的文集，吕氏也

---

[73] 林素芬：《吕祖谦的辞章之学与古文运动》，第 152 页。

[74] 刘真伦：《韩愈集宋传本研究》。

[75] Chia, *Printing for Profit*, 139–140，见 Bol, "Reading Su Shi in Southern Song Wuzhou"。

[76] 有关这些文集的更全面的分析，见 Bol, "Reading Su Shi in Southern Song Wuzhou"。

[77] 有关唐宋古文名家地位确立的另一种历史叙述，见 Takatsu, "The Selection of the 'Eight Great Prose Masters of the T'ang and Sung'"。

[78] 吕祖谦：《古文关键》，第 1 卷，第 1 页。

在他的学生中间推广其他类似的古文文集。婺州印刷的《精骑》一书可能并非吕氏所著，但据说也是推荐给他学生的读物。[79]该书收录同样那批唐宋古文名家的选文。吕氏警告他的学生不要抄袭三苏的作品，[80]可是《古文关键》的目的就是教导学生学习三苏立论的方法。吕氏的评点告诉学生这些模范作者如何面对具体问题构建原创论点。

吕祖谦的学生继承了他写作方法的教导。楼昉（1193 年进士）在金华和位于京城的太学教书。根据 13 世纪传记作者陈振孙（约1190—1249 之后）的记载，他的学生们认为他的古文选集"便之"（"方便"）。[81]楼氏的这部选集以多个书名流传，在陈振孙的书录中被列为《迂斋古文标注》，这也是著名诗人、文艺批判家和政治家刘克庄（1187—1269）提到的书名。[82]13 世纪早期此书以不同书名流传于世。现存的两部宋本是《迂斋标注诸家文集》（1226 年序）和《迂斋先生标注崇古文诀》（1227 年序，据说是第一版）。[83]这些版本都证实了此书在 13 世纪受欢迎的程度。此文集的出版史也进一步显示出在印本之外，抄本一直还是重要的书籍发行形式。[84]

陈振孙提到楼氏从吕祖谦《古文关键》一书受到启发，但他加入了更多的资料。尽管楼昉选集收录了更多的文章和作者，欧阳修、韩愈、苏轼和柳宗元仍然是名列前茅的作者，他们分别有 26 篇、25 篇、22 篇和 14 篇入选。此书收录了从中国历史开端直到宋代的 49 位作者，168 篇文章，这里面超过半数的文章属于以上四位作者。

12 世纪古文教师成为古文名家之后，个人文集和总集中都可以明显看到对 12 世纪后期作品的逐渐重视。当 11 世纪古文名家的选集被首次商业化出版之后，12 世纪古文作者的合集也很快出现了。1212 年左右建安出版了陈亮和叶适的作品选集及注解，即《圈点龙川水心先

---

[79] 我查阅了藏于台北"国家图书馆"的宋本。有关此书进一步的信息和其背景，见 Bol, "Reading Su Shi in Southern Song Wuzhou," 75–77, 89–93.

[80] 吕祖谦：《古文关键》，第 1 卷，第 1 页。

[81] 陈振孙：《直斋书录解题》，第 15 卷，第 452 页。

[82] 高津孝：《宋元评点考》，第 133 页。

[83] 这两个本子均藏于北京图书馆。

[84] 井上进：《藏书と读书》。

生文粹》（见前面图 3）。有可能是同一位书商在 1259 年出版了两卷本
的杨万里选文及注解，即《批点分类诚斋先生文脍》。[85]13 世纪 60 年代　168
方逢辰给陈傅良论体文做的评注本也反映了这种趋势。吕祖谦、陈傅
良、叶适、杨万里及其他一些名气较小、来自永嘉及温州附近的作者
如郑伯熊、戴溪（1141—1215）、陈武（1178 年进士）和陈谦（1144—
1216）的范文都广泛流传。这些学者有关某具体主题的一些讨论文章
会在学校和他们朋友中单独流行，之后会被收录于更大部头的合集
中，比如《十先生奥论注》。[86]

　　12 世纪和 13 世纪前期古文经典还未完全确立。唐代和北宋各大
家的地位已经稳固，但经典作品的范畴还是可变的。这种经典作品方
面的开放性使得当时作者也能被包含进去，当时的作品也占据更大的
份额。尤其明显的是大部分南宋出版的古文选集中多数文章是宋人所
作。《古文集成》 522 篇文章，约 80% 是宋文。[87]方颐孙在他 1242 年
《鮂藻文章百段锦》这一古文指南中收录了北宋作者 70 篇文章（其
中有 34 篇或者半数左右来自于苏轼），南宋作者 42 篇（其中 29 篇
是吕祖谦所写），此书只有两篇唐代以前的文章，四篇韩愈和柳宗元
作品。[88]

　　　12 世纪晚期古文正典的特色就是一组唐宋时期的作家作品，他　169
们占据了古文写作的中心地位，也被用来教导语言、阅读和写作。浙
东学者在确立这组核心文本和作者中扮演了关键角色。吕祖谦评注
文集及其派生出来各种作品的出版发行确立了古文诸子的系谱，同
样重要的是，这些作品也把非正式的那些古文正典作为教导写作的工
具。由于类似的原因，浙东学者的作品也被加入正典列表之中。吕祖
谦、陈傅良、叶适的论体文评点向举子展示了如何在考试文体写作中

---

[85] 台北"故宫博物院"图书馆藏有一部元本，其中有方逢辰 1259 年写的序言。此本被标注
　　　为建安李诚父编选。

[86] 有关此书更详细的说明，见附录。

[87] 纪昀等编：《四库全书总目提要》，第 38 卷，第 4163 页。我在第六章和附录中对此书有更
　　　详细的讨论。

[88] 有关《鮂藻文章百段锦》的进一步讨论，见第六章。

应用古文的修辞手法。在 13 世纪文集中，教导古文的目的、选择和方法都被改变，既反映出道学运动在考试场域日益增长的影响力，也反映出人们对文集出版的持续性商业兴趣。这些变化会在第六章加以讨论。

第三篇　考试场域中的朝廷

第五章

朝政与科举标准（1127—1274）

960 年宋太祖登基，随即重建科举来选拔官员。作为曾经的后周
将领、现在的天下共主，太祖认识到科举对于培养官员文士忠诚度和
维持政权长治久安的价值。他又于 973 年引入影响深远的殿试制度。
考生在殿试中需作答的题目或者由皇帝亲自设计，或者由其最重要的
大臣撰写，这也充分体现出考试对于皇权统治的重要性。

尽管考试在意识形态方面和皇朝统治纠缠一起，朝廷却未必能掌
控这个场域。如前文所述，在 12 世纪下半叶，"永嘉"教师创立了特
点鲜明的辅导课程。通过出版商业化的举业用书，他们成为决定考试
标准的权威。也就是说，教师和出版商参与制定了考试标准。本章研
究南宋时期朝廷和中央官僚机构（包括皇帝、宰相和考试官员）在确
定考试标准方面扮演的角色。本章将分析中央政府的作用及其在场域
中给自己的定位。因为在场域中规则因时而变，代理人也会调整他们
的立场，所以本章另一个重点是研究政府如何根据变化来修订自身政
策。从 12 世纪 30 年代到 13 世纪 70 年代，政府对考试进行规范，通
过对这种规范的跟踪研究，我们可以看到其政策之转变，也就是从 12
世纪的课程调和主义演变为王朝最后五十年间的课程标准化政策。从
宋代科举的宏观背景来看，这两种政策其实都深深的体现出南宋政府
在制定考试标准方面所扮演的次要角色。

"大公"政策

南宋政府在 12 世纪后半叶一直强调"大公"原则。这个口号体现出朝廷期望消除党争的心态，因为党争在 1070 年至 1126 年间已经成为宋朝政治的五十年特色，后来宋廷无法抵挡女真入侵、丧失北方的统治，党争也作为主要因素而广受责备。为了在南方重建宋朝权威，临安的第一位皇帝高宗拒绝认同过去任何一派，无论是王安石新法的支持者（1076 年至 1086 年、1094 年至 1124 年间主持朝政）还是其主要对手如程颐、司马光、苏轼等人（1086 年至 1093 年执政）。在教育领域，对于大公的坚持表现为拒绝支持党派主导的课程设计。高宗和他的后继者一直坚持这一原则，即任何一个政治派别或者思想学派都不能主导科举考试的内容，这项坚持一直维持到 1241 年。

在考试场域中，南宋朝廷对大公原则的坚持跟王安石及其追随者的科举政策形成鲜明对比。从 1071 年开始，王安石及其派系开始了一系列的制度和教学改革。这些改革的总目标是创立一个合一的官僚阶层，其成员受过经典学术的训练，认同一些经典文本的教导，即官僚有责任维护政府对社会的控制。这方面的第一项改革是取消很多科目的登科途径。王安石取消了诸科的考试，因此考生只能在常规的进士科上竞争。

175

进士科的考生必须要掌握一整套学术内容，其强调的是经典研读和行政技能，而不是文学才华。第一场不再考察学生创作诗歌的能力，相反，考生必须针对政府新确立的经书（《诗经》《书经》《易经》《周礼》和《礼记》）中的十篇选文加以解释。他们也要回答十道有关《孟子》和《论语》的问题。

第一波反对王安石这种中央式政策的意见导致他在 1073 年辞去相位，在此之后，王安石以进一步的课程改革来回应他的批评者。他主持了《三经新义》这一标准化注疏的编写，自己还给《周礼》做注，并促成《诗经》和《书经》注解的编写。这些书籍为王氏的中央化政策提供理论基础，[1] 也代替了当时考生使用的其他注解。1075 年朝廷向

---

[1] Hervouet, *A Sung Bibliography*, 29.

所有官学颁布这些新的注解。这项政策的关键性在于王安石期望把全国官学系统和科举考试相结合。考生在官学接受长时间教育，最终王安石希望学校教育可以代替科举来选人。

1082年，朝廷把王氏编写的《字说》加入官学课程。[2]如同包弼德关于王安石的研究所言，通过在科举中强调经典文本分析和《三经新义》的注释角度，王安石"是在发展一种学的方式，这种方式证明他所相信的一种为政方式是遵循道的。"[3]

王氏的课程改革立刻带来了冲击。当《三经新义》成为官学的核心教材并决定考试成功与否的时候，考生便把他们的重心放到学习这一新教材上。官学不是唯一采纳政府主导课程的机构，私人教师和书商也支持新的课程。20世纪之前的中国社会中，官学系统从来没能实现王安石构想的角色。在11和12世纪，学校无法吸收日益增长的考生，私人教师和书商给那些未能进入官学的学生提供培训。出版商的数目跟考生的数目同步增长。[4]

新法实行时期，出版商销售那些政府主导课程的材料。1112年的一份奏章抱怨私人出版的《三经新义》缩微本，因为考生偷偷把它们带入考场以便抄袭。[5]这个证据可以显示出12世纪初私人出版业的不断扩展，不过与其相伴的既不是多元化思想氛围的起始，也不是多元化考试内容的设立。下文讨论之后几十年间的课程改变，说明私人出版业反映的是教师和官员以及他们所属的思想和政治派系在定义课程标准上的交锋。[6]

跟11世纪和12世纪早期动荡的制度和教学的改革与反改革不同，

176

177

---

[2]　荒木敏一：《宋代科举制度研究》，第383页，第390页，第399页。

[3]　Bol, "*This Culture of Ours*," 233.（译注：中译见包弼德：《斯文——唐宋思想的转型》，江苏人民出版社，2001年，第245页。）

[4]　Chia, *Printing for Profit*, 66；尾崎康：《宋代雕版印刷的发展》；Chaffee, *The Thorny Gates*, 35。

[5]　Chia, Printing for Profit, 121.

[6]　周启荣（Chow Kai-wing）反而认为（*Publishing, Culture, and Power in Early Modern China*，导言及第四章，特别是第149—151页），私人出版业的发展有助于创造一种思想氛围，这种氛围鼓励在科举考试中对儒家经典进行开放的、多元的解释。据他看来，商业出版有这种影响力因为它会促进读书人阶级的成长，也因为它给这个阶级提供了宣传的机会和随之而来的政治权力。他的论点仅仅涉及晚明时期，没有谈到12、13世纪商业出版的早期成长。

南宋政府在科举制度上采用低调的态度。1145 年朝廷为科举考试建立了一项制度架构，该架构一直被稳固沿用到王朝的灭亡。1145 年的新政策试图在王学改革派和保守派中寻求一种妥协。

至于考试内容方面，朝廷希望通过强调"博学"的价值和允许各种学说相互争竞来缓解改革年代课程变动造成的混乱。[7] 由于这项避免党派学术的决定，宋朝政府在考试场域的立场也因而改变。它并不直接控制图书出版和考场结果，仅仅是加以监督。本节下面会回顾南宋政府关于科举的规定，并且讨论政府参与出版举业用书的做法。虽然下文关于政府法规和出版记录的讨论表明政府减少了考试场域中的行为，它还是重新给自己定位，为的是回应其他参与者声称的权力，这些权力在王安石时代曾是朝廷享有的。

有宋一代，政府颁布过若干科举条例（《贡举格式》、《条式》、《贡举式》、《贡举条例》）。其中一些涉及到科举的全部方面，另一些仅对一部分的考试科目和层级进行规定，比如真宗（998—1022 年在位）时的《亲试进士条例》或者拥有很多版本的《发解条例》。[8] 开封陷落之后颁布的大部分条例关心的是程序方面的事情。这些条例解释了科举考试的组织形式和管理方法，包括进士科的每一个层级和类型，监考判卷的官员吏员，考生的资格，主管的任命，以及考试的配额等等内容。这些条例也涉及每一科考试的大致结构，比如考试的文体，每种文体的题目数量，不同类型的写作顺序以及某些情况下具体某种文体题目会使用的著作。

1145 年，高宗颁布了关于进士考试组织结构的里程碑式的诏书，[9]其中的规定一直沿用到宋代最后一次科举考试。南宋科举的稳定性结构跟 11 世纪和 12 世纪早期科举程序上武断的、持续的变化形成鲜明

---

[7] 《宋会要·选举》，四之四十至四十一（1171 年），五之六（1183 年），五之七至八（1185 年），五之十至十一（1187 年，这节也是前文引用洪迈等人的那篇奏章）。

[8] 荒木敏一：《宋代科举制度研究》，第 44 页，第 50 页，第 161 页，第 289 页，及书中其他各处。荒木敏一表明这项政策是由真宗提出来的，见《宋会要·选举》，十四之二十二，十五之九，及全书各处。可见丁度等编：《礼部韵略》中收录的科举法规（《韵略条式》）。

[9] 有关高宗初年科举方面的这条诏书及其他法规，见 Chaffee, "Examinations During Dynastic Crisis." 高宗和他的朝廷不停关注的科举考试，这说明在 12 世纪前期朝廷和政府认为科举具有至关重要的意义，这种观点的基础是当时政府和士人精英之间的关系。

对比。诗赋场的历史就能说明北宋和南宋时期政策变化的频率差异。在高宗1145年诏书之前的一个世纪，科举中诗赋的规定被改变了六次。范仲淹提出的十项改革规定第一场要试策，诗赋则被放到后面的场次。仁宗（1023—1063年在位）在1044年支持这些提议，但是在后一年就废除了这些改革。1071年王安石取消诗赋。1086年诗赋再次被用于科举，不过一旦改革派重新掌权，就又被取消了。1127年诗赋被重新引入。[10]

1145年颁布的条例是科举考试拥护诗赋和反对诗赋两派妥协的　179
结果。如同导言解释的一样，进士考试被分成了诗赋和经义两科。解试和省试各有三场。选择诗赋科的考生需要在第一场作一首律诗和一篇赋，第二场写一篇论，最后一场写三篇策。选择经义科的考生在第一场回答三道有关自己专精一经的经义题以及关于《论语》和《孟子》意义的题目各一道，第二场写一篇论，最后一场也是写三篇策。[11]现存史料无法告诉我们到底选择这两科的学生数目有多少，但是据朝廷诏书和馆阁收录的人物传记显示，当时的朝廷政策确实在某种程度上成功地平衡了（或者扩充了）两科的考生人数。[12]

这些条例顾及到要求在科举考试中恢复诗赋写作的呼声，也整合　180
了变法时期实行的若干政策。古典学术作为一种选择被完善地确立下来。另一项王安石科举改革的措施也被保留下来，那就是其对于政府行政的重视。在科举最后一关殿试中，考生要提交一篇策文。王安石

---

[10] Chaffee, *The Thorny Gates*, 71; Lee, *Government Education and Examinations in Sung China*, 152–53; Elman, "An Early Ming Perspective on Song-Jin-Yuan Civil Service Examinations;" Elman, *A Cultural History of Civil Examinations*, 730–733.

[11] Chaffee, *The Thorny Gates*, 5;荒木敏一：《宋代科举制度研究》，第394页；《宋会要·选举》，四之二十一至二十二，四之二十八。祝尚书（《宋代科举与文学考论》，第198页，第204页）说明有关诗赋的疑虑仍然存在。1157年学生再一次被要求同时准备诗赋和经义的考试，但是这项政策仅在1159年那次考试中实行。

[12] 贾志扬（John Chaffee）认为诗赋"持续的吸引了大多数的考生"（*The Thorny Gates*, 71）。馆阁中的人物传记数据显示在南宋的进士中，出身诗赋科的人数大致和出身经义科的相等。有一小部分考生同时参加两科。这是基于我自己对王宇的有关经义科的数据（《南宋科场与永嘉学派的崛起》，第152页）和《南宋馆阁续录》第七卷和第八卷中提到的诗赋科进士人数比较后的结论。王宇使用经义科进士的数据来追踪1162—1262年间前每一部经书的受欢迎程度（原文错误的写为1062年）。他的证据说明《书经》在专经中最受欢迎，超过《春秋》和几部礼书。尽管这个排名变化不大，但他的数据还是显示出精于某经书的学生比例有波动。比如《春秋》在13世纪时受欢迎程度逐渐提升。

当初引入这项政策以便替换掉 1071 年以前的诗赋场。因此，1145 年的条例既巩固了王安石体制改革的效果，又消除了保守派主要的顾虑。

南宋政府成功地终结了各个派系有关科举场次的争议，它也没有因此建立一套新的考试科目。政府撤回了其对王氏注疏和《字说》的官方支持。开封陷落之后出版的考试条例虽然将每场测试不同文体写作的过程大致描述出来，但在具体经书的使用方面却没有提出什么指导。

从 12、13 世纪出版业的发展上也能明显看出政府不再制定考试的科目。在北宋建立之后的第一个百年中，国子监出版的各种版本的经书、史书和官方韵书统治着图书市场。[13] 据贾晋珠的研究，11 世纪国子监出版所有官方指定的举业用书——五经、《论语》、《孟子》、七部断代史以及韵书。[14] 国子监把其出版物发放给官学。在王安石时期，朝廷也用同样的手法将新的经书注释和王氏字典指定给官学使用。[15] 在改革被中止之后，国子监逐渐丧失了其在出版界的地位。贾晋珠发现"学校中有关国子监向其捐献图书的记录仅限于北宋。"[16] 这说明在南宋早期政府放弃了在全国范围内发行标准化教材的努力。国子监的角色也随之从教材的主要供应者转变为专门审查大量私人出版教材的机构。

从 12 世纪早期的几十年开始，商业化出版举业用书就开始盛行。书店、书坊、作者、评论者和编者——以及大量成功或不成功的考生和教师——出版了类书、写作指南、古今文集、考场各种文体的范文合集、名家作品评注本、韵书以及经、史、子、集的各种廉价印本。[17] 参与出版活动的国子监等中央部门和各地官方机构在举业用书领域迅速丧失了它们的地位。

从一些业已亡佚的书籍名称中可以看出 12、13 世纪涉及科举各

---

[13] 南宋时期，《礼部韵略》（约 1037 年出版）成为考生中最流行的韵书。它由国子监出版和发行，之后也有商业发行商重印此书，供考生使用。有关《礼部韵略》一书的监本和私人印本，见 Poon, "Books and Printing in Sung China," 266-267 以及 Chia, *Printing for Profit*, 111, 130. 有关其在考试中的使用，见荒木敏一：《宋代科举制度研究》，第 98 页。

[14] Chia, *Printing for Profit*, 118.

[15] Bol, "*This Culture of Ours*," 232.

[16] Chia, *Printing for Profit*, 118-119.

[17] Poon, "Books and Printing in Sung China," 100-112. 有关各种类型指南的详细列表，见祝尚书：《宋代科举与文学考论》，第 261—301 页。

文体的辅导书籍和文集的情况。比如一位南宋进士段昌武编写的《诗义指南》就在解试和省试的经义题备考中排名第一。段昌武也为精通《诗经》的考生编写过另一本辅导书，但是除此之外我们对他一无所知。[18] 对于那些选择诗赋科的学生，也有《万宝诗山》[19]、《指南赋笺》等由无名者编纂的商业合集。[20] 现存的《论诀》、《答策秘诀》等写作手册和《论学绳尺》、《策学绳尺》等文集也生动地展现了在南宋后期教师和书商如何运用自己的影响力来改变策论写作的标准（见第三章、第七章和图 1）。

宋廷根据"大公"政策改变了其对待商业出版的策略。只要书商出版的每本书能通过地方机构和国子监的审查和批准，他们就可以在市场上销售这些考试辅导材料。这项政策合法化了书商对考试场域的参与；它也认可了私人举业教师的教学活动。如同我们在第三章讨论的"永嘉"教师一例中所见，私人教师给书商编写指南和文集。通过合法化举业用书的商业化出版，南宋朝廷不再遵守 12 世纪早期通过的出版法。在贾晋珠书中有一个表格，列出了所有有关商业出版科举书籍的条例。其中 1101 年到 1117 年之间颁布的所有规定都严禁由私人出版科举书籍。[21] 备考手册的书版被下令销毁，那些举报商人出版科举书籍的平民百姓可以得到奖赏。1145 年和 1253 年之间颁布的官方报告和朝廷法规与此不同，仅仅禁止出版那些未能通过地方政府和国子监审查的书籍。这些条例被不停地颁布（贾氏的表格中在一百年内列出了九次），说明政府担心自己无法有效地担任举业用书审查的最终决定者。

182

183

---

[18] 17 世纪黄虞稷的《千顷堂书目》中提到这部作品（第 1 卷，第 38 页 a），引自周彦文：《论历代书目中的制举类书籍》，第 8 页。有关段氏在《诗经》方面的其他作品和有关他少量的传记资料，见《四库提要》，第 15 卷，第 306 页和昌彼得等编：《宋人传记资料索引》，第 1703 页。有关解释经书的其他文章合集，见下文"伪学之禁和文集编纂的政治化"一节中对陈说奏章的讨论。

[19]《四库》的编者称此书是宋代最详尽的"程试之作"选集。他们在评论另一部科举诗集《须溪四景诗集》时提到此书（《四库提要》，第 164 卷，第 3435 页）。

[20] 陈振孙《直斋书目解题》中提到此书（第 15 卷，第 458 页）。陈氏认为此书和其姊妹篇都是某家书店出版的，收录了直到绍熙年间（1190—1194）的诗赋文章。

[21] Chia, *Printing for Profit*, 121–123.

政府对所有出版物进行官方审查的坚持体现了"大公"政策的意义。"大公"说明朝廷决定将党争排除出考试科目。它不但暗示出朝廷允许多元化的想法，也成为朝廷判断其臣民行为和作品是否合宜的标准。只要政府不把科举文章和举业用书看作党争的工具，这些作品就可以表达各种各样的观点。不过随着反对王安石变法的程氏之学在南宋复兴，其门徒主张排除异己、坚持正统的做法开始影响到时文写作。后来的政府也认为这种行为违反了"博学"这一科举写作的标准，成为一种政治威胁。下面两节将叙述政府回应此挑战的过程。

12 世纪的预防性干预政策

南宋政府在 12 世纪从始至终都表达出其对"大公"原则的坚持。这项政策也导致北宋末年被禁的程学复兴。讽刺的是，政府坚持的"大公"原则派生出来合一精神，可是也正是这种精神驱使政府展开一系列针对程颐门生的打压。有关政治和思想合一的修辞掩盖了其对主战言论的审查。[22]

184 　　自从北宋丧失北土之后，12 世纪初的改革派人士就被视为那场溃败的原因。宰相蔡京（1046—1126）及其身边的改革者曾经竭力压制反对他们的声音，[23] 程学门人当时是勉强谋生。在高宗时期，那些被迫害者得到平反。各种奏章主张让程学、王学等不同学术派别彼此和解、互相承认。朝廷也支持这样的和解主张。

　　程学地位的恢复不是一帆风顺的。早在 1136 年，时任右司谏的

---

[22] 见 Hartman, "The Making of a Villain,"特别是第 89—93 页。蔡涵墨（Charles Hartman）强调在高宗和秦桧时期政府强制建立了统一政治与思想秩序。可是与王安石不同，秦桧并没有致力于创建一种共有的思想和政治文化，反而积极压制那些反对他主和立场的人士。李瑞（Ari Levine）的博士论文 A House in Darkness 对北宋党争进行深入描述和分析，也在党争的论述及实践这种大背景下讨论了拥护及反对程颐洛学的情形。一般有关宋代党争的历史研究都是着重于北宋时期，沈松勤则在其《南宋文人与党争》一书中研究一直持续到南宋时期的党争史。他描述了党派之间的冲突，解释南宋党争政治中的各种概念，并且探讨了当时相关的政治、思想和文学因素。

[23] Chaffee, The Thorny Gates, 79.

陈公辅（1076—1141）就发动了一场针对程学门人的运动，指责他们藐视朝廷公正无私的原则。陈公辅对认同程学的人士提出总体上的指责，并要求查禁他们的理论。他反对他们的思想系谱，也就是那个号称程氏兄弟在圣人之道不传几百年之后重新发现这个普世道德真理的讲法。从程学门徒对真理的独占看法和他们与人不同的言论行为中，陈公辅看到党争的倾向。这个观点也是有根据的。与程颐及其门徒生活在同时代的人士发现他们与寻常人的穿着和行走姿态都不一样。[24] 程颐讨论他自己哲学理论时使用的语言对于那些传统经典或古文运动出身的人来说晦涩难懂。陈公辅认为当时的程学学者在言语行为上都保持一致，这跟王安石专制统治时期士人的堕落表现极其相似。[25]

185

　　陈公辅对程学的控告清楚地说明尽管朝廷试图阻止政治上的党争，这种现象仍然存在。1130 年代对程学的攻击跟对秦桧的支持联系在一起。[26] 1127 年女真入侵的时候俘虏了皇亲和朝官家属三千多人，秦桧也是其中的一员。秦桧本来是主张抵抗的一位官员，自从他被俘虏后开始倾向于和谈。1130 年他逃出金营，回到南宋朝廷，[27] 然后主张不论花多大代价，都要和女真人议和。高宗皇帝此时能拥有皇位的前提是北宋末代皇帝钦宗（1126—1127 在位）一直是金人的俘虏，所以他逐渐确信主和政策会保证他对南方领土的稳固统治。他提名秦桧为相。从1138 年（宣布和议条件的那年）到 1155 年（秦桧去世），同金人维持和平成为"国是"。[28] 违反这条原则的主张会成为政治打击的对象。

　　秦桧的主和政策在官员和士人中激起了反对的声音。对程学感兴趣的士人一般是坚定的主战派。在朝廷上，秦桧遇到的是赵鼎（1084—1147）的反对，赵鼎从 1127 年起就是高宗的亲信，也一直支持对金用兵的主动政策。他怪罪王安石和改革派政府带来的军事灾难，主张给包括程门的反对派人士平反。在 12 世纪 30 年代前期，高

[24] Tillman, *Confucian Discourse and Chu Hsi's Ascendancy*, 21.

[25] 李心传：《道命录》，第 3 卷，第 24 页；《宋史》，第 28 卷，第 528 页。

[26] Franke, eds., *Sung Biographies*, 241−247.

[27] 当时人们认为秦桧所谓的"逃脱"其实是女真贵族完颜挞懒策划的（Hartman, "The Making of a Villain", 65）。

[28] 余英时：《朱熹的历史世界》上册，第 373 页。

186　宗继续信赖赵鼎。为了纪念他成功地在长江附近紧要地方恢复了和平，赵鼎于 1134 年被提拔为副相（参知政事）。[29]

　　赵鼎在这个位子上成为秦桧和议政策的主要反对者。秦桧把他这个主要对手的不合作态度与程学门人的反对立场结合起来。于是本来是驱逐反对和议的对手，现在则变为击败程学门人的阴谋。胡安国（1074—1138）[30]作为提倡程学的重要人物在 12 世纪 30 年代是朝廷的讲员，其为《春秋》做的注解日后成为理学教程中此经书的标准读本。胡安国针对陈公辅对程学的攻击写了一份长篇的反驳。在朝廷中，胡氏为程颐之学做辩护的行为进一步成为程学学者参与党争的证据。陈公辅及其他人随后提出抗议，胡安国也因此而离开朝廷。

　　在 12 世纪 40 和 50 年代，秦桧对程学学者主张的"专门之学"开展了一系列的攻击。他指责赵鼎是这个党派的带头人。[31]12 世纪 40 年代中，秦桧对利用科举来扩大程学势力的做法越来越担心，他觉得这些人就是要反对 1142 年的宋金和议。和议签署之后在抗金战争中获得军功的将军们被免职或者清除出去，这也成为反对者聚焦的重点之一。秦桧加大了压制异议者的力度，继续从朝廷中驱逐赵鼎的盟友和程学门人。陈公辅对他们加以控告，建议惩罚，这都有助于秦桧的政策。

　　为了防止新的政敌渗透进政府，秦桧开始检查选官的各种途径，科举考试也因此被严加监视。1144 年，朝廷批准了殿中侍御史汪勃
187（1088—1171）的请求，晓谕考官，一律不取那些"采摭专门曲说，流入迂怪"的文章。[32]这里"专门曲说，流入迂怪"的用词明确体现了朝廷将程学和程学门人排斥在科举及任官之外的意图。

　　1155 年秦桧死后，这个反对"专门曲说"的浪潮平息下来。尽管秦桧的主和政策仍然是朝廷的首要政策，他反对程学的做法似乎未能达到他的预期效果。不过到了 12 世纪 60 年代，越来越多的程学人士

[29] Franke, eds., *Sung Biographies*, 72–82.

[30] Franke, eds., *Sung Biographies*, 434–436; van Ess, *Von Ch'eng I zu Chu Hsi*, 201.

[31] Schirokauer, "Neo-Confucians Under Attack," 166.

[32] 李心传：《道命录》，第 4 卷，第 3—4 页，引自袁征：《宋代教育》，第 54 页注 3。

通过科举考试，对在考试写作中使用程学学者理论的抱怨也重新浮出水面。谢康伦指出 12 世纪 50 年代后期和 60 年代中期，登科的士人可以分为人数相同的两类，第一类大致是程学的追随者，后来被当作伪学门人受到迫害，第二类则是迫害前者的人。[33] 在那些 12 世纪 60 年代和 70 年代前期的奏章中，考官和一些高层官僚开始抱怨时文中出现的程学学者的观点。这些考官用贬损的语气来形容程学中人的专有言论，比如古怪的语言、与禅宗相仿的用词，以及在传统经典中找不到的字眼。尽管这些指责没有公然指责程颐的教导，但它们还是对时文之中程学学者的言论进行了直接批评。[34]

12 世纪 60 年代和 70 年代前期的时文写作发生了一种哲学上的风向转变，当时一些评论家对这种变化十分焦虑，这种态度跟陈公辅在朝廷批评程学的态度同出一辙。他们担心的是这种思想学说兴起会带来文化影响力，不过跟秦桧时期的批评者不同，这些人并没有把党争当作批评的理由。他们提倡基于历史的学术研究及古典的写作方式，引用晋代（265—316）文化和政治史说明形而上学似的空谈只能带来行政上的灾难。试起居郎留正把这种哲学思想的兴起看作考试场域中可疑的趋势，因为它会对精英文化造成影响，不过他小心避免将此变化的原因归结为程学。[35] 王安石和秦桧时期遗留下来的记忆说明直接指责别人只能带来激烈的政治斗争。相反的，留正主张考官和考生都应该留意考试的基本原则。他特别强调每种文体都要遵循相应的韵律和结构标准，并要展现多才多艺的学术造诣（见第二章）。

188

---

[33] Schirokauer, "Neo-Confucians Under Attack," 167.
[34]《宋会要·选举》，四之三十四至三十五、三十九、四十至四十一。这些奏章的年代分别是绍兴三十一年（1161），乾道五年（1169），和乾道七年（1171）。最后一篇奏章是由留正所写，不过他似乎跟后来所谓的道学人士没有发生过冲突。实际上，留正自己也被归入伪学一党。见 Schirokaur, "Neo-Confucians Under Attack," 180; Franke, eds., *Sung Biographies,* 624–628. 见荒木敏一：《宋代科举制度研究》，第 395—396 页，又见祝尚书：《宋代科举与文学考论》，第 242—260 页。
[35] 留正这次的做法要跟后来他试图解决党争的努力结合在一起看。1186 年留正成为参知政事，此后直到 1194 年他都是政府最高层的一员。他因此而推荐朱熹等道学人士进入政府，不过他仍然和后文提及的前任宰相王淮派系一同工作。朱熹批评他立场不坚定。有关 12 世纪 80 年代和 90 年代中留正在政府中的角色，见余英时：《朱熹的历史世界》下册，第十章和第十一章。

12 世纪 70 年代和 80 年代支持程学的人士继续在科举中取得成功。12 世纪 70 年代和 80 年代前期举行的四次科举考试中，伪学之禁牵涉到的可能受害者成绩更好，他们以 16:2 的名额比例击败了他们日后的对手。[36] 这个时期也出现了最早对程学支持者的公开控告，认为他们破坏了时文和士人文化的原则。1178 年，侍御史谢廓然（？—1182）要求考官要注意不要选中程学和王学门人。他的抱怨极度政治化，他控告程学门人不但提倡经典传统中不存在的理论，而且用科举来实现党派目的。

189   谢氏的意见具有尖锐的针对性，与他之后的奏章共同反映出当时对朱熹一种日益增长的憎恶态度。从 12 世纪 60 年代直到 90 年代，朱熹通过出版书籍、从事政治、参与教育等活动把自己表现为程学门人的首位发言人。通过他的努力，程学被转化为一场思想运动，这场运动在 12 世纪后期通常被称为道学（见导言）。朱熹将程学学者对社会进行道德改革的呼吁制度化，为这场运动的成员创立了一种独特排他的身份认同。

在 1163 年到 1177 年之间，朱熹完成了一系列作品，勾勒出道学运动的传承系谱，把其中先贤作品以手稿或印本的方式传播。他在 1163 年完成了《程氏遗书》，将周敦颐和张载这两位 11 世纪的哲学家作为道学运动的奠基人，并在后面两年中出版了他们的三部作品。在朱熹看来，周敦颐的《通书》、张载的《西铭》、以及程氏兄弟文集全面的表达了道学的主张。在 1173 年出版的《伊洛渊源录》一书中，朱熹解释了这些思想家之间的关系。在此书中，朱熹厘清了道学运动在 11 世纪和 12 世纪初的传承脉络。《伊洛渊源录》是一部传记合集，从程学的奠基人开始，一直持续到程氏兄弟的朋友和门徒。[37] 此书描绘的系谱以及其中诸子作品的出版具有极其重要的意义。

朱熹创建了一个连续的思想家系谱，也为门徒们创立了一个传承道统的团体。这位教师声称自己属于一个可以直接追溯到 11 世纪诸

---

[36] Schirokauer, "Neo-Confucians Under Attack," 167.

[37] 下列作品中介绍了这部书：Tillman, *Confucian Discourse and Chu Hsi's Ascendancy*, 114–119; Hervouet, *A Sung Bibliography*, 222–223; 以及 Wilson, *Genealogy of the Way*, 160。

子的系谱，门徒们跟随这位教师学习，也就因此成为这个群体的成员。至于他自己，朱熹主张自己是系谱中当下的一环，不但因为其师长在思想史系谱中的地位，[38]也因为他在自己丰富的作品中努力阐明了道统的传承。1175年，朱熹出版《近思录》一书，此书堪称其努力建立道统传承群体的高峰。

朱熹是此文集编写的发起者，不过他也依赖于吕祖谦的帮助，因为吕祖谦熟悉编纂文集的过程，也一直维持着对程学的兴趣（第四章）。[39]《近思录》是为道学的入门学生而写的，把朱熹之前十年出版的11世纪四位名家的教导介绍给这些初学者。此书依照道学传统中一系列被朱熹看作最重要的概念组织而成，涉及实现道德自我修养的步骤以及道学和其他思想传统实践的关系。第六章会讨论《近思录》及其在道学传统举业用书中扮演的角色。此书跟现在讨论的内容有关，因为此书出版后不久，1178年就发生了第一次用结党纷争来公开抨击程学的行为，紧接着1183年又有了第二次攻击。《近思录》每节标题下的引文给人一种感觉，让人觉得北宋四子当时共同致力于同一个任务，这个任务后来被朱熹所继承，重建了一个道学追随者的团体。

朱熹有关11世纪诸子系谱及影响的作品和他创建一套新正典传统的作品被交替出版。在12世纪60年代和70年代，他为四书（《论语》、《孟子》、《中庸》和《大学》）作注解。1163年他写出了《论语要义》，之后他把他对《孟子》和《论语》的注解合并出版，成为1172年的《论孟精义》。《论语要义》的印本出现在1167年，1172年到1180年间《论孟精义》的四种印本在三个不同地方被出版。[40]1174年他为后来影响深远的关于《大学》和《中庸》的作品《大学中庸章句》和《大学中庸或问》准备草稿。1177年他完成了《论孟集注》和《论孟或问》

190

191

---

[38] 朱熹的父亲朱松（1097—1143）是杨时的学生，杨时则是程颐的弟子。朱松监督自己儿子的教育过程，在1143年去世之前把朱熹的教育交托给程学造诣深厚的学者们。朱熹于1148年通过科举考试，在12世纪50年代求学于李侗（1093—1163）。李侗跟朱松一样也是杨时的学生。见冈田武彦：《朱子の父と师》；束景南：《朱子大传》，第1—196页；以及Tillman, *Confucian Discourse and Chu Hsi's Ascendancy*, 40-41。

[39] 见第六章注解第67条。

[40] 束景南：《朱子大传》，第297页，378页，447页。

的书稿。这两部书后来很快在建阳这个有名的考试书籍出版中心被书商印行。[41]

朱熹注解合集中的一些经典作品在考试中长期享有特殊地位。在12世纪，《论语》和《孟子》是经义科考生的必读作品。朱熹将《论语》《孟子》与《中庸》《大学》相结合，不过这种做法也带来争议。后两部书是《礼记》中的两章，在儒家正典中不具备独立性。朱熹声称这四部书比《五经》更全面清晰地解释了上古圣人的中心教导，不过这种讲法让官员和士人产生疑虑。这种试图将《四书》提高到比《五经》更重要的做法被看作是程学对经典传统的一种排他和人为的重构。

朱熹在12世纪60年代和70年代为11世纪诸子和《四书》所写的作品说明他在12世纪70年代中叶时已经创立了一套关于道学核心
192　信仰和文本的自洽看法。[42]朱熹的政治生活展示了他对这些原则的坚持。在他1163年给孝宗呈递的奏章中，他称赞这位皇帝提升自身的道德行为。尽管朱熹支持最终收复北土，他还是批评孝宗几个月前试图北征的努力，督促皇帝将道德自我修养看作是比北方军事行动更重要的任务。在整个12世纪60年代和70年代，朱熹拒绝了若干个聘任。这些拒绝任官的决定很有争议性，因为这些行为暗示了他政治上的批评态度。[43]一旦朱熹进入政府，他在行政道德准则方面表现得很强硬。他在1182年弹劾颇具声望的学者、交际广泛的知府唐仲友。[44]在各种罪状之中，他控告唐仲友用政府资金出版荀子和杨子的作品，这项罪

---

[41] 市来津由彦：《朱熹门人集团形成の研究》，第288—289页，第401—402页。束景南（《朱子大传》，第300页）将朱熹《大学中庸章句》的第一稿定为1172年和1173年之间。有关《论孟集注》和《论孟或问》的私人印本，见束景南：《朱子大传》，第379页。

[42] 在市来津由彦关于朱熹教学活动的研究中（《朱熹門人集團形成の研究》，第二章第二节及全书各处），他也同样认为朱熹有道德哲学的认识在1170年代中期达到完善。

[43] Schirokauer, "Chu Hsi's Political Career," *passimi*; 袁征：《宋代教育》，第56页。

[44] Schirokauer, "Neo-Confucians Under Attack," 169; 及 Haeger, "The Intellectual Context of Neo-Confucian Syncretism,"506。这两篇作品都依照《宋史纪事本末》（第80卷，第679页）的标准叙事而成。有关朱熹和唐仲友的分析之处，见 Tillman, *Confucian Discourse and Chu Hsi's Ascendancy*, 134；朱瑞熙：《宋代理学家唐仲友》，第43—53页以及田浩（Tillman）提及的其他作品（前引书，第280页注2）。

名即使在同情朱熹的人看来也太过极端。[45]

除了他繁忙的出版活动和具有争议性的政治事业，朱熹也因其在学校和书院中将道学教导制度化的努力而引起朝廷的注意。在 12 世纪 80 年代和 90 年代，他兴建或重修了多所书院，让书院成为学生讨论和实践道学伦理之地。最著名也最具争议的例子当属他在 12 世纪 80 年代重修的白鹿洞书院。白鹿洞书院坐落于南康（江南东路），在宋代早期是获得朝廷支持的四家书院之一，具有遍及全国的名声。到了 1179 年朱熹知南康军的时候，这家书院已经失去了当年的荣耀。朱熹集合了地方上的支持重建书院，并依照道学的道德哲学制定学规。这项重修工程引人注目。朱熹试图让朝廷批准他的做法，又反复上书，要求朝廷补发丢失已久由太宗赐予书院的匾额和经书注解，因为皇帝对这间书院的认同会被解释为皇帝对朱熹领导的新兴道学运动的支持。不过在 12 世纪 80 年代和 90 年代，朱熹没有获得任何朝廷的支持，他的努力反而招致了大量的批评。[46]

12 世纪 80 年代开始有关考场写作的报告中针对程学学者的控告越来越详细。在一份 12 世纪 80 年的备忘录中，秘书郎赵彦中（1169 年进士）对程学学者排他式的经典诠释立场能获得支持表达了极大的质疑：

> 科举之文成式具在。今乃祖性理之说，以浮言游词相高。士之信道自守，以六经圣贤为师，可矣。而别为洛学，饰怪惊愚，士风日弊，人才日偷。[47]

谢廓然和赵彦中奏章的文风让人想起秦桧在 12 世纪 40 年代攻击"专门之学"时的修辞手法。谢赵二人认为，程学（"性理之说"）的形而上学部分在士人群体中人为建立了界线。那些认同程学学者话语

---

[45] 朱传誉：《宋代新闻史》，第 217 页。陈亮在 1180 年代前期和朱熹关系还不错，他也反对朱熹对此事的干预，见 Tillman, *Confucian Discourse and Chu Hsi's Ascendancy,* 136, 162。

[46] Chaffee, "Chu Hsi and the Revival of the White Deer Grotto Academy," 58–59; idem, "Chu Hsi in Nan-k'ang"; Walton, *Academies and Society,* 25–41。

[47] 《宋史纪事本末》，第 80 卷，第 679 页。

的人会讨论所有文化精英议论的核心价值（比如"道"）和核心传统（比如"六经"），但他们用圈内人才懂的话语掩饰自己的意见。考官把这些引用程学学者解释的考生看作是一个话语群体中的成员，这个群体中的成员"祖性理之说，以浮言游词相高。"谢赵二人发现这种排他性的话语通过考场文章传播各处，其影响与日俱增。

　　程学学者的话语体系被反对者视为"专门之学"、争竞之学。这种对程学新一轮的忧虑因 1183 年御史陈贾的奏章升级为对"'道'学"的直接攻击。陈贾在奏章中质问程学学者哲学话语中各项主张是否真诚。他谴责"'道'学"学者伪善地显示出诚心和道德正直的样子，这条批评预示了十年后那场对伪学的攻击。[48]御史陈贾用道学自身的概念来反驳其理论。他对程学学者的那套话语进行分析，把被程学学者重新定义的概念以经典传统常见的意义再次解释出来。[49]

　　他首先从"诚"和"伪"的定义入手。"表里相副，是之谓诚；言行相违，是之谓伪。"陈贾对"诚"的定义以及他把"诚""伪"相联系的做法挑战了道学对"诚"的定义。据丹尼尔·加德纳的研究，程颐和朱熹把"诚"解释为真实对待一个人的本性。一个人可以保持同一本心、避免被诱惑，以此维持自身和其天性的联系。[50]御史陈贾则指出"诚"在"'道'学"圈子之外有别的含义。那个圈子的支持者把儒家经典中的语句如"诚意正心"加以独断的解释。程颐和朱熹用出自《大学》的这句话来定义道学的中心思想。对于他们来说，这个词代表修心在经典传统上的中心地位。他们把"诚"的概念和他们自己关于人心的哲学整合在一起，把"诚"解释为自我修养的一种模式。陈贾反对"'道'学"话语的这种立场，因为他们把自己对"诚"的解释看作是唯一正确的，陈贾认为这种立场跟广义经典传统中"诚"的实际意思并不相符。他主张"诚"在更广义的注疏传统中指的是动机和表达之间的协调关系，不能把它和自我修养的哲学讨论

195

---

[48] Haeger, "The Intellectual Context of Neo-Confucian Syncretism," 506; Schirokauer, "Neo-Confucians Under Attack," 169–170.

[49]《宋史纪事本末》，第 80 卷，第 869 页。

[50] Gardner, *Learning to Be a Sage*, 89.

联系起来。

他接下来认为"'道'学"对"诚"的解释是对这个字传统意义的误读。在"'道'学"对"诚"的讨论中，外在和内在相互冲突。陈贾指责这种观点的支持者在实际行为上跟他们"诚"的主张不一致。作为一位御史，陈贾的责任是检验政府官员的行为举止。他的结论是"'道'学"话语实际上给能力不足的人获取权力提供了一条途径。

陈贾对道学的控告针对的是朱熹及朱熹带给道学运动不断增长的影响力。跟当时别人（甚至那些对程学有兴趣的人）的作品不同，朱熹的作品充满了道学的内容。陈贾对此词用法的批评可能是一种回应，回应朱熹把道学运动构建为一个自洽的文本、思想和道德团体的努力（见导言）。朱熹的政治活动导致陈贾急切的对此提出意见。

1182 年朱熹在弹劾唐仲友之后被严格审查。作为提举两浙东路常平茶盐公事，朱熹对其下属的台州知府唐仲友有监督的权利。不但唐仲友是一位有名的学者，他也是现职宰相王淮（1127—1189）的亲属，在朝廷人脉深厚。朱熹对唐仲友的弹劾马上在朝中激起强烈反响。[51] 王淮越来越确信朱熹跟他的盟友正在开启一场政治斗争，他因此支持陈贾在 1183 年对"'道'学"的尖锐攻击。

朝廷在收到陈贾的报告之后加强了对考试的监控。这份报告的非难意见对解试和省试有显而易见的影响。解试考官对推荐道学学生进入下一级考试开始犹豫不决。省试受到的影响更明显。1184 年省试考官之一被免职，因为他违反了主考官设立的原则，其罪过之一就是支持道学。[52] 在 1187 年省试之后，右谏议大夫陈贾、洪迈（1123—1202）和葛邲三位主考官提交了一份详细的报告，列出了他们判过的考卷中各种违反考试规定的内容。[53] 他们指出三种常见的问题。

第一，有些考生非法使用宋朝的官方历史资料。正在编纂的国史等资料本来不应公之于众。宋代法律禁止流通和出版档案记录。可

196

---

[51] 同前注，第 6 页；束景南：《朱子大传》，第 484—497 页。

[52] 余英时：《朱熹的历史世界》下册，第 107—110 页。

[53]《宋会要·选举》，五之十至十一。

是，学生仍然引用这些原始资料，而且常常错误地使用它们，甚至包括道听途说的新近故事。[54]

197　第二，一些答卷违反了官方规定的长度限制。

> 考之今式，赋限三百六十字，论限五百字。今经义、策论一道，有至三千言；赋散句之长者至十五六字，一篇计五六百言。[55]

最后，考官列出了时文中十三种表达法，显示出"异端"学问派生出来的口语词汇所带来的侵扰：

> 所谓怪僻者，如曰定见，曰力量，曰料想，曰分量，曰自某中来，曰定向，曰意见，曰形见，曰气象，曰体统，曰锢心，及心心有主、喙喙争鸣、一蹴可到、盟手可致之类，皆异端鄙俗文辞。[56]

　　前文所述的这些违规做法在陈贾的报告中被首次提到，说明 12 世纪道学运动对科举带来的影响。这个时期的考生通过与教师私人来198　往以及阅读对话录等文字来了解"性理之学"。早期道学追随者的时文体现出"语录"的特点（语录是门徒编纂的名师对话与讲章记录）。这种时文代表着道学运动从经典诠释到常规注解的一种话语转向。[57]第七章更详细地分析了 12 世纪后期时文的转型，并讨论了语录在这种转型中的作用。1187 年省试的那三类问题反映出早期道学时文的一

---

[54] 本节另有一编辑过的版本，文字上略有不同，见《宋史·选举志二》，第 3633 页，以及中岛敏：《宋史选举志译注》，第一卷，第 223 页注 215。《宋会要》中的文字是"三十"，而不是"三千"。

[55] 有关这种禁令，见朱传誉：《宋代新闻史》，第 197—199 页，210 页，214 页。一些官员为使用当代史和相关官方资料辩护。比如《宋会要·选卷》五之十一至十二收录的 1188 年何澹（1166 年进士）奏章。另一位官员要求考官在策题中倘若提到时事，应该清楚地将事件的背景呈现出来，这样无法接触到官方档案的考生就不会在答题时处于劣势（朱传誉：《宋代新闻史》，第 200 页）。有关禁止与允许使用档案的更详细讨论，见 De Weerdt, "Byways"。

[56] 朱熹认为政治沟通中的行为举止十分重要，见马凯之：《论朱熹吕祖谦的谏君思想及其政治哲学内涵》。

[57] Gradner, "Modes of Thinking and Modes of Discourse in the Sung."

些特点。

1187 年报告列出的那些技术术语跟道学话语有关修心养性的讨论有关。比如"分量"指的是循序渐进的修心功夫。朱熹的作品中常常使用有关修心的技术名词。比如《朱子语类》一书主要是 12 世纪 80 和 90 年代朱熹与其门徒的对话记录，上文提及的术语中有一半都出现在此书中，而且除了两条之外的所有术语也都出现在朱熹的注释书和各种写作中。[58]12 世纪后期道学的哲学话语扩展至时文领域，那个时期的论体文也都体现出此变化。"分量"一词出现于朱熹的谈话和 1193 年左右他一位学生的时文里面（第七章）。

陈贾报告描绘的那种对文章长度和用词风格满不在乎的态度可能不仅仅存在于提倡道学的人士中，这种态度与那种通过调整哲学话语来适应时文写作需求的手法相吻合。朱熹竭力反对在备考过程中对写作技巧的重视。他发展出一套理论，认为写作毫无疑问是哲学思考之后的结果，拒绝承认其独立的地位。对于程颐和朱熹来说，理解了哲学真理之后，人心就可以自如的在言语和写作中表达出这些真理。直接的言谈显示出一个人具有道德上的洞察力，或者最起码这个人立定心志去追求这种洞察力。把教师谈话直接记录下来，是为了保留这种有关真理的个人交流，使其不被既有的文学写作传统所改变。朱熹在 1159 年到 1173 年之间编辑了三种程颐和其弟子对话的记录，它们构成了一种范本，展示出把私人口头关于真理的对话转换为文字的形式。[59]当时的评论家注意到一种现象，即在时文中使用这种道德真理的随意表达违背了写作风格和文章长度方面的规定。在 12 世纪的最后十年中，晦涩词语的使用和无拘无束的言语招致了越来越多的怨言，

199

---

[58] 据《朱子语类口语语汇索引》，"力量"、"意见"、"气象"等词在《朱子语类》中反复出现，其他词语如"分量"、"体统"、"来自"等大概出现四到七次（塩见邦彦：《朱子语类口语语汇索引》）。《朱子语类》中没有"定见"、"定向"、"料想"、"形见"、"心心有主"等词，不过朱熹在他文集《晦庵集》中使用过它们。对《四库》电子版中朱熹作品进行检索，可以查阅到这些词语被其使用过多次。这份奏章中列出的一些术语在朱熹《四书章句》中少量出现。对中研院的电子版进行检索，可以找到"气象"的十个结果和"分量"的一个结果。

[59] 尽管语录这种文体打破了既有的注疏体、甚至是书面文言文这种形式，但语录本身也建立了新的文学传统。把谈话用文字记录下来也是一种编辑行为，必然会改变原始对话本身。

最终导致一些人要求销毁那些语录书籍。[60]

　　道学圈子的哲学对话也会引出有关宋朝政治的讨论。对于朱熹来说，官僚系统的道德转型非常重要。在他给朝廷写的奏章中，他督促皇帝去亲近道德卓越的人士，为了强调这项建议，他对那些当权者展开批评。朱熹在 12 世纪 80 年代和 90 年代的语录中对秦桧等 12 世纪的政客提出负面的看法。[61] 在他仕途早期，朱熹在自己设计的考题中鼓励学生评价秦桧的人品及其政策（第七章）。有关秦桧的故事可能是朱熹道听途说得来，也有可能是从其在朝廷中的渠道而来，不过他也使用有关 11、12 世纪各朝历史的草稿。在他和学生的对话中，朱熹提到他看过徽宗朝和高宗朝的《实录》，也偶尔引用这些资料。[62] 朱熹的这种做法并不罕见。尽管有禁令禁止本朝档案记录的流传，市面上还是能看到这些资料的合集，而且这些合集还会时不时被更新。[63] 朱熹和他学生有关时事政治的对话被记录下来，也出现在时文中，这都给即将开始对道学的攻击提供了弹药。[64]

　　1187 年的这份报告也确认了赵彦中的观点，即当时几乎没有人不被道学的意识形态所影响。考官声称他们将那些问题最严重的考卷判为不合格，但是他们无法将所有有这些问题的答卷都判为不合格，因为科举定额必须要满足。他们进一步承认即使是那些最优秀的文章也会沾染这些问题。根据他们的分析，陈贾和其他考官建议了一种极端的解决办法。之前的奏章提议考官要排除一切有危险倾向的文章。陈贾和其他考官则主张要直接把道学话语的问题教导给考生。朝廷同意将他们的报告通过国子监转发给所有的州学，并且要求帝国境内的州学都要公示一份违规行为的列表。

　　在此后的几年中，对道学的批评被朝廷高层官员的大力支持所抵

----

[60] 参见下文引用的叶翥奏章。

[61] 《朱子语类》，尤其是第 131 卷，"中兴至今日人物"。

[62] 《朱子语类》，第 104 卷，第 2624 页，第 107 卷，第 2665—2666 页。讽刺的是，洪迈作为考官之一指出有些人违反在时文中使用官方史料的禁令，可他自己却和朱熹分享了《国史》中若干朝的记录。见束景南：《朱子大传》，第 665 页。

[63] De Weerdt, "Byways."

[64] 见第七章中讨论的由朱熹和其他道学学者设计的策题。

消。随着 1188 年宰相王淮的去职，一位对攻击道学非常支持的人士离 201
开了朝廷。周必大从 1187 年起担任右相，1189 年被提升为左相。[65] 他
支持道学运动，并且向朝廷推荐了朱熹。[66]

朱熹被孝宗皇帝召见了一次，但是他拒绝了给他的兵部职位。[67] 他
随后提交了一份奏章解释自己的观点，认为君主若要解决帝国面临的
行政问题，需专注于自我修养、亲近"贤人"。[68] 高级官员把朱熹拒绝
任命的行为和他 1188 年的奏章看作是其试图掌控政治权力的尝试，这
些也再次证实了陈贾对朱熹道德改革主张的意识形态分析。周必大希
望把朱熹等改革派士大夫提拔到朝廷上，这种想法激化了冀望维持现
状的王淮党和提倡改革的道学永嘉联盟之间的矛盾。

光宗在 1190 年即位，推迟了道学支持者本来面临的命运，他们
也利用这次政权更迭来推行自己的方案。他们继续推荐、聘用自己的
支持者。御史台作为决定官员升黜的机构在 12 世纪成为党争的关键
场所，也被刘光祖（1142—1222）等道学支持者利用。1190 年刘光祖 202
被提拔为颇具影响力的殿中侍御史。他很快提交若干弹劾奏章，目标
是发起伪学之禁的陈贾等人以及阻碍改革派利用御史台全面整顿官僚
体系的那些人。[69] 刘光祖为道学运动所做的带来了暂时的效果。他 1190
年的奏章主张道学符合儒家正统，应当予以肯定，而光宗也认可这种
观点。这位御史要求皇帝同意这些主张，以便在未来面临攻击时可以
先发制人。[70]

---

[65] Herbert Franke, ed., *Sung Biographies*, 275-77.

[66] Tillman, *Confucian Discourse and Chu Hsi's Ascendancy,* 135-139; Schirokauer,"Neo-Confucians Under Attack," 190; idem, "Chu Hsi's Political Career," 176-179.

[67] 朱熹的传记作者对这项任命的解释有分歧。束景南（《朱子大传》，第 645 页）将其视为朝廷边缘化朱熹的一种做法。从这种观点来看，该任命尽管看上去确实给朱熹提供了一份朝官的职位，但其实是把朱熹排斥在朝政之外。倘若朱熹成为兵部郎官，他将会在林栗的手下工作，并且在宰相王淮派系掌控的部门任职。同时林栗也真的在此项任命之后一天就提交了弹劾道学的奏章。余英时（《朱熹的历史世界》下册，第 251 页）最近认为这项命令印证了孝宗皇帝对朱熹的支持，表明他试图赋予朱熹和其政治盟友权力的努力。余英时在书中没有提到束景南的作品。

[68] 关于朱熹这篇奏章的详细讨论，见束景南：《朱子大传》，第 706—723 页。

[69] 余英时：《朱熹的历史世界》下册，第 258—260 页，第 288—293 页。

[70] 李心传：《道命录》，第 6 卷，第 8—12 页，引自袁征：《宋代教育》，第 67 页。

伪学之禁与文集编纂的政治化

光宗认可了刘光祖捍卫道学的努力，但这并没有给局势带来大的转折。道学运动继续在各地扩张，朝廷仍处于分裂的状态，一些人否认道学的排他性主张，另一些人则试图为道学辩护、反对政治上的扭曲和丑化。在 1190 年代初，朝官面对的另一项急迫问题就是光宗皇帝明显无法履行君主的职责。当他拒绝出席他父亲葬礼的时候，朝官迫使他退位，让皇太子登基。这项干预政策的主要负责人是知枢密院事、宗室成员之一的赵汝愚（1140—1196）和韩侂胄（？—1207）。[71] 作为知阁门事，韩侂胄是朝会的护卫。

宁宗的继位起初给道学人士带来好的兆头。赵汝愚立刻推荐朱熹。宁宗登基仅一个月后，朱熹就被聘为侍讲官。他给新皇的课程主要着重于《大学》一书，此书是朱熹新立的正典《四书》之首。不过他的侍讲经历很短，仅仅持续了四十六天就结束了。[72] 朱熹的去职原因是赵汝愚和韩侂胄之间日益激烈的冲突。宁宗登基之后不久，赵汝愚和韩侂胄的联盟就瓦解了。韩侂胄免去了赵汝愚任命的官员和他的盟友。朱熹和陈傅良就属于那些因赵汝愚之故被排挤出朝廷的人士。1195 年韩侂胄实现了驱逐赵汝愚的计划，最终将其流放。因着这些罢官及随后的迫害行动，韩侂胄在接下来的十年中（1194—1206）得以维持他对朝廷和官僚系统的掌控。对于这次的朝政更迭，韩侂胄依靠的是主张维持既有政策的王淮一派，尽管王淮本人在 1188 年已经离开了朝廷。这一派的人士把韩侂胄看作一个新的机会，借此来接近皇帝，以便除掉政坛对手的时候获得皇家的支持。[73]

赵汝愚及其盟友被罢官激起了同情道学人士新一轮的抗议。[74]接下

203

---

[71] Chaffee, "Chao Ju-yü, Spurious Learning, and Southern Sung Political Culture." 关于韩侂胄，见 Herbert Franke, ed., Sung Biographies, 376–384。

[72] Gardner, Learning to Be a Sage, 6. 各种传记在传统上或者主张四十天、或者主张四十六天，这取决于如何判定其聘任的首日（余英时：《朱熹的历史世界》下册，第 216—220 页）。

[73] 有关反改革派和韩侂胄的结盟以及这种关系中官僚和朝廷宠臣之间固有矛盾的描述，见余英时：《朱熹的历史世界》下册，第 374—381 页。

[74] Schirokauer, "Neo-Confucians Under Attack," 177–179; Tillman, Confucian Discourse and Chu Hsi's Ascendancy, 140.

来直到 1195 年中，维持现状一派的朝官说服韩侂胄，把当时对道学的担忧转化成一场打击伪学的运动。为了合法化这种对道学的攻击行为，有关科举的争论再一次扮演了重要的角色。

叶翥和刘德秀（？—1208）是 1196 年省试的主考官，也都是坚定的道学政策的反对者，[75] 且都支持御史陈贾在 1183 年提出的指控。他们进一步加重了控告，指责道学领袖扰乱了帝国的社会和政治秩序。在考试之后提交的一份奏章中，他们控告道学领袖"窃人主之柄，鼓动天下。"[76]这条有反叛之心的指控是不可能被忽视的，倘若其被证实，必会带来更彻底的压制举措。这些控告者把道学改名为"伪学"，意指这场运动本质上是破坏性的。为了控制此运动的影响力，考官建议销毁语录和类似资料。

几周之后，担任了吏部尚书的叶翥解释了他要求查禁语录类书籍的原因：[77]

> 二十年来，士子狃于伪学，沮丧良心，以六经子史为不足观，以刑名度数为不足考，专习语录诡诞之说，以盖其空疏不学之陋，杂以禅语，遂可欺人。三岁大比，上庠校定，为其徒者专用怪语暗号，私相识认，辄寘前列。遂使真才实能，反摈不取。
>
> ……欲望因今之弊，特诏有司，风谕士子，专以孔孟为师，以六经子史为习，毋得复传语录，以滋其盗名欺世之伪。

几十年来考官一直反对有关意识形态的晦涩词语侵入时文的写作。通过提倡对语录出版发行的查禁，叶翥给道学的核心教导一次重击。在 12 世纪中，语录类书籍是传播道学教导的重要载体。它们收录了教师对流传的道学理论的解释，也包括了教师对儒家经典和史书

204

205

---

[75] 刘光祖在 1190 年弹劾叶翥（余英时：《朱熹的历史世界》下册，第 288—289 页）。在留正为相（1189—1194）时，他召开了一次会议，当时若干道学门人故意疏离刘德秀，从此刘德秀对道学具有深深的恨意（同上，第 338—347 页）。

[76] 《宋史纪事本末》，第 80 卷，第 873 页；《续资治通鉴》，第 726 页。

[77] 《宋会要·选举》，五之十七至十八；《文献通考》，第 5 卷，第 302 页。Schirokauer（"Neo-Confucians Under Attack," 180）错误地把此奏章定为 1197 年。

中章节的解读，后者对于考生备考十分方便。

语录也体现了道学教学方法的理想模式。对于同朱熹等教师接触的考生而言，把朱熹的对话记录下来能够显示出他们和这位教师有直接的关系，甚至在他们离去之后也有意义。通过他们的记载，这些门人把自己和现实中的谱系连接在一起。对于那些通过语录来了解朱熹的学生来说，问答体可以让他们想象自己是提问和聆听回答的学生。[78]朱熹和他的言谈比儒家经典更有助于人们了解道学的道德教导。

报告中提到禅宗，这回应了 12 世纪的流行看法，即道学有关修心的教导来自于禅宗。当然，并非只有禅宗或道学的语录才使用艰深的哲学词语，朱熹和其他道学思想家在给经典作注时也大量使用这些词语。可是，这种在语录中广泛存在不受限制的哲学讨论让语录成为伪学之禁的重要攻击目标。语录跟考官报告中提到的既有的经史传统并没有紧密的联系。所以相比标准注疏而言，语录允许对经典的意义进行更自由的解释。教师可以对经典中的语句和短篇加以长篇的说明，并且在当时的哲学话语之下对它们进行解读。

叶翥建议销毁语录书籍，为的是防止排他性的学术观点占据科举备考科目。第七章解释了语录这种文体如何成为时文写作模式之一。除了查禁语录之外，叶翥也提出了下面的对策：

> 更乞内自太学，外自州军学，各以月试取到前三名时文，申御史台考察。太学以月，诸路以季。太学则学官径申，诸路则提学司类申。如仍前不改，则坐学官、提学司之罪。

叶翥提出的措施，即销毁语录、收集考察时文、以及威胁执行这些政策的官员，都显示出迫害伪学人士的决心。皇帝赞同这些提议。半年之后，在"场屋之权、尽归其党"这项新的指控下，[79]韩侂胄政权开始制定更严厉的手段。一份诏书规定考生需要在家状中提供他们并

---

[78] Gardner, "Modes of Thinking and Modes of Discourse," 586–588.
[79]《宋史纪事本末》，第 80 卷，第 874 页。

非"伪学之人"的证明。[80] 于是与道学有关的学生在理论上就被排除于　　207
科举之外了。

　　在整个 12 世纪里面，政府始终维持其主张，声称其在备考过程
中扮演的是公正的仲裁者角色。它为攻击道学的行为辩护，认为这是
根除党争、保护公正原则。政府在 12 世纪 90 年代尝试在举业中扮演
一个引领方向的新角色。它命令国子监编写印刷权威文集，这项政策
自从灾难性的北宋末年之后再也没有被考虑过。在 1199 年的省试中，
礼部尚书黄由（1181 年进士，1210 年去世），主张政府要更积极地干
预科举，不过黄由后来被看作伪学的支持者而被列入黑名单。[81] 黄由提
到国子监对当时书商出版的时文选集进行过调查，结论是这些文集无
法提供合宜的范本，因此他提议政府要进入考试资料的出版市场，这
样才能解决问题。

　　黄由的策略包含两部分。第一，他建议把上次省试最优秀的二十
篇文章转发给国子监。经过审查和编辑，国子监可以印刷发行这些文
章。这项政策可以追溯到 1190 年一次部门间的往来，当时国子监被
命令选择、印刷过去各文体的范文。[82] 第二，这位尚书建议把受道学话　　208
语广泛污染之前的时文重新收集印刷。[83] 这项建议采纳的是陈谠（1163
年进士）的主张，而陈谠积极迫害韩侂胄选定的目标。陈谠给出的正
规文集名单包括《三元元祐衡鉴赋》、《绍兴前后论粹》和《擢犀拔象

---

[80] Schirokauer, "Neo-Confucians Under Attack," 180；《续资治通鉴》，第 727 页。家状是一份
　　有关考生传记资料的表格。参见 Chaffee, *The Thorny Gates*, 53, 60-61；荒木敏一：《宋代科
　　举制度研究》，第 51 页，60 页，特别是第 70 页；Hymes, *Statesmen and Gentlemen*, 43-45。

[81]《宋会要·选举》，五之二十一至二十二。在 1199 年陈谠上奏之后（同上，五之二十一），
　　黄由获罪的理由不是他对道学学术的支持，而是他不赞成设立一份黑名单（邓广铭、程应
　　镠：《中国历史大辞典——宋史》，第 423 页）。有关陈谠参与迫害道学的情形，见《宋史》，
　　第 474 卷，第 13773 页。

[82] 彭龟年：《止堂集》，第 1 卷，第 2 页。这种为考生选择范文的想法之前也被提出来过。
　　1171 年太学被要求从其考试中选择优秀的文章，这些文章可以在全国范围内被看作标准
　　（刘祥光：《印刷与考试》，第 184 页；《宋会要·选举》，四之四十一）。不过这项公告和后
　　世的不一样，它的目的是警告考官，让他们按照传统的合韵和博学的标准来检验考卷。它
　　并不是一条命令，要求国子监作为朝廷掌管教育的机构来收集及印刷它批准的文章。

[83] 陈谠在讨论宋代各种时文的范文时提到了三部书。另外，他也列出了周葵（1098—1174）
　　和陈宋霖（1135 年进士）编写的《礼记义》和徐履（1148 年会元）编写的《书义》（《宋会
　　要·选举》，五之二十一）。

策》。这些书籍都已亡佚，它们收录了1086年到1162年间的文章。陈振孙在其书目中将《擢犀策》和《拔象策》列为两部不同的文集。第一部包括的是1086年到1131年间的策文；第二部文集从绍兴年间（约12世纪40年代—12世纪60年代）收集文章。[84] 在12世纪90年代，宋廷特别畏惧以前两轮党争对时文的影响，希望回到党争之前的写作样式，这一希望带来了这些旧文集的回归。因为元祐的文章看起来回避了12世纪早期改革派政权的意识形态，那些12世纪70年代以前的文章则尚未被道学这个新的话语所破坏。

209

从唐代以来，私人编纂的登科时文和模仿文章一直在流传。一些唐人文集在宋代仍存世，不过它们很快就被晚近的文章合集替代了。[85] 跟本章第一节提到的一样，商业化出版业在12世纪早期的扩张带来了时文选集数量上的急剧增加。北宋政府面对失去思想控制的局面几次颁布规定，下令焚毁商业化文集等考试资料及它们的雕版。淮南西路学政苏棫（1100年进士）在1108年建议用官方的时文选集来代替商业选本。[86] 朝廷试图借鉴私人书商的做法来阻止商业化考试资料的流通。1108年之前国子监曾出版经书、史书及其官方注解的标准版本。1108年的这条提议把登科文集也加到书单中，说明政府试图控制科举出版中的一块重要部分。近期科举考试中那些成功登科的文章被买来卖去，因为它们被看作了解考官思想、政治倾向的最可靠的指标。

朝廷撤退到南方之后重新定位了它在考试出版市场中的角色。商业化考试辅导材料只要能通过官方审查就可以出版。朝廷通过审阅上交的材料和检查书店销售来监视市场，不过它不再把出版发行监本书籍作为控制考试标准的主要做法。黄由的提议代表了当时朝官主张政府应该积极参与考试场域的一种广泛呼声。从1190年代开始，不停地

---

[84] 陈振孙：《直斋书录解题》，第15卷，第458页。朱瑞熙：《宋元的时文》，第35页。

[85] 在唐代，时文可以在朋友中随意流传，也出现在书店中（Twitchett, *Printing and Publishing in Medieval China*, 17; Waley, *Po Chü-I*, 40; 周彦文：《论历代书目中的制举类书籍》，第3页）。

[86] Poon, "Books and Printing in Sung China," 106–8; Chia, *Printing for Profit*, 121;《宋会要·刑法》，二之四十八。

有人上奏呼吁政府更加深入地参与考试出版市场。12 世纪 80 年代和 90 年代中，官员们对道学在考试场域中地位的焦虑达到顶点，他们认为政府可以通过发行时文选集来制定标准。黄由的提议不像他北宋前辈苏辙的建议那么富有野心，他认为即使实施这种做法之后，政府最多不过是市场中的一个重要竞争者，不可能成为垄断的出版方和代替商业化的选择。他的提议所以进一步证实了商业文集的合法性和政府对其审查的必要性。

政府实施这些提议的过程不是很顺利。未经批准的商业文集继续在东南地区的各个主要商业中心出售，在史料中也没有官方文集被出版的记载。对于政府来说，新进科举策文的私印出版令人不安。有关时事的策文成为禁区，因为它们可能含有涉及国家安全的内容。[87] 朝廷提到从边界问题到金国间谍等文章的销售情况，不停地提醒地方官员要查禁一切有关边界问题的考试资料出版。在 1182 年和 1190 年，朝廷禁止出版所有涉及时事内容的策文。[88] 庆元（1195—1200）条例详细规定了出版涉及边界问题的资料及时事时文会受到的充军惩罚。私印其他不被批准的时文也会遭受到八十大板这种轻一级的惩罚。告密者可以获得奖赏：如果有人因非法出版被定罪，赏金是 30 贯；如果策文被查抄，赏金是 50 贯。[89] 这些做法显示出朝廷面临内忧外患时的焦虑感。由于时务策方面的题目要求学生对过去政策进行检验、提出建议，这些文章本身会成为表达异议的载体。比如，第三章中讨论了陈傅良和叶适收集的策文，这些文章常对某类政策持批评态度，而这些政策恰好跟韩侂胄政府的做法类似，结果它们也都被查禁。

尽管面临被禁的风险，商业出版策文仍然势头不减。在 1190 年的诏书中，朝廷承认福建建宁这个私印中心尽管有早先的禁令，策文的出版活动还是一直持续进行。国子监在 1198 年报告了在此地从未停止

210

211

---

[87] Poon, "Books and Printing in Sung China," 61.

[88] 朱传誉：《宋代新闻史》，第 193—194 页。有关宋金贸易中敏感资料报告的批判性分析，见 De Weerdt, "What Did Su Che See in the North?"

[89] 朱传誉：《宋代新闻史》，第 214—215 页。

的违法行为。比如一本时文文集收录了郭明卿名下的一些策题策文。郭明卿在 1197 年春季太学内部试中排名第一。可是进一步的调查指出这本文集中的题目并未在那些考试中出现，郭明卿也不是当时太学的学生。[90]

朝廷希望根除非法书商的活动，占据更大的考试出版市场份额，这样的尝试并没有成功。原因并不是书商自身不妥协的态度，学者和官员其实也参与了策文和其他未获授权的考试资料的私下出版工作。时文的印刷出版继续成为抗议考官决定的一种重要手段。真德秀（1178—1235）在 13 世纪 10 年代前期担任过若干高层职位，1213 年成为太常少卿，他在 1214 年资助了他自己一位门人的作品出版，因为该人在科举中的名次比预先期望的要低。[91]

学者和官员中不少人都反对政府参与时文文集出版的计划。彭龟年（1142—1206）是赵汝愚和朱熹的一位盟友，他列出了几条反对1190 年奏章中建议由国子监编选出版各种文体范文的意见。[92]首先，对于政府来说出版时文文集没有意义。他认为国子监作为帝国的中央教育机关倘若鼓励学生模仿范文，就将自身定位于垄断考试出版市场的角色，放弃了设立高标准的责任。彭龟年认同道学的看法，即选官和阅卷的主要标准应该是一个人的道德行为和对道德原则的领悟，而不是其文学才华或者广泛的学术涉猎。

学者和官员不但在原则上、也在实际操作的层面上反对政府的计划。彭龟年指出在当下的考试市场环境中出版旧有文章的合集没有效果。学生购买最新文章合集是为了跟上变动的标准。他认为学生已经习惯于标准与时俱进的情形，所以几十年前的论点也不适宜。尽管政府计划编纂的文集中有些作品讨论的是一些普通道理，学生还是会觉得这些文章的写作手法太过陈旧。另一位官员强调这种政策的实施会

---

[90]《宋会要·刑法》，二之一二九。Lucilla Chia（*Printing for Profit*，第 122 页）和朱传誉（《宋代新闻史》，第 166 页）把这篇报告的日期定为 1177 年。现存的版本中提交报告的年份是"淳熙四年"。这其实是"庆元四年"的误写。这份报告中提到那场考试是在 1197 年（庆元三年）举行的。《宋会要》的电子版列出了正确的报告年份，但没有给出校点说明。

[91] Poon, "Books and Printing in Sung China," 108.

[92] 彭龟年：《止堂集》，第 1 卷，第 2—4 页，引自 Poon, "Books and Printing in Sung China," 107.

带来不平等的结果。该政策会让那些居住在远离首都的边远地区学生陷入劣势。毕竟邻近省试所在地的学生可以一直有方便的办法获得最新的时文，并且可以把握住考官最新的偏好，而那些边远地区的学生就只能依靠旧有文章的合集来学习。[93]

黄由回应了这些批评意见，建议朝廷选择一些最近的时文来出版发行。他承认学生在阅读旧有文章之外应该要学习最新的范文，并且要求国子监从最近的这次省试中选择文章。这项计划让国子监来负责选择、编辑、印刷晚近的优秀文章，随后的几年中有好几份奏章都支持此政策。选择文章成为一种政治行为，给政府在面对私人书商时带来了负面的因素。操作上的一些问题给立即实施这项政策带来困难。一些人建议让学官负责选择时文，另一些人认为应该让国子监的全部官员一起选择文章，因为学官可能会忍受不了强大的诱惑而去出版自己的文章。[94]

这项政策从未得到实施。没有任何证据表明政府编纂出版了文集。所有现存的时文文集以及宋代目录中存目的书籍都来自于私人书坊。查禁道学书籍、禁止时文表达道学主张的努力也均无效。政府在1202年取消了一切歧视性的政策。在之后的几十年中，政府进一步承认了道学在士人文化中一统天下的潜力。

13世纪中变动的标准

13世纪上半叶政府对待道学和其对科举影响的政策有了戏剧性的转变。在1190年代伪学之禁之后，政府对道学支持者的要求做出了一系列的让步，尊崇那些创立道学的教师，在全国范围内向学者推荐他们的著作。这些让步在1241年政府全面认可两宋道学诸子时达到顶

---

[93]《宋会要·选举》，六之十九至二十（1214）。
[94] 同上，五之三十一（1205），六之十（1211）。

峰。近来有若干研究讨论道学逐渐官方化的过程和原因。[95] 本节重点叙述这项过程中的几个关键转折以及它们对考试场域中道学地位的影响。

214　　13 世纪的第一个十年是平反道学的开端。作为韩侂胄攻击的主要对象，赵汝愚和朱熹分别在 1196 年和 1200 年去世。韩侂胄不想被意识形态的争端困住。在何澹这位最后检举改革派的人士去世之后，韩侂胄政府在 1202 年宣布"伪党"已经解体，"人之趋向，又已一归于正"。[96] 一切的歧视性政策都被废止。为了进一步弥合被迫害者的伤口，政府重新任命并提拔了一些黑名单中的人物。[97] 这项和解努力跟韩侂胄重建大一统中国的意愿相符。韩氏因着他的军事背景，曾经两次出使金国，想要收复北方失土。1202 年伪学之禁的结束是 1204 年对金用兵的序曲。1127 年之后宋代最糟的党争结束了，这应该有助于宋金战争的进行。另一方面，这场战争也帮助韩氏政权集合各路支持，消除起初十年的党争影响。

这场战争的动员并没有拯救韩氏政权，但其确实为道学获得承认创造了进一步的机会。宋军无法获得重要的胜利，反而面临大批士兵的脱逃。[98] 朝中主张和谈的声音也越来越大。韩侂胄在 1207 年被免除职务，随后被斩首。当宋廷同意把韩侂胄的首级送往金国之后，金廷才同意在 1208 年进行和谈。韩氏的死亡为帮助伪学之禁受害者恢复公义开辟了机会。1209 年一项名誉头衔被赐给朱熹。在之后的几十年中，朝廷一步步地回应那些要求封赏道学诸子的要求和采纳朱熹经典注解的呼声。

215　　1212 年，朱熹为《论语》和《孟子》做的注解被推荐在官学中使用。当时一些教师也已在地方和中央官学中讲授道学所谓的正典。吴

---

[95] James Liu, "How Did a Neo-Confucian School Become the State Orthodoxy?"; Neskar, "The Cult of Worthies," 第六章; Tillman, *Confucian Discourse and Chu Hsi's Ascendancy*, 231–241; 袁征:《宋代教育》, 第 70—76 页。

[96] 李心传:《道命录》, 第 7 卷下, 第 89 页。

[97] Schirokauer, "Neo-Confucians Under Attack," 193.

[98] H. Franke and Twitchett, *The Cambridge History of China*, 6:245–250.

柔胜（1154—1224）当时是国子正[99]，后来也是太学教师，他在讲课和考试中就使用了四书。[100] 随后国家对朱熹的四书注解予以官方认可。理宗（1225—1264 年在位）于 1227 年颁布一道诏书，表达他对朱熹《论语》、《孟子》、《大学》、《中庸》注解的高度尊敬，认为朱熹的注解"有补治道"。[101] 这份诏书的起因是 1227 年 1 月追封朱熹为信国公，不过此时皇帝对朱熹治学的称赞还没有给官学课程带来直接的影响。[102]

官方对朱熹及其注解的认可间接上刺激了教学和评估标准上的转折。官方的妥协赋予了道学立论评断的合法性。考官的报告不再抱怨时文出现特别的道学用语。相反在 1219 年和 1220 年朝廷批准了国子司业王棨（1199 年进士）、殿中侍御史胡卫的要求，主张考试标准应该基于道德理论，而不是文学水平。[103]

宋代的最后四十年中，依赖道德理论的考试标准被正式官方化。在 1234 和 1235 年，宋朝政府试图重新占领北方首都开封和洛阳，不过都失败了，更面对崛起的蒙古帝国所带来新的政治和思想威胁，政府开始反省自身。尽管党派政治还继续伤害中央政府，皇帝及臣子现在相信朱熹道学的道德政治哲学可以帮助国家治愈伤口，重新复兴。

1241 年 1 月理宗下令将朱熹道学的中心人物——周敦颐、张载、程颢、程颐——及朱熹本人都配享国子监、地方官学和书院的孔庙。这表明全国各学校的负责人和学生都将参加敬拜诸子的仪式。自 12 世纪以来，朱熹道学谱系的关键人物就在地方乡祠中被崇敬。理宗现在接受了他们对正统地位的主张。这条诏书不但树立了道学诸子的地

---

[99] 国子学是国子监的一部分。太学学生来自各种不同的家庭背景，国子学则是专为高层官员子弟设立的。此时国子学是独立运作、还是归于太学之中并不清楚。（Lee, *Government Education and Examinations in Song China,* 48; Chaffee, *The Thorny Gates,* 64; 朱瑞熙："国子生"，《中国历史大辞典——宋史》，第 281 页）。

[100] 《宋史》，第 400 卷，第 12148 页；引自袁征：《宋代教育》，第 71 页，陈雯怡：《由官学到书院》，第 187 页。吴柔胜在伪学之禁中被迫害，见 *Sung Biographies,* 1213–1214。

[101] 《宋史全文》，第 31 卷，第 32 页。

[102] 根据袁征所言（《宋代教育》，第 72 页），这份诏书标志着朱熹的理学被正式定为官方意识形态。我在下文则认为理学官方化的重要时刻是 1241 年。

[103] 《宋会要·选举》，六之三十二至三十三（1219），四十至四十一（1220）。

位，也把王安石从孔庙中移出。

政府之前坚持用高宗的大公政策对待一切儒家的学派，一直拒绝把王安石移出孔庙。[104]这次随着王氏资格被取消，政府放弃了自我认可的公正仲裁者的角色，成为士人文化的领头人。除了将道学诸子放入孔庙之外，南宋政府积极支持道学的书院教育，以加快道学的传播。在 1241 年诏书颁布之后几天，理宗皇帝就把他自己书写的朱熹《白鹿洞学规》（原名《白鹿洞书院揭示》）赐予太学。[105]他因此表达出自己对朱熹教育理念的支持。理宗皇帝和度宗皇帝（1265—1274 年在位）也认可道学书院核心课程使用的道学著作的权威性（第六章）。理宗在1241 年推荐了朱熹对四书的全部注解以及北宋四子的作品。度宗在1270 年下诏："《太极图说》、《西铭》、《易传序》、《春秋传序》，天下士子宜肄其文。"[106]

当时周敦颐、张载、二程和朱熹的作品已经成为书院和官学的标准教材，图书市场上也是如此。政府采纳朱熹道学的决定受长达一个世纪之久的道学教育活动影响而来（第六章）。1241 年全面认可道学两宋诸子的作品，进一步巩固了其在考试场域中逐渐获取的权威地位（第七章）。1241 年政策的影响可以从下节讨论的考试标准的转变中清楚看到。

评价论体文时考官标准的转变

科举的阅卷者和主管官员常常抱怨他们必须要在几周之内改完大

---

[104]《宋史》，第 42 卷，第 821 页。有关王安石配享孔庙的历史，见 Neskar,"The Cult of Worthies," 275–301。她把王安石在孔庙中的持续地位归功于秦桧和"直到 1241 年为止制度改革的吸引力"（前书，第 296—298 页）。我不认为这项解释很有说服力。我没有找到王安石制度改革在 13 世纪前期仍然受欢迎的证据，也无法证实 1241 年之后人们对其丧失了兴趣。

[105] 刘熵（1144—1216）在 1210 年间就要求把《学规》张贴在太学里面。见《宋史》，第 401 卷，第 12171 页，以及袁征：《宋代教育》，第 74 页。有关书院史上《白鹿洞学规》的角色，见 Chaffee, "Chu Hsi and the Revival of the White Deer Grotto Academy"，陈雯怡：《由官学到书院》，第二章。

[106]《宋史》，第 46 卷，第 905 页；引自袁征：《宋代教育》，第 74 页。

堆的论文。工作负担十分繁重。[107] 比如 1186 年福州的解试中，十位考 　218
官要负责审阅 14000 到 15000 位考生的文章。[108] 福州是个极端的例子。
作为科举中最成功的州府，福州的考试竞争最为激烈，每三年都有大
量的考生争夺很少的名额。在 12、13 世纪，整个帝国的每一级科举
中考官都能感受到压力，因为他们要在有限的时间内用少数人来批阅
大量的考卷。面对这种压力，考官的办法就是减少花在每一份考卷上
的时间。学者和官员也抗议那些考卷未能受到应有的关注。一位官员
在 1213 年抱怨考官仅仅粗略浏览一下考卷就选出参加太学考试的"待
补"考生。朝廷的回应是要求考官给每一份卷子写出更详细的批注，
指出其长处短处。[109]

　　朝廷有关更详细批注的命令并不仅仅是要满足心有怨言的考生。
此命令的背后是考官和朝廷针对考试标准上的紧张关系。考官在设立
阅卷标准上有极大的自主权。朝廷通过建立标准的评分系统、要求用
更详细的批注来监督考官。本节首先描述朝廷和考官之间矛盾的关
系，然后认为朝廷在 13 世纪支持道学的决定增强了朝廷的权威，削弱
了考试场域中考官的地位。这项决定开启了标准化考官批注的过程。　219

　　12 世纪时考官享有很大的阅卷自主权。朝廷采纳大公政策，废
除了王安石变法时设立的课程标准。考官在考试场域的权威也是科举
的特点决定的。考官负责其被分配的考试之方方面面。知举、同知举
及其他考官一起协商设计考题。他们面试那些来自州府互相担保的士
子、决定登科名单、调查贡院中的不法行为。[110] 在地方上，监管考官在

---

[107]　荒木敏一：《宋代科举制度研究》，第 182—219 页。地方考试和殿试的阅卷过程十分相似。
　　　南宋地方考试的主管官员因着考生数目的多少被分配若干的阅卷者（同上，第 18—42 页、
　　　第 321—332 页）。答卷首先经过贡院吏员和低层阅卷者之手。贡院内的工作人员包括卫
　　　兵、监考员、弥封吏员、誊写员及检验副本真实性的吏员。考卷在弥封、誊写之后，交
　　　至点检官（或初考官）之处，他们计算错字个数，找出凌乱马虎的卷子，并为考卷给出
　　　一个成绩。然后考卷交至参详官（或覆考官）之处，他们独立检查考卷，给予成绩。最
　　　后的结果是由主管官员决定的，如果他们对于成绩的分歧很大，有些时候他们也会咨询
　　　其他阅卷官的意见。

[108]　荒木敏一：《宋代科举制度研究》，第 40—41 页。

[109]　《宋会要·选举》，六之十七。有关"待补"，见 Chaffee, *The Thorny Gates*, 104。

[110]　荒木敏一：《宋代科举制度研究》，第 182—219 页。地方考试和殿试的过程十分相似（同
　　　上，第 18—42 页，第 321—332 页）。

设计考题和选拔士子方面也具有类似的权威。有宋一代以及其后的帝国历史中，考官的权威都是建立在非标准化测试之上的。朝廷并没有建立标准化试题，考官为他们被分配到的考试设计题目。

宋廷也设立条例来限制考官的权力。考官这个职位本身就是临时性的，在官僚体系中并没有一个对应的常规位置。考官本身也是临时聘任的。省试的主考官和副主考从最高层的朝官中选出来：六部尚书、翰林学士、侍郎、门下省的给事中。除了一个特例，[111]省试的考官从来不会连续监考同样的考试。解试考官在1171年之前是由州府负责选拔，遵循轮值传统，以避免在同一地方由一个人连续两次设计考题。1171年之后，考官由转运司从知县和县丞以外的各类地方官员中选择。[112]为了避免泄露考官的姓名，考官的人选在考试前一个月左右秘密宣布。考官随后被立刻护送至贡院，在那里与外人隔离，直到考试开始。[113]这种规定限制了具体考官在考试标准上所具备的长时段影响，但同时也引入了不确定性。士子常常抱怨考官所持标准的不确定性。考虑到宋代朝廷和官僚体系中的党争以及朝廷无意支持一套标准化的课程内容，考官的轮聘制带来了考试标准上的不定性。

在宋代颁布的考试条例中，朝廷纳入了指导考官阅卷的内容。考官必须遵守标准化的阅卷方案。12、13世纪时阅卷标准随着朝廷在考试场域中的角色转换而改变。当朝廷从公正的仲裁者变为正统学术的支持者时，考官的原则也随之改变，紧紧跟随官方的意识形态标准。

根据1011年的科举条例，考卷要按照下面的标准分为五等："学识优长、词理精绝为第一；才思该通、文理周率为第二；文理俱通为第三；文理中平为第四；文理疏浅为第五。"[114]按照这种阅卷方案，写作能力是最重要的因素。此方案的依据是考试中每种文体都有很完善

[111] 程珌（1164—1242）担任了1223年和1226年的主考官。

[112] 荒木敏一：《宋代科举制度研究》，第18—36页。（译注：原文为"the prefect and the vice-prefect"，意为知州和通判，有误，现改为知县及县丞。）

[113] 同上，第200—201页。

[114]《宋史·选举一》，第3610页；引自中岛敏：《宋史选举志译注》上，第57页。

的写作要求。"词理"或者"文理"两词都指的是考卷体现文体写作要求的能力。

"理"这个字表达的是万物内在的自然模式，在这里指的是文本 221
内在一致性。这种用法借用了宇宙和自然界的类比，此处意指写作。每一篇文章的主体中都有彼此相依的元素。尽管所有文体都具备这种预定的组织结构，具体而言一篇文章的自然之理跟每件事物本身的道理一样，因文体不同而不同。第二章讨论的论体文就有自身的分节方法，仿佛身体的"首、颈、心、腹、腰、尾"，而每一节也都有适宜的特质、范围和功能。论体文的写作要求跟律诗的写作要求不同。通常而言，"文理"指的是文章的结构和内在之间的相互关系。

这种阅卷方案在南宋颁布的规定中再次出现。在 1135 年一份发给省试考官的指南中有这样的规定："文理优长为合格。"[115]重新采用王安石科举新法之前的评判标准是因为朝廷意图回避党争中有关课程内容的争论。对写作要求的强调取代了对新经义的熟悉和对改革的认同。写作要求毕竟比较不具备争议性。如同 1011 年规定的一样，朝廷认为最优秀文章具有与众不同的特点，即博大精深的学术造诣。跟写作上的要求一样，朝廷也认为学术造诣是一个脱离党派之争的评估标准，测试的是考生在广义经典传统中是否多才多艺。在朝廷看来，这一传统跟程学或王学提倡的狭义课程内容不同。

朝廷监督考官的阅卷标准。省试考官需要把考题和结果上报到礼部。12 世纪 70 年代至 90 年代提交的奏章中常常提到一些不按照写作标准和博学原则来阅卷的例子。前面几节提到在几位考官和御史的奏 222
章中，一些拥护道学的文章违反了写作上的要求、放弃了对博学的追求，迎合那些不是来自古典学问的理论，可是这些文章还是通过了考核。一些考官把它们列入最优秀的级别，另一些表示他们无法不让此种被道学影响的文章过关。在 12 世纪下半叶，考官忽视朝廷提倡的标准，而给这些文章放行，回应了士人文化中日益增长的对道学的兴趣。与此不同，在宋代最后几十年中，考官越来越感受到来自朝廷的

[115]《宋史·选举二》，第 3628 页；引自中岛敏：《宋史选举志译注》上，第 173 页。

压力，把对道学正典的熟悉程度当作阅卷的标准。

朝廷在 1241 年态度彻底改变，其造成的影响在《论学绳尺》一书保留的考官评注中十分明显。这部论体文文集中（在第二章和第三章讨论）所有的论体文都有一个赞誉的前言。三十篇文章中约五分之一的评注是由当时的主考官写的。其他一些文章由冯椅和欧阳守道（1209—1267 之后；1241 年进士）等教师和文学评论家评注。剩下的匿名评注则可能是编者、评者、教师或者考官所作。[116]

12 世纪的文章评注中，文字风格及文学传统中显示出来的灵活性是评论家主要在意的地方。黄淮一篇论体文前面的批云："浑然天成，不费斧凿，千古不可磨灭之文。"[117]危真（1187 年进士）的文章被写作名家如杨万里和洪迈所推崇，[118]他的一篇文章被赞为"镕意铸辞，圆转清峭。"[119]这两个例子中，评者都发现它们的杰出之处在于他们用词和写作手法。

考官和评论家在 13 世纪越来越注重文章提出论点的正确性。正确性是依照考生能否解释清楚历史事件中道德之理的作用来决定的。一位考官对某地方别头试中一篇论体文如此评论：

> 理学玲珑，地位开阔。说见而知者，此道；闻而知者，亦此道；真足以契数圣人之心于千百载之上。[120]

考官称赞作者在理学方面的洞察力。（"理学"一词在 13 世纪逐渐流行，代替了"道学"，可能因为后者名声在 12 世纪被玷污了。）他然后认为这位作者心中见识可以跟上古圣人相媲美。根据道学诸子的看法，真理是通过心来交流的，写作则表达出个人对道德真理的理

---

[116] 我计算出来含有考官评注的文章共有三十篇。在一些例子中，总结内容的文字不是列在考官名下，尽管在夹行批注中考官的名字被提到。商业书坊的一种做法很有名，即出版伪造官员评注的时文文集。我并没有发现这种情况出现在《论学绳尺》中。

[117]《论学绳尺》，第 2 卷，第 89 页。我在第二章讨论了黄淮的这篇文章。

[118]《宋人传记资料索引》，第 643 页。

[119]《论学绳尺》，第 4 卷，第 95 页。有关批注用词和文章分等的系统介绍，见陈绎曾：《文章欧冶》（1332 年）。

[120]《论学绳尺》，第 2 卷，第 64 页。

解。考官称赞作者对"理"的理解，说明他认同 12 世纪的道学话语，也表明考官们放弃了之前注重博学和写作的评判标准。

1241 年道学诸子官方化之后，考官观察考生如何在理学名家的作品传统中来理解理学，以此评估他们的能力。理学的传统主要来自于朱熹的编辑和注释工作。[121] 朱熹被认为是道学发展的中心人物。在 13 世纪 40 年代和 70 年代之间，他的注解和教学成为时文写作的主要标准。下面是 1268 年省试和太学试中两篇论体文的批注： 224

> 本朱子中庸之说，而参以己意。议论有根据，文理有发明。此时文中之冠冕者。[122]
>
> 主晦庵循序渐进之说，破象山直诣径造之病，深得孟子此章本旨。有功于后学多矣。笔力老苍，文脉贯通，论中之巨擘也。[123]

这两条批注证实了 13 世纪时文写作中道学话语的转变。道学话语开始以朱熹的作品为中心。作为官方的意识形态，道学坚持追随朱熹注解及其思想遗产之精神。在第一条批注中，考生因他熟练使用朱熹的四书注解而被称赞。他也因其能够表达"己意"而被夸奖。这种表达个人意见的做法是朱熹 1195 年一项科举改革的建议在实际中的应用。在《学校贡举私议》中，朱熹为经义场的文章提出一种新的形式。他建议学生在总结已有注解和阐述不同学者观点时要加入个人意见，评估这些人的优劣之处。[124] 此项建议是为了反对当时有人"妄牵己意"、"各立家法"。[125] 就朱熹的改革建议而言，表达"己意"指的是每一位考生自己都能认可道学所教导的真理。 225

---

[121] 小岛毅（《朱子学の展开と印刷文化》，《思想伝达媒体としての书物——朱子学の「文化の历史学」序说》）把朱熹道学在士人文化中的兴起归功于朱熹创作上的高效率，以及其门人使用印刷技术来传播道学文本。

[122] 《论学绳尺》，第 9 卷，第 1 页。

[123] 同上，第 10 卷，第 64 页。

[124] 朱熹：《朱熹集》，第 69 卷，第 3638—3640 页。

[125] 同上，第 69 卷，第 3639 页。

对道学的个人认同是第二条批注的关键标准。这篇文章拒绝了陆九渊对《孟子》修身一节的解释，说明考生认同朱熹的立场。朱熹曾经解释过他和陆九渊的不同，在他和其门人的对话中，他告诫学生要避免犯陆九渊的错误。在那些对话和后来的时文中，辨析是非异同的做法加强了朱熹道学对真理的排他性解释。

13世纪的评注中，时文写作技巧是次要因素。很多考官和评论家都采纳了朱熹对于写作的看法。写作的价值在于其对修心的表述，这个"心"指的是在写作中清晰表达道德之理。在朱熹看来，评估写作技巧不可能脱离作者对道德之理的理解，写作技巧必须和内容遵循同样的评估标准。清晰度既是检验考生理解道学理论的标准，也是检验考生表达该理论能力的标准（见1268年的第一条批注）。

与此同时，在宋代的最后几十年里，道学价值在考试场域中逐渐成为主导力量，其表达形式也越来越适应时文写作的传统。考官和评论家发现，有选择地使用一些传统的修辞技巧可以让道学概念表达更具有说服力。

226　　　　意脉本之南轩（张栻），字面得之东莱（吕祖谦）。发越透彻，反覆抑扬，读之使人洒然如亲承时雨之教。[126]

在这条批注中，该考生最出色的是他在道学体系中展现的灵活性。朱熹认为张栻是道学中人，并且在1184年编辑了他的作品。这里的评者称许考生对修辞手法的熟练运用。南宋后期的考官注意到备考过程中对写作技巧的强调。他们会特别注意稔熟的写作手法，不过这些手法应该用来阐述道学理论。通过不同的角度来评论人物或事件（反覆、抑扬）是古文写作的特点。对考生颇有影响的吕祖谦就因他的写作课程而知名（第四章）。以朱熹看来，吕氏的写作手册对道德修身而言十分有害。可是如同后面的章节所示，尽管13世纪的道学门人认为写作

---

[126]《论学绳尺》，第10卷，第44页。"时雨之教"指的是该文主题，出自《孟子·尽心上》。见 Legge, *The Chinese Classics*, vol. 2, *The Book of Mencius*, 473。

技巧的培训是次要的，他们还是将其作为课程必要的一环。

朝廷在 1219 年和 1220 年支持了当时的一种请求，即用道德理论来代替文学能力作为考试打分的主要标准，在 1241 年又把道学诸子的作品列为正典，这些做法都对考官的阅卷产生影响。随着官方正典的形成，早期那种模模糊糊的对博学和写作技巧的强调不复存在，考官也失去了那时的一些自由。可是不论考官的权威如何，他们在 12 和 13 世纪从未对课程内容的转变产生过主动的影响。相比之下，下面两章仔细阐明了教师在考试场域中道学兴起一事上扮演的主要角色。

第四篇　考试场域中的道学运动

第六章

举业（约1150—1274）：设立道学课程

第五章讨论了道学运动从遭受迫害变为官方认可的教导所经历的 曲折发展路径，它的成功离不开它在教学活动中的努力。道学教师设立课程，编写课本，既挑战又吸纳考试场域中既有的做法。在13世纪时，道学教师逐渐代替了考试场域中的其他教师，竞争策略也让位给同化策略。

在整个12世纪的下半叶，道学运动在政治上和考试场域中都扮演了反对者的角色。在教学方面，道学教师对当下的考试标准进行全面批评。如同道学领袖朱熹所述，本章第一节说明这种批评的立场跟早期理学传统对科举的批评不同。朱熹的目的是要暴露出12世纪考试场域中最有影响力的"永嘉"诸子在教学上的弱点。同时他也主张考试程序和内容需要向道学理念下的考试标准转化。

在道学教师进入考试场域的早期阶段，他们对当时流行的考试标准和备考工作提出全面的批评，并给出另一种激进的选择。朱熹反复 暗示说时文写作需要遵循道学的原则。不过，在他私下的教学中，他把解读和实践道德原则跟举业分开，他也没有参与举业教学。朱熹的一些门人在考试场域中采取更加进攻性的立场。作为朱熹最有名的门徒之一，陈淳（1159—1223）认为时文写作可以成为道学运动改变士人文化的一种武器。举业不再是道学学生的课外活动。陈淳鼓励他的学生和同侪学习如何用道学术语写作时文。因此本章第二节将讨论那些早期编写的道学课本。陈淳介绍道学概念的有名作品体现了早期道学支持者激进的立场，显示出他们在举业教学中试图另外建立一套道学体系。他的作品和所用的模式也证实了我的宏观理论，即道学运动在思想文化领域的改革可以通过其在考试场域的活动反映出来。

朱熹及其门人在教学领域发动的攻势使得13世纪举业学习发生了重大变化。当朱熹和他的直系门人编纂的道学正典得到官方支持时，道学意识形态在南宋考试场域中也从边缘地带移动到了中心位置。这项权威的改变转化了道学的意识形态。第三节和第四节会讨论12、13世纪考试场域规范采纳道学的最后阶段。尽管道学教师在之前就接受了科举辅导教材的格式，科举教师和私人书商直到13世纪30年代才把道学的道德哲学和历史、行政及写作等更传统的考试领域的关系协调好。13世纪中叶的策文手册和古文文集都在传播道学的价值观。

231 可是这些书籍中最显著的意识形态不再是朱熹和陈淳的批判对抗立场。13世纪中叶课程的官方道学意识形态里面，朱熹的思想遗产成为统一士人文化不同学说的焦点。

朱熹对举业和"永嘉"课程的批评意见

从1150年到1200年，朱熹不断地讨论备考过程和时文写作中的问题，也因此颇有名气，成为批评当时举业学习最激烈的人士。他在对话和书信中责备那些只关注写作技巧、运用事功方法分析历史行政问题的学生和同侪人士。他特别批评"永嘉"诸子的教学和辅导材料。在官方和半官方的奏章中，他提出一些解决方法，以便解决那些有关举业的问题，他也提倡按照道学的改革计划来设立选人标准。

尽管他猛烈攻击当时的举业学习，朱熹还是支持用考试来选择官员和在学校教育中使用考试这种方法。朱熹对科举的态度是支持的，或者起码接受科举是不可避免的制度，在这一点上他和他的主要思想来源程颢不同。程颢跟其他11世纪的改革者类似，相信应该用根植于学校的推荐系统来取代科举。相反朱熹和大多数南宋思想家承认学校教育永远不能取代科举的地位。[1]他们批评教育标准的降低和时下学生仅追求当官的风气，不过他们认为导致这些问题的原因是社会心理方面的，不是制度上的：流行的学术风气鼓励肤浅的学术研究，但科举考试本身还是一种客观的选人方法。

朱熹对科举的批评是基于一种信念，即科举带来的教学问题无法 **232** 用科举之外的其他教学方法解决，只有把别种教学方法整合进科举领域之内才可以解决问题。本节认为朱熹的意图是挑战"永嘉"诸子在考试场域中的权威，并且创立一套与当时大家公认的"永嘉"学术优势不同的另类体系。在那些有关举业的信件和对话中，他批评"永嘉"学派的阅读写作方法以及其对行政决策的强调。在《学校贡举私议》（1195 年）这份科举改革的奏章中，他概述了跟"永嘉"阅读写作方法不同的道学模式，评估的重点不再是行政决策能力，而是对道德的深刻理解。[2]在下文中，我将讨论朱熹批评"永嘉"学派的三个维度（行政决策、阅读、写作）以及朱熹在《私议》中提出的相应道学选择。

朱熹观察到"事功"思想从 12 世纪 60 年代起开始主导士人文化。[3]他在阅读那些 12 世纪 60 年代到 90 年代间有名的策文时，十分忧虑它们对结果的重视取代了对道德规条的解释：

> 缘世上只有许多时事，已前一齐话了，自无可得说。既无可得话，又只管要新。最切害处，是轻德行，毁名节，崇智术，尚变诈，读之使人痛心疾首。不知是甚世变到这里。可畏！可畏！ **233** 这都是不祥之兆。隆兴以来不恁地。自隆兴以后有恢复之说，都要来说功名，初不曾济得些事。今看来，反把许多元气都耗却。管子、孔门所不道，而（此）【其】言犹曰"礼义廉耻，是谓四

---

[1] 有关程颢和朱熹意见的不同，见陈雯怡：《由官学到书院》，第 85—88 页，第 218 页。

[2] 有关这篇奏章和其接受史的深入讨论，见 De Weerdt, "Changing Minds Through Examinations"，朱熹：《朱熹集》，第 69 卷，第 3632—3643 页。有关该文的年份，见束景南：《朱子大传》，第 947—948 页；《朱子语类》，第 109 卷，第 2698—2699 页。宁慧如（《朱熹论科举》，第 136 页）把写作日期定为 1187 年，但是没有给出此一早期时间的出处。

[3] 田浩在他的 Utilitarian Confucianism and Ch'en Liang on Public Interest and the Law（《功利主义的儒家：陈亮对朱熹的挑战》）一书中讨论了这个词的使用以及 12 世纪事功思想的一位主要代表人物。

维"。[4] 如今将礼义廉耻一切扫除了，却来说事功！[5]

朱熹对士人文化中事功思维的显著地位不满，他比较自己的反应和孔子当年类似的做法，因为孔子当时也是对公元前 7 世纪到前 5 世纪的某种思想和政治倾向不满。《管子》一书被认为是前世纪强大的齐国之丞相管仲（约前 645 年去世）所作。[6] 管仲也是齐桓公在中国领土四分五裂之时得以称霸的总设计师。孔子偶尔会对管仲传奇般的强国事迹及其宁愿忽视道德标准以便巩固和扩张国家权力的心态提出质疑。朱熹强调管仲的政治哲学带来了文化上的转变，一般认为这种转234 变导致了后来战国时期国家之间的冲突，可是这种转变和 12 世纪下半叶的变化相比就无足轻重了——因为起码管仲承认道德的重要性。

朱熹对事功思想的批评在前面的引文中暗示出来，也明确出现在下面摘引的段落中。朱熹指责的对象是 12 世纪提倡行政决策研究最出名的"永嘉"教师。"事功之学"和"功利之学"通常被用来代表永嘉学者的思想，他们有些在永嘉教书，比如陈傅良和叶适，有些在整个浙东地区教书之人也具有类似的思想，比如陈亮。这种名称强调了他们在行政决策评估各种方案结果时重视的价值。"事功"反映了"永嘉"思想，即行政问题的最好解决方案是那种能给社会和国家带来最大利益的选择。由此而言，"事功"这一称号颇为恰当。决定利益最大化的基础是评估那些政策带来的正面负面效应，而不是看它们是否符合某套道德准则（第四章）。

朱熹认为这种思考模式突然广受欢迎的原因是南宋面临险恶的地缘政治局势。其北方邻国的军事威胁及试图收复北方家园的愿望都是12、13 世纪士人面临的主要问题。金廷的军事入侵和宋军后来在 1161 年采石一役取得胜利都让人认为宋金关系将进入新的一章。孝宗皇帝

---

[4] 《管子》，第 1 卷，第 2 页；Rickett, Guanzi, 53。

[5] 《朱子语类》，第 109 卷，第 2701 页。

[6] 有关《管子》的文献史，见 W. Allyn Rickett 在 Loewe, Early Chinese Texts, 244–251 一书中的文章。有关《论语》中孔子对管仲的态度讨论，见 Schwartz, *The World of Thought in Ancient China*, 109–10, 162, 386。

面对金国提出要求之时，采取了强硬立场，并且丝毫不遮掩他对重夺北方领土的兴趣。"永嘉"学者的研究和教学对此提出愿景和改革计划。他们的改革方案基于方法论的假设，即历史分析和行政决策是解决当下政治问题的必要方法（第三章和第四章）。那些呼吁行政改革、介绍历史分析和行政决策方法的"永嘉"辅导手册及文章获得了皇帝的重视，在整个 12 世纪下半叶在考生中都是销量巨大的。比如陈傅良在 1192 年向孝宗皇帝呈进《周礼说》一书，而《周礼》在历史上一直为有意于制度和政府改革之人提供灵感。[7]跟陈傅良《待遇集》一样，《周礼说》是他政治写作方面的另一部合集（见第三章），也是考生中的畅销书。[8]

235

在朱熹看来，"永嘉"关于历史和行政的研究教学有两种负面影响。其一，他发现"永嘉"学派研究制度史的方法有问题。朱熹同意各种题材的历史包括制度史都是有价值的题目。他也给他的学生推荐历史读物，他制定书单后面的高阶部分也包括历史著作。在《学校贡举私议》中，他为科举考试建议了一份短小的历史阅读书目，这些书在他的改革计划中占据一席之地。朱熹对历史研究的肯定是基于一种与"永嘉"历史研究相反的逻辑。阅读历史是有益的，因其可以让学生找到道德的基本原则。历史不为自身带来教训；它为分析道学经典作品中之人性和人际关系提供素材。

基于这种原因，学生仅在阅读了那些精辟阐述道德原则的哲学作品之后才能接触历史研究。学生写作历史文章时运用恒定的人性原则来展示道德律下的自然之理，借此体现道德判断的原则。朱熹坚持认为"永嘉"学派的历史研究缺少方向感，因为他们忽视了引导历史进程和政府行为的道德律。

236

---

[7] *Sung Biographies*, 106. 此书已佚。据孙诒让（1848—1908）言，陈傅良可能用同一书名写了两部作品：一部是三卷本，呈献给皇帝；另一部有十二卷，与永嘉学者徐元德（1139—1201）的一部研究周代政府的著作共同收录进《周官制度精华》一书。见周梦江：《叶适与永嘉学派》，第 88 页，90 页，290—291 页。

[8] 《文献通考》，第 181 卷，第 1558 页。另见徐规、周梦江：《陈傅良的著作及其事功思想述略》，第 10 页。朱熹（《朱子语类》，第 123 卷，第 296 页）曾抱怨陈傅良过于沉迷于《周礼》。有关用现存史料研究陈傅良对周礼注解的作品，见罗荣贵：《陈傅良（1137—1203）研究》，第七章及附录二。

朱熹认为"永嘉"学派整体上都缺少方向感。"永嘉"的著作和文章主要关注政策与制度的优缺点分析，用情境化、历史化的角度来看待事件。朱熹着重的是路线问题，而不是一个包含了方法论的庞大改革计划。因此朱熹的结论是根本没有一个成体系的"永嘉"思想——仅仅是一大堆言论，"没头没尾"。[9]

第二，朱熹认为"永嘉"的行政决策研究违背了科举的初衷——以朱熹的定义而言。对于朱熹来说，科举考试的合法性取决于其培养选择"君子"的能力。

> 或言："本朝人才过于汉唐，而治效不及者，缘汉唐不去攻小人，本朝专要去小人，所以如此。"曰："如此说，所谓'内君子，外小人'[10]，古人且胡乱恁地说，不知何等议论！永嘉学问专去利害上计较，恐出此。"[11]

"永嘉"的行政决策过程特意否认区分"君子"和"小人"的意义。《永嘉先生八面锋》中讨论的行政原则以及12世纪论体文表达的原则都包括一个例子，即政府任用有污点的人也可能给君主带来最大的利益（见第三章）。这个观点背后的逻辑是说，一个有污点的人反而有动机要证明他自己；这种情况下用人是基于心理学考量和利益的计算，而不是道德价值。进一步而言，"永嘉"学者通过他们的教学灌输一种信仰，也就是任何能写出行政方面有说服力的文章的考生都应该得到功名。

朱熹对"永嘉"学派的历史研究和行政决策予以批评，其动机是他认为应该用道德标准来决定科举和官场成功与否。在其科举改革提议中，朱熹描绘了几种将道德品质作为选人标准的办法。其中最引

237

---

[9]《朱子语类》，第45卷，第1149页；第55卷，第1311页；第86卷，第2207页；第114卷，第2758页；第122卷，第2951页；第123卷，第2961页。

[10]《易经》泰卦；Wilhelm, *The I Ching*, 441-442.

[11]《朱子语类》，第37卷，第987—988页。

人注目的就是他建议创立德行科，把进士科中的地方考生解额减半 *，
用多余的额度来实行德行科的选拔。县令需要搜寻这样的人才，每次
考试时把固定人数的德行科考生送至州府。如果他们可以通过州府级
的考查，知州会把成功过关者送往礼部——然后德行科考生会有与
进士科考生类似的安排。

一旦到了京城，德行科考生会享受特殊待遇。他们会被送入太
学，且不用参加学校里面的月书季考。太学管理者会根据其亲身观察
来评估这些考生。太学第二年时，考生会去政府的各部门实习。表现
出色之人会在第三年获得政府职位。剩下不能直接授官的学生则可以
参加下一次省试。

朱熹建议减少常规进士科的学生并创立德行科，可见他相信德行
一旦成为科举的关键因素后就更容易被推广。在《私议》中，他进一
步显示了他的愿望，即德行科的创立和提倡会影响参与考试的所有人，
也会导致教育全面转型。《私议》提出一系列建议，另一项就是任命通
过德行科的士人为官学教授。这项做法也会有助于实现他的愿望。

除了批评行政和历史研究中的事功思想，朱熹也讨论了12世纪
举业中古典学术的角色。对于朱熹来说，儒家经典教学尤其重要。他
制定的学习计划基于一个前提，即深入了解儒家经典是士人修身之
本。在古典学术教学及其他举业领域，"永嘉"诸子都对朱熹的教学
目标提出重要挑战。叶味道（1220年进士）来自温州府，他在1191
年到1200年间跟随朱熹学习。[13] 一次叶氏告诉朱熹他计划在下次考试
时以《春秋》为专经，朱熹感慨道："《春秋》为仙乡陈蔡诸公[14]穿凿
得尽。诸经时文愈巧愈凿，独《春秋》为尤甚，天下大抵皆为公乡里
一变矣！"[15] 陈傅良和蔡幼学都是来自温州瑞安县，在太学以其《春
秋》学问知名。他们在1172年获得进士，等待授官时也继续教授

238

---

* 原文为"解额之半而又折其半"，故应是解额的四分之一。——译注

[13] 有关叶味道的传记资料，见陈荣捷：《朱子门人》，第279—280页；以及诸桥辙次、安冈
正笃编：《朱子学大系》，第6卷，第503页。

[14] *Sung Biographies*, 1035-1037；周梦江：《叶适与永嘉学派》，第297页。

[15]《朱子语类》，第114卷，第2761页。

《春秋》。陈傅良的学生在他死后还延续了"永嘉"学派研习《春秋》的传统。[16]

239　朱熹关注的不是"永嘉"学者对《春秋》或者其他经书中某段意义的解读。在他和学生的对话中，他会指出那些人的误读之处，不过通常会把这些错误归因于"永嘉"学派更广义的方法问题上。对于12世纪的读者来说，"永嘉"学者的经典注解很有吸引力，因为他们有新鲜的创见。不过在朱熹看来，这种"永嘉"解读的新奇性不过是历史想象而已。"永嘉"学者通过在段落之中和人物周围构建场景和对话来创造新的含义：

> 又问："春秋如何说？"滕云："君举云：'世人疑左丘明好恶不与圣人同，谓其所载事多与经异，此则有说。且如晋先蔑奔，人但谓先蔑奔秦耳。此乃先蔑立嗣不定，故书"奔"以示贬。'"[17] 曰："是何言语！先蔑实是奔秦，如何不书'奔'？且书'奔秦'，谓之'示贬'；不书奔，则此事自不见，何以为褒？昨说与吾友，所谓专于博上求之，不反于约，乃谓此耳。是乃于穿凿上益加穿凿，疑误后学。"[18]

240
> 永嘉看文字，文字平白处都不看，偏要去注疏小字中，寻节目以为博。[19]

　　"永嘉"学者在阅读经典文本之时，提倡尽可能从各种层次探寻意义。这种在细读短文时展现的创造力赢得了那些练习经书类文章的

---

[16] 陈傅良《春秋后传》一书存世。有关陈傅良和其他宋代学者关于《春秋》著作的概述，见宋鼎宗：《春秋宋学发微》。陈傅良的学生如蔡幼学和周勉继续其对《春秋》的研究（周梦江：《叶适与永嘉学派》，第104页）。有关陈傅良以《春秋》为主题的时文，见王宇：《南宋科场与永嘉学派的崛起》。

[17] 《春秋》文公七年（前619年）。有关《左传》的翻译，见 Legge, *The Chinese Classics*, vol. 5, *The Ch'un Ts'ew with the Tso Chuen*, 248–49。根据《左传》，先蔑前往秦国迎接公子雍作为晋襄公死后的合理继承人。与此同时，一个幼童在国内被立为襄公的后继者，然后晋国进攻秦国。于是先蔑找不到别的选择，只能逃亡秦国。

[18] 《朱子语类》，第123卷，第2959页。

[19] 《朱子语类》，第2964页。

考生的欢迎。无论是经义场的考题，还是论体文的题目，都常常是从经书中摘取的五到十个字的短语。朱熹批评"永嘉"诸子的理论范畴，对其作品在经书教学方面的影响颇为愤怒。如同上面两条引文所示，朱熹主要怀疑这些人坚持"博"（想象式解读细节）的原则，反而损害了对"约"（整合理解原始文本）的追求。在他看来，"永嘉"学派把经书看作一组互不相连的短文。而朱熹设计的阅读方法是教会学生如何把经典文本看作一套自洽的理论，这样最后才能理解它们之中的道德哲学。朱熹曾套用孔子的话来提倡回归儒家传统的根本道理（约）。孔子最爱的门徒颜渊也以"博我以文，约我以礼"来感慨孔子。[20]

　　对于朱熹来说，阅读不仅仅是一种理解文字内容及意义的活动，阅读（尤其是阅读经典文本）必须能给读者带来个人的转变甚至是革新。也正是在这个意义上，朱熹把他自己的阅读方法和"永嘉"教师进行对比：

> 诗，如今恁地注解了，自是分晓，易理会。但须是沉潜讽诵，玩味义理，咀嚼滋味，方有所益。若是草草看过一部诗，只两三日可了。但不得滋味，也记不得，全不济事。古人说"诗可以兴"，[21]须是读了有兴起处，方是读诗。若不能兴起，便不是读诗。因说，永嘉之学，只是要立新巧之说，少间指摘东西，凑零碎，便立说去。纵说得是，也只无益，莫道又未是。[22]

241

　　在朱熹看来，考试场域里面流行的做法是让学生略读文字之后就去立论，他提倡的则是仔细认真地研读整本经书。通过对《诗经》或其他经典中道德原则深思熟虑，读者便有"兴起处"；在朱熹的阅读中，对道德原则的正确理解会让人愿意去履行自己的道德责任。为了达到这种理解程度，朱熹建议学生把《诗经》中的每一首作品都背诵

---

[20]《论语·子罕》。

[21] 同上；Legge, *The Chinese Classics*, vol. 1, *Confucian Analects*, 323.

[22]《朱子语类》，第 80 卷，第 2086 页。

一百遍。没有彻底理解一首诗的含义之前先不去研读下一首。[23]

这种阅读方法在朱熹看来可以通过科举来推行。在他早期教学生涯中，他设计考题来考察学生阅读整本经书之后的收获。在他的策题中，他询问同安县学学生阅读《论语》之后的感想。他也小心翼翼地避免问到细节问题（第七章）。

242　朱熹在《私议》中提倡课程改革，在备考过程中把道学的教学理念制度化。《私议》所提议的常规课程跟朱熹给学生建议的两种读书原则相符合。[24] 第一条原则要求读书仅着重于有限的几部作品——这种想法跟当时宋代精英的习惯完全相反。为了让学生有更多的时间来沉浸于一部书里面，从而可以思考此书和道德修身过程的关系，朱熹主张重新分配传统经典的比重。只有《大学》《论语》《中庸》《孟子》在三年一次的科举中是必考的，然后以每四次科举为一个循环，其他各种经书在这个循环中依次出现。经典作品被分为三类：第一年和第七年的两次科举考《易经》《尚书》和《诗经》；第四年那次考试则是《周礼》《礼记》和《仪礼》；第十年考《春秋》及其注解。哲学、史学和行政方面的作品也会用类似的方法在四次科举中考核。下一轮考试会涉及的作品和主题会在殿试之后马上宣布，这样考生在接下来的三年时间内可以专心研读数量有限的一些书籍。[25] 朱熹认为这种做法比目前开放式课程更好，因为就算是那些没通过考试的学生也能学会如何仔细审慎地读书。[26]

《私议》中提到的课程设置不但意欲将道学读书方法制度化，也要把朱熹归纳的道学信仰原则予以传播。选择一套核心科目以及为每一部经书指定相应的适宜注解都是为了这个目标而努力。如上文所述，只有《大学》《论语》《中庸》和《孟子》在每三年一次的科举

243　中必定会出现。这套《四书》首先由朱熹在1182年结集出版，成为了正在定型中的道学正典的核心内容（第一章）。这套书的第一部《大

---

[23] 同前注，第 2087 页。

[24] 有关朱熹读书方法的讨论，见 Gardner, *Learning to Be a Sage*, esp. 35–56。

[25] 朱熹：《朱熹集》，第 69 卷，第 3632—3643 页；《朱子语类》，第 109 卷，第 2699 页。

[26]《朱子语类》，第 109 卷，第 2699 页。

学》在 12 世纪中叶就已经成为道学运动的基要入门作品。朱熹一直认为《大学》一书包含了道学总纲，向学生介绍了修身步骤，这样的修身把个人、家庭、社区、直到帝国都整合进宇宙道德秩序之内。一旦学生理解了《大学》的中心思想，他们就可以在阅读清单上别的作品时应用这种思想。基于教义的信仰影响了朱熹的读书方法。

《四书》也与朱熹读书方法的第二条原则联系在一起：学生需要按顺序阅读课程计划中的作品。学生要从《四书》开始。在《四书》之内，他们先从容易的作品开始（《大学》），然后进入更艰深的作品中。按顺序阅读让学生把不同作品都看成某套连贯一致的学术思想之一部分，也让所有人以道德修身为中心。只有当学生学习完《四书》之后，他们才可以开始学习《五经》，再之后是历史书，最后是其他的作品。《四书》为辨别其他一切作品提供了标准。

除了选编经典文本和强调其在读书时的重要性之外，朱熹也对经典进行注疏，这对考试场域中的"永嘉"诸子的权威性提出更大的挑战。朱熹在 1195 年写作《私议》，在他提议的教学内容中，其为《四书》所作注疏被列为理解核心经典的唯一选择。

《私议》提出的教育改革明显带有党派立场，其特别强调道学注疏的重要地位。道学人士的注疏被推崇为指导经书研读的最优选择。程颐被朱熹定为道学的先贤，其各种注疏被列在所有经书之下，这在各家中是唯一一位。张载、杨时等其他被朱熹列入道学运动谱系的人物名字也出现在朱熹推荐的注疏书目中。一些历史学家强调朱熹在推荐注疏时的包容性。[27]尽管朱熹一生之中都不断批评苏轼和王安石的作品，他推荐的各家注疏中还是列出了这两个人的名字。[28]

244

对于 12、13 世纪的考生来说，这份书目明显排斥了一些人的作品，也就是"永嘉"诸子的注疏。"永嘉"学者特别在《春秋》和《周礼》这两部经书的教学上享有名声。朱熹的学生熟悉"永嘉"的解读方法，常常向朱熹询问这些观点。如前例所述，朱熹通常对"永嘉"的

---

[27] Nivison, "Protest Against Conventions and Conventions of Protest," 239, 243, 247; de Bary, *The Liberal Tradition in China*, 40-42; Elman, *A Cultural History of Civil Examinations*, 27-29.

[28] 有关朱熹对这二人的矛盾态度，见 Bol, "Chu Hsi's Redefinition of Literati Learning"。

注疏不屑一顾，因为他认为这些人对经典的解读方法和他希望自己学生掌握的阅读方法背道而驰。[29] 从其推荐的书目可见，朱熹希望限制学生对"永嘉"诸子的了解，仅列出了薛季宣的一部《尚书》注。

朱熹对 12 世纪备考教学的第三条意见是作文在教学中的中心地位。在他看来，师生着迷于对登科文章进行修辞分析，这给历史和经学研究带来严重问题。

> 问："今之学校，自麻沙时文册子之外，其他未尝过而问焉。"曰："怪它不得，上之所以教者不过如此。然上之人曾不思量，时文一件，学子自是着急，何用更要你教！你设学校，却好教他理会本分事业。"[30]

245　　字面上而言，"时文"指的是"当代的文章"、"当下的文章"。尽管这个词指的不是某一种文体或写作风格，该词从北宋开始就与科举密不可分了。它被用来指代考场中的作文，尤其是最近考试过关的文章。这些文章的重要性在于它们体现了对历史、政策和训诂问题的解读，也反映出考官钟爱的写作风格，它们作为范文有效地使用了举业课程和指南中教导的修辞手法。"时文"一词往往带有轻蔑的贬义，因为大多数考场作文被认为仅有短暂、有限的价值。大多数考场作文仅在当场考试之后有限的时间里对备考考生有用。

朱熹对"时文"的特殊地位的批评与当时人们对低水平考场文章的常见抱怨不同。上面引用的意见显示出朱熹反对把作文当作一项单独教学内容。他在这条问答中建议学生自己学习写作技巧。在其他对话中，朱熹也在更加哲学的层次提到倘若人心理解道学之理，他就能用写作将其清楚阐明。写作应该从属于修身之心；相对而言，写作课程则把人心压制在修辞方法之下。

朱熹的批评意见涉及 12 世纪举业强调写作能力的两条重要因素：

---

[29] 有关永嘉学者注疏的讨论，见周梦江：《叶适与永嘉学派》一书。
[30]《朱子语类》，第 109 卷，第 2700 页。

时文结构的标准化和古文在士人文化中的权威地位。在回顾这两条因素之后，我将会讨论朱熹试图创立另一种道学模式的努力，这种模式既能适应考试需要，也能避免在写作中过分强调修辞能力。

直到 12 世纪中叶，大多数考生都遵循标准化的论体文结构。如   246
同第二章所示，一篇论体文与具有多种器官的身体类似，每个部分都有其特别的位置、大小和功能。在立论中，对偶成为最主要的修辞手法。这种标准也同样适用于第一场的经义考试。考官支持这种标准化的模式，因为格式标准化有利于提高阅卷效率。包括"永嘉"教师在内的考试教师也提倡标准化，因为它是了解考官喜好的可靠指标，也成为写作教学的一种模板。

朱熹注意到这种标准化考试文体结构对教学的影响，认为坚持某种特定格式会影响学生对文本的解读。现有的传统因此产生了一种特殊的阅读方法：

> 大抵不问题之大小长短，而必欲分为两段，仍作两句对偶破题。又须借用他语以暗贴题中之字，必极于工巧而后已。其后多者三二千言别无他意，不过止是反复敷衍破题两句之说而已。如此不唯不成经学亦复不成文字。[31]

这种二元化的写作模式要求学生不管文字内在结构如何，都要把经书的选段分为两段。以朱熹看来，这种方法妨碍了对文字进行细致分析及对段落之间关系进行整体理解。[32]学生把自己局限在破题上的冗   247
长解释，为了立论加进很多故事轶闻，[33]可是却忽视了研究解读文字的深意以及文字之间的联系。

朱熹认为，无论在阅读还是写作中，这种对文章结构和雄辩口才的重视因古文文体的权威地位被进一步强调。苏洵、苏轼和苏辙的历史、政论文章以及一些时文在 12 世纪的士人中都很流行。苏门一家

---

[31] 朱熹：《朱熹集》，第 69 卷，第 3640 页。

[32]《朱子语类》，第 21 卷，第 494 页。

[33] 同上，第 83 卷，第 2157 页。

的古文写作或者被单独发行，或者被重点收录到各种文集中（第四章）。[34] 朱熹的一位学生承认他的学习时间被分成两部分，一方面精读《论语》以便细察道德原则，另一方面学习苏门文章以便了解如何写作时文。[35] 朱熹对当下精英文化中苏轼文章占据的核心地位尤其失望，并且公开批评当时人们对苏氏文章的兴趣。[36]

好几次朱熹都表示相较于王学给道学带来的破坏而言，对写作技巧的专注以及苏学的影响对道学的危害更大。[37] 他认为大家一般都了解王安石改革和佛教道教的危害，但士人对模仿苏轼等作者会带来的思想污染认识不足。他反对推崇苏轼的作品，认为其未能揭露事件的真实意涵。苏轼在文章中无非是重新构建历史场景，从重构的叙事中导出相对的道理而已。

248　　苏轼的文化遗产主要体现在"永嘉"诸子的作品及他们获得的成功上。在朱熹眼中，陈傅良跟苏轼是同类人："只是他稍理会得，便自要说，又说得不着。如东坡子由见得个道理，更不成道理，又却便开心见胆，说教人理会得。"[38] 在朱熹看来，古文的教学不仅仅是简单的技术问题，而是对道学的一种重要思想挑战。

这个问题上朱熹不同意吕祖谦。古文在举业中取得了极高的名气，其中最重要的因素之一就是吕祖谦的教学活动。如第四章所述，吕氏的教学努力有助于 12 世纪晚期和 13 世纪中古文正典的形成。朱熹在若干信件里批评吕氏的古文文集，警告他的门徒要小心这些文集给士人文化带来的影响。他的批评着眼于吕氏分析古文时所用的技术性和修辞式手法：

---

[34] Bol, "Reading Su Shi in Southern Song Wuzhou."

[35] 《朱子语类》，第 118 卷，第 2859 页。

[36] Bol, "Chu Hsi's Redefinition of Literati Learning," esp. 171–83; Gardner, *Learning to Be a Sage*, 57–81; 何寄澎：《朱子的文论》，第 1229—1232 页。何氏（同上，第 1232 页注 19）引用史料说明几位与朱熹同时代的人士觉得他对苏轼的看法过于苛刻。关于朱熹责备吕祖谦对苏轼作品之兴趣，见 Tillman, *Confucian Discourse and Chu Hsi's Ascendancy*, 129-130; 以及林素芬：《吕祖谦的辞章之学与古文运动》，第 156—157 页。

[37] Gardner, *Learning to Be a Sage*, 70–71.

[38] 《朱子语类》，第 118 卷，第 2960 页。

因说伯恭所批文，曰："文章流转变化无穷，岂可限以如此？"

某因说："陆教授[39]谓伯恭有个文字腔子，才作文字时，便将来入个腔子做，文字气脉不长。"先生曰："他便是眼高，见得破。"[40]

吕祖谦写作各种文体文章所用的"腔子"来自于他对古文作品的研读，特别是韩愈、柳宗元、欧阳修和三苏的作品。在第四章曾讨论过的《古文关键》一书中，他以注释和解读来教导读者如何掌握古文名家作品的组织结构和修辞技法。吕祖谦面对朱熹的批评时，为自己的古文写作课程和指南进行辩护，认为文章内容与表达形式是可分离的。[41]吕氏相信古文对考生有用，因为它可以教导学生面对考题时如何用修辞手法来系统阐述有说服力的答案；答案的内容不一定要基于题目引用文字中的论点。但朱熹则认为写作与内容可以分离是一种谬论。[42]

在朱熹看来，考场文章结构的标准化以及12世纪晚期士人文化中古文的权威性地位都是士人重视修辞技巧的主要原因。朱熹不认为对修辞技巧的重视一定是考试写作的副产品。在《私议》中他主张改变考试的形式，考场文章不再是无意义的练习，而成为衡量学生理解原始资料能力的工具。朱熹的提议意图改变评估标准。在他眼中，当下的形式完全基于修辞考量，新的形式则反映出他把道学的教育理念跟考题设计相结合的雄心。

朱熹提议的经义文章形式包括三部分：先指出所引文章之上下文，再对两种或两种以上注疏传统进行讨论，最后学生讨论自己对该段文字的理解。这种形式模仿了朱熹推荐的阅读经典所需要的三个阶段。朱熹把注疏看作产生先入之见的主要原因。因此他建议学生先直接面对原始文字，不要依赖注疏或其他学习工具的帮助（第一阶段）。

249

---

[39] 此处可能指的是陆九渊。本段没有任何关于此人身份的更多信息。

[40]《朱子语类》，第139卷，第3321页。

[41] Bol, "Reading Su Shi in Wuzhou"；林素芬：《吕祖谦的辞章之学与古文运动》，第149页；De Weerdt, "Content and Composition."

[42] 张栻也有类似论点，见 Chu Ping-tzu, "Tradition Building and Cultural Competition in Southern Song China,"第三章；Tillman, *Confucian Discourse and Chu Hsi's Ascen-dancy*, 129–130.

250 　　注疏在朱熹古典教育中的角色尽管关键，但还是次要和附属的。原始文本最为重要，一个人在长时间研读完整的原始文本之后才会去参考注疏。读者使用注疏的方法反映出注疏的辅助性质。注疏需要被批判性的阅读。朱熹主张一切注疏都有疏漏瑕疵；对注释和解读进行反复辨析是为了恢复读者和原始文本之间的直接关系（第二阶段）。

　　文章的最后部分则是考生个人对该段文字的理解，这也是朱熹读书方法最重要的目的（第三阶段）。在《私议》中，朱熹把对文本的个人理解定义为"直论圣贤本意与其施用之实。"[43] 这种对文本的个人理解既不是提倡对原文进行批判性解读，也不是鼓励提出新颖的观点。阅读经书的目的是亲身经历并且认同这些作品的意涵。学生应当针对经书进行阅读和写作，仿佛书中之理来自他们内心一样。[44]

　　朱熹对时文的批评基于他这种有警惕性的欣赏态度。他阅读并创作时文，尽管他摒弃大部分这类文章，但还是会提到少数一些题文尚"佳"的例子，它们"无害于道"。[45]他认为功利主义的兴起、古典学术的衰落以及对修辞技巧的推崇等晚近的变化都与考试场域中"永嘉"教师的权威地位有关。他认为这些趋势是可逆转的，也暗示说道学的时文写作方法并非与之相反：

251 　　　　谭兄问作时文，曰："略用体式，而隳括以至理。"[46]

　　尽管朱熹反对在他生前出版《学校贡举私议》，[47] 他几个最有名的门徒还是继续按照他的计划来试图改变举业和时文的现状。

---

[43] 朱熹：《朱熹集》，第 69 卷，第 3640 页。

[44] Gardner, *Learning to Be a Sage*, 42-43.

[45] 有关具体文章的讨论，见《朱子语类》，第 43 卷，第 1105 页；第 79 卷，第 2062 页；第 122 卷，第 2953—2954 页；第 133 卷，第 3200 页；第 135 卷，第 3226 页。

[46]《朱子语类》，第 13 卷，第 247 页。有关其他的例子，见陈雯怡：《由官学到书院》，第 216 页。

[47] 我在"Changing Minds Through Examinations"一文中讨论了朱熹不愿出版《私议》的可能原因。

道德哲学：陈淳给道学门人的考试指南

朱熹对12世纪科举教学法的批评给后人留下了模棱两可的遗产。他对时下的科举标准和备考方法的批评深受那些不太可能通过考试的学生欢迎。他的几个学生在为道学的传承委身之后放弃了对考试的准备。另一方面，包括他自己最欣赏的几个门徒在内的多数人还是继续参加科举，无论成功不成功。[48]

不论他们对科举的态度如何，朱熹的学生为一方面追求道德修 252身，另一方面准备考试所带来的冲突而困扰。当学生在谈话或是信件中提到此问题时，朱熹通常采用一种调和主义的态度。他承认道德实践和准备考试可以并行不悖，只要学生不沉迷于后者的目标。他建议学生用大部分时间学习道学，在业余时间准备考试。[49]可是在他私人教学中，朱熹并没有把道学和举业混在一起。道德原则的解释和实践跟准备考试是分开的。[50]

朱熹的一些门徒在他们教学实践中把道学和举业放在一起。本节的重点是陈淳为道学所作的入门介绍，[51]在他看来，备考不再是道学学生的课外活动，考场写作成为士人文化改革战场上的一种武器。

> 吾子于文已成一机轴。词源之正驶，词锋之正锐，其于对敌有余也。科举之文足以对敌则已。其得失有命焉。若于其上求之

---

[48] 田中谦二（《朱熹与科举》）概述了朱熹在给学生和熟人的信中对准备及参与科举的模棱两可的态度。基于这类矛盾的史料，他认为对于朱熹来说，"为己之学"（修身）和参加科举是相容的，拒绝考试本身不是选项，也不会被提倡。有关朱熹门人各样的职业发展简介，见市来津由彦：《朱熹门人集团形成の研究》，第389页的表格。市来津由彦在该表格之前的讨论中认为这些学生和朱熹一样批评科举。他认为朱熹晚期的门徒不太通过考试来推广道学的意识形态，而是主动参与地方治生，以此来推广道学（同上，第369—393页，第423—424页）。此处讨论陈淳，第七章讨论的是12世纪和13世纪早期的考生，这些例子都显示出道学对学生具有吸引力，因为它既是另一种科举学习的路径，也提供了新的备考方法。

[49] Gardner, *Learning to Be a Sage*, 19–20.

[50] 从朱熹1150年代的考题中可见他试图依照道学原则来改革科举学习，不过这是一项短命的计划。见第七章。

[51] 我采用的是佐藤隆则《陈淳の学问と思想——朱熹从学以前》一文中给出的年代日期。有关陈淳的年份争议，见此书第49页，注1。

益工为必得之计，则惑矣。理义在吾身心，不可一日阙者。一日而舍去，则醉生梦死，为迷途中人，为庸夫俗子，为自暴自弃于孔孟门墙之外。[52]

253　　陈淳在给一位朋友的一封信中写下这些话，他的朋友面临着举业给道学门人带来的道德困境。陈淳赞同朱熹对当下举业和时文的批评，也再度强调朱熹对备考课程和指南中推广的读书方法的意见。在他看来，强调写作导致经学、史学和哲学等学术传统上的碎片化阅读。学生要背诵课堂、文集和类书中给他们选好的文章片段，学习如何重新组织这些片段来建立新奇的论点。为了学习这种技巧，他们主要依靠古文家或是备考教师的范文。

　　陈淳强调尽管这种学习方法跟道学理念不相容，道学本身和举业还是相容的。在他看来，考试的准备可以转型为推广道学学习方法的场所。他支持朱熹的读书法，即强调对文本的整体把握、提倡以普遍道德标准对文本进行个人理解。他认为这种读书法是当下科举备考作法之外唯一可行的选择。前面所引的文字也说明了他的观点，即道学门人倘若能在考试准备过程中同样体现出他们每日道德修身的原则，他们就可以正当地参加科举考试。在朱熹的观点中，阅读是修身实践的基本部分。《私议》的建议如果能够实施出来，就会以朱熹的教学法对科举进行一场变革。陈淳按照这个方向继续朱熹的计划，并把朱熹的读书法定为道学门人举业学习的根本方法。

254　　道学读书法和科举所考察的写作能力没有什么联系，这也成为道学考生烦恼的主要来源。考试教师成功地推广了古文写作，陈傅良等12世纪的古文名家在考试中取得了显著的成功。在朱熹整个职业生涯中，他都一直批评最富声望的古文家苏轼的贡献，并且禁止学生对其作品产生兴趣。在13世纪，朱熹的门徒让道学的影响进入到科举备考包括写作在内的一切领域之内。陈淳的努力是这个过程的第一步。

---

[52] 陈淳：《北溪大全集》，第34卷，第7页 a。

陈淳告诫考生，写作既是坚持实践道德修养的副产品，也是实现它的一种方法。在上面引用的信中，他提到倘若道学和考场写作的整合出现问题，那么需要责怪的是学生识见不够，而不是考官的标准。对道学的真实理解离不开写作：

> 自有天地，则有此理。有生人，则在心所具有五常，在身所接有五品，[53]在日用动静有万事。而道行乎其间，不能与之相离。讲明是道，则为学。实践是道，则为行。实得是道，则为德举。而措之天下则为事业，而发达于言词则为文章。故道与文非二物也。[54]

朱熹主张寻道与写作具有一致性。他也向学生解释道，真诚的语　　255言可以反映出作者对道德之理的清晰把握。[55]首先接受这个观点的是道学教师，13 世纪上半叶其他科举教师也随之认可，写作教学从而成为道学教导的一部分。考官中这种变化也导致了阅卷模式的改变，对道学信仰的理解代替了写作标准（第五章）。

陈淳比朱熹更进一步，在他教学出版活动中为学生提供了一个在写作中表达道学理念的方法。如同上文引用的第一段话所示，陈淳建议把朱熹的创作遗产当作写作中真理的化身和考试场域中反对敌人的武器。对于他来说，11、12 世纪道学正典的语言会被用来替换当下的考场写作传统。他对道学的介绍突出强调了朱熹的创作遗产，也为学生提供了时文写作的分析工具。

---

[53] "五常" 此处指的是五德，在人心中的原始状态下相互一致，即仁、义、礼、智、信。"五品" 那句话指的是人不能在五种基本人际关系之外立足，他们在下列成对的关系中占据一种或多种位置：父子、夫妇、兄弟、朋友、君臣。

[54] 陈淳：《北溪大全集》，第 34 卷，第 4 页 b。

[55] 何寄澎：《朱子的文论》，市来津由彦：《朱熹の六朝评——道文一致の论からみた中世像》。

道学概念及其文本的指南

在朱熹晚年，陈淳成为朱熹最为信赖的学生之一。他两次跟从朱熹学习，第一次是在 1190 年，第二次在 1199 年，加起来一共七个月左右。[56] 在他们首次和最后的会面之中，朱熹和陈淳经常交换信件，讨论有关道学的问题。

陈淳在第一次和朱熹会面之前很久就已经对道学有兴趣了。他自己承认他在二十二岁的时候读到《近思录》时成为道学中人。在《宋史》他的官方传记里面，这项转变的标志是他当时就抛弃了对登科的追求。陈淳写道，他在十五岁和二十岁之间开始厌烦"举业语言"。[57] "举业语言"指的是经典文本的注疏以及准备考试时使用的写作手册。放弃举业是道学门人传记中常见的一种描写，不过陈淳放弃的是仅为科举而学习的传统，而不是放弃科举成功的目标。尽管他早先对举业不满意，并对《近思录》颇有兴趣，陈淳仍然继续参加科举考试。他在三十二岁时候通过了漳州（在福建南部）的解试，不过在随后的省试中失利。在 1216 年也就是他人生的最后时光中，他再一次前往临安参加一次特殊的考试，不过还是没有成功。

陈淳早年间对道学的接受后来成为一生的追求。如同多数朱熹晚期门人一样，陈淳是通过朱熹出版的著作来了解道学的。在读完《近思录》之后，他研读朱熹在 1172 年和 1177 年出版的《论语》、《孟子》注、1163 年编辑出版的《二程语录》、朱熹整理的周敦颐和张载作品以及其《大学》、《中庸》注。[58] 当他终于实现其人生理想见到朱熹的时候，陈淳已经花了二十年来学习他的作品。陈淳在这一时期的阅读书目也表明他的注意力主要集中在那些被朱熹列为道学传承核心的作品之上。

通过阅读新进出现的道学正典，陈淳怀抱着一个希望，认为他自己的使命就是成为道学传承中的一份子。他对道学传播的贡献无论是

---

[56] 陈荣捷：《朱子门人》，第 221 页。

[57] 佐藤隆则：《陈淳の学问と思想——朱熹从学以前》，第 48 页。

[58] 同上，第 56 页。

生前还是死后都被人认可。[59]朱熹对他印象深刻，他也把朱熹看作是道学门人之领袖。1190 年到 1191 年时朱熹在陈淳的家乡漳州任官，陈淳与他多有交流。当朱熹离开并回到福建北部的建阳家乡时，他提到他很高兴在福建南部找到陈淳这一合作者。

陈淳对道学传播作出的最具影响力的贡献是在他和朱熹第一次会面之后编写的一部全面的笔记合集，记录了他和朱熹的交流。他编写的语录在现存的《朱子语类》一书中占据重要地位。此书中他在贡献榜上排名第三。陈淳也是几部道学入门读物的作者，这几部书的每一部都面向不同的读者。他为儿童和女性提供指南，也为成年的男性学生编写入门教材。后者包括三部讲义：《语孟大学中庸口义》、《严陵讲义》和《北溪字义》。[60]

陈淳的课堂讲义能享有这样的名气不是偶然的。这些讲义见证了他从事的教师这份终身职业。他在漳州通过教学来维持一家的生计。朝廷后来回应了一份请愿书，授予他一个邻近的县令职位，以奖赏他多年在教学上的努力（他在任职之前就去世了）。陈淳对讲义的重视也进一步反映出口授言传在道学传承中的中心地位。无论是师生之间的传承，还是他们的直接互动，其所具有的重要性都体现出口授言传的地位。

语录展现出道学对时文的影响力，这从 12 世纪 90 年代考官奏章要求查禁语录的态度也能看出来（第五章）。相比注疏而言，语录可以更详细地解释道学的概念，其用语也更口语化。师生之间交流的声音能够启发读者来效仿，用自己的声音来回答问题。因此，对于那些寻求如何在解答考题时反映出自己对道学委身的学生来说，语录的语言为他们提供了另一种选择。12 世纪晚期道学话语影响时文写作的第一阶段中，这种修辞模式便十分流行。在这一阶段，考生用不同寻常的哲学辩论的语言以及排斥其他学术传统的立场来显示出他们对道

258

---

[59] 市来津由彦（《陈淳论序说——朱子学形成の视点から》）的研究着重于后来备考学生是如何使用陈淳编写的字典的。该书被广泛使用的时间段为何还不清楚。

[60] Wing-tsit Chan, trans. and ed., *Neo-Confucian Terms Explained*, 5, 12–17; 同上（陈荣捷）：《朱子门人》，第 220—221 页；本间次彦：《甦る朱熹》，第 1—17 页。有关《朱子语类》一书最重要的贡献者，见市来津由彦：《朱熹門人集團形成の研究》，第 365—366 页。

学教导的掌握（第七章）。这种立场体现在朱熹的思想和教学生涯里，也深刻影响了他第一代门徒的思维方式。

道学在考试场域中日益重要，陈淳的讲义体现出此种变革第一阶段的特点。他讲义合集的出版与其亲身参与分不开。第四章讨论过的"永嘉"辅导手册可能是无名的记录者和书坊共同合作的成果，陈淳的讲义与此不同，是由有名有姓的门徒记录。他在出版之前最少有两次亲自修订这些笔记。[61]

《北溪字义》在他死前的 1219 年和 1223 年之间出版，此书很好地体现出他在考试场域"对敌"的努力。这本字典给道学话语关键词语提供了简短的定义。每一条解释都来自于讨论该主题的笔记，也包含口头上针对该词的讨论。在本节的余下部分，我首先介绍《北溪字义》在其组织结构和解释方法上回到了道学教材的模式上。我也认为这种变化是有意为之，为的是回应那些因考生需要而把道学教导重新包装的方法。

《北溪字义》的教材结构对于 12 世纪学生来说十分熟悉。该书把内容分为二十五或二十六类，[62] 这跟类书的主题分类做法很像（类书是整合了参考书和文集特点的一种书籍）。编写类书在教师和失意学者中是很受欢迎的一种选择，对于书商来说也有利可图。岳珂（1183—1240）当时就写道，建阳的书店总是不停地发行新版和修订旧版的类书。[63] 科举类书如同文摘一样，收录儒家经典、历史和文学资料，为考题会涉及的方方面面提供背景知识，也为考生写作提供引文警句。

跟标准的科举类书不同，《北溪字义》仅仅对道学的道德哲学进行系统概论。其主题从道学传统中的核心经典选择而来，特别是《中庸》一书。每条之下讨论的引文则来自于 11、12 世纪道学传承者的作品，其中朱熹的著作特别被重视。如同其书名所示，《北溪字义》的目

---

[61] Wing-tsit Chan, trans. and ed., *Neo-Confucian Terms Explained*, 175n1, 239.

[62] 在最早的现存元本中有二十五种类别，在更常见的清本中有二十六种类别。本间次彦（《甦る朱熹》，第 14 页）列表比较两种版本的区别，认为两种可能都是源自宋本。陈荣捷讨论过这些版本，在 *Neo-Confucian Terms Explained* 一书附录二-N 中翻译了从宋到清各版本的前言。又见井上进：《北溪字义版本考》和张加才：《北溪字义版本源流蠡测》。

[63] 有关类书特点及其在南宋出版情况的简短介绍，见 De Weerdt, "Aspects of Song Intellectual Life," 3–5 及其 "The Encyclopedia as Textbook"。

的是为儒家经典中的词语提供索引，但是这些词语完全按照道学诸子 260
的解读来定义，这些学者声称他们重新发现了这些词语的真实含义。

　　主题的组织方法也有深意。各个主题不应被分开来看，反而要被
视为在某体系完整的道德哲学中相互连接的若干部分，或者是集理解
与道德实践于一身的某学习方案的若干步骤。《北溪字义》二十五项
主题的顺序基于《中庸》一书的开篇：

　　　　天命之谓性。率性之谓道。修道之谓教。[64]

这些句子定义了道学意识形态的核心概念（天命、性和道），并且描
述了它们之间的系统化关系。最后一句在教学中把有关道的哲学及其
实践结合在一起。

　　《北溪字义》也依照同样的路径来引领读者。第一章开篇是一段
关于天命和性的讨论，并分析了跟人性有关的一些问题。第二章详细
解释后面两句话。它首先定义"道"，并讨论一些能够解释道之起源
与运行的概念，比如"太极"和"理"。最后五段涉及的是道学实践
中应当鼓励或回避的话题。比如礼乐、祭祖、恰当的仪式等是应该被
鼓励的；追求利益、不规范的祭礼、佛教道教等是应该被禁止的。

　　陈淳因此依据朱熹《中庸注》来选择组织道学词汇。此做法将那
部权威作品和道学诸子的哲学思想叠加在一起，这些学者也因此把自
己和儒家的先王之道连接在一起。这种把道学道德哲学嵌入《四书》 261
某些段落的策略之前也有人尝试过。陈淳效法他最喜爱的道学著作、
也是介绍他入门的《近思录》来创作《北溪字义》。[65] 他在他的教学中
也赋予《近思录》非常重要的地位。他曾经提到朱熹的看法，即《四
书》为《六经》之阶梯、《近思录》为《四书》之阶梯。[66] 陈淳的学生
之一叶采（活跃于 1248 年左右）就为《近思录》出版了第一部全方位

---

[64] 我的解释基于本间次彦：《甦る朱熹》，第 14—15 页。

[65] Wing-tsit Chan, trans. and ed., *Neo-Confucian Terms Explained*, 2.

[66]《朱子语类》，第 105 卷，第 2629 页。

的注释书。[67]

朱熹把《近思录》视为一部简明扼要、循序渐进的入门书籍，介绍 11 世纪道学诸子作品曾详细讨论过的修身方法。为了"让初学者知所入"，他借助吕祖谦的帮助[68]从周敦颐、二程、张载的作品中选择一些段落，按照《大学》一书概述的道德修养顺序重新组织它们，从基本的学习方法入手，然后是个人修身，最后是如何处理社会政治问题。第三章到第八章讨论的是道德知识的扩充，从"致知"到"存学"、"克己"、"家道"、"出处"，直到"治体"。因此这些 11 世纪哲学家的思想通过《大学》里面最著名的句子表达出来：

262

> 物格而后知至，知至而后意诚，意诚而后心正，心正而后身修，身修而后家齐，家齐而后国治，国治而后天下平。[69]

朱熹用《大学》这句话作为此书纲领，把道学诸子不同的思想遗产转化为一套自洽的哲学，重新恢复了儒家经典的中心思想。[70]上面列

---

[67] Wing-tsit Chan, trans., *Reflections on Things at Hand*, 338-39, and *passim*.

[68] 杜海军（《吕祖谦与近思录的编纂》）认为朱熹对此书的贡献相比吕祖谦而言并不重要。他的研究显示出吕祖谦的思想和此书中的观点相近，并且提到朱熹对吕氏贡献的肯定。现存史料无法直接说明究竟何人是此书内容和结构的主要作者。不过，朱熹本人的声明以及他把此书列为讨论北宋四子的作品之一的事实都令人相信早之前的观点（也被陈荣捷等学者支持），即本书背后的概念主要体现的还是朱熹对程学传统的解读。朱熹建议他的学生阅读《近思录》。陈荣捷翻译了朱熹和其学生在《近思录》第四十到四十一卷中的约十处对话。杜海军所用的史料主要是朱熹和他学生有关某些主题的谈话，这些主题或是被吕祖谦选入此书，或是未被选入。这种针对程学中人的批评性意见是朱熹在和学生谈话时常用的后设批评方法（metacriticism）。我也认为这表明朱熹可能后悔与吕祖谦合作，因这种合作在特定情况下会有某些影响。这也表明朱熹没有把吕祖谦当作此书的主要作者。

此书的后序也进一步证实朱熹在编写时的中心地位。朱熹在后序中解释了此书的写作动机和大致结构。此书的定位是介绍北宋四子之作品及其蕴含的道德实践。吕祖谦的后序比朱熹的晚上一年，仅仅针对他自己把修身所本的意识形态基础一章放在第一卷进行解释。跟朱熹不同，吕祖谦似乎没有向他的学生推荐此书。有关这两篇序的英文翻译，见 Wing-tsit Chan, trans., *Reflections on Things at Han*, 1-4。又见徐儒宗：《婺学之宗——吕祖谦传》，第186—188 页。

[69] 此处的英文翻译来自 de Bary, ed., *Sources of Chinese Tradition*, I: 331；又见 Gardner, *Chu Hsi and the Ta-Hsueh*, 93-94。

[70] 有关《大学》和《近思录》之间关系的讨论，见本间次彦：《甦る朱熹》，第24—27 页，以及 Tucker, "An Onto-hermeneutic and Historico-hermeneutic Analysis of Chu Hsi's Political Philosophy," 2-3.

出的这些主题名称说明《近思录》被设计为一部道德实践的指南。据朱熹所述，此书出于教学原因把个人修身需要的步骤分割开来。实际上这个过程的各步骤应该是有机地联系在一起，只有通过道德实践才能认识到它们之间的一致性。《近思录》一书的目的就是为了鼓励学生去探寻修身的成果。

《近思录》的核心信息是道学道德哲学和道德实践的关系，这个问题在编写过程中也得到了讨论。在《近思录》或《北溪字义》等模仿作品中，讨论理论和实践何者为先时，最后结果总是倾向于前者。《近思录》第一卷名为《道体》，是该书最为理论化的一卷。朱熹和吕祖谦曾讨论过把此卷放到开篇是否有助于教学，后来朱熹同意吕祖谦的看法，即初学者倘若可以先接触一些道学的本体论，他们会更愿意在日常生活中实践具体的步骤，也可以对道德实践的意识形态基础有一个更全面的理解。

《近思录》首卷对道之本源的讨论主要基于周敦颐《太极图》一书。朱熹树立的道学正典收录了此书，是因为该书对宇宙起源的道德秩序提供了最系统化的论述。尽管初学者第一次读到此卷时可能还很难理解道学的宇宙论，吕祖谦和朱熹还是认为应该把它放在开篇，这样读者在读到后面道德实践各卷时可以回想此卷的教导。这也会确保读者认真看待道学诸子关于学问本于宇宙秩序的观点。[71]

通过选择和组织《北溪字义》中的词语，陈淳把此书看作道学谱系之中前辈作品的直接继承者。此书的结构来自于他老师朱熹提倡的道学正典中两部著名作品。《近思录》展示了如何用四书的格言来表现道学思想的合一性与延续性。《中庸》则为陈淳的作品提供了理论框架。除了选词和组织结构，陈淳也用相同的解释方法把《北溪字义》和道学正典联系在一起。

12世纪的道学文本（包括注疏、语录和文集）给读者提供了一套道德哲学语汇和解释道理传承的模式。朱熹为《大学》和《中庸》

---

[71] 见朱熹（1175年）和吕祖谦（1176年）的序言，Wing-tsit Chan, trans, *Reflections on Things at Hand*, 1–3。

作的集注为解释传统文本提供了两种模式。在他编辑注释的《大学》中，朱熹重构了那部标准著作。他解释上文引用的《大学》自我道德修养的八个步骤，也就是《大学》一书的核心信息，然后把余下文字分成段落，对应于八步的每一步，并给予详细的说明。[72] 对于朱熹来说，这八步不但是一系列题目，也是阅读道德修身文字的一种方法。在《近思录》中，朱熹把这八个步骤和 11 世纪道学诸子的写作遗产结合起来，这是他阅读和解释经典文本的方法应用于实际的结果。

朱熹在其编辑注释的《中庸》中使用了另一种解释方法，这种方法也被用来解释时下的道学学者作品。朱熹在此一经典文本中找到了三个不同的层次。他认为第一部分是子思作为孔子之孙记下的他所接受的核心文本。在后面的段落中，子思通过引用孔子的言语来解释这份核心文本。这些段落中是孔子的话语阐明了核心文本的意思，尽管他的谈话是从不同的上下文中选出来的。在最后的段落里，子思用自己的言语解释了他从孔子学到的东西，以便厘清他前面引文的含义。[73]

265　　对于朱熹和他的门徒来说，子思体现了道学传承者的特质。子思记下并且传播他老师的话语，并用他自己的方式来解释它们的意思。此外，他的解释来源于他和老师之间的个人交流。陈淳在《北溪字义》中的解释方法也与此模式相仿。

陈淳在《北溪字义》中通过引用、解释道学诸子的观点来阐明词语的意思。他逐字引用了 11 世纪朱熹之前辈的作品，并从朱熹丰富的写作遗产和与朱熹交流的个人体会中选择具体内容放入此书。这些段落体现的是先贤和陈淳自己的权威地位。首先，引用文字确认了先贤的权威性，其话语的有效性从未被质疑。其次，引用先贤的写作和话语也体现出陈淳作为继承者的权威地位。这位继承者通过引用儒家传统里的相应段落以及利用附加引文或自己的解释来阐明道学哲学。他把道学诸子的智慧和自己对道学哲学的个人理解连接起来，展示出

---

[72] 有关朱熹如何重组这部流传的作品，见 Gardner, *Chu Hsi and the Ta-Hsueh*, 27–45, 及全书各处；本间次彦：《甦る朱熹》，第 31—32 页。

[73] 本间次彦：《甦る朱熹》，第 32—36 页。

这位继承者在道学传统上的权威：

> 又尝亲炙文公说：上帝震怒也，[74] 只是其理如此。天下莫尊于理，故以帝名之。观此亦可见矣。[75] 故上而苍苍者，天之体也。上天之体以气言；上天之载以理言。[76]

　　在这一段，陈淳回应的是有关（天）命的问题，这也是《北溪字义》解释的第一条概念。有人问天的属性，天是不是决定万物行止的源头："天之所命，果有物在上面安排分付之否？"陈淳回答天即理，理是每一事物中独一无二的特性。理使万物合理发展、各依本位，将万物连接在同一宇宙秩序之下。他用程颐的言语、朱熹注疏选文以及他自己受朱熹教导的经历来支持这样的解答。道学正典文本固然含有规范化的意义，也具备解释事物的能力，但道学的流传离不开个人对正典文本隐含的道德哲学的表述。陈淳从前辈诸子的思想遗产中推导出天即理的教导，并认为这种对等关系仅适用于"上天之载"（天的运行），而非"上天之体"（天的物质实质）。

　　子思在朱熹心目中的角色和陈淳在讲章笔记中扮演的角色颇为类似，显示出12世纪朱熹《中庸》章句与13世纪陈淳编写的道学哲学入门读物之间具有诠释模式的延续性。陈淳的讲章和教材可以让学生掌握一种能让他们成为道学接班人的文本解释方法。如同他在前面引文中给那位焦虑不安的考生信中所说，他鼓励考生学习朱熹的风格。他提倡大家用同样的权威声音说话；但他并不主张学生答题时，把引文自我局限在仅与考题相关的道学注疏文字之中。陈淳的策略来自于道学既有的典范。语录、《近思录》、《北溪字义》与朱熹的注疏一样，都代表着12和13世纪早期道学门人咄咄逼人的声音。但陈淳与这些早先的例子不同，提供了另一种在考试场域中推广道学意识形态的

266

267

----

[74]《尚书·洪范》，参见 Wing-tsit Chan, trans. and ed., *Neo-Confucian Terms Explained*, 45n27。

[75]《朱子语类》，第 4 卷，第 63 页。

[76] 此处我大致使用陈荣捷（Wing-tsit Chan）的翻译，见 *Neo-Confucian Terms Explained*, 45。陈淳：《北溪字义》卷上，《四库全书》本，第 7 页 b。

手段。

13 世纪时，道学在地方精英之中和朝廷之上影响力日增，也利用考试场域内时兴的作法来推广自身。朱熹重新定义了道统的传承，尤其是他认可 11 世纪若干学者的地位，这让周敦颐、二程和张载的作品以及《近思录》这部综合以上名家精华之作成为非官方的儒学正典。在教学中，陈淳和其他道学中人特别重视这些作品和朱熹的注疏语录。13 世纪新出版编纂的道学著作在商业出版中心的举业用书市场中占据了越来越大的份额，说明道学正从考试场域的边缘地带转移到中心。这种新式书籍的出版也说明道学知识对考生十分重要。到了 13 世纪 20 年代，道学领袖作品的文摘更以科举类书的形式出现在市场上。

陈淳给一本这类手册写了措辞严厉的评论。该书的编者搜集了各种跟理学概念有关的引文，而这些概念和《北溪字义》中的词语完全一致。陈淳承认先贤们的语言已经被用来当作通过科举的筹码了。对于陈淳来说，"道德"、"仁义"、"性情"等概念属于道德修身这更大范畴的哲学体系，它们也只能基于这个体系来解释。[77]他反对把这些概念之下的词语分门别类，结果让四散出现在权威学者作品中的词语仅仅成为一个语义学的单位。在他看来，类书把有关道德的概念索引化，削弱了道学家话语的力量；这些书把他们的话语转变为跟对话无关的词语。使用这类工具的学生仅能重复道学家的用词，却无法体现其含义和宗旨。

与此相反，陈淳建议考生把那些先贤的用语转化为行为的陈述。学生通过选择适宜的名言，阐明对道学的理解，就可以展示出他对道学传承的认可与委身。这种委身曾经是为了在道德上转化社会和政治，不过在陈淳和朱熹的眼中，这种委身现在成了选官的标准。

尽管陈淳呼吁时文写作也要遵循道学传承的模式，不可被考试场域的惯例所污染，道学意识形态还是被那些惯例影响，而且这种趋势有增无减。面向考生的书商依照传统考试辅导书的格式出版道学手

---

[77] 陈淳：《读高斋审是集》，《北溪大全集》，第 14 卷，第 9 页。

册，讨论道学诸子的传统。比如建安的书商曾家就出版了《近思录》的补充材料及原书的一个特别版本《文场资用分门近思录》。[78]在此书中，朱熹分为14类的内容被重新放到121条主题之下。这种类别上数目的增加跟道学在举业中不断增长的影响力相一致。

　　此书拥有如此详细的分类并不是道学书籍固有的做法。《近思录》、《北溪字义》或朱熹语录等道学作品使用的分类方法仅有少量的分类，从14种到26种不等。[79]科举类书则一般有更多的详细分类。发行这类作品的编者和书商宣传它们的优点是可以令人直接找到跟相关主题有关的引文。[80]比如一个人如果对朱熹的阅读写作方法感兴趣，他可以直接查阅《朱子语类》中"读书法"、"论文"等节，但在《文场资用分门近思录》中，他会看到"读书"、"读史"、"疑经"、"作文"、"举业"等标题。在宋代激烈的科举环境中，类书的印本常常被夹带入考场，这本《文场资用分门近思录》当时应该颇受欢迎。

269

270

---

[78] 我在台北的"国家图书馆"见到此书的一个刻本。《"国立中央图书馆"宋本图录》（第167—168页）将出版时间定为南宋后期。有关曾家从事的生意，见Poon, "Books and Printing in Sung China," 164, 314. 潘铭燊（Ming-sun Poon）认为尽管有些书商用"家学"来代指他们的生意，实际上他们是私人书商。参见Chia, *Printing for Profit*, 129.

[79] 已知最早的语录分类汇编成书于1219年，有26个类别。现存版本由黎靖德在1270年编纂，仍有同样数目的类别。有关两版本的对比，见本间次彦：《甦る朱熹》，第21—22页，又见Hervoluet, *A Sung Bibliography*, 225.《晦庵先生语录大纲领》是篇幅繁多的语录汇编的一个简本，收录了朱熹参与的一些重大辩论，在13世纪中叶出版，书中也是26种类别。我在北京图书馆见到过此书的一部宋本（又见本间次彦：《甦る朱熹》，第23页）。

[80] 魏伟森（Thomas Wilson）在他对儒家文集的类型学研究中（*Genealogy of the Way*，第四章，特别是第151—167页）把"近思"和"性理"两种类编区分开来。他把后者和科举联系在一起。他认为明代皇帝永乐进行的庞大编纂工作尤其是《性理大全》一书是科举中道学提纲被分门别类的开端。他进一步认为这种文体的原型是黎靖德的《朱子语类》。

　　道学类书流行于晚宋和元代。除了《文场资用分门近思录》和陈淳批评的那本书（《读高斋审是集》），还有《朱子经济文衡类编》。此书共三集，各自有64种、75种和52种主题，为朱熹作品合集及语录提供索引。此书被列在朱熹门人滕珙（1187年进士）名下。我见过最早提及的版本是1324年出版的一部元本（刘琳、沈治宏：《现存宋人著述总录》，第98—99页；又见Hervouet, *A Sung Bibliography*, 224）。

　　为别人的著作出版这种分类汇编的主意是宋代考试场域中流行的编纂方法。比如，从12世纪后期开始被广为推崇的杨万里时文就被《批点分类诚斋先生文脍》一书以同样的方式切割开来。在1259年的一篇序言中，方逢辰（也参与过陈傅良的时文编纂工作，见第三章）便提到从建安来的李诚父摘选了一些对考生最有用的杨万里作品，然后把它们按照详细的主题分类来重新组织。李诚父编辑的此书有两集。这篇序言收录在台北故宫博物院图书馆藏元本中。

陈淳抱怨这些考试用书的编写方法，它们的类别名称跟道学有关，但收录的则是各种名人名言。陈淳的讲章和他死后出版的言辞给时文写作描绘了另一种路径。在纯粹意识形态的考场写作中，对道学之理的个人理解将成为对道学之理的个人解释。尽管道学门人继续在南宋后期出版与众不同的作品（下面会谈到），编写类书等南宋考试场域中常见的做法还是逐渐被采纳，这些书以一种让 13 世纪考生更为熟悉的方法来推销道学思想。下一节显示出道学其实被考试场域影响甚巨，并非只是核心文本被重组而已。

历史与行政：调和商业化类书中的意识形态

13 世纪 30 年代之前的道学辅导书籍主要关注道德哲学问题。制度史和行政研究作为"永嘉"教师感兴趣的题目和策文写作的基本领域在道学教师中并未获得多高的重视，他们把历史和行政研究看作是从属于道德哲学之下的课题。行政跟写作一样是个人修身过程的一个扩展阶段。因此单独教导行政决策和写作技巧和道德教育的初衷不符。

271　　　历史证明从政是道德自我修身过程的一个扩展阶段。朱熹有两部历史研究著作：《通鉴纲目》和《名臣言行录》。它们的目的都是为了帮助学生分析历史人物遵行或忽视道德修养给历史进程带来的影响。道学教师拒绝使用时下的历史论著和政书，反而创立了另外的课程体系来强调道德哲学的统治地位。

在 13 世纪前期，专业辅导考试的教师在道学道德哲学和历史行政研究之间建立了一种不同的关系。13 世纪 10 年代起，朱熹和其他道学名家得到帝国认可之时，他们的作品便成为太学中的推荐读物，也在考场中获得正面的注意。科举教师和书商回应了这种看待道学思想和著作的新态度，将它们整合进课程和教材中。本节研究道学课程和以"永嘉"课程为标准的科举教学之间的和解过程。本节将首先介绍 13 世纪科举教师和书商在他们的教学和手册中如何表现道学和"永嘉"学派的教学方法。13 世纪的举业用书把这两种学习模式合并在一起，它们的表达方法也发生改变，这都暗示出道学意识形态正经历一场变革。这场变革是一种意识形态上的和解，其内容将在下一节和第七章中讨论。本节研究支持道学的教师把道学转化为宋代思想政治文化合一标志的过程。

一部类书的文献史

林駉（活跃于 13 世纪 10 年代）的《新笺决科古今源流至论》共三集，出版于 13 世纪 20 年代后期或 30 年代前期。第一眼看去，此书仿佛是前面提到的那些道学手册的一种增修本。其涉及的主题和每种主题之下很多文章的观点都是来自于朱熹总结的道学传统。 272

林駉在 13 世纪 10 年代和 30 年代之间陆续完成了这部共有三集的著作。该书书商将每集定为十卷，每卷都有大概三到十篇文章解释相应的概念。大部分该书的版本中，前集的前四卷关注的是治学问题。本书以道学的两部核心文章开篇：《太极图》和《西铭》。朱熹在 12 世纪 60 年代和 70 年代之间将这两篇文章纳入道学正典，因他重视《太极图》为道学提供的形而上学基础以及《西铭》用诗一样的语言描绘出道德自我修身在自然中的维度。这两篇文章此前从未作为单独的条目被收录进参考书。林駉的前集也包括道学解读《中庸》、《大学》、《论语》和《孟子》的文章。这四部书逐渐获得儒家经典的地位，该变化也完全得益于道学在士人文化中的兴起。除了道学传统的核心文本之外，前集也收录了一些解释重要道学概念的文章，比如"性学"、"心学"、"中"、"仁"和"乐道"。这些概念在陈淳《北溪字义》中也被讨论过。

此书后集开篇是"道学"和"格物之学"两篇文章，"格物"这个概念解释了道学的核心教导。黄履翁（1232 年进士）在 1233 年左右为此书编纂了别集，道学意识形态也是其中最重要的主题。黄氏别集的前面几篇文章赞赏的分别是朱熹编纂的历史著作（《通鉴纲目》）、朱熹为四书作的集注，以及周敦颐为《易经》所做的注疏（《通书》）。其他条目比如"诚"、"义利"也与《近思录》和《北溪字义》等道学 273

重要参考书中的条目相重合。

另外两部 13 世纪出版的科举类书也介绍了道学思想家及他们的作品和概念。《璧水群英待问会元》（约 1245 年）的 16 门主题中就有"道学"和"性理"两门。其编者刘达可在这些题目之下大段引用道学诸子的作品。《群书会元截江网》收录的是伊洛（以程氏兄弟思想为中心的学派）和朱熹的学术传统。此书是《璧水群英待问会元》的一个简编修正本，约 1250 年左右出版，大略介绍了道学思想家的写作遗产。[81]

这些参考书的结构跟前面一节介绍的道学手册的编辑思路不同。《近思录》和《北溪字义》的结构基于《大学》和《中庸》，即《礼记》的两章。两部书着重的是道学道德哲学的主要概念，他们的编者赞同儒家正典，并以此为基础来选择词条、设立协调一致的理论架构。与此相反，13 世纪的科举参考书的道学表述来自于 11、12 世纪道学家所作的一套新的正典文本，其体例也是依照科举类书的方式。13 世纪这种道学的表达形式说明当时人们更加接受朱熹所建构的道学谱系。

道学在 13 世纪科举文化占据的显著位置是 12 世纪后期和 13 世纪

274 前期道学诸子作品被私下和官方确立为正典的结果。这一正典首先在书院和地方官学中私下成形，然后通过私人和地方政府的刻书传播开来。朱熹的门徒和其他支持道学的教师都传授朱熹的注疏及其编辑的先贤文集。官方对道学诸子和他们写作遗产的认可鼓励道学作品在科举考题和解答中被广泛使用（第七章）。在 1212 年和 1227 年的两道旨意中，宁宗皇帝和理宗皇帝都强调朱熹注疏的重要性。理宗在 1241 年称许道学五子的作品，即周敦颐、张载、程氏兄弟和朱熹。13 世纪的参考书反映了道学在精英教育中的优势地位以及官方对其领袖与著作的逐渐接受。

道学诸子之言论写作的权威地位可以从这些类书文章的表达方式上看出来。《新笺决科古今源流至论》一书的治学文章的作者常常引

---

[81]　《璧水群英待问会元》，第 39 卷，第 44—45 页；《群书会元截江网》，第 31、33 卷。

用道学领袖的言论。这种引用说明作者的论点建筑在道学正典文本之上。比如在一篇关于周敦颐《通书》的文章中，黄履翁通过引用张栻和朱熹之言来建立主要论点：

> 昔张南轩记濂溪之学曰：本乎易之太极、中庸之诚。[82]是知太极与诚乃自得之蕴也。朱晦翁释濂溪之书曰：圣人之诚，即所谓太极。[83]是知诚与太极乃无间之妙也。[84]

朱熹在1184年编辑出版了张栻的文集。此处作者利用张栻和朱熹的言语为自己立论，认为"诚"是周敦颐《通书》的中心思想。这个论点无法从周敦颐的原文推导出来，作者依赖的其实是张栻和朱熹对周氏之作的解读。朱熹为了说明他把周氏作品放入道学正典之合理性，主张此书的中心思想与《中庸》一致。朱熹把"诚"定义为真实显现一个人与生俱来的本性，"诚"是道德自我修身的一种形式。他把《中庸》作为这种解读的主要经典依据。他又把周敦颐宇宙论的"太极"等同于最高标准的"诚"。这种诠释强调了他自己的理论，即修身可以恢复一个人的本性，而本性最终来自于太极。朱熹对周敦颐作品的解读把道学道德哲学和一套精细的宇宙观连接在一起，同时也描绘出此理论与道学核心文本之间的一致性。

黄履翁的解读说明在他看来周敦颐的作品与朱熹对其的诠释是一致的。他对朱熹和张栻作品的引用也强调了这种解读是大家的共识。在有关道学的文章中，作者通常提供来自于不同道学家的多条引用；这种诠释方法的作用是为了强调各种不同道学作品之间的一致性。这种技巧跟陈淳在《北溪字义》中解释道学名词的方法是一样的。

13世纪的参考书不仅仅是道学传统之核心概念与文本的索引，也反映出道学意识形态对举业课程的影响以及道学适应13世纪考试场

275

---

[82] 张栻：《张南轩集》，第4卷，第17页b。

[83] 周敦颐：《周濂溪先生全集》，第5卷，《通书》，第1卷，第2页。有关朱熹为《通书》所作注释的讨论，见钱穆：《朱子新学案》，第3册，第53页，第65—68页。

[84] 《新笺决科古今源流至论》，别集，第1卷，第6页。

域规则的过程。这些书籍在保留既有策文手册结构的同时，在各主题下收录了道学的内容。这些内容以教学的形式提供给读者，但这些形式也因其跟举业的关系而不被道学中坚人物所接受。

陈淳的手册和13世纪参考书在结构上的区别反映出道学意识形态在13世纪20年代和50年代之间所经历的转型。《北溪字义》是朱熹门人的一部作品，作者用他自己的话语、依靠他老师的个人理解和其作品来解释道学的含义。相比之下，13世纪参考书则是由不属于道学的学者共同编写，提供的是关于当下话题的策文范例，展示的是已成为时文写作标准的立论技巧。

道学的这种适应过程也记录在林駉《新笺决科古今源流至论》一书的出版史中。对此书进行的版本学研究揭示出其成书过程的层累性。此书有若干集，其中前三集（前集、后集、续集）的编者被列为林駉，别集则是黄履翁。黄履翁也为林駉前三集的合集写了一篇序言。在最近的版本中（包括18世纪的四库本），前集的开篇是一份关于道学正典文本和概念的讨论。这种分集的顺序始自1367年；在所有此前的版本中，前集和续集的顺序都正好相反——现在的续集最初是前集，现在的前集当初是续集。晚近版本的续集其实是《新笺决科古今源流至论》一书最早的文字。这个结论也可以由内证得到进一步的支持，因为现在前集的文章反而提到更晚的年份。这种前集和续集的次序交换，说明此书新版试图掩盖道学分类方法在士人文化中压倒其他方法的历史过程。"永嘉"学派重视制度史的类书之影响力也就逐渐消失在背景中了。

"永嘉"传奇

在13世纪20年代和50年代之间，教师和学生都继续把大部分精力放在制度史和行政研究上。"永嘉"教师的著作在备考策题的学生中还是很受欢迎。"永嘉"诸子的思想遗产塑造了13世纪策文手册的组织结构、表达方式以及使用的原始材料。

林駉在距离吕祖谦家乡很远的一个地方教书，他从吕氏《历代制

度详说》一书中直接抄录文字，放到他自己书中制度史的部分，又把
"东莱之作"的选段和有关规范盐酒产销的文章整合到一起。他在每
次引文后面脚注中都列出引文的出处。[85]这说明当时的教师会把《历代
制度详说》当作一种原始文本使用。13 世纪的手册也收录了其他"永
嘉"学者的政治思想。《璧水群英待问会元》和《群书会元截江网》
的编者在讨论行政管理方面的题目时就常常引用陈傅良、叶适和陈亮
的作品。[86]

《新笺决科古今源流至论》的主题结构和《历代制度详说》很类
似。前者最初那个前集中的文章完成于 13 世纪 10 年代，涉及四种主
要领域：军事组织、金融和财政事务、官僚体系和教育机构。林駉在
第一集讨论的题目跟他在 13 世纪 10 年代举业课程所涉及的材料有关
系。他在龙溪（福建路漳州）找到一份私人教师的工作。在《新笺决
科古今源流至论》前集出版前不久，他为准备策文场的考生也写了一
本手册。在那本书的序言中他解释道，该书来自于他搜集的史料和他
准备有关宋代制度和政府课程时的笔记。[87]这项写作于 1216 年完成，
其一位仰慕者建议将此书命名为《皇鉴》。

林駉的《皇鉴》包含了十三条主题：君德、君政、官制、贡举、 278
科目、用人、臣道、儒学、兵制、赋役、财用、荒政和时弊。跟那些
"永嘉"手册一样，它也对宋代政府特别关注的行政领域的主题提供
了索引。《璧水群英待问会元》和《群书会元截江网》两书的编者同
样试图教导学生了解如何讨论政府政策。除了那些与道学有关的类别
之外，各种行政管理的主题大致都和《永嘉先生八面锋》及《历代制
度详说》里面的一致（见附录二之表 5）。

在林駉后来的教书生涯中，他始终保持对制度史和行政研究的兴

---

[85] 同前注，续集，第 4 卷，第 1—5 页，引《历代制度详说》，第 6 卷，第 2—3 页；第 4 卷，
第 16 页，引《详说》，第 5 卷，第 5—6 页。

[86] 比如《群书会元截江网》一书（第 5 卷，第 18—19 页；第 13 卷，第 19 页；第 14 卷，第
16 页）讨论粮食存储、政府军队和民兵时引用陈亮，讨论财计、货币、纸钞和地方民兵的
时引用叶适（同上，第 9 卷，第 12—13 页；第 11 卷，第 14—15 页；第 12 卷，第 9 页；
第 14 卷，第 15—16 页）。

[87] 林駉解释道，他为了回应学生的需求而设计了有关宋史的课程。另一位出版了宋代历史讲
义的教师是吕中（1247 年进士），关于他可参见 Hartman, "The Making of a Villain," 81。

趣。后面出版的各集也都涉及官制结构和管理原则的主题，不过情形开始不同。在13世纪20年代出版的后集和30年代出版的续集中，上文提及的儒学传统——特别是道学传统——成为更重要的内容。

13世纪参考书的编者和出版商也采纳"永嘉"课程的教学法来安排书中的具体条目，12世纪策文手册的格式也都被保留下来。《历代制度详说》把原始资料和解释文章放到一起，这种做法也是13世纪参考书的基本结构原则。这表明参考书的目的是为了训练学生阅读原始资料，并且基于这些资料来写作解释文章。

《新笺决科古今源流至论》各条目下的文章均有夹行注，在其中可找到过去及时下原始资料的引用与解读。因此，此书强调的是原始资料和解读文字之间的区别，只不过可能用的方式略微不同。原始资料引出的文字作为小字出现在书中，说明在教师看来它仅具有辅助性功能。

279　　林駉关于制度史的文章主要基于历史和档案的研究，比如李焘（1115—1184）的《续资治通鉴长编》（1183年）、司马光的《资治通鉴》、杜佑的《通典》、各种有关制度的专著以及宋代档案文献例如《圣政》、《会要》、《宝训》和奏章。书坊为考生出版官方档案的选集，供他们在回答策题时使用。[88]吕祖谦和林駉等教师的讲义文章给这些档案资料提供了分类摘要，也用这些信息来演示如何立论。

林駉的范文大致模仿了吕祖谦《历代制度详说》一书的结构。这些文章先从一段简洁的介绍开始，随后按照时代次序回顾历史上该项政策（尤其重视汉代和唐代），最后是对两宋时期此政策的讨论。林駉的文章详细调查某种政策成功或失败的原因以及不同规定的优缺点，这些文章通常以一简短的政策建议来结尾。

《璧水群英待问会元》和《群书会元截江网》两书的具体条目经过修订后，读者可以更方便地查阅书中大量原始资料（见附录二之表5B）。在12、13世纪商业化的考试场域中，书商试图通过修订举业用

---

[88] 陈振孙（《直斋书录解题》，第167—169页）列出含有高宗朝和孝宗朝《圣政》内容的类书以及另一部供回答策题使用的官方档案汇编：《皇朝事类枢要》。又见 Hartman, "The Making of a Villain," 83。我在 De Weerdt, "Byways" 一文中讨论了这些和其他的一些例子。

书的结构来获取竞争力。跟《历代制度详说》一样，这两部参考书的条目被分为两部分：原始资料和解释文章。《璧水群英待问会元》的文档部分把原始资料按照其性质进一步分类。在这部分中，学生可以找到有用的引文，它们来自儒家经典、史书、宋代官方档案汇编、奏章以及很多宋代著名思想家和宋代以前名家的议论文。在一篇 1245 年的序言中，建安进士陈子和（在前一年刚刚登科）向购买该书的顾客保证，在市场上销售的所有科举参考书中，《璧水群英待问会元》是内容最完整的选择。

《璧水群英待问会元》和《群书会元截江网》的文章和吕祖谦及林駉书中的文章不同。它们并非某位教师创作的范文，反而极有可能是太学考试的学生作品。这两部书原本的书名都提到太学。据四库编者言，《群书会元截江网》的全名是《太学增修群书截江网》。[89]《璧水群英待问会元》中的"璧水"一词常常被用来指代太学。[90]这都说明那些选文应该是来自于太学月书季考的文章。[91]

太学作为最高学府，理论上为整个帝国设立教育标准。举业用书市场中太学文章的这种行情表明这个机构确实被视为标准的传达者，也被当作目前政策讨论及流行写作风格的晴雨表。各地备考学生通过获取太学文章合集来跟上变化中的品味。

这类举业用书不是由监督太学并拥有印刷机构的国子监出版的。书商从太学学生拿到文章以便重印。太学文章合集销量如此之好，以至于一些书商伪造文章，号称它们是最近太学考试中获得高分的学生作品。[92]此外，编者也选择那些通过其他类型考试的学生文章。《群书会元截江网》就收录了解试和省试的作品（见附录）。

《璧水群英待问会元》和《群书会元截江网》在结构上的改善说

280

281

---

[89]《四库提要》，第 26 卷，第 2802 页。

[90] 吴自牧：《梦粱录》，第 15 卷，第 132 页。

[91] 附录二之表二列出了太学中的各种不同类型考试。

[92] 朱传誉：《宋代新闻史》，第 166 页。有关汇报此欺骗事件的奏章写作年份的讨论，见第五章注 90。

明 13 世纪商业出版中市场因素越来越重要。[93] 此外，出版商为了便于查阅，把范文的文字标记出来。所有文章都按照 13 世纪策文写作的标准分段来编辑格式：首先是序言用来陈述主要观点，然后是以前代和宋代前期的证据来立论，接下来是对时下政策的讨论，最后是结语（表 5B）。[94] 有关某一主题的附加范例文章依照其讨论观点的结构被分为两段："策头"与"策段"。第三段"事料"则引用与论点相关的原始资料。这样的设计可以让读者便易地迅速浏览各篇文章，并有效率地查阅大部头的合集。

私人书坊使用特殊的版面设计来增强他们参考书的吸引力。文献和解读部分的每一个小节通常都会有一条简短题目，指出此段文章或这篇原始文献的主题。在一部宋本的《璧水群英待问会元》中，主题的标题被一个大圆圈圈起来，以便将它和其他文字区别开来。[95] 这让学生可以略读整部书，以便找到合适的论点。《群书会元截江网》的文献和解读部分常有"偶句"点缀其中，方便读者记忆。通过背诵这些句子，学生记下相应文章中的大段观点和史料就更容易（见图 4）。

282

13 世纪的考试用书中，道学概念和相应著作被整合到一个基于科举课程的更庞大的体系。科举教师通过使用"永嘉"教师开创的方法来解释和推广道学价值。书商调整书籍格式，迎合广大读者的需要，把举业用书卖给学生。前节讨论的 13 世纪考试参考书和道学手册说明道学的意识形态从两方面渗透到考试场域中。朱熹及其门徒作为道学领袖将道学的教学法作为当时考试场域中的另一种选择加以推广，他们也极力反对那些仅着重于举业的教学方法。此外在 13 世纪，科举教师和书商通过使用他们之前训练学生备考的全套方法来传播道学知识。

---

[93] Chia, *Printing for Profit*, 40–52. 我在 "The Encyclopedia as Textbook" 一文中进一步了讨论私人书坊在出版参考书时采用的策略。

[94] 这种格式被《策学绳尺》中收录的很多南宋晚期太学文章所使用。我将在第七章讨论此文集。

[95] 在现存的明本中，此文字也被加以着重号。可是重印的一部宋本的最初几页证明其本来没有这些记号。明本相应的页中有黑点，宋本中则没有。见附录。

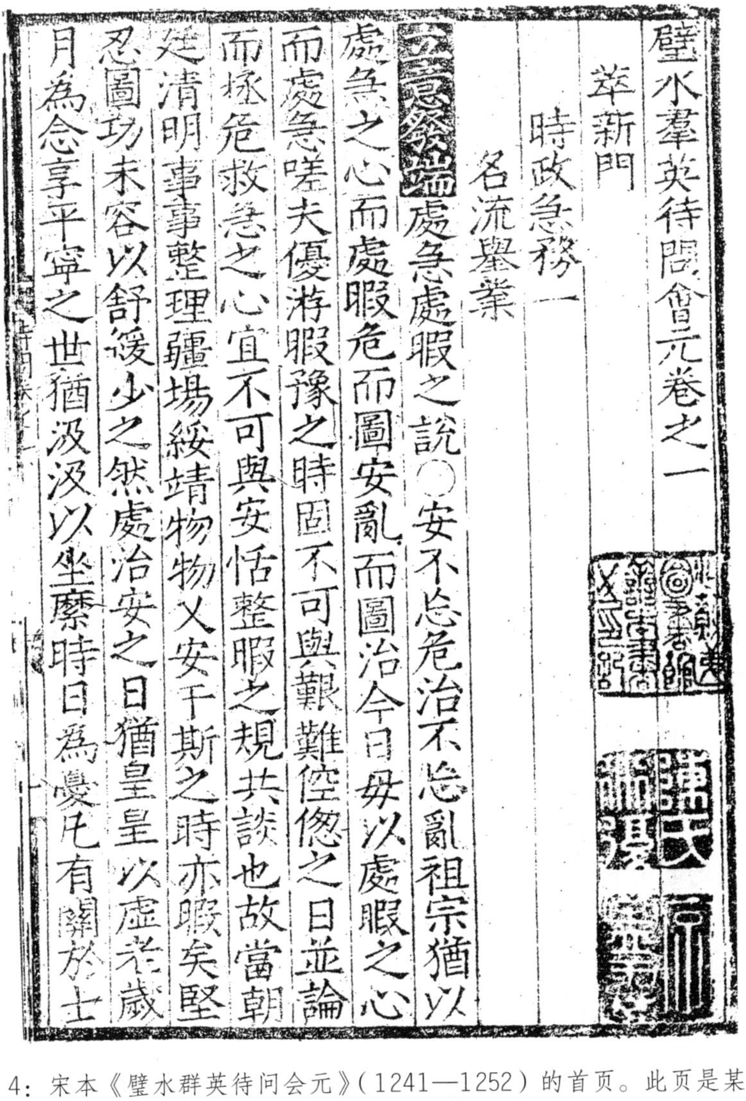

图4：宋本《璧水群英待问会元》（1241—1252）的首页。此页是某篇
登科科举文章之片段，显示出13世纪商业化参考书的高度类别化结构。
本段被标为"萃新门"之"时政急务"里面"立意发端"的典范之作。
"立意发端"之下、圆圈之上的文字（"处急处暇之说"）或者是题目，
或者是本段要讨论的行政管理原则（江苏国学图书馆重印，1929，第一
卷，第58页，哈佛燕京图书馆

这些教师和书商并未亲自参与道学的传承；他们只是回应道学在精英文化和朝廷中声望鹊起的现实。大批教师和书商在 13 世纪 20 年代和 40 年代之间转向道学。林駉的例子说明他直到 13 世纪 20 年代才接受道学。他在 13 世纪 10 年代编写的手册中没有给道学题目相应的位置。后来林駉可能是为了回应地方和朝廷对道学的支持，才把道学的教导放入他自己的教学内容中。他在陈淳的故乡漳州府教书。在 13 世纪 10 年代，陈淳也在漳州府学执教，因其在地方上的声望被朝廷赐予迪功郎，又在 1222 年被任命为安溪主簿。尽管林駉在 284 《新笺决科古今源流至论》中并未提到陈淳，他和黄履翁在该书后面几集常常提到那些赐予道学名家荣誉的圣旨。对于教师和书商来说，朝廷对道学诸子及其作品的支持明确说明道学传统已经成为考生必备的知识。

道学概念与"永嘉"备考方法的结合使两种思想传统都发生了变化。道学的界限被扩展开来。它在士人文化中获得了权威性地位，其他思想随之被纳入其中。与此相反，第三章讨论的陈傅良及叶适作品体现的"永嘉"学术现在退却到后台，仿佛一道影子。制度改革的想法在 12 世纪启发了"永嘉"的策文写作，现在这种想法被朝廷对道学道德改革的支持及因此而提倡的政治合一所代替。

考试场域中的和解政治

13 世纪的考试参考书中，道学摆脱了一个激烈反对者的形象，这个形象曾经清楚体现在把考试场域看作战场的陈淳身上。科举教师把道学解读为一个可以容纳其他学派并统一士人文化的传统。朱熹和其他道学领袖曾经明确区别不同的学问，把道学和苏学、王学和"永嘉"之学等道德低下或有害的学问分别开来。到了 13 世纪，这些学派的注疏成为举业课程的一部分。学生了解对死记硬背学习方式的批评，以道学文本和文集来学习写作技巧和制度历史。这些注疏重塑了 285 举业，但它们之间的观点因着政治需要的变迁而被调整。13 世纪参考书的作者和编者将各种学问放入道学的意识形态之中，以此来否认道学和其他学问有任何的分歧。13世纪的教师对古文家（尤其是苏轼）和程学中朱熹的主要对手（特别是陆九渊）进行重新评价，这都说明这些教师采用的是和解策略。

朱熹认为古文大家在考生中的影响力是学生成为真正道学传承者的最大威胁（见上）。与此相反，在《新笺决科古今源流至论》、《璧水群英待问会元》和《群书会元截江网》书中，北宋古文名家的文学遗产被认为是符合道学的教导。《璧水群英待问会元》中某篇范文的作者就主张欧阳修和苏轼的古文写作乃是其自我修身的结果。他们依照道的原则写作，他们的文章与那种拼贴的低劣之作完全不同。在这位作者看来，古文可以和道学一同被用来改变时文写作的方式：

> 近日斯文之弊，原于心之不正，不可以不变其心也。基于学之不讲，不可以不变其学也。……变其心者上也，变其学者次也。……以伊洛之所以倡大圣大贤之文者，而变其心。以三苏之所以倡宗工钜儒之文者，而变其学。[96]

此段文字展示的是道学话语中对古文运动重新评价带来的矛盾结果。作者推崇苏门之学，认可他们对士人文化的贡献。另一方面，他又澄清说这种贡献跟道学奠基者的成就无法相提并论。修心的重要性高于其他学问，而且只有程学能培养圣人、而不是专家。

这段话显示出道学与古文之间新型关系中第二种彼此互动方式。286 作者对古文的评价和其他13世纪科举教师的态度类似，即古文写作是一门适宜的课程，因其可被用来表达对道学的理解。只要古文在优先次序上在修心之后，它即可以合理地成为道学的一部分。

这种道学与古文关系的看法被13世纪科举教师广为接受。他们一直以来教授的写作课程都以苏门和其他古文名家的作品为主，所以他们自然会努力为古文写作而辩护，试图让古文与道学之间关系融洽，其动机是不希望举业课程发生极端变化。林駉也为古文大家辩护。他

---

[96]《璧水群英待问会元》，第44卷，第6—7页。

211

承认当时很多人不信任苏轼，因为苏轼过于迷恋文学艺术的价值，且偶尔会展现出对程颐的轻视态度。[97] 不过林駉反对这种看法，他认为程颐和苏轼其实具有同样的价值观："且程之与苏同尊尧舜、同学孔孟、同师六经、同尚仁义。"[98]

13 世纪参考书的编者支持朱熹对道统的狭义定义，但是也明确接受北宋学者的地位。这方面的一个例子是苏轼，尽管朱熹对其颇为质疑。他们也进一步把这种和解的立场带到南宋。朱熹特别调整其道学的谱系，让自己对道学的解读成为道学传承下一阶段唯一的选择。谱系的用途是为了排除道德诠释方面的其他竞争对手。13 世纪早期对道学的官方认可开创了一种和解的趋势，道学跟一些 12 世纪与朱熹竞争的学派开始和解。朱熹在 1209 年成为道学学者中第一位获赐谥号之人，不过类似的荣誉也很快在 1215 年赐予张栻，1216 年赐予吕祖谦。到了 1261 年，这三个人都获得了配享孔庙的待遇。[99] 张栻和吕祖谦很容易被视为朱熹的支持者。[100] 朱熹和张栻之间的融洽关系在朱熹为张栻编辑文集时达到顶点。[101] 吕祖谦也曾跟朱熹在《近思录》上合作。跟其他思想上朱熹的竞争对手相比，吕祖谦更敬重朱熹。

陆九渊在朱熹的道德修身定义之外提出了另一种理论。朱熹把陆九渊对恢复"本心"的强调和对顿悟的重视视为禅学。[102] 在《群书会元截江网》一书有关陆九渊的条目下，编者搜集了朱熹语录中对陆九渊的负面评价。可是在《群书会元截江网》及《璧水群英待问会元》两书中论点的范例中，文章的作者都一致为陆九渊辩护，反对其面临的禅宗兴趣的指控，并且认为陆学和朱学表达的是一样的真理。[103]

13 世纪科举参考书的调和主义基于朱熹思想遗产占据的中心地位。某些古文名家和南宋哲学家被整合到道学的意识形态中，因为他

---

[97]《新笺决科古今源流至论》，前集，第 4 卷，第 20—24 页，第 32—34 页。

[98] 同上，第 4 卷，第 32 页。

[99] Neskar, "The Cult of Worthies," 第六章；Tillman, *Confucian Discourse and Chu Hsi's Ascendancy*, 232—233.

[100]《群书会元截江网》，第 33 卷，第 36 页；Tillman, *Confucian Discourse and Chu Hsi's Ascendancy*, 131.

[101] Tillman, *Confucian Discourse and Chu Hsi's Ascendancy*, 46—47.

[102] 同上，第八章。

[103]《群书会元截江网》，第 32 卷，第 1—16 页；《璧水群英待问会元》，第 53 卷，第 15—17 页。

们的思想被认为与道学教导相符合。这种调和主义的举业课程很有吸引力，尤其当参考书的编者讨论何为恰当的经学学习方法时，这种吸引力最为明显。作者们都表示他们对四书、[104] 五经、道学注疏和各种专著构成的课程深具信心。朱熹的思想遗产也被看作是道学永远的核心理论：

> 三代而上，累圣之经，至大圣而定。三代而下，诸儒之说， 288
> 至大儒而定。……
>
> 是天生仲尼于晚周，盖为累圣而阐述作之功也。天又生朱子
> 于我宋，盖为诸儒加考订之功也。然仲尼非能以己见而述作，朱
> 子亦非能以己见而考订。古今一理；万理一心尔。仲氏之述作群
> 经，契之于心，揆之一理，而述作之也。故万世卒不可易。朱子
> 之考订群经，一契之于心，揆之一理，而考订之也。千载而下，
> 安知其不以信仲尼者信朱子乎！[105]

据这位考生所言，朱熹对经书的解读为每种经书之下众说纷纭的意见画上了句号。孔子通过他的编辑工作结束了古典经文混乱的情形，与此相同，朱熹阻止人们质疑经书的真伪并使同时代的人放弃了开放式的诠释方法。他的注疏成为判断其他一切注疏的标准。换句话说，他的注疏被赋予了正典的地位，因为其表达的是永恒的道德原则，这些原则不仅仅只存在于道学创立者的心中，也在每一个人的心中。这位考生的看法跟朱熹注疏的意见非常相近。这种看法会出现在 13 世纪的 289
参考书中，说明朱熹去世几十年之后这些观点越来越被人们所接受。

在道学话语中，这种日益增加的接受度改变了道学中人对待朱熹同时代竞争对手的态度。经学注疏不再需要把道学注疏的优点和其他学问的缺点进行对比。12 世纪晚期，当道学还是一门奋战不已的边缘化意识形态之时，朱熹建议让考生用道学的立场来评估一些有影响力

---

[104]《新笺决科古今源流至论》，前集，第 1 卷，第 23—30 页，第 2 卷，第 1—5 页；别集，
第 1 卷，第 11—19 页；《璧水群英待问会元》，第 47 卷，第 1—13 页。

[105]《璧水群英待问会元》，第 45 卷，第 7 页。

的注疏作品之优缺点（见上文）。在13世纪前期，朱熹的注疏在举业中获得权威性地位。当他的注疏开始统治官学教学、也被私人教师采纳的时候，其理论无人挑战。异议的声音或者被直接忽视，或者如同古文运动诸子一样被转化为符合朱熹思想的一元。讽刺的是，官方对朱熹思想遗产的认可反而导致道学和其竞争者之间的界限模糊起来。思想上的争议被归为黑暗的过去，那些被朱熹断然排除在道学谱系之外的人士又被牢牢地重新纳入道学的范围之内。

思想文化的和解转型与宋代政治文化的变迁息息相关。13世纪科举教师和学生把道学看作促进全民合一的一种力量。尽管它在12世纪后期是党争的焦点，道学在朱熹死后被描绘成解决政治分歧的答案。教师对道学在政治文化中的新角色的这种解读与朝廷推广道学的努力分不开，特别是在理宗朝及之后的时间里。

在13世纪早期，处于困境的宋朝政府意识到道学具有重新统一分裂的官僚体系的潜力。当那些被韩侂胄迫害的道学中人被平反之后，290 朝廷召唤朱熹学派的主要领袖前往朝廷。这些人——尤其是在13世纪10年代到30年代之间时不时在朝廷任职的真德秀——呼吁朝廷和整个政府进行道德改革。[106] 真德秀对《大学》的研究成为13世纪初道德改革的核心文本。真德秀曾在13世纪20年代侍奉经筵，当时他向理宗皇帝进言，认为道德圣贤所建立的模式可以帮助整个社会实现道德重建。[107] 从这点看来，政治和社会的道德重建是宋朝面临蒙古威胁时实现复兴的先决条件。

社会的道德改革从皇帝的个人修身开始，并且要求皇帝任用那些道德卓越之人。这种政府用人道德优先的做法跟之前他人的改革建议——比如提倡靠制度改革来解决宋朝国家安全问题的"永嘉"诸子的想法——有所冲突。一些批评者注意到朝廷中道学中人道德改革所带来的矛盾。他们对此加以反对，认为虽然道德改革的计划承诺给纷争的政府带来合一与复兴，对这种改革的依赖恐怕最后还是会造成相

---

[106] 下一节和第七章也会讨论真德秀其人。

[107] De Bary, *Neo-Confucian Orthodoxy and the Learning of the Mind-and-Heart*, 86, 95−96.

反的影响（第七章）。12 世纪后期道学人士攻击"道德低下"的官员，这一党争史就可以证实这种判断。

尽管有这样的批评意见，朝廷对道学道德改革的支持还是决定性地改变了士人对其的态度。林駉、黄履翁等科举教师及 13 世纪参考书的编者都接受了改革者的意见。他们的文章表达出他们的信条，即对宋室的支持和对道学的支持是分不开的。对制度史和行政决策的研究仍是科举教师的核心课程，不过它们也因朝廷和道学新建立的联盟而发生变化。

在林駉和黄履翁关于制度史的文章中，他们一直坚信宋代制度的优越性，并且把这种优越性归功于宋代立国者对道学价值的认可。根据他们的评价，宋代制度和法规在各方面都超越了汉唐，从财用、授官、军制军纪、吏员管理一直到土地分配。[108]他们的结论常常跟《历代制度详说》与《永嘉先生八面锋》中的结论完全相反。"永嘉"作者曾经指出南宋军事组织和人事管理上的问题，并且建议利用行政理性评估和历史研究来帮助找到解决办法。比如在一篇关于军事体制的讲义中，吕祖谦就认为 8 世纪中叶安史之乱之后地方节度使的兴起标志着军事制度在历史上的一个低点，在后来的几个王朝中都未能完全恢复（第四章）。

与此相反，黄履翁在一篇关于兵镇的文章中做出结论："我艺祖一举而去数百年之患，仁矣哉！"[109]黄履翁的这种评价显示出他对宋代军事的自信，他把宋代开国之君的军事和政治胜利归功于他们对道学核心价值之标准的追随。在黄氏看来，宋代皇帝将军事权力集中化的做法是由他们所培养的仁德之心赋予而来的，他们并非在批判性地研究制度史或者功利性地计算此种彼种做法的优缺点之后才得出这一结论。道学因此被用来灌输一种信仰，即宋代制度的优越性，道学和制

291

---

[108]《新笺决科古今源流至论》，前集，第 7 卷，第 11 页，后集，第 3 卷，第 27 页，别集，第 9 卷，第 4 页，第 11 页；第 10 卷，第 9 页，第 15 页及全书其他各处。邓小南关于宋代立国者在历史上不同形象的研究强调了道学对于南宋如何描述开国之君所产生的影响，见其《关于"道理最大"》。

[109]《新笺决科古今源流至论》，别集，第 10 卷，第 6 页。

度史之间的新关系也被用来加强人们对宋代政策的信心。

　　"永嘉"诸子创立的行政管理原则也被 13 世纪的参考书收录，但是这些书的编者重新解读了这些原则，使其成为一套新的官僚伦理中的一部分，这种伦理思想是道学的道德论证应用在政治与历史中的结果。林駉写过几篇有关政府原则的文章，比如"仁旧臣"、"荐贤"、"敬臣"、"全功臣"和"抑奔竞"。[110]之前的参考书和考试用书也讨论过这些原则，最著名的例子当属《永嘉先生八面锋》。

　　在《永嘉先生八面锋》中，"永嘉"政治理论原则能解决的诸多管理问题之一就是"抑奔竞"。[111]在"永嘉"学者看来，这问题牵扯到不同的角度，说明政府中"奔竞"的形成有多种原因，也有多种管理方法能减少其负面影响。在一篇讨论此问题的文章《下之令生于自慢》中，一位"永嘉"学者认为人们争竞政府职位的原因是选官和提拔的流程不透明。比如朝廷曾取消"添差"（多余的地方官员以及名义上的官员），后来又恢复这些人的职位。作者用此例来批评宋廷在人事管理方面政策的不一致。[112]这种政策上的摇摆不定导致人们对这种职位是否存在以及能存在多久的问题十分困惑，也就开始为之"奔竞"。这位"永嘉"学者主张，鉴于这种疑惑不安，"奔竞"的问题只能靠政府上层制定清晰明白的法规来解决。

　　林駉同意这个问题的产生原因和解决方案都取决于中央政策，[113]但是他不同意那种抑制竞争的办法。对于林駉来说，解决方案应当以朝廷和高层官员树立的道德范例为基础。他写道，统治王朝的皇帝曾经正确地使用礼义廉耻（据孟子和朱熹言，这四种品德潜藏于人性之中）来督促他们的臣子。他引用北宋太宗（976—997 年在位）和真宗皇帝所作律诗中的句子来表明他们谴责钻营、欣赏恬退的态度。这种方法开创了道德上相互模仿的风气，人们置身其中，行为也会受到限

---

[110] 有关这些例子，见前书，前集，第 8 卷，第 29—33 页；第 9 卷，第 1—19 页，后集，第 6 卷，第 1—9 页；第 8 卷，第 10—16 页。

[111]《永嘉先生八面锋》，第 10 卷，第 72—73 页；第 13 卷，第 98 页；第 1 卷，第 6 页。

[112]《永嘉先生八面锋》，第 10 卷，第 72—73 页。有关使用和辞退"添差"（多余的地方官员）的历史，见梅原郁：《宋代官僚制度研究》，第 211—212 页。

[113]《新笺决科古今源流至论》，后集，第 8 卷，第 10—13 页。

制。林駉提供了一个长长的列表，用很多并未急切寻求职业兴趣的宋人实例来佐证这一观点。在《新笺决科古今源流至论》中，"抑奔竞"成为试图统一宋朝子民的官僚伦理之一部分。这项伦理乃是基于道学政治哲学的核心原则，也就是相信对于整个社会的安宁而言，君子与小人的区别至关重要。

林駉跟"永嘉"学者一样采用了相同的历史典故方法来解释《新笺决科古今源流至论》中的管理原则。对这些典故的解读显示出 13 世纪科举参考书对君子小人之别的官僚伦理的重视。庆历（1041—1048）和元祐（1086—1094）年间活跃的士大夫成为南宋史学家和政治家最钟爱的典范。这些人有意提倡改革，却又避免了王安石一系的极端改革方案，他们在南宋士人中得到广泛的推崇。不过人们对这些人之所以伟大的原因仍有多种解释。

在《永嘉先生八面锋》中，这位"永嘉"学者称赞仁宗朝的全体臣子，因为他们认真参与政治争论：

> 闻仁宗朝，杜祁公衍、范文正公仲淹、韩魏公琦、富郑公弼、欧阳公修、余靖、蔡襄之徒，相继在列。每朝廷有大事，议论纷然，累日而不决。司马君实与范景仁号为至相得者，钟律一事，亦论难数日而不厌。[114]夫其所谓累日而不决、数日而不厌者，当时亦曷尝病其惑人、而败事也哉![115]

这位"永嘉"学者把庆历和元祐年间这些担任过宰相的政治人物视为"永嘉"行政理性论证的典范。"永嘉"学者认为辩论能力是成功政治家必备的技能；《永嘉先生八面锋》和其他手册都为那些准备从政之人提供这方面的训练。道德上的名望并不在评价过往政治人物的考量之中。"小人"的概念并未出现在《永嘉先生八面锋》中。

从朱熹开始对北宋名臣功绩的重新评估。他指导编辑的《宋名臣

294

---

[114] 有关他们对音乐的争论，见 *Sung Biographies*, 307。
[115]《永嘉先生八面锋》，第 6 卷，第 42 页。

言行录》把学生对连篇累牍的奏章选集以及这些人物作品合集的兴趣转移到这些人本身的道德成就上。[116]尽管这部文集经过朱熹的特别编辑，让学生把焦点放在北宋人物的道德成就之上，他还是对这些人遗留下来的影响有一种矛盾的态度。他在私人对话中警告学生，认为这些宰相其实并未深刻理解道德的基础。[117]因此他们的成就跟道学中人相比只是次要的，尽管包括程颐在内的很多道学领袖都从未担任过宰相一职。

在《新笺决科古今源流至论》中，林駉和黄履翁用个人道德的标准进一步对北宋名臣予以评估。他们把庆历和元祐年间大臣的高道德水准与之后继起的政府对道德的忽视进行对比。[118]在一篇"去小人"的文章中，林駉把庆历和元祐看作正直大臣治理下的优秀政府的最佳典范。[119]欧阳修、石介、苏轼和程颐等与庆历和元祐精神有关的核心人物被称颂，因为他们在恢复儒学传统的传承和驱逐佛教异端方面扮演了重要角色。[120]

北宋的政治明星得到了重新评价，这是科举教师在教学中纳入宋代有名人物的努力之一。庆历和元祐的政治家跟古文运动领袖之间的名字有所重合，而后者被描绘为道学价值的捍卫者。通过描绘他们在道德上的修养及他们反对道学敌人的立场，他们被看作道学政治原则的化身。从这一点来看，君子和小人之间的区别十分重要，也被后来各时期的历史所证实。林駉认为熙宁（1068—1077）和绍圣（1094—1098）年间改革失败的原因就是小人势力的兴起。[121]

13世纪科举教师对制度史和管理原则的重新解读说明他们认为朝廷和道学之间存在一种彼此共生的关系。道学价值被用来定义制度、政策以及政府中著名的领袖，由此将宋朝的统治合法化。这些教师也同时表示，道学的命运依赖于皇帝和大臣的支持：

---

[116] 有关朱熹参与这项工作的研究，见钱穆：《朱子新学案》，第5册，第148—149页。

[117] 《朱子语类》，第129卷，第3090页。

[118] 参见有关庆历和元祐年间主要人物的两篇文章，《新笺决科古今源流至论》，前集，第3卷，第12—21页。另一篇文章（同前书，第8卷，第6—11页）认为尽管王安石政府的特点是重视实际才能，可是在王安石掌权之前，判断政治人物的标准还是道德水平。

[119] 同上，后集，第4卷，第25—28页。

[120] 同上，后集，第8卷，第13—16页。

[121] 同上，后集，第4卷，第22—29页。

自元祐至今日，其间或兴或废不知其几，而人心天理不泯于　296
颓靡之中，国脉元气终有赖于维持之力。**道学固无负于国家，而**
国家亦无负于道学也。自今观之，绍圣末年，唱为党祸，名儒故
老海隅岭表而吾道之孤绝矣。我高宗雨露洗濯善类萌蘖，龟山大
儒灵光独立，胡氏父子相继擢用，而伊洛之传始振，此高宗录贤
之功也……

　　……司马公一相，主盟吾道，而伊洛之正学始明。赵忠简求
去，正人势孤，而伊洛之门人复散。[122]

在这篇简短的宋代道学传承回顾中，林駉提到两次复兴和一次挫折。
司马光因其在王安石变法后担任宰相对程颐学说的支持而被称赞。程
颐一直批评王学，在 1087 年被逐出京城。四十年后朝廷迁往长江以
南，高宗也因恢复道统而得到赞扬。1127 年，高宗邀请杨时并将其
任命为工部侍郎以及龙图阁直学士，在朝廷中恢复了程学的影响。[123]
1140 年在宰相赵鼎被放逐之后，道学人士遭受到迫害，对他们来说　297
这痛苦的提醒了获得皇家或政府支持的重要性。这是历史上道学经历
最近的一次挫折，显示出建立宋朝历史和道学之间共生关系的价值，
本节中这项工作也激励了 13 世纪的科举师生。一位考生如此乐观地
表达出他对后伪学时代道学意识形态在引导和统一社会价值方面所扮
演的角色：

　　更化[124]以来三四十年，人无异端，家无异说，士无异学。[125]

---

[122]《新笺决科古今源流至论》，前集，第 9 卷，第 2—4 页。后来李心传在他的《道命录》中
　　也有一样的论点（Chaffee, "The Historian as Critic," 320）。

[123] *Sung Biographies*, 1228.

[124] 13 世纪宁宗和理宗宣布了一系列的革新措施。有关理宗朝这些政策的概述，见杨宇勋：
　　《南宋理宗中晚朝的政争（A.D. 1233-1264）——从史弥远卒后之相位更替来观察》，第 7
　　页；有关宁宗朝的例子，见黄宽重：《晚宋朝臣对国是的争议——理宗时代的和战、边防
　　与流民》，第 26—27 页注 29。此处"更化"一词的意思是废除伪学之禁政策。有关此词
　　的一种类似用法，见《宋史》，第 394 卷，第 12026 页。

[125]《群书会元截江网》，第 33 卷，第 36 页。

阅读与写作：正典的融合

古文运动的正典作为中国史上过去一千年间最有影响力的文学作品集在 12 世纪私人科举教学中经历了定型和传承的过程。古文写作相比时文写作应用范围更广，但是古文的写作方式首先是在时文中被推广和介绍的。"永嘉"教师的写作课程及其文集手册在建立古文运动的正典方面扮演了极其重要的角色。到 12 世纪末，此正典的特色就是包括了一组重要的唐宋散文家跟他们的作品，另外这部正典也被用来当作教导语言、阅读和写作的工具，提高在考试作文中立论的技巧（第四章）。古文运动的正典在 13 世纪仍是最主要的文学典籍，但它也经历了重大变化。在 13 世纪，目标、选文以及教学手法都发生了改变。对古文运动的正典进行重构反映出既有文学传统和新出道学教义典籍之间的矛盾。

古文运动的正典一直在科举教师和学生中受到欢迎，这可以从 13 世纪书坊贩售的文集在数目上日益增长、在类型上逐渐多样看出来。早期文集按照作者或文体排序来收录文章。到了 13 世纪初，市面上出现了各种不同种类的文集。这些不同的格式说明古文家的作品为了迎合教学需要而被处理加工，书商也急切地想要为备考推广新的工具书。

古文作品被包装成写作入门书。谢枋得在 1256 年获得进士之后很快便在建宁府学教书。除了这个官方职位之外，他对教育很有兴趣，提倡修建书院，[126] 也编辑了一部古文文集，这部文集和吕祖谦的作品一样流传至今。此书《文章轨范》（13 世纪 60 年代或 70 年代）选文的原则跟那些 12 世纪的文集很相似。大部分文章选自古文名家之手（韩愈、苏轼、柳宗元、欧阳修和苏洵）。不过谢枋得身处建宁府这个激烈竞争的考试用书出版市场中，他也因此用一种新的方法来呈现这部古文文集。

他创立了一门古文写作的课程，该课程基于循序渐进的教学理论。他依照分级的方法来组织选文，先是一些他认为适合入门者的文章，

---

[126] Walton, *Academies and Society*, 79–80, 169.

然后是那些需要较强阅读能力更适合高水平学生的文章。书中最开始两章讨论的是"放胆"阶段。这两章应该在学生开始写作之前阅读。299

谢枋得的文集是为了逐步介绍时文写作而特别设计的。书中的七章并未用数字排序，而是按照"侯王将相有种乎"一句话的七个字来命名。这句话对于拼搏中的考生显然是一种勉励。在多数章节中，谢枋得会特别指出学生学习本章作品能获得的好处。第三章的主题是如何正确组织一篇文章的结构，在谢枋得看来，这是想要成为考场论体文专家必须接受的基本训练。第四章强调清晰的表达手法，为了经义场和论体文写作做好准备。第五章的选文重点是可当作范本的各种结论，供在第二场论体文和第三场策文写作时间紧迫的考生使用。

13世纪的其他教师和书商也表达出类似的兴趣，关注不同教学方法呈现材料时的优缺点，以及如何用新格式重新包装同样的文章。方颐孙是1240年代初期的一名太学学生，他编写了一部专门针对考生的文集，其结构按照不同的写作技巧来分类。此书全名《太学新编黼藻文章百段锦》提到了"太学"，不但宣扬方氏本人和太学的关系，也证实了太学作为考生最佳备考学校的名气。

方颐孙在序言中解释道，吕祖谦等人编纂的传统式文集过于缺乏条理，令人疑惑。12、13世纪的科举教师都有一样的目标，即通过分析古文作品来传授写作技巧，他们编纂的文集虽然全文收录所选的文章，但最后不过随便分析一下这些文章中刚好出现的技巧。方氏的文集则意图提供一套系统的写作技巧概述。他试着说服买家，此书重视300技巧，从不同的古文文本中摘选短小的选段，这都能更好地解释如何在不同上下文中使用具体的写作技巧。所谓"黼藻"，指的是11、12世纪苏轼和吕祖谦等古文家作品中的片段。这些选段按照写作技巧的类别被组织到一起，或者是文字格式与句子结构，或者是解释、描述、辩论等写作方法、或者是推理、比较、引用和使用史料等修辞手法。每一种类别被进一步分成小节，为的是显示相关技巧的不同应用方法。方氏文集从始至终都是强调一个重点，即科举教师古文课程的写作技巧教学。

有时古文家的作品也依另一种方式、因着学生的缘故而被重新分段。如同前一节和第四章讨论的科举参考书一样，一些主题式的文集根据题目类型来安排古文作品的选段。1259 年左右出版了一部杨万里文章的评注选，即《批点分类诚斋先生文脍》，共前后两集。这部文集为学生提供了写作中方便使用的论点，覆盖的题目从君臣特点到财政军事问题以及中国历史上历史人物的文字传统。各种类型的古文文集大量涌现，说明在课本出版市场上发生了一场商业革命。

上文提到的所有考试用书以及附录中列举的其他书目都有印本，大部分质量不高，也因此比较便宜。考生的数目不断增加，到了 13 世纪高达几十万人，[127] 这让私人书商盈利的机会翻番。这种机遇在 12 和 13 世纪给私人书商带来了数目上的增长，也带来了更激烈的竞争。

301 大部分书籍现已不存，毫无疑问它们短暂的时效性是主要原因。不过当时古文文集多种多样，12 世纪科举教师和书商的评注方法也一直被延用和发展，这都说明古文文集在 13 世纪的图书市场中占据了相当大的份额。[128]

古文正典的形成建立在举业之上，这也为其带来了反对意见。如上所述，朱熹认为古文在举业中的权威性地位是学生追随道学的主要威胁，他批评"永嘉"教师在建立古文正典中扮演的角色。本节首先研究道学运动在大规模商业出版的古文文集之外所提供的另一种选择。道学教师围绕着宋代道学诸子的作品来编选正典文集，挑战当时古文家的权威。他们也使用注疏的方法让学生读书时把注意力从写作上转移开来。当道学逐渐在学者中和朝廷上获得越来越多的支持之后，道学课程与古文教学之间的矛盾也就减轻了。如同前节讨论的历史和行政教学一样，从 13 世纪 30 年代开始教师在科举的写作课程中把道学的价值和之前流行的训练方法结合起来。本节的第二部分将讨论这种和解过程带来古文正典的转型。它将分析考试场域中随着道学统治地位的提升，文学正典本身被重构的过程，也将研究道学与古文之间的新型关系给 13 世纪道学意识形态之定义带来的影响。

---

[127] Chaffee, *The Thorny Gates*, 35.

[128] 有关南宋商业出版的发展，见 Chia, *Printing for Profit*；有关作品的时效性，见前书，143–146。

道学正典的创立

> 所喻学者之害莫大于时文，此亦救弊之言。然论其极，则古　302
> 文之与时文，其使学者弃本逐末为害等尔。[129]

朱熹目睹了同时代人士对古文的着迷之后，对道学与古文之间的关系颇为烦恼。一方面，他承认韩愈及柳开、石介和孙复等北宋古文名家在提倡圣贤之道以对抗其他宗教和文学形式时扮演的角色；另一方面，他也认识到以道学角度来看，古文其实是一把双刃剑。[130]

唐代和北宋的古文思想家对文统传承的恰当顺序有相互矛盾的叙述。何寄澎依照某人是否被纳入谱系为标准区别出两种不同的观点。[131]柳开、孙复、石介和祖无择建立的谱系以道作为整体文化概念在历史上的传承为基础，纳入孔子、孟子、荀子、贾谊、董仲舒、扬雄、王通和韩愈。从欧阳修开始，古文运动的推广者主张扩大古文的谱系，收录传承圣人之道之外的作家。据欧阳修和苏洵看来，这个列表也应该包括司马迁和班固，因为他们的写作风格坚实有力，以及战国军事家孙武和吴起，因为他们的作品简洁深入（第四章）。[132]这些选择反映出欧阳修和苏洵广泛的思想和政治兴趣；它们也代表古文运动在北宋发生了变革。在欧阳修和苏门之后，古文写作的目的是为了集中分　303
析。12 世纪的士人越来越把古文看作一组优秀文章的技巧优点的集成，这在唐宋作家的选文中得到最好的呈现。

唐宋古文道统纳入的君王和哲学家（包括上古圣王、孔子和孟子）也出现在程颐和朱熹的道学道统之中。扬雄、王通和韩愈等人有时被道学道统收录，因为他们对道之传承有这样那样的贡献，比如反

---

[129] 朱熹：《朱熹集》，第 56 卷，第 2824 页，引自郭绍虞：《中国文学批评史》，第 444 页。

[130] 有关朱熹对韩愈和北宋前期古文家贡献的矛盾心态，见《朱子语类》，第 137 卷，第 3276 页，第 129 卷，第 3089—3091 页，第 83 卷，第 2174 页。

[131] 何寄澎：《唐宋古文新探》，"唐宋古文运动中的文统观"，第 264—286 页。

[132] 同上，第 273 页，第 276 页。

对异端教导或者反对在教学中传播异端学说等等。[133] 朱熹常常对这些学者和其他古文话语的作家予以评价，说明古文课程在当时具有影响力，也可见他试图明确区别道学和古文的差异。[134] 尽管他相比程颐来说更欣赏写作的价值，也把写作放在他的道学架构之中（一个从属性的位子），朱熹还是感到必须要继续用道学对抗古文运动，原因之一就是当年传奇性的洛蜀之争。[135]

如上面的引文所示，朱熹特别担心他同时代的人被唐代北宋的古文领袖及其 12 世纪追随者使用的写作技巧所吸引。他认为，古文和考生中流行的时文都带来一样的害处。朱熹这里只能提到两者有相似之处，他无法把古文运动完全摈弃。无论如何，当欧阳修、苏轼及他们在浙东的继承人带给古文新的变革之时，朱熹抱怨这种变革给时文写作所设立的标准。

朱熹和他自己的门徒挑战了古文正典的统治地位，在古文文集之外建立了道学的另类选择。他们编辑出版北宋道学四子（周敦颐、张载、程颢和程颐）的文集，也发明了自己的读书和注解方法，他们对待文字的角度和唐宋古文名家评注选集中的角度并不相同。

《近思录》在道学文集编纂史上扮演了非常重要的角色。之前的选集常收录各种程学学者的作品选段，会表达不同的观点。[136]《近思录》为道学提供了一种主题式介绍，也把朱熹选择的前辈如周敦颐、程氏兄弟和张载的作品定为正典。其组织类别的方法跟面向考生出版的文集和参考书的做法一样。《近思录》拥有商业化印本，也为后世道学文集的出版立下榜样。

精读此书成为道学教学的一个核心部分。我们已经看到，陈淳就

---

[133] De Weerdt, "Aspects of Song Intellectual Life," 11. 有关程颐对汉唐古文家的评价，见 Wing-tsit Chan, trans.,*Reflections on Things at Hand*, 293—298。这部注疏也引用了朱熹在《朱子语类》里面的评语。见 Wilson, *Genealogy of the Way*, 159。

[134] 有关朱熹对荀子、董仲舒、扬雄、王通和韩愈的讨论，见《朱子语类》，第 137 卷，第 3255—3276 页。

[135] 何寄澎：《朱子的文论》，第 1215—1216 页；《新笺决科古今源流至论》，前集，第 4 卷，第 33 页；何寄澎：《北宋的古文运动》，第 268—270 页。

[136] 有关早期文集《诸儒鸣道集》与《近思录》之间关系的简短讨论，见 Wilson, *Genelogy of the Way*, 152。

是通过阅读《近思录》接触道学，他在他自己的教学中也把此书当作基本材料来推广。他的一个学生为《近思录》写了详细的分段注解。这部熊刚大（1214 年进士，活跃于 1216 年—1250 年间）的作品为原书的每一行都提供了注释。[137]学生们也编辑补充读物。另一位朱熹的学生蔡模（活跃于 1220 年左右）编纂了一部《近思录》的续书，收录的是朱熹的语录。[138]

在整个 13 世纪，道学作品的新版本和新选本在商业出版的所有举业用书中占据了越来越大的份额，证实了道学在考试场域中从边缘位置移动到中心的变迁。如前文所述，建安的曾氏家族出版了《文场资用分门近思录》，这是《近思录》的一部辅助材料和原书的一部特殊版本。朱熹在建安的学生也编纂了道学诸子作品的又一种商业化版本，名为《性理群书句解》。此书的一个重编本《新编音点性理群书句解》仍存世。[139]

在《性理群书句解》中，熊节（1199 年进士）作为朱熹的一名门徒搜集了道学的核心文本。此书第一部分是按照文体分类的文章合集。这种分类方法显示出道学多元化的文本传统，也传递了特定的信息。文体种类从画像赞开始，然后是各种不同的教导（比如学则、子弟戒和学规）、碑铭、诗歌、序言、记、论和表，最后是人物传记。如同一些南宋道学书院的学生每日从向圣贤画像鞠躬来开始一天类似，这部文集也是先让读者看到道学的典范，从而更积极地去学习。对正确行为的称赞和有关道德教育的教导体现出这部手册强烈的礼仪化特点。

《性理群书句解》示范出 13 世纪学校和图书市场中一部道学正典的形成过程。此书书名意指其收录了多部有关“理”的书籍，包括张载的《正蒙书》、邵雍（1011—1077）的《皇极经世书》、周敦颐的《通书》。在《新编音点性理群书句解》中又有《近思录》和蔡模的两

305

306

[137] Wing-tsit Chan, trans., *Reflections on Things at Hand*, 338–339.

[138] 《性理群书句解》后序，出自前言，xxxvn113。

[139] 此书的元本来自建阳，现存于台北的“国家图书馆”。熊节收集文章，熊刚大负责注释部分。熊刚大曾经跟蔡模学习过。他和蔡模和熊节一样，都是来自建阳。

部补充读物：《近思续录》和《近思别录》。除了这些书，这部文集也收录了传统上的其他名作，比如朱熹的《白鹿洞书院学规》、张载的《东铭》和《西铭》以及程颐的《颜子所好何学论》。

《近思录》和熊节这部 13 世纪初的文集的区别显示出道学意识形态正典化的影响。朱熹认为他这部《近思录》记录的是道学四子作品背后的精神。他指出这部文集不能用来代替四子的原书，学生应该把《近思录》看作一部入门指南，读完后应该继续去细读四子的作品。[140]朱熹并没有把北宋诸子的作品当作教学中另外一项单独的内容。在他和学生的谈话及书面建议中，朱熹通常把五经、四书及其注疏（包括程颐的作品）和宋代之前的历史、哲学资料作为必读之作。[141]他的门徒们在教学中也强调道学材料。跟陈淳一样，他们中很多人都推荐宋代道学传人的作品，认为这些是道学课程中首先要讲授的。据周密（1232—1298）所言，一旦道学中人来到一个新的地方任官，他们就会出版周敦颐、二程和张载的书籍。他又谈到，在 13 世纪前半叶，这些名家之作已经成为地方学校的主要教材。[142]

307　　　　宋代道学正典的功用不仅仅是告诉人们应该阅读何书而已。正典文本的教学也推广了新的阅读方法，它跟举业课程中古文写作所用的方法不同。《新编音点性理群书句解》有三种注解。一种是全部文字的逐词翻译，一种是注音，另一种是总结说明每一种文体和题目的意思。

古文文集商业化作法目的是帮助学生熟悉古典书面语中的写作技巧，与此不同的是，道学手册中注解的目的则是削弱文本之中书面语的具体特点。通过提供正确的读音、标明停顿和句子结尾以及逐行解释其意义，注疏者将文本尽可能地转变为谈话的形式。考据校定和介绍概览这两种方法从整体上改变了文本的意思。

《新编音点性理群书句解》的注解来源于道学注疏四书的方式。黄榦（1152—1221）是朱熹最信任的学生之一，他创立了一套方法帮

---

[140] "Preface by Chu Hsi," in Wing-tsit Chan, trans., *Reflections on Things at Hand*, 2.

[141] Gardner, *Learning to Be a Sage*, 39–40；朱熹：《朱熹集》，第 69 卷，第 3636—3639 页。

[142] 周密：《癸辛杂识》，第 169 页；引自 Bol, "Neo-Confucianism and Chinese History: Position, Identity, and Movement," 28–29.

助学生阅读四书：

  A. 句读例句：举其纲，文意断读："者""也"相应，文意未断，覆举上文，上反言而下正，上有呼下字，下有承上字

  B. 点抹例红中抹：纲、凡例红旁抹：警语要语红点：字义字眼黑抹：考订制度黑点：补不足

  C. 发音例并考许叔重《说文》，及郑夹漈《六书略》。[143] 每字   308
有两音者，先依夹漈所正叔重之误者，馀方依叔重……参陆氏
《经典释文》、贾氏《群经音辨》，[144] 大抵依朱子为主。[145]

  道学教学手册使用的评点手法强调标点的重要性。标点将文本的内容分为有意义的段落。着重号被用来强调文字的中心思想或考证上的问题。这种记号也出现在古文文集中，帮助学生熟悉修辞和格式上的技巧，比如如何写作导言、结论或者如何在立论的不同阶段之间穿梭。通过注明停顿之处和指出正确的标点，黄榦及应用其方法的读者就可以反复背诵且细思某篇文字。这种注释方法首先出现于古典作品   309
的阅读中，[146] 现在则被《性理群书句解》等 13 世纪的文集用于解读宋代道学诸子的整套作品。这说明这些作品已经被非官方地定为经典权威文本了。

  和古文正典一样，道学正典也是在教育机构（书院、私学和官学）中被建立起来的。道学诸子的作品首先成为非官方的正典，然后在道学意识形态得到官方认可之后也获得相应的地位。在 1241 年和 1270 年，理宗和度宗皇帝督促士大夫们来学习道学诸子的作品（第五章）。下一节将研究道学意识形态获得官方承认之后所造成的影响。

---

[143] 此处指的第一部书是许慎的《说文解字》，大概成书于公元 100 年左右。《六书略》是郑樵《通志》二十略之一，于 1161 年出版（*Sung Biographies*, 146—156）。

[144] 有关陆德明（约 560—630）和其在唐初的考据学术，见 McMullen, *State and Scholars*, 72, 77。有关贾昌朝（998—1065），见 *Sung Biographies,* 197—200。

[145] 程端礼：《读书分年日程》，第 2 卷，第 10—14 页，引自任远：《宋代经读之出新与弊端》，第 59 页。

[146] 有关古典作品中的标点应用，见管锡华：《中国古代标点符号发展史》和张伯伟：《评点四论》。

古文正典的转型

道学在士人中和朝廷上获得认可，这促成了道学与古文的关系恢复。这个过程共有两个阶段。在 13 世纪 20 年代和 30 年代，道学支持者将道学正典的研究和古文写作的教导整合到他们的教学实践中，用道学标准来决定如何选择并解读古文作品。在 1241 年道学正典获得官方认可之后，其在考试场域的至高地位导致古文文集在收文范围和编选目的上被重新定位。科举教师和书商在古文文集中插入大量道学文本，又把两种传统中的阅读写作方法合并到一起。他们声称道学和古文的教导都有一样的目的，并用此来证明合并两者的正当性。

在 13 世纪 10 年代和 30 年代之间，真德秀成为 1200 年朱熹去世之后道学第二代人物的领袖。[147] 无论是在太学教书、还是在朝廷任官，他都在京城把道学获得的官方支持凝聚起来。他在各地通过实施谷仓改革等社会措施来推广朱熹的教导。真德秀在考生中非常知名，因为他一直提倡在教学中同时讲授道学正典和传统的写作课程。

根据程颐的观点，每个月拿出三分之一的时间练习时文、其余的时间花在真正的学问上是可行的。真德秀据此劝告学生用每个月前二十天来阅读道学作品并测试自己的掌握程度。[148] 学生应该先完全沉浸在朱熹和张栻的哲学作品中，孜孜不倦地学习，直到他们完全理解它们。其次，他们应该在周敦颐和程氏兄弟的著作中仔细研究，找到朱熹和张栻在教导上的根基。每个月的最后十天则被用来学习写作技巧。真德秀把道学的权威著作纳入一套考试日程中，说明道学在考试场域中成为越来越重要的力量。

真德秀与朱熹和陈淳都不相同。朱熹忙于规范道学运动，以便令其与其他学派对抗；陈淳作为朱熹的第一代门徒提倡用不妥协的道学

310

---

[147] Tillman, *Confucian Discourse* and *Chu Hsi's Ascendancy*, 241–245; *Sung Biographies*, 88–90; Chu Ron-Guey, "Chen Te-hsiu and the 'Classic on Governance.'"

[148] 真德秀：《真西山先生集》，第 7 卷，第 106—107 页，引自陈雯怡：《由官学到书院》，第 222 页。有关程颐的原本讲法，见《二程全书·河南程氏外书》，第 11 卷，第 5 页，也出自《近思录》，又见 Wing-tsit Chan, trans., *Reflections on Things at Hand*, 199。又见陈雯怡：前书，第 217—218 页，以及 Gardner, *Learning to Be a Sage*, 19。

语言来代替当下的时文写作风格。而真德秀则把时文和（长期统治当时考场写作的）古文列为道学的一部分。在1232年，他出版了他的古文选集《文章正宗》。真德秀跟他之前的吕祖谦、楼昉和他之后的谢枋得不一样，并未把其作品命名为成功作文的"关键"、"秘诀"或是"轨范"，只是将其作为写作的"正宗"手册提供给学生。这种对正宗写作方式的关心体现出道学标准在真氏文集中的重要性。无论如何，以前古文文集里面的模式还是影响了此书文章的选择和注释的方法。

真德秀使用了和近人文集或《唐文粹》（1011年）等标准文集很不同的一种组织结构，并不是按照作者或者文体分类。他把所有的文章分为四种形式。据他的分析，辞命形式来源于上古圣王的命令，首先出现于《尚书》，然后在汉代皇帝诏令中得到发展。议论形式在他看来很难定义，主要发生于君臣或朋友之间，可追溯到《论语》与《孟子》中的例子。叙事形式指的是针对一段时期、一件事或一个人的编年体概述；这种形式在史学史上的起源是《尚书》、《春秋》以及司马迁和班固的历史作品。诗赋形式的诗词韵文及其他体裁是从上古诗歌、孔子对《诗经》的修订及屈原《楚辞》发展而来。[149]

南宋晚期针对考生编选的文集的一大特色就是"议论"。事实上，吕祖谦的《古文关键》和前面讨论的其他古文文集都是完全着重于议论文的写作。真德秀的文集把议论形式重新放回到写作的原本背景中。在该书纲目里，真德秀指出写作仅是学习的一部分。"夫士之于学，所以穷理而致用也。"对于真德秀或者朱熹来说，学习及学习过程之一的写作是自我修身的过程，也是道德之自我带来社会和政治变革的过程。既然写作需要且只能服务于这些目的，他认为《文章正宗》的选文标准应当如下：

今所辑，以明义理、切世用为主。其体本乎古，其指近乎经

---

[149] 真德秀：《文章正宗》，纲目，第1—5页。

者，然后取焉。否则辞虽工亦不录。[150]

所有的文章要用同样的标准来检验。"有用性"的标准在于其是否符合道德之自我的理论以及其是否能在道学所强调的人际关系（家庭、社会和政治）中体现出来。

刘克庄作为真德秀的同时代人是一位著名的文学批评家，他批评真德秀在诗歌部分使用了苛刻的标准。[151]真德秀排除了很多刘克庄会收录的诗歌。尽管这部书具有过于苛刻的标准，真德秀的选集还是体现出以往古文文集具有的很多特点。虽然真德秀声称议论这一手法来自于五经、《论语》和《孟子》，此书开篇仍然是《国语》（前5世纪—前4世纪）、《左传》和《战国策》中的文章以及柳宗元和苏轼的议论方法；五经并未被引用。有关议论的章节进一步收录了吕祖谦和楼昉编纂的古文文集中韩愈和柳宗元的范文。

在其注解中，真德秀既看重道学文集里面文章意思的解读，也注意到古文文集强调的修辞手法和写作风格。吕祖谦和楼昉都用着重号和注解来标出文章中结构和风格上的特色部分；尽管有时会提到史实和道德上的教导是否有问题，但这些都只是次要的考虑事项。真德秀注解中强调的重点则相反。一个例子就是他们评点柳宗元《封建论》一文的不同方法。

吕祖谦对《封建论》的总体意见和其在夹注中的看法都着重于修辞特点和文章力度（第四章）。与此相反，真德秀对此文的最终也是唯一意见是：

> 按：此篇间架宏阔，辩论雄俊，真可为作文之法。然其理则有未然者，故致堂胡氏曰：封建与天下共其利天道之公也，郡县以天下奉一人人欲之私也。而世儒乃有以柳宗元之论为不可易者，岂其然乎！

[150] 真德秀：《文章正宗》，第1页。
[151]《四库全书总目提要》，第38卷，第4154页。

这条看法之后是一篇精心创作长达八页的小字驳斥，反对柳氏的论点。[152]真德秀欣赏柳宗元的修辞手法，但他没有用夹行注或是着重号来体现出这种欣赏。现存的宋本和元本仅仅把标点加到文章中；这项做法显示出在真德秀的读书方案中道学批评方法的重要影响。[153]

到了13世纪30年代，写作已经成为道学教育的正当内容。在《文章正宗》中，真德秀用道学的标准来重新定义古文正典，也调整了时下举业用书教导古文的方法。在真氏的方案中，道学作品的教导和写作技巧的教导是分开进行的。1241年道学获得官方支持之后，道学正典在举业占据了中心地位。道学和古文的和解过程由13世纪20年代和30年代的道学门人开始，最后的结果是在扩大化的道学意识形态中纳入古文部分。科举教师和书商发行同时收录古文名家和道学名家的文学选集。尽管科举教师继续强调古文在获得成功上的重要性，他们现在声称道德修身实践是道学和古文共同拥有的目标，以此来证明写作训练的合理性。

314

1273年左右，刘震孙和廖起山出版了《新编诸儒批点古今文章正印》。[154]这部书共有四集，在13世纪商业化出版的参考书和文集中这是一项常见的做法。[155]刘震孙作为潭州签书武安军（荆湖南路）节度判官厅公事收集组织文章；廖起山作为饶州的州学教授（江南东路）负责校对。

315

---

[152] 真德秀：《文章正宗》，第13卷，第15—19页。

[153] 这里指的是台北"国家图书馆"收藏的一部晚宋或元初的版本以及台北故宫博物馆图书馆收藏的一部元本。在一篇有关台湾大学图书馆收藏的宋本残卷的短文中，李学智（《台大藏宋版西山先生真文重公文章正宗》，第79页）提到文字右边的空白处有标点符号。高津孝（《宋元评点考》，第135页）提到在台北"国家图书馆"保存的版本中可以看到圈点等标志；但是我们并不清楚这些格式记号是不是跟标点符号一样是原版就有的。16世纪中，徐师曾（《文体明辩序说》，第96—97页）把这套精细的标点和着重符号归至真德秀的名下，见管锡华：《中国古代标点符号发展史》，第178—179页。

[154] 台北的故宫博物院图书馆收藏了此作品相极好的一部宋本（见附录）。

[155] 《新笺决科古今源流至论》、《群书会索》、《古今事文类聚》等参考书都有四集或者更多集。南宋文集也是分集出版，比如《圈点龙川水心先生文粹》有两集，《十先生奥论注》有三集，《诸儒奥论》有四集。《新编诸儒批点古今文章正印》提供了强有力的证据证明这种四集的形式（前集、后集、续集、别集）在南宋后期已经存在了。其他大多数四集参考书和文集仅存于元本和明本中。我在De Weerdt, "The Encyclopedia as Textbook"一文中讨论了参考书分集出版的作用。

在序言中，刘震孙向《新编诸儒批点古今文章正印》的读者确保三点。第一，他强调《新编诸儒批点古今文章正印》的编者支持朱熹道学所描绘的上古之学的传承体系。在《新编诸儒批点古今文章正印》中，朱熹的道统观代替了 11、12 世纪古文文集中的文统观。刘震孙解释说，他在书名中使用"印"字并不代表此书与灵巧的雕刻或是装饰有关。当把"印"字用于文章之上时，他关注的主要是"合法性"问题。他认为他的作品符合从尧舜圣王到朱熹之间的修心与善政传统。刘震孙赞赏道学正典，因为他相信朱熹和邵雍（邵雍作为朱熹思想前辈之一被收入《近思录》）的作品继承了圣贤的印记。朱熹传承并解读了十六字心传，在《中庸》注疏中将十六字心传归入上古圣王的名下；邵雍在《皇极经世》一书中阐明了箕子（约前 12– 前 11 世纪）"皇极"的概念。[156]箕子是最后一个商王的贤臣，据说是"洪范"一章的作者，该章中"皇极"一词首次出现。

第二，刘震孙对潜在的购书者解释道，他的这部书与其他文集做法不同，遵循的是道学的标准。他宣扬此文集收录的古文文章乃是真正忠实于道学标准的作品，他又用讽刺的语气说道，不是所有《层澜》[157]中的文章都很伟大，不是所有《十先生奥论注》[158]里的文章都很深奥，也不是所有《崇古文诀》[159]中的文章都符合上古的标准。他让读者放心，此书中所有的古文作品都带有"正印"——也就是说，它们都是传承修心之道的作品。

在书名中提到道统，或是序言中提到朱熹，这不仅仅只是销售上的噱头。道学在考试场域的至高地位带来了古文写作的重新定义。科举教师和书商采纳了道学的选文标准，改变了古文正典的组成。早期古文文集中，朱熹道学核心人物的角色几可忽略，但在《新编诸儒批

---

[156] 我将在第七章仔细讨论十六字心传。箕子因反对商纣王的统治被囚禁，之后被周武王释放，并为其写作了"洪范"一章。箕子的想法记录在《尚书》中的《周书》（Legge, *The Chinese Classics*, vol. 3, *The Shoo King*, 332）。有关"洪范"一章在文化相关性方面的解释，见 Nylan, *The Five Confucian Classics*," 136–167, esp. 139–141.

[157] 我从未听说《层澜》一书。作者此处可能指的是第四章讨论的林之奇的《观澜》。

[158] 见附录中有关《十先生奥论注》的描述。

[159] 这里指的是楼昉的文集，又叫做《（迂斋先生标注）崇古文诀》。见第四章。

点古今文章正印》一书中，程颐和杨时的序、张载的铭以及邵雍的图都是惹人注目的内容。包括朱熹、张栻、黄榦、真德秀和魏了翁等 12 世纪道学人物的序言、解读、铭文、训诫、悼文、辩论、信件以及图像也占据了大量篇幅。朱熹和张栻是此书中被引用最多的，分别有 69 次和 30 次。他们超过了古文家韩愈（25 次）、苏轼（22 次）、陈傅良（17 次）、柳宗元（17 次）。道学文章数量上占据优势的原因之一是收录了很多典型道学文体的作品，比如图和铭——张栻有 14 篇铭，朱熹有 13 篇铭。在记和序等常见古文文体部分，朱熹也有很多作品入选。在序的部分，朱熹为四书和其他道学著作所作的序共有 8 篇，比欧阳修（4 篇）和苏轼（2 篇）所作的序跋都多。

317

　　第三，刘震孙担保那些学习《新编诸儒批点古今文章正印》的读者会逐渐获得"官印"。他的文集秉持的宗旨就是学习古文写作技巧对获得考试成功和政府职位仍非常重要。因着这项宗旨，刘震孙收录了与以前古文文集一样的作者和文章；他也保留了他们的注释方法。他把此书看作是集著名学者作品和前人批评注解之大成者。

　　使用刘震孙文集的学生通过学习古文名家的文章与评注来了解基础写作。他从吕祖谦、楼昉，甚至偶尔从真德秀的古文文集中借用其总论、夹行注和标记符号，又加入了戴溪和一些不知名、作品已亡佚的永嘉学者笔记的看法。[160] 唐代和北宋名家的作品是全文注解，吕祖谦和陈傅良等南宋古文名家的一些文章也有夹行注，用以介绍其结构和文章风格。写作艺术的教导仍然是举业中一项重要内容。在刘震孙的文集中，楼昉和吕祖谦等"永嘉"学者在这点上是比真德秀更好的指导者。比如《新编诸儒批点古今文章正印》中柳宗元《封建论》一文就集成了楼昉和吕祖谦的评注和标记；真德秀的意见则被忽视了。[161]

---

[160] 四库编辑（《四库全书总目提要》，第 38 卷，第 4163 页）指出《新编诸儒批点古今文章正印》中引用的《学士戴溪笔议》、《东塾燕谈》等作品已经不存，书中引用了槐城、松斋、敩斋郎等人的评语，但这些人也是未尝听闻。我也未能找到有关这些作品和人物的更多信息。关于戴溪，见周梦江：《叶适与永嘉学派》，第 291—292 页以及 Hervouet, *A Sung Bibliography*, 25–26, 236。

[161] 刘震孙：《新编诸儒批点古今文章正印》，续集，第 1 卷，第 3—7 页。

318　此书保留了那些被道学领袖批评和排斥的教学方法，这与刘震孙声称的依照道学标准编纂文集的目标相互冲突。不过在他看来，这种矛盾仅仅是表面的。它符合道学和古文和解的大趋势。根据这一趋势之下的科举教师和书籍编者的看法，可以使用不同的方法来教导阅读和写作，只要这些方法能把学生带往同一个目标，即培养一个人的道德心。这与道学的核心教导相符合，也给刘震孙文集的编纂提供了正当的印记。

除了使用 12 世纪古文手册中的教学模式之外，《新编诸儒批点古今文章正印》也收录了道学教师开创的阅读写作方法。朱熹和张栻等道学家的作品并未被标注，刘震孙也仅仅讨论了它们的内容。[162] 和真德秀不同，与道学无关的科举教师和书商并未把道学的注解方法应用到所有古文文章中去。他们把写作技巧的教学纳入道学道德修身之中，以此来证实其合理性。

在《新编诸儒批点古今文章正印》的序言中，刘震孙告诉学生，通过研读文章和体会其中评注的精神，他们在心理上就为自己掌握写作艺术做好了准备。在南宋晚期，刘震孙和其他文集与文学参考书[163]的编纂者否认他们的作品仅仅只有文学价值。他们为自己参与文学传统辩护，声称这是道德自我修身过程中一个必要部分。晚宋科举参考书的编辑们主张要同时用古文和道学来实现士人学习模式的转型。他们认为对古文的学习可以让一个人持续进入内在修身的过程，因此，

319　学习古文并非如道学中人声称的仅是有害于道德修身的举业而已。刘氏此书在充满竞争的考试用书市场表现得很好。在原书出版后不久，一部重编本也问世了。王霆震的《新刊诸儒评点古文集成》是原书的一部廉价版，证实了《新编诸儒批点古今文章正印》一类文集在南宋晚期举业中的市场价值（见附录一）。

---

[162]　有关吕祖谦和陈傅良文章的评注，见王霆震：《（新刊诸儒评点）古文集成——前集》，第 6 卷，第 12 页。有关一篇朱熹文章的注解，见前书，第 13 卷，第 1—3 页。评注者不具名——四库的编辑在他们对此书的提要中也把这些人归入不知名的一类。《新编诸儒批点古今文章正印》具有同样的注解。

[163]　祝穆、富大用：《（新编）古今事文类聚》，又见 De Weerdt, "Aspects of Song Intellectual Life," 16。

在刘震孙之前，方颐孙也用同样理由为自己支持古文来辩护。对于道学和古文之间的相容性，他提出了一条更详尽的解释。1241 年道学获得官方支持，其后不久方颐孙就在 1242 年完成了他的古文写作指南——《黼藻文章百段锦》。[164] 在序言中，方颐孙和陈岳把写作的学习描绘成一种渐进的、有组织的、持续的自我教育过程：

> 今吾之为文章，蹊径也。是必先徐行，学唯也。由行而奔，由唯而辨，由蹊径而堂奥。异日之不庆忌[165]、不苏秦[166]、不韩柳欧苏尔！其勉哉！[167]
>
> 古文之编书，市前后凡几出矣。务简者本末不伦，求详者枝叶愈蔓，驳乎无以议为己。
>
> 至于以体式绣梓者，特不过为私淑后学地。如果知其美锦而学制焉，因其体而求其意，诵诸口而惟诸心，则前哲所作不在纸上矣。以此立身行己，以此致君泽民，当无施而不可，岂特梯级一第而已哉！[168]

据 1249 年为此书作序的陈岳所言，方颐孙把大部分时间花在学习唐代和北宋古文家的作品上。他一生把自己浸润在古文作品中，也因此在太学获得了巨大的成功。[169] 从方颐孙在 1241 年左右的一篇太学策文中可见，他的成功和他对道学的支持分不开。在《策学绳尺》的一篇文章中，方颐孙为不同道学家有关学习过程的观点一致性加以辩

320

---

[164] 台北"国家图书馆"收藏了此书的一部明代早期本。

[165] 庆忌是水精，在《管子》一书中提到（第 39 卷，第 76 页）："庆忌者，其状若人，其长四寸，衣黄衣，冠黄冠，戴黄盖，乘小马，好急驰。以其名呼之，可使千里一日反报。"（译注：此处"庆忌"应指吴国公子庆忌，非《管子》之水精。）

[166] 苏秦，战国时人，穿梭于各国之间，向各国国君提供政治建议。司马迁《史记》（第 69 卷，第 2241—2277 页）有他的传记。

[167] 作者的后序（1242），方颐孙：《黼藻文章百段锦》（台北："国家图书馆"）。

[168] 陈岳的序（1249），方颐孙：《黼藻文章百段锦》，第 1 卷，第 2 页。

[169] 陈岳（同上，第 2 页）提到方颐孙在太学的表现非常好。只不过他似乎没有得到过进士。在明本中，作者的名字前面有"宋学者"之语，这个称呼通常用于获得进士之人。

护，因为有人怀疑程颐和朱熹在此题目上意见分歧。[170]

321　朱熹抨击吕祖谦重视文章结构的做法，批评"永嘉"学者以及一般考生对名利的追求。陈岳和朱熹类似，也严厉责备阅读写作上的形式主义和对科举成功的功利性追求。朱熹的课程强调对文本仔细阅读、深思熟虑，这是品德成长的主要步骤。陈岳回应了对文学研究的质疑，他认为通过追随真道、通过了解古文作品的结构和意义以及通过背诵和回想这些古文文章，学生就可以建立道德品质，从而为他们的君主和社会服务。

　　起初，道学正典在考试场域中被理解为具有反对强调辩论、反对古文作品正典化的立场。当道学开始统治举业教学的时候，古文写作的目的被重新定义，以便符合道学理想。朱熹和方颐孙对待古文的不同立场反映出道学意识形态自身的一种转型。13 世纪教师和书商回应了官方对道学的支持。他们把 12 世纪末、13 世纪初朱熹及其门徒的批判性、敌对性立场解释成为 12 世纪后期紧张的政治氛围造成的不幸副产品，他们将不同的举业教学模式和士人文化思潮放入道学之中，进而拓展了道学的范围。

---

[170]《（精选）皇宋策学绳尺》，第 5 卷，第一篇文章。这篇文章针对的是朱熹给白鹿洞书院的教导和程颐关于学习的看法之间的分歧。方颐孙认为朱熹的教导是为了让学生操练他们在阅读中学到的价值。据方颐孙看来，朱熹课程中道德实习所占据的中心地位使得他成为儒家经典和程颐思想遗产的合法继承人。

第七章

考试标准的道学转型（约 1200—1274）

12 世纪后半叶，"永嘉"教师向几百名学生讲授经典解释和历史研究，并主导有关时下政策和学术的讨论。在整个 12 世纪的最后几十年里，陈傅良和叶适编写的论体文和策文合集在商业上一直获得成功，这说明"永嘉"学派获得了更广泛的读者。作为回应，道学教师对"永嘉"教师在考试场域的权威进行挑战，教导学生关于经典和历史解读的它种方法，也使用新的模式来讨论时事。

如同我们已经看到的一样，13 世纪中道学教师越来越能定义成功时文的标准。本章通过分析 12 世纪 80 年代到 13 世纪 70 年代的考场论体文和策文写作来追踪道学意识形态在考试场域中的逐渐崛起。与第三章类似，这里的讨论会按文体分节，以便厘清道学在两方面中的影响。其一是经典和历史文本的解读（论体文），其二是管理政策与学术题目的讨论（策文）。

道学按照相同的路线进入这两方面的学术领域。这条路线可以被分为三个阶段。第一阶段对应于朱熹生命中的最后二十年。在此阶段中，跟道学有关的考生使用道学家语录体的对抗性语言进行哲学辩论。13 世纪 10 年代和 20 年代时，朱熹注疏获得官方的支持，考场论体文写作的那种早期对抗立场也在随后二十年中让位给一种自信的对道学信仰的详尽解释。道学的政治理论和其他理论相互竞争，成为一种可行的（也许不一定是最好的）回答策题的方法。一旦朝廷在 1241 年完全支持道学在考试场域取得权威性地位之后，道学反而被时文写作的既有规则改变，进入最后一个阶段的转型。在宋代最后几十年中，道学正典尤其是朱熹的思想遗产成为写作论体文和策文的标准指南。对这一阶段时文的分析进一步指出，13 世纪 40 年代之后考生拥抱的这一意识形态和早期道学中人实践的在几个方面都不相同。考生追随科举教师和书商的脚步（第六章），在宋代末年通过引入各种举业学习方法来拓展道学的范围，不过这些方法都是当年被道学奠基者所反对的。

论体文的标准

12 世纪道学运动的反对声音

在 1196 年省试之后提交的一份奏章中，叶翥呼吁要驱逐语录体（第五章），当时语录体已经成为道学影响时文写作和宏观士人文化的标志。丹尼尔·加德纳曾经指出这种文体本身就体现了一种新的思想话语模式。[1] 当时道学师生的声音没有被儒家经典文本和注疏限制住，反而通过讨论经学传统的意义而获得了权威的地位。语录中记录下来的是问答对话，在这些对话中教师引导每个学生来理解并实践道德修身在天地间的必然性。学生在对话中、或在对话后记下的笔记并没有被修订为标准的中文书面语，反而被转换成一种整合了部分口语特点的书面记录。

语录中既有在宋代汉语使用者中广泛流行的口语用法，也有那些虽具口语形式（比如大量使用的双字词）但实际上属于某种狭义道德哲学词汇的术语。[2] 这种同时使用口语和术语的方法明显把道学教师对经史和时事的讨论与其同时代其他学派分开了。语录式语言反映出针对当时士人思潮和竞争对手的一种广义对抗心态。丹尼尔·加德纳和市来津由彦都指出，朱熹在语录中颇为重视同时代人的观点，不过大

[1] Gardner, "Modes of Thinking and Modes of Discourse in the Sung."
[2] 因为语录中包含了口语成分，语言学家一直将其作为研究中文语法历史的原始材料，比如祝敏彻：《朱子语类句法研究》和黄锦君：《二程语录语法研究》。

多数时间他的态度是负面的。[3]

12 世纪 80 年代和 90 年代的少数科举论体文证实了考官的印象，即考生会在他们的文章中采用语录式的话语。12 世纪晚期的考生或者在课堂上，或者通过讲章和道学教师的问答记录来了解道学。当他们回答涉及到经学、史学和诸子学的论体文题目时就会使用他们所学到的诠释模式。

陈德豫和冯椅是最早在时文中表达出他们委身于道学的登科考生。陈德豫在 1187 年获得进士，也就是在那一年，陈贾和洪迈提交了一份奏章，抱怨道学语汇在考试答卷中的广泛使用（第五章）。冯椅在 1193 年获得进士。两人对道学的信念也可在贡院之外清晰的看到。陈德豫在 1190 年代伪学之禁时保护了《程氏遗书》。[4]冯椅是朱熹的一位门徒，出版了道学正典中的若干名著，比如周敦颐的《太极图》和张载的《西铭》。[5]

陈德豫和冯椅的文章着重于道学的核心教导。他们把道德修身解释为一种持续渐进的过程。陈氏文章的题目《尧舜行道致孝》[6]是从《汉书》中此段选出来的：

> 故尧兢兢日行其道，而舜业业日致其孝。善积而名显，德彰而身尊。[7]

陈德豫同意提出这句话的汉代朝官董仲舒的看法，即行道和致孝是尧舜成为圣人的关键原因。他解释道，圣人每日履行他们的责任，培养与其社会和政治角色相适应的品德，这种一致性就显示出他们对"理"的理解：

---

[3] Gardner, "Modes of Thinking and Modes of Discourse in the Sung," 582; 市来津由彦：《朱熹門人集團形成の研究》，第 483—509 页。

[4] 昌彼得等编：《宋人传记资料索引》，第 2640—2641 页。

[5] 同上，第 2745 页；陈荣捷：《朱子门人》，第 252—253 页。

[6] 《论学绳尺》，第 6 卷，第 19—24 页。

[7] 班固：《汉书》，第 56 卷，第 2517 页。

> 天下有实不容尽之理，圣人有诚不容已之心。

326

> 夫尽君道共子职，[8]至于圣人足矣。而犹拳拳不容已者，或谓圣人之谦，非也。天下之理惟人伦为不容尽。非不容尽也，不可得而尽也。

据陈德豫所言，董仲舒的看法强调了圣贤在两方面的意义。其一，尧行其道和舜致其孝显示出他们对影响人伦的自然原则有深刻的理解。尧全心致力于君主之道，舜则全心致力于身为儿子的责任。他们因此展示出对安排人类世界，也让人依此生活的等级制道德模式的理解。其二，尧舜在各自社会地位上一直展现的道德情操让他们成为圣人。陈德豫认为在形而上的层面，世界的法则，尤其是人伦的法则"不容尽"。尽管它在理论上是可行的，在实际中无人可以做到。因此尧舜是圣人，不是因为他们完美地履行了他们的责任，或是他们完整实现了其社会角色应具有的品德，而是因为他们即使知道自己的目标最终无法实现，仍然坚持他们的努力。

冯椅文章《仁圣博施济众》讨论的是《论语·雍也》最后一段，他在此文中也表达了类似陈德豫的看法。[9]冯椅这篇论体文的焦点是孔子在子贡提问之后的回答。孔子肯定地断言道，即使是尧舜都觉得"博施济众仁圣"很难做到。冯椅认为孔子这条关于上古圣贤的论

327 述初看似乎令人费解，但其实此语来自他对圣贤境界的深刻理解，因为圣贤境界是一个永远无法完全达到的理想，但这个理想值得人去追寻。[10]冯椅把尧舜看作最好的典范，因为他们的例子说明自我修身的过程存在不同的"分量"（阶段）。尧舜通过持续的努力才达到圣贤的

---

[8]《孟子·万章上》；又见 Legge, *The Chinese Classics*, vol. 2, *The Book of Mencius*, 343。（译注：此处为"子职"出处，"君道"一语见《孟子·离娄上》："欲为君尽君道，欲为臣尽臣道，二者皆法尧舜而已矣。"）

[9]《论学绳尺》，第6卷，第13—18页；D. C. Lau, *The Analects*, 85。（译注：原文为"子贡曰：'如有博施于民而能济众，何如？可谓仁乎？'子曰：'何事于仁，必也圣乎！尧舜其犹病诸！夫仁者，己欲立而立人，己欲达而达人。能近取譬，可谓仁之方也已。'"）

[10] 早期的评注者并未把孔子此段关于仁圣的讨论解释成为自我修身路径上特定的阶段。据邢昺（932—1010；《论语注疏》，第6卷第16—17页）言，此段讨论的其实是仁义之道的问题，也就是孔子版本的金律（the golden rule）。有关邢昺的注疏，见 *Sung Biographies*, 415–417。

境界；如果没有持续的努力，即使是他们也无法直接跳到"济众"的阶段。

陈德豫承认他同时代的人不一定同意他对尧舜圣贤境界的解释。此处引用的这段话表示他在文中直接提到了那些不同意见。引用不同意见的目的是为了反驳，朱熹在 1180 年代和 1190 年代中也常在和学生的谈话中使用这一技巧。朱熹也进一步发展了这种学术技巧。就像市来津由彦指出的那样，朱熹会同他的学生讨论他对一些竞争对手的批评意见。[11] 这样的讨论最后发展成为元批评，学生在其中学习如何做出判断，比如为何那个人是错误的，而老师对他作品的批评是正确的。此类练习与朱熹所从事的工作配合得很好，因他认为他对程学的解读才是程学的真正传承。这种元批评的技巧可以训练学生坚定的接受朱熹对程学遗产的重构。

尽管陈德豫并没有违反时文写作的一条不成文规矩，即不可提到同时代人物的名字，他在论体文中讨论的问题并非是脑海中的想象。陈傅良编纂的论体文文集中有两篇文章的主题跟陈德豫和冯椅的文章很相似。在这两篇文章中，陈傅良详细讨论了圣人的谦恭与孔子的谦卑。在一篇题为《仲尼不为已甚》[12] 的文章中，陈傅良认为圣人无法对别人期望太高，因为这样他自己就会和寻常人疏远开来。在回应题目《舜禹有天下而不与》的时候，[13] 他坚持说舜和禹并未认为天下为大，因为他们对自己并没有很好的评价。这两篇论体文都是陈傅良戏剧化情境主义的例子：他分析《论语》及其他经书的语句时着重于古人的心理状态，并以此来立论。

对于陈德豫来说，陈傅良的解读是不可接受的。他不同意陈傅良的观点，即尧舜不停的努力自我修身是因为他们谦恭的态度。在他看来，圣人因为了解自己无法完全履行道德上的义务，所以永远不敢懈怠。"何谦之有！"他感慨道。圣人的言行之下是其对道德之理的理解而不是谦恭的心态。

---

[11] 市来津由彦：《朱熹門人集團形成の研究》，第 501—507 页。

[12]《论学绳尺》，第 6 卷，第 25—30 页；D. C. Lau, *Mencius*, 129。

[13]《论学绳尺》，第 8 卷，第 83—86 页；D. C. Lau, *The Analects*, 94。

不但同时代的学者遭到陈德豫的批评，经学传统上前代的评论家也不例外。与朱熹类似，陈德豫对董仲舒一类的汉代学者也颇有意见。尽管在朱熹讨论汉代学者注疏时，董仲舒受到的待遇比别人强，朱熹仍然不承认他是道统中的正式一员（第六章）。在陈德豫的论体文中，他把道学对圣贤的解读和"永嘉"学者及董仲舒一类人的意见区分开来：

> 或曰："是为武帝设也。"果为武帝设，则亦不足辨也已。
> 学者姑反而求诸圣人。

陈氏反对用情境主义的方法来理解董仲舒在武帝面前提出的论点。相反地，他用普遍的标准来衡量董仲舒的回应。在他看来，董仲舒对道德之理的看法不确切。他的判断基于《汉书》主题句之后董仲舒的329"善积而名显，德彰而身尊"一语（见上）。陈德豫责备了董仲舒所谓名声可通过道德行为而获得的观点："名显身尊犹非圣人之所计也，圣人所知者尽其心而已。……董子之言犹未免乎计效之论也。"[14]

考生批评有名的注疏家和当世学者，这是哲学辩论里道学语言在时文中广泛应用的一种体现。陈德豫和冯椅使用的是1187年陈贾和洪迈奏章中列举的，也是朱熹语录中出现的口语和术语词汇。冯椅论点的关键之处是把修身定义为一种渐进的过程。他用来定义此过程中不同阶段的名词"分量"也是1187年列表中的一个词（第五章）。

注疏家的意见先是被大段引用，然后被一种模仿道学师生彼此互动的书面语所驳斥。陈德豫之文的特点，一则是不受古文修辞手法和儒家经典语言束缚的自由，二则是对口语表达和轻松的哲学辩论风格[15]的偏爱：

---

[14]《论学绳尺》，第6卷，第24页。
[15] 文章写作中使用对话形式并非道学论体文首创。唐宋古文家常用此技巧。不过这项做法很少出现在《论学绳尺》的文章里面。此对话中的论点和道学对话及讲章中的那些例子很相似。

或曰："孟子曰：'规矩方圆之至也。圣人人伦之至也。'[16] 使尧而不能尽道，舜而不能尽孝，则古今天下当无能尽之人矣。使天下而有不容尽之理，则人之大伦将坐视其湮斁，而莫之省忧也。"

曰："辨则辨矣，而见则未实也。彼果以为天下之理可得而尽乎！谈何容易也！"

作者在辩论中引用自己的声音，以这种作法来强调他对道学话语中的真理有清晰的个人理解。朱熹在讨论中也推荐给学生一种诠释方法，提倡在考虑和评估各家经学注疏之后要引入学生自己的解释。朱熹著名的科举改革建议《学校贡举私议》一文也提到了此一经典诠释方法（第六章）。不过，朱熹在与学生对话及其语录中采用的则是另一种略微不同的方法。他并没有直接推荐上文提到的那种模式。他与学生交谈中蕴含的话语策略为学生设立了一套新的做法。这种诠释方法基于类似的逻辑，但是并不是局限于某段经文的若干具体注疏意见。教师与一些总体上不相容于道学的思想模式进行争辩，为儒家经典的文字提供清晰的权威性解释。 〔330

学生要对真理作出清晰的个人解读，他也因此被卷进道学获取官方承认的行动中。持有尖锐态度、公然展示信仰并努力转变他人立场，这些都标志着依照道学运动的时下精神来塑造时文写作的早期努力。陈德豫使用"实"、"诚"、"信"、"真"等修饰语的做法引人注目，也不合常规，强调出他对道学权威地位的信心。这些词语否认官方把道学看作伪学的态度，揭示出道学中人的信心，即道学可以为任何考试题目之下的宏观问题提供终极答案。考生的这种尖锐立场来自于12世纪后期道学运动的弘道热情。他们的文章既攻击对手的看法， 〔331 也公开呼吁所有士人来倾听道学的信息。在上面引用的文章结论处，陈德豫号召所有学生都以尧舜为典范来道德修身。上面分析的这些特点令考官和朝官警觉起来，将它们看作党争的标记（第五章）。

---

[16]《孟子·离娄上》，参见 Legge, *The Chinese Classics*, vol. 2, *The Book of Mencius*, 292。

标准化、和解及道学话语在 13 世纪的统治地位

12 世纪晚期捍卫道学思想的时文仅有几篇，但在后来几十年间这类文章有几十篇都流传至今。尽管大部分 12、13 世纪的时文都已不存，从而也不可能就道学对时文的影响做出准确的估计，现存 13 世纪道学时文的数目还是能反映出其在考试场域受到各界越来越多、越来越广的欢迎。

附录二表 3 列出了《论学绳尺》收录的文章。此表显示出直到 13世纪 20 年代，仅有少数论体文公开使用道学的概念和解释。从 13 世纪 30 年代到 50 年代，超过一半的文章应用了道学思想，而且比过去更公开、更详尽。到了 13 世纪 60 年代时，四分之三的文章运用了道学的风格特点。表 2B 和 2C 显示出道学文章出现在省试、太学试和地方的解试中。[17]

著名作家和评论家周密注意到在徐霖（1215—1262）1244 年获得会元之后，人们争先恐后地模仿他的作品，希望可以获得考试成功。周密提到徐霖的作品"全尚性理。"[18] 他又提到在徐霖成功之后，《四书》、《东铭》、《西铭》、《太极图》、《通书》和语录都成为士人兴趣的焦点。这说明徐霖对道学正典的熟悉是他成功的原因，从此之后道学正典成为考试场域中的标准。

332

---

[17] 大多数 1260 年之前提到道学的文章都是省试中的作品。由于从 1260 年代起太学试的文章数量庞大，《论学绳尺》也收录了 1260 年代中更多为太学试而作的道学文章。

[18] 感谢祝平次首先提醒我这一段的记载。周密：《癸辛杂识》，后集，第 65 页。石田肇也讨论过本段，见《周密と道学》，第 41 页及朱瑞熙：《宋元的时文》，第 35 页。关于周密的更多信息，见 *Sung Biographies*, 261–268。

徐霖有一篇科举论体文收录在《论学绳尺》中。徐霖此篇文章的主题是唐太宗皇帝的一项声明："永惟治人之本，莫重刺史"（《论学绳尺》，第 1 卷，第 69—75 页；欧阳修、宋祁编：《新唐书》，第 197 卷，第 5616 页）。在他这篇文章的第一部分和中间部分，徐霖暗暗提到柳宗元的看法，即上古封建制出现是客观历史发展的结果。参见 Chen Jo-shui, *Liu Tsung-Yüan and Intellectual Change,* 96. 在《封建论》中，柳宗元认为人民会自然地结合在一起，以他们中间最有能力之人为其领袖。鉴于帝国的扩张，上古的统治者会自然而然地把疆域细分，让诸侯来治理各地。据徐霖言，太宗理解皇帝通过分享权力可以好处，所以要求地方官员遵行仁政。可是，徐霖也修正了柳宗元关于历史必然性的讲法，他认为封建制之所以在三代运作良好，是因为先王"纯仁以治心"，且自强不息，为的是"绝人欲、维天理。"可是太宗未能理解到先王之仁的基础："彼之所谓本者，特其辅耳。"朱熹对柳宗元关于"势"的解读也有类似的批评。参见 De Weerdt, "Canon Formation," 144。

徐霖在 1244 年获得会元之前，也有别的道学文章作者得过此殊荣。《论学绳尺》中有一篇叶大有的论体文，他在 1232 年获得会元。[19]此文使用道学理论来解释历史文本，和 13 世纪 40 年代之后登科的道学论体文风格一样。叶大有在解释历史人物的成败时，将相关因素简化为道德价值，而且强调一念之间修心的重要性。跟前一节讨论的早期道学时文不同，他从朱熹的作品中借用想法。不过如同周密的评论所言，叶大有的成功并不代表着道学在时文写作中的决定性转变。1235 年、1238 年和 1241 年省试中名列前茅的论体文都没有具体提到道学。[20]在 1244 年之后道学理论才在考场中获得成功地位。[21]13 世纪 50年代三次考试的头名都是道学意识形态的支持者。[22]

这条证据说明理宗皇帝 1241 年对朱熹思想遗产和其他道学家作品的支持巩固了道学在考试场域中的权威。下面对 13 世纪论体文的分析表明，这种变化的根基是宋代诸子作品在 12、13 世纪的书院和学校中获得了非官方正典的资格。它也显示出直到这些人的作品获得了官方的承认之后，道学正典尤其是朱熹的作品才成为科举成功的先决条件。我的讨论主要基于关于历史主题的文章。主题为《论语》或《孟子》的论体文固然能形象地体现出道学的影响力，不过用道学的解释方法来回答《四书》的问题毕竟是自然的选择。历史文章使用道学解释方法才能更好地说明道学意识形态日益增强的力量。

对道学诠释方法的官方认可导致了考试出题上的变化。与策题那

[19]《论学绳尺》，第 4 卷，第 1—6 页。此文之前有考官的简短评语。这种现象以及该评语正面的口气越发说明这篇文章可能是他在 1232 年省试中的作品。考官的名字不可考。参见莫雁诗、黄明：《中国状元谱》，第 148 页。

[20] 见 1235 年省试会元杨茂子的论体文，1238 年会元缪烈和 1241 年刘自的文章（《论学绳尺》，第 1 卷，第 52—57 页、35—41 页，第 4 卷，第 13—18 页）。参见莫雁诗、黄明：《中国状元谱》，第 149—150 页。

[21] 不清楚这与徐霖是否有关。周密（《癸辛杂识》，别集，第 290—292 页）在别处提到徐霖在考试之后对 1239 年当上宰相的史嵩之表示不屑——史嵩之不久之后在太学生的压力之下不得不辞职（Sung Biographies, 878）。不过我没有找到他转变道学文章命运的证据。

[22] 陈应䨇是 1250 年的第一名（《论学绳尺》，第 3 卷，第 27—30 页）；丁应奎是 1253 年的（同前，第 3 卷，第 7—13 页）；李雷奋是 1259 年（同前，第 3 卷，第 14—20 页）。陈应䨇和李雷奋的传记资料不存，至于丁应奎，我们只知道他在朝廷上有一个成功的职位（《宋人传记资料索引》，第 17 页；《宋人传记资料索引补编》，第 1182 页，第 424 页）。不过史料中没有提及考官的名字。参见莫雁诗、黄明：《中国状元谱》，第 151—155 页。

冗长的说明不同，论题几乎没有任何能说明考官品味和倾向性的内容。考官或者直接引用，或者改写一段话，题目不超过十个字。通过分析题目的出处，我没有发现经史子类文献在具体选择上有什么改变。我也没有发现引用这些资料的特定章节时有什么明显的趋势变化。[23] 不过，题目的出法和焦点还是能展现出 13 世纪考官对道学意识形态逐渐增加的兴趣。

　　13 世纪 50 年代和 13 世纪 60 年代中，几乎所有的论题都是问句，而不是对经、史、子作品的直接引用。在五经的问题中，学生需要把一系列原文句子中提到的儒家伦理的主要概念关联起来。比如在 13 世纪 50 年代的省试中，学生要回答下面的问题："知动仁静乐寿如何？"（《论语·雍也》）[24] 同一场考试中的另一道论题是："尽心知性存养如何？"（《孟子·尽心上》）[25]13 世纪中叶的历史题目也有类似的特点。考官通常让学生基于仁义等具体类别来分析一位历史人物："文帝道德仁义如何？"或者"上圣道德仁义如何？"[26]

　　12 世纪的题目则颇为不同，几乎从来不用"如何"这种提问字眼。据我统计，它仅出现在一道题目中，而且只是询问被引用那句话的意思。[27]12 世纪的考官用完整的一句话作为题目，并且保留其声明式的语气，以此来提倡传统的诠释方法，比如汉代经学中的逐行注疏。"永嘉"的解释法也适用于这类题目，因为其关注题目提出的

---

[23] 某些题目涉及的是道学道德形而上学会特别关注的主题。比如孟子的四端就出现在两道题目中（《论学绳尺》，第 5 卷，第 29 页，第 35 页）。它们的出处相同，都是《孟子·公孙丑上》（Legge, *The Chinese Classics*, vol. 2, *The Book of Mencius*, 203）。河图与洛书的关系是从《汉书》中选出来的一道题目（《论学绳尺》，第 10 卷，第 1 页），出处是《汉书·五行志》，第 7 卷，第 1316 页。关于朱熹对此的看法，见 Adler, "Chu Hsi and Divination," 175–76。

[24] 《论学绳尺》，第 3 卷，第 27 页。作者陈应霔是 1250 年省试的会元。参见 Legge, *The Chinese Classics*, vol. 1, *Confucian Analects*, 192。

[25] 《论学绳尺》，第 3 卷，第 31 页。Legge, *The Chinese Classics*, vol. 2, *The Book of Mencius*, 448.

[26] 《论学绳尺》，第 3 卷，第 1—6 页，14—20 页。（班固：《汉书》，第 65 卷，第 2858 页；第 57 卷，第 2586 页）。

[27] 此题见《论学绳尺》，第 6 卷，第 1 页；第 8 卷，第 87 页。此文作者是吕祖谦。还有三道题目也有"如何"一语，不过都是原文中的词语。比如"帝王顾所行何如"、"为治顾力行何如（如何）"（《论学绳尺》，第 4 卷，第 88 页，第 95 页，第 7 卷，第 55 页）。更常见的是对历史人物进行评价。比如《论学绳尺》收录的 12 世纪题目里面"孰优"类的问题出现了两次（同上，第 5 卷，第 15 页；第 6 卷，第 74 页）。

背景。

13 世纪的考官或者询问一段话、或者更多询问此段话中最重要的部分，以此来鼓励考生不要对一句话仅作背景的解释。这种调整段落以及重视原始文本的提问方式都和道学的阅读方式相符合。

朱熹敦促对《四书》和《五经》要详尽彻底的学习，为的是鼓励对文本进行经验性的、整体性的阅读，而不是仅对一条引文的上下文进行解释。对于一个 13 世纪的读者而言，朱熹《四书》《五经》的读书法展示出"论天下之事"的能力。朱熹对所有的作品都采用纵向阅读方法，把经学传统作为一个整体来解释。[28]尽管朱熹强调掌握全文和梳理各节之间关系的重要性，他的读书法还是会把一句话中的词语分离出来，将它们与一套分析性的超文本联系在一起。这套超文本的来源是经朱熹阅读和总结出来的道学创始者的道德哲学。

在 13 世纪 50 年代考官改变命题方法之前，系统使用这种分析性超文本是道学论体文的一大特点。在 13 世纪上半叶，考生解读经史中的段落，并以其作为证据来验证道学心论的有效性，也具体解释道学对"心"的理解。这种详尽系统的讨论道学道德哲学标志着道学从12 世纪晚期时文写作开始的一种转型。前节中讨论的 12 世纪考生在议论文中跟与其竞争的各种解读方法相对抗，为道学对道德修身的呼吁而辩护。就跟道学批评者们拿来与这些文章比较的语录一样，这些文章读起来仿佛是对话摘编，并没有仔细说明道德修身这一目标的哲学基础为何。

到了 13 世纪，备考学生通过系统阅读道学正典来学习道学，而不是仅仅跟号称在道统中有一席之地的教师进行对话。朱熹的门徒和那些与道学无关的教师一同把道学正典整合到课程中。新版道学正典和文集出现在建阳这个出版中心，建阳也因迎合了考生的口味而繁荣发展（第六章）。有关道学诠释方法的主要作品越来越多，也逐渐被学校和书院采纳，这都有利于一种新诠释模式的推广。在这种模式中，

---

[28]《新笺决科古今源流至论》，前集，第 5 卷，第 2 页。参见 De Weerdt, "Aspects of Song Intellectual Life," 20。

党派的色彩被淡化，它的主要基础是一套心论及其对政府社会影响的系统看法。

林希逸在 1235 年为《汉书》某节所作的论体文描绘了 13 世纪论体文道学心论的解读方法。林希逸所写的题目是"孝宣厉精为治"。[29]在《汉书》的正面描写中，汉宣帝致力于行政事务，但跟他不光彩的前任汉武帝不同，没有采用极端的扩张政策。[30]林希逸在他的文章中选择把重点放在皇帝的人心之上，或者更恰当地讲，他的重点是普遍意义上人心的运作。他对汉宣帝政府的具体事务几乎没有任何兴趣。按照他自己所言："宣帝之为君，固未足以语此，而更始一意独得于此心之用。愚于是有取焉尔。"

林希逸把这个题目分为两部分，在他看来，"厉精"与"为治"之间的差异就是道学哲学中"未发"与"已发"的差异在实际中的例子。因此他把宣帝朝分成两个时间段，一个是安静修养的阶段（地节之前，即前 74—前 69 年），另一个阶段体现的是修心在政府仁政上带来的有益效果（前 69 年之后）。宣帝修心为汉朝政府带来了短暂的改革；不过这次改革的成效有限，在林希逸看来，其原因是宣帝无法完全理解人心的运作：

> 中兴之治号为厉精，至今在人耳目，是岂出于帝心之外乎！帝果何以得此哉？
>
> 人之一心动则汩，静则精。当其韬晦之时，盖有静定之益。阅历之久，则其见精，容忍之积，则其虑精。帝之所得，愚知其出于是矣。
>
> 虽然心也者，合理与气而后有是名也。[31] 理足以御气，则其

338

---

[29]《论学绳尺》，第 1 卷，第 58—63 页。《汉书》中的整段文字是《循吏传》的前言，"及至孝宣，由仄陋而登至尊，兴于闾阎，知民事之艰难。自霍光薨后始躬万机，厉精为治"（班固：《汉书》，第 89 卷，第 3624 页）。

[30] Twichett and Loewe, eds., *The Cambridge History of China*, I: 190.

[31] 注者指出这出自张载的《正蒙》。我在《正蒙》中找到的最相似的一句话是"合性与知觉，有心之名"（王夫之：《张子正蒙注》，第 17 页）。我这里使用的是陈荣捷在他的 Sourcebook 一书中的翻译，见其第 504 页注 9。

（约 1200—1274）

用也纯。气得以胜理，则其用也驳。唐虞三代之治粹而不杂，精而无间，纯乎心之理也。秦汉而下，英君谊辟时获有为于斯世，而大抵皆以气主之。

林希逸按照概括道学形而上学的"理气"理论来解释宣帝一朝的起起伏伏。这些概念解释的是宇宙的形成和运行，当用它们来解释人心运作的时候，道德哲学也就被根植于宇宙的自然律之中了。林希逸 339 认为在一开始的时候，宣帝花时间静定，能够驾驭由气而生的欲，尽管气可以遮蔽人性之中的理。不过这种努力只是暂时的，因为他最终无法阻止心与理的分离。

除了厘清了道学心论之形而上学的理论基础，林希逸的论体文也解释了其在历史发展方面的中心论点。气对人心的支配并不仅仅出自于人类心理学；它也在历史趋势中得到解释。历史基本上就是道德堕落史；宇宙中各种力量交互作用的理论就可以解释这一点。道学意识形态的特点之一是去历史化，即上古之后的历史被简化为上古完美秩序的相反面。[32] 有关"心"的教导则指的是要重新恢复世界道德秩序中圣人的体悟。三代圣王为精神上的专注和道德上的实践提供了最终的，也是唯一恰当的标准。因此道学的论体文中之后各代皇帝也依照三代的标准来评鉴。在林希逸看来，宣帝的努力仍然被堕落的大趋势所限制：

以帝之精锐，一时之振厉固有余用，而不能充此心之理以进于传心精一之地。使汉之为汉仅止于斯，是可慨叹也已！ 340

---

[32] 我这里借用特里·伊格尔顿（*Ideology*, 59）的"去历史化"一词（dehistoricizing thrust）。我发现这个词用来形容道学意识形态尤其恰当，因为我认为"去历史化"就是"减少历史条件"的意思。历史被降为背景，在道学意识形态中被简化，不过还没有像王学之中那样被抹去。只要朱熹还承认完美的道德和社会政治秩序——如同上古曾有的那样——无法通过宏大的中央布局而实现，那他的理论就还可以被看作是"和历史的妥协"（Hartwell, "Historical Analogism," 690-693）。不过，对于朱熹来说，历史事件和人物必须始终用最高的道德标准来评价，这种标准来自于道学教师对经典的研读。

林希逸引用的十六字心传是《尚书》中修心的最高形式。朱熹将其作为道学的核心教导，既因为它简洁地描绘出含有道德之理的"道心"与易被人欲影响的"人心"之间的区别，也因为它指出了恢复道心的路径。在《中庸章句》中，他把十六字心传看作上古圣王所传承的道学的核心。[33]朱熹《四书集注》获得官方承认的地位之后，这句话也就在道学论体文中成为信仰告白。李瑾（1268 年进士）在下文中定义了道：

> 斯道也何道也？自人心道心之几一决于十六字之间，而禹传之汤、汤传之文武周公，率是道也。[34]

所有宋朝思想家都强调三代和圣王的重要性。《五经》作为士人教育的基础，上古圣王在其中扮演了重要的角色。不过历史上对他们重要意义的各种解读之间差异很大，因为每一种思想群体都把这些圣王想象成他们核心思想的化身。道学中人把他们描绘成普世道德价值的源泉，超越了历史时间。如同林希逸在上面引文中所言，后世皇帝的目标其实是效法上古圣王，并放弃他们作为汉唐皇帝的身份。

陈傅良和"永嘉"教师把圣王看作智慧的管理者，依照历史主义的原则来统治。在一篇名为"王者之法如何"的论体文中，陈傅良责备汉朝的成帝和杜钦略过近来的历史，只重视上古的统治者。他特别批评成帝忽视汉朝先帝的历史遗产（第三章）。陈傅良为他这种历史取向的态度辩护，认为这其实是圣王建立的做法，所以也是适宜后世的模式。

13 世纪的论体文用形而上学和上古历史来提倡道学的心论。考生同时也承认道学是一次彻底的新运动。他们依靠 11、12 世纪那些道学运动开创者的著作和注疏来解读经典遗产。13 世纪 50 年代和 60 年代的论体文也会引用道学诸子的作品。学校课程中朱熹作品先是成为非

---

[33] "人心惟危，道心惟微；惟精惟一，允执厥中。"（ Tillman, *Confucian Discourse and Chu Hsi's Ascendancy*, 123; 参见 Legge, *The Chinese Classics*, vol. 1, *The Doctrine of the Mean*, 61 ）。

[34]《论学绳尺》，第 10 卷，第 23 页。

官方的正典，后来在 12 世纪上半叶得到官方认可，因此道学的注疏和著作开始代替汉唐注疏，成为考生的标准注疏。

李瓘在有关《汉书》一节的论体文中引用或转写周敦颐《通书》和《太极图》中的文字。他选择了周氏的著作，说明他是按照朱熹《近思录》中对周敦颐的看法来理解其作品的。李瓘论体文的题目是董仲舒一篇策文中的一句："王道之端如何论"。[35]李瓘以标题中的两个主要概念来立论："端"和"王道"。他把"端"解释成一种微妙的、起初的、开创的力量，这种力量带来了周敦颐在《通书》中介绍的一个概念："几"（分善恶）。[36]李瓘又把"王道"和两对概念联系在一起，即王与霸、理与欲。这两组反义词在中国哲学史上并非新事物，也不是宋朝道学所独有的；不过一边是王和理、一边是霸和欲，这种相互关系是道学话语的一个显著特点。[37]

李瓘采用了周敦颐"几"的理论。尽管人心本善、大公无私，"几"后则心动，然后分出善恶。人若要行道德之事，必须回到起初无为、未分是非的境界；倘若"几"而行事，则必须要依照原始的道德本性而为。关于王道，李瓘如此解读周敦颐的观点："使吾君于其几之善者而行之，则纯乎王而不杂乎伯，纯乎理而不杂乎欲。"李瓘把"王道之端"和"几"的概念联系在一起，这可能是因为《近思录》对此概念的强调。朱熹在此书前几页提到了周敦颐关于"无为"和"几"的看法。[38]

13 世纪的考生既引用道学权威作品中的话语，也明确表达出自己对道学教导的个人认可，且把两者结合起来。一些 13 世纪的论体文

342

---

[35] 同前注，第 10 卷，第 21—25 页。此题指的是《汉书》中董仲舒所作的一篇策文之某段（班固：《汉书》，第 56 卷，第 2501—2502 页）。

[36] Wing-tsit Chan, comp. and trans., *Sourcebook*, 466–467。

[37] 关于朱熹对霸／王的看法，见 Tillman, *Utilitarian Confucianism*, 143–45。有关理／欲的讨论，见 Wing-tsit Chan, "The Principle of Heaven Vs. Human Desires."

[38]《论学绳尺》，第 10 卷，第 20 页，第 22 页；参见 Wing-tsit Chan, trans, *Reflections on Things at Hand*, 5–8。

343 用出自最新道学正典的引语[39]，以及个人对此语的认可来结尾。[40]13世纪 50 年代会元陈应霮是如此作结论的：

> 故曰："动静无端，阴阳无始。"愚于仁知亦云。[41]

这条引文出自程颐的一篇文章，然后是考生对其的认可，这种方法显示出道学在 13 世纪考试场域中具有不同的地位。在 12 世纪后期，陈德豫和冯椅等道学中人先引用道学竞争对手的立场，然后否定他们的观点。到了 13 世纪中叶，道学道德哲学的对抗性态度让位给考生对自己理解道学正典的自信心。

当道学成为官方意识形态之后，考试场域中它对待其他学派的立场也更包容。程颐、朱熹等最有影响力的道学学者怀疑写作教学是否应该作为举业课程的重点。程颐几乎从不留意当时的最重要文学流派——苏学。朱熹也警告他的学生，不加批判性地阅读苏轼会带来危险。以朱熹看来，仅当文学写作可以载道时，它才有价值。仅学习范文的写作风格而不注意它们的道德内容，这种做法会给道学中人自身带来伤害（第六章）。

344 对于很多和朱熹同时代并对道学有兴趣以及那些试图在举业中把道学思想制度化的道学中人来说，唐代北宋古文家以及陈傅良等南宋文学天才仍然很有吸引力。在一个合适的意识形态架构之下，韩愈、柳宗元和苏轼的文章以及其他 12 世纪文集中文学模式的元素都可以用来令人信服地表达道学的道理。[42]

---

[39] 跟策文不同，论体文中的引语通常不作标注。

[40] 先是引用道学思想家的一段话，然后用"愚故"来解释自己立论的基础。这是 13 世纪论体文中常见的模式。比如《论学绳尺》，第 2 卷，第 76 页，第 3 卷，第 64 页，第 6 卷，第 97 页。

[41]《论学绳尺》，第 3 卷，第 30 页。关于程颐的这条引语，见 Wing-tsit Chan, comp. and trans., Sourcebook, 571；程颢、程颐：《二程全书》，第 1 卷，第 1—2 页。
陈应霮回应的是这条题目："知动仁静乐寿如何？"（《论语·雍也上》；Legge, The Chinese Classics, vol. 1, The Confucian Analects, 192）。陈应霮用道学哲学中的常见用语"动"、"静"、"体"、"效"来解释"知"、"仁"、"乐"和"寿"的意思。

[42] 关于韩愈、柳宗元、欧阳修和苏轼古文的讨论，见 Yu-shih Chen, Images and Ideas in Chinese Classical Prose。

本节研究所依赖的主要史料《论学绳尺》也是基于这种理念编写的。这部书在宋代最后十年出版。准备宋朝最后一次科举考试的学生通过此书了解了朱熹《四书集注》的权威地位以及经史子作品中体现出来道学诸子的哲学。这部文集中收录了之前三十年省试中最优秀的论体文和晚近太学的杰出文章，体现出道学正典已经成为考场上文本解读的标准指南。

与此同时，《论学绳尺》示范了教师和编者如何在课程和教材中把道学的教导跟它过去对手的优势结合起来。12 世纪的道学支持者反对陈傅良这位写作名家的情境化立论手法，但《论学绳尺》的编者魏天应却收录了大量陈氏的文章。在这部论体文的文集中，魏天应放入陈傅良的范文，因为他相信对陈傅良作品的分析是掌握这种文体写作的先决条件。他注意到陈氏的"作文法"对后来文章的影响，也影响了提倡道学价值的人士。如同我们在前一章看到的，道学的官方认可让道学正典的研究和既有的举业课程——特别是古文写作——在备考课程中结合起来。13 世纪的考生采纳了一种调和态度，这种态度是科举教师所提倡的，也是考官设立的标准所鼓励的。

345

策文标准

道德学习、政治批判和道统话语

"立乎人之本朝，而道不行，耻也。"[43] 在一篇为 1181 年太学私试策问所作的跋中，魏了翁称赞沈焕（1139—1191），因其让学生深思《孟子》此段文字的意义。[44] 沈焕以道德范例教导学生，从而获得声望，但是一位御史也因此策题而生气。他指责沈焕在传扬某一派系的教

---

[43] 魏了翁：《鹤山集》，第 62 卷，第 14 页。《孟子·万章下》, Legge, *The Chinese Classics*, vol. 2, *The Book of Mencius*, 384。

[44] 沈焕是明州淳熙四先生之一。关于四先生的更多资料，见 Walton, "The Institutional Context of Neo-Confucianism," 468–472。

导，把他贬官为淮南东路的高邮军教授。[45]12 世纪 70 年代开始中央政府因"性理之学"的兴起发生了很多冲突，这场风波也是其中之一。策题关心官员的道德声望，显示出二程道德哲学日益增强的影响力。

346　　相比经义解释或论体文等时文文体，策题更容易导致政治和思想上的争议。策题的格式让考官和考生参与讨论覆盖很广的各种政治学术问题。它跟奏章类似，是讨论如何选择其他政策时有影响力，也颇为知名的一种途径，目的是为了解决当下的行政问题或者对付政治上的抗议。

其他学者正确地指出，宋朝政府利用科举来推广其政治议程，也把科举作为党派招募的一个渠道。[46]或是伪学之禁时，或是后来全面采纳道学之际，皇帝的诏书和政府的决定都能明显地影响科举；不过道学史说明考试场域中复杂的变化同样也能影响 13 世纪的政策。

12、13 世纪思想和政治辩论往往会涉及策题的设计、策文的写作及流传。本节首先讨论道学是如何通过考题来推广当时它对政治伦理和举业课程的批评，然后本节会介绍 12 世纪策题和策文中关于程学地位的辩论。朱熹对其他学派进行挑战，因此那些人在出题时也会质疑朱熹关于正学的定义。

当程学在高级科举考试中尚未发挥影响力的时候，其支持者就已经在地方官学和书院的学生中受到欢迎了。12 世纪 50 年代中朱熹首次任官成为同安（福建泉州）主簿。[47]他发布了若干声明，告诫地方学生不要过于专注应试技巧和考试成功之上。他告诉他们，他出题目的是为了评估他们个人的理解程度。这些问题经过设计，让学生的注意347　力从对经史作品的文本分析转移到对他们自身寻道过程的关注。他认为地方学校考试内容做出这样的改变是合理的，因为他的问题与上古之精神相吻合，"答问"也成为实现有效道德修身的指南。[48]

朱熹为同安县学学生设计的策题与当时惯用的内容和形式截然不

---

[45]《宋史》，第 410 卷，第 12338—12339 页。

[46] 宁慧如：《宋代贡举殿试策与政局》。

[47] 关于朱熹在同安的日子，见束景南：《朱子大传》，第 116—140 页。

[48] 朱熹：《朱熹集》，第 74 卷，第 3868—3873 页；参见《孟子·尽心上》。

同。三十三道题目中大部分都是有关治学的。与此不同，吕祖谦出的策题的三分之二、陈傅良现存题目中除了一道之外都是有关行政事务、制度和历史的。[49] 朱熹的题目跟其思想对手的题目还有一个区别，就是他们处理主题的方法。那些人的题目很长，列出具体的事例，让学生考虑。比如我们在第三章所见，吕祖谦在一道关于《论语》的题目中着重于该书一些具体段落，让学生解释仁与圣之间看似矛盾的讲法。吕祖谦的题目是典型的"经疑"类型，也是曾坚《答策秘诀》一书所分析过的一种标准命题模式：

> 经疑之问不过两说，有援引六经自相抵牾为问。有即诸儒注疏异同为问者。[50]

朱熹则给同安学生出了下面这道《论语》题目：

> 顷与二三子从事于《论语》之书。凡二十篇之说者，二三子尽观之矣。虽未能究其义如其文，然不可谓未尝用意于此也。惟其远者大者，二三子固已得诸心而施诸身矣。亦可以幸教有司者耶？不然，则二三子之相从于此，非志于道，利焉而已耳。非所望于二三子也。[51]

此题非常的简短。朱熹并未列出书中的段落。他的教学法反而关注道德主题本身的构建。他相信系统、认真、积极地阅读文本是这种方法的核心。这道题目使用的标准也预示了朱熹后来和学生对话时建立的阅读写作准则。学生需要就整部作品进行深入思考，把其中的道理和他们自己的生活联系起来。这种对个人成长和道德修身的强调跟12 世纪举业课程的文本分析相冲突。朱熹试图在举业课程中把经典文本的解读跟个人实践的回想结合在一起。他坚持要学生把道德伦理应

348

---

[49] 我的统计基于吕祖谦《东莱集》（34 道）和陈傅良《止斋集》（14 道）中收录的题目。

[50] 曾坚、刘锦文编：《答策秘诀》，第 11 节。

[51] 朱熹：《朱熹集》，第 74 卷，第 3880 页。

用在自己的生活中，认为这才是科举考试的最终目的，即选拔君子进入政府。

朱熹希望学生聚焦于备考课程内容所具有的更深远的意义上，下面这道题目最能显示出他的这种努力——此题可能是南宋历史上最短的一道策题，甚至可能是中国科举史上最短的：

> 人幼而学之；壮而欲行之。诸君子今日之所学，他日之所以行，其可得闻欤？[52]

除了那些文本诠释的题目，朱熹关于制度和时事的策题也挑战既有的标准科举做法。朱熹坚定不移地认为他的教导与官员的选择紧密相关。他的题目包括了对科举制度的彻底批判。在与教育和选人有关的六道题目里，他把其时的情形和上古进行鲜明对比，认为上古每一级别学校的教学核心都是道德训练，另外道德声望是选拔官员时的关键条件。[53]宋朝把进士科作为进入政府的唯一渠道，这种制度又带来对文本和写作的特别重视，这些在他看来都是关键性的问题。他希望学生可以了解这些，因为"夫文者，士之末，其在君子小人无常分。"[54]

朱熹十分关注君子特质的定义，这其实有很强的政治上的弦外之音。科举章程禁止讨论时下朝政。朱熹在他的策场指南中也声称要遵守这些规定，要求学生不要越界去讨论朝政。可是他询问关于当下政府之道德水准这类敏感问题时却从未犹豫：

> 台谏天子耳目之官，于天下事无所不得言。十余年来用人出宰相私意，尽取当世顽顿嗜利无耻之徒以充入之。合党缔交，共为奸慝。[55]

---

[52] 同前注。

[53] 同上，第74卷，第3875页，第3876页，第3881页，第3882页（第28题和31题是关于学校的，第8、10、13、27题是关于选人的）。

[54] 同上，第74卷，第3877页。

[55] 同上。

349

这道题目直接批评秦桧政府。秦桧一直掌权到 1155 年，也就是朱熹在同安任官的时候。从 12 世纪 30 年代后期到 50 年代前期，秦桧和其盟友开展了一系列攻击他们政治敌人赵鼎的行动，清除赵鼎的朋友。赵鼎也和程学支持者有了一个相同的政治立场。结果秦桧在彻底改组政府的同时，也掀起一场针对"专门之学"的攻击（见第五章）。[56] 在另一道策题中，朱熹询问近来谴责"专门之学"的动机。朱熹反对官方把程学思想看成专横和排他的，他的看法是教师在传承专门的学问、艺术和工艺上都占有中心的位置。他让学生评论他自己的主张，即学者需要让自己委身于所接受的学问，如果有必要，也要抵挡政府对这种主张的干涉。[57]

350

结束同安任官之后，朱熹继续以教学工作来推广自己的看法（第五章和第六章），不过他不再依靠考题来塑造学生思想行为的模式。朱熹可能感到给同安县学出考题是他官方责任的一部分。他可以给学斋改名，用"志道"、"依仁"来代替之前的"汇征"，[58] 因为后一词在他看来鼓励的是升官的野心。[59] 他当时可以用一种让所有学生都困惑的办法来讲解《论语》，[60] 但他却不能忽视写作的考试。当他成为私人教师之后，从课程中去掉举业，仅仅在对比科举与道学时才会加以讨论（第六章）。

朱熹在同安设计的题目说明，尽管他不想把他的课程变成举业，也不想教没有官职的学生如何写作时文，他还是相信时文可以变为服务于程学教育和政治目标的工具。时文不只是帮助程学抵御政治敌人的手法；在同情程学的学者对其意义日益激烈的讨论中，时文也扮演了一个角色。朱熹在这场辩论中是关键一员。他试图把他自己的"道学"版本定为真道的传承，这让认同程学的士人和朝廷上掌权的派系都警惕起来。那些认同程学之人质疑朱熹对道学的定义是不是过于狭

351

[56] Schirokauer, "Neo-Confucians Under Attack," 164–166.

[57] 朱熹:《朱熹集》, 第 74 卷, 第 3877—3878 页。

[58] 此语来自《易经》泰卦初九。参见 Wilhelm, *The I Ching*, 49。

[59] 朱熹:《朱熹集》, 第 74 卷, 第 3868 页。

[60] 同上, 第 39 卷, 第 1753 页；引自束景南:《朱子大传》, 第 129 页。

隘，他也作出类似的回应。这类交流证明了我的主要论点，即举业和时文为士人提供了一个辩论时下学术方向的场所。

朱熹离开同安一职之后仅出过一道策题，询问学生哪一种传统可以代表真正的道学。[61] 出题的原因是1180年重修白鹿洞书院。[62] 在二十年私人读书和讲学之后，朱熹第二任官职是南康（江南东路）太守。他用官方的经费重修了庐山上的这所书院。白鹿洞书院在宋初是最有名的教育机构之一，但它在中央政府持续地建设官学教育系统之后就废弃不用了。朱熹常常参与地方政府对书院的重修。这种努力代表着用道学精神来浸润官方教育的进一步尝试。[63]

352　在朱熹的题目中，他列出了三种和道学传承有关的问题让学生来思考。第一个问题涉及孟子在道统中的争议地位。朱熹为题目写的序言认为在孔子及其门徒死后，杨子和墨子的门徒统治了思想领域。孟子阐明了孔子的教导，纠正了这一情形，但是他的教导在他死后很快也就不传了。朱熹在孔学的传承中建立了孟子的主要地位，然后让学生讨论晚近以来争议孟子地位的原因。

朱熹关于孟子在道统中地位的看法和他一些思想对手所出题目截然相反。在陈傅良关于不同学派和政府秩序关系的一道策题中，他也讨论了同样的主题。[64] 在他心中，需要被重新检验的是把孟子提到超乎其他有名学者之上的做法以及对孟子死后正学不传的一致看法。陈傅良怀疑这是否如此，并考虑了另一种可能性，即韩愈以来对孟子的推崇反而妨碍了其他主张出现。他警告考生回答此题时不要依赖他人的观点。

同样地，吕祖谦在一道关于道统的题目中谈到，韩愈在《原道》中主张孟子之后道统不传，这暗示了一种对道统的严格定义，但韩愈

---

[61] 朱熹：《朱熹集》，第74卷，第3884页。

[62] Tillman, *Confucian Discourse and Chu Hsi's Ascendancy*, 108–14；陈雯怡：《由官学到书院》，第29—42页；Chaffee, "Chu Hsi and the Revival of the White Deer Grotto Academy."

[63] 关于官学对书院影响和书院教育对官学影响的历史及分析，见陈雯怡：《由官学到书院》。她在第二章讨论了朱熹在"书院运动"中的角色。

[64] 陈傅良：《止斋集》，第43卷，第17—19页。

又声称他自己是继承了孔子、孟子和扬雄之道统，这又太宽松了。[65] 吕祖谦从不同的作品引用相互矛盾的材料。与朱熹不同，他让他的考生在试图描绘道统之时要考虑各种不同的人物。

第二，朱熹让学生评价 11 世纪以来获得声望的各种不同学派。朱熹提到思想界从未像宋朝这样充满活力，因为当时欧阳修、王安石和苏轼"皆以其学行于朝廷"，胡瑗和程颐"亦以其学传之学者"。他指出这些教导之间彼此不同，并提到程颐发现王学和苏学尤其不合。因此，定义正学的中心问题就是这些人中谁继承了孔子之道、谁又失去了它。

朱熹从他在同安的经验中了解到学生在准备考试时会阅读所有这些人的著作，尤其是苏轼和王安石的。从他教学生涯一开始，他就让学生重新思考他们所受教育基于何种权威。在给同安学生设计的一道题中，他提醒他们古典时代的权威们就已经警告在选择模仿对象时，不要让写作技巧优先于道德：

孟子曰："颂其诗，读其书，不知其人，可乎？"[66]

朱熹列出了若干名家，让学生检验每个人的道德水准，以便决定他们是否属于正学的谱系。

在上文提到的题目中，陈傅良也为 11 世纪最著名的一些学者写了篇评论，指出这些人相应的长处：欧阳修的学生擅长文学和政府事务；孙复和石介在道德上杰出、在古典学术上才华横溢；胡瑗把学生教导成有效的管理者；周敦颐、程氏兄弟和张载都清楚阐明了孔孟之道的基本原则。陈傅良让他的考生思考所有这些学者的贡献。同朱熹类似，他也明确地把"道学"的定义局限在北宋四子身上，但是他不同意给道学赋予排他性的特点。他反对一些道学追随者的观点，"今

---

[65] 吕祖谦：《东莱集》，外集，第 2 卷，第 1 页。

[66] 这是朱熹给同安县学生设计的一道关于正学传承的策题中开篇之句（朱熹：《朱熹集》，第 74 卷，第 3874 页；参见《孟子·万章下》；Legge, *The Chinese Classics*, vol. 2, *The Book of Mencius*, 392）。

而曰：'伊雒云也。'自周孔以来，宁独贤欤？"

354　　陈傅良赞同那些朝廷官员对道学的批判。在他的问题中，他斥责那些道学中人"貌敬口是"，当他们引用《大学》文字如"致知格物"时，"无实可议，无证可考"。他强调道学的道德哲学很有价值，但是鼓励学生不要"终身悠悠于一二之见"。陈氏的题目显示出"永嘉"教师对程学矛盾的态度。"永嘉"教师和程学学者意见相同，都认为君主和高层政府的道德更新是宋朝复兴的基本条件。他们也都同意程氏兄弟为了推广道德修身而选择的儒家经典有利于达到王朝复兴的目标。另一方面，"永嘉"教师反对程学是唯一正确的讲法。对于"永嘉"教师来说，程学仅是过去许多能为解决时下问题提供答案的思想传统之一而已。[67]

关于讨论何者为正学的第三个问题涉及佛道的影响。朱熹同辈中人大多同意佛道之学的负面效应，但朱熹的立场更为强硬。他和别人不同，在一道儒学道统传承的题目中纳入了佛道的讨论，以强调程学学者对教义纯洁性的维护。陆九渊作为另一位参与讨论程学范畴和概念的学者，则主张考生对佛教采取调和的态度。[68]

355　　朱熹12世纪80年代的这道题目符合其道学对外攻击的特点，这也是他生命最后二十年所特别专注的。他强烈鼓励学生要解释清楚从孟子到程颐的道统之有效性。朱熹在与学者对话中以及在出版的作品里都把此道统定义为真正孔子之道的传承。此一道统及此种排除其他学术派别的道统式思维都与当时士人文化中对手的态度相反，这些对手也包括那些与他一样对程学感兴趣的人士。陈傅良和吕祖谦的题目则鼓励学生注意批评"道学"的狭隘定义。他们让学生讨论儒学史上不同派别的优劣，也让学生把程学纳入一种更宽广、更包容的学术传统中去。

---

[67] De Weerdt, "The Ways of the Teacher." 祝尚书（《宋代科举与文学考论》，第436页）提到陈傅良的论体文受"理学"影响，但是没有解释他是如何解读这一影响、以及此论点的来源。

[68] 吕祖谦（《东莱集》，外集，第1卷，第11—12页）曾问过一道关于异端和儒家之道区别的题目。关于陆九渊"异端之说"一题的翻译和讨论，见 Foster, "Seeking a Tradition," 9-14, 17-19；以及陆九渊：《陆九渊集》，第24卷，第288—289页。

13 世纪政策辩论中道学的相关性

朱熹及其门徒强硬的立场刺激了当时对道学话语渗入时文写作的指责，也进一步推动了韩侂胄发起的反道学运动（第五章）。朝廷就道学影响进行的辩论一直持续到 13 世纪。12 世纪政治辩论主要关注道学语言全面出现在时文写作之中，之后几十年的争论则着重于道学教导和宋朝政府行政问题之间的相关性。道学的政治理论被看作是策题策文中可以同其他学派竞争的一种合理但不一定令人满意的理论。

那些被迫害之人在 13 世纪初获得平反，此后道学支持者有足够的信心在省试、殿试的策题策文中详细阐述道学的政治理论。在这些考生考官中真德秀位于前列，他查问道学的政治理论，坚持认为该理论是宋朝政府复兴的关键。[69]

1199 年真德秀 22 岁的时候就取得进士。仅仅六年之后，他就通过了博学宏词科，这个功名可以让他进入京城的翰林院。[70]真德秀此后一生中大部分时间都在做官。他的政治生涯中有七年的时间在休息（1225—1232），因为他反对宰相史弥远（1164—1233）的政府。真德秀长期在京城居住，加上他活跃的政治形象，都使他成为 13 世纪最出名的道学人士。

真德秀在伪学之禁时期通过进士考试。在解禁之后的考题和文章中，道学的道德哲学明显地影响了时下行政问题的讨论。真氏在 1205 年为博学宏词科写了一篇策文，此文是考场写作中全新且坦率地提倡用道学纲领来改革行政的一个早期例子。考官在题目中强调当下所面临的经济和军事问题的严重性。[71]这位考官提到军队训练松懈、乡兵难以驾驭、财政费用不足、人民贫困已久又有证据显示情形愈加恶化。他恳请他的考生提出适合当下局势的详细实用建议，以体现出"有用

[69] 关于真德秀的传记资料，见 Chu Ron-Guey, "Chen Te-Hsiu and the 'Classic on Governance,'" 尤其是导言和第一章；de Bary, *Neo-Confucian Orthodoxy and the Learning of Mind-and-Heart*, esp. 83–87; *Sung Biographies*, 88–90; 以及 Tillman, *Confucian Discourse and Chu Hsi's Ascendancy*, 241–45.

[70] Langley, "Wang Ying-Lin," chap. 2; De Weerdt, "Aspects of Song Intellectual Life," 6.

[71] 真德秀：《西山文集》，第 32 卷，第 3—5 页。

之学"。最后的说明则特别强调考生要坦率建言，不要害怕他的言语对他今后职业的影响。

真德秀同时注意到这两点。他坚持认为修心作为道学的核心教导是能把撕裂宋代社会的各种力量重新统一起来的唯一可行办法。在他看来，道德败落蔓延于社会的每一阶层，这是宋朝安全的最大威胁。他列出改革成功需仰赖的关键因素，即调解内廷与外廷之间的不和，解决"小人"与伪学之禁之后获得平反之士之间的争论，特别是有关外交问题的争论。在真德秀看来，"有用之学"不应该主要讨论行政措施；解决这些问题的方案只有在一个以君主和朝廷为首的有序的社会之下才能产生好的结果。

真德秀的政治改革纲领的来源是《大学》。在廷对和奏章中，他坚持认为这部道学经典是帝国政府运作的完整指南。在他被重新任命为户部尚书、翰林学士等中央政府高官之后的 1234 年，真德秀把他对此书的系统解读献与理宗皇帝。他将此作品命名为《大学衍义》。此书首版于 1229 年，集其对《大学》的多年思考和教学之精华于一身。[72] 1225 年真德秀在直学士院短暂任官，他至少在十六个场合中介绍了这部著作。[73]

在《大学衍义》中，真氏讨论了从道德修身到治国平天下之八目的四个阶段。他从道德修身的内在情形入手。在《大学》原文有关的四步中，真德秀尤其注重前两步（"格物"和"致知"）；他没有考虑"诚意"和"正心"。他然后讨论原本顺序中后四步对于修身的外在体现。同样地，他着重于前面两项（"修身"［真氏自己的解读］和"齐家"）。他忽略了这个序列中的最后两项，即"治国"和"平天下"。他有意如此，因为他相信皇帝和朝廷需要让他们自己先经历前面的步骤，而不是把焦点放在行政问题上。对此序列中最后两项的忽视强调了真氏自己的观点，即朝廷的道德改革是解决包括军事和财政困境在内的宋朝行政问题的关键。

---

[72] 关于真德秀《大学》注疏之更详细讨论，见 de Bary, *Neo-Confucian Orthodoxy and the Learning of the Mind-and-Heart*, 106–135；又见 Hervouet, *A Sung Bibliography*, 215–216.

[73] De Bary, *Neo-Confucian Orthodoxy and the Learning of the Mind-and-Heart*, 85–98.

作为 1235 年省试的考官，真德秀让考生讨论《大学》所概述的君德，并基于此来分析时下的历史。[74]这个题目清晰表明了真德秀对考生立论方向上的期望。他极力称赞理宗皇帝对圣贤事迹及其修德之本再一次产生兴趣。他认为皇帝对修身的兴趣证明了其在《大学》"格物""致知"这前两步上取得了进展。他提到皇帝举止愈发庄严，在"车马服御"等奢侈品和游猎上更加自制。这说明他正在实践第五步"修身"。修德也影响到他对帝王之家的管理：他不再为了放纵私欲而去往内宫。这说明他在第六步"齐家"上不断进步。

在《大学》所述的模式中，皇帝的努力可以带来行政上的效果。真氏承认，尽管有重振政治和社会的各样尝试，"国未可以言治也"、"天下未可以言平也。"《大学》中与政治改革有关的最后两步并不会在前面步骤之后自行出现。真氏让考生解释为何君德并没有在宋朝财政和军事问题上带来可见的效果，不过他也否认当下的局势代表《大学》的政治理论有缺陷。

他引用了一些历史案例来帮助考生检视矛盾背后的原因。他用两位汉代和两位唐代皇帝的例子说明，尽管他们期望清除心中违反道德的想法，他们最后还是无法贯彻他们的决心。从格物到治国的逻辑顺序中，君主无法完全显现其君德会给社会造成负面影响。真德秀的题目仔细地引导学生分析道学的修身理论，并且先发制人，若有人批评其提倡的道德改革之效果，真氏便可以预先否认。

周密和黄震（1213—1280）在真氏死后谈到当初很多人对真德秀及其纲领抱有极高的期望，但对他担任一系列官职之后却无法实行改革越来越失望。[75]13 世纪 30 年代时，真氏的政治纲领在朝廷上、在科举题目中都被质疑。国际局势变幻多端，特别是金国衰落和蒙古崛起带来了北方的动荡，这都在和战、结盟和军制方面带来了激烈的争论。朝廷上各种强有力的言论也都反映在贡院和学校之中。

359

---

[74] 真德秀：《西山文集》，第 32 卷，第 29—31 页。

[75] 杨宇勋：《南宋理宗中晚朝的政争（A.D. 1233-1264）——从史弥远卒后之相位更替来观察》，第 8 页。有关真德秀对道学的委身如何影响了他在对外政策上的立场、特别是他对自强的坚持，见朱鸿：《真德秀及其对时政的认识》。

参与朝廷讨论的吴泳（1208 年进士）在给制科、太学试和解试出题时询问了考生关于军制、地方军（长江和淮河流域的军队）、乡兵和战略的问题。[76] 在 1234 年他出的一道太学解试的题目中，他让太学生思考最近宋军收复了开封及洛阳的成功，询问他们现在政府具有哪些政策选项。吴泳担心道学意识形态对时文写作和朝廷论争的影响日益增强，警告考生立论时不要把防务问题和修心联系在一起。[77]

360 　　类似的，在 1235 年（即真德秀为省试出题的那一年）的一道制科题目中，赵汝谈（约 1160-1240）对那些道学中人依赖《大学》来解决宋廷的军事问题表示了不屑：

> 而搢绅先生方且雍雍然裁裁然交诵致知格物之微言，深赞佳兵辟土之伟画。此愚心所窃怪而绝不喻者也。[78]

尽管吴泳和赵汝谈对道学教导与宋代军事财政问题之间是否相关颇为怀疑，真德秀的政治改革计划以及他教学和任官时提倡的道学之道德政治价值仍激发了学生去追随他的脚步。[79] 他支持那些敢于在时文中大声主张道学的考生。他提供资金来出版自己以前一位学生的策文，因为他觉得那位学生的文章应该有更好的排名。[80] 他为另一位殿试士子的文章写评论，称赞他"尽吐其平生之学"的勇气及分辨"利义"的能力。[81]

王迈是真德秀的一位学生，参加了 1235 年的制科考试，他为道学价值作了毫无保留的辩护。他坚持认为《大学》是宋人重振雄风最重要的因素。他和他之前的朱熹及真德秀一样主张将小人从政府驱逐

---

[76] 有关吴泳参与朝廷和战的讨论，见黄宽重：《晚宋朝臣对国是的争议——理宗时代的和战、边防与流民》，第 30 页，第 41 页，第 57 页，第 67 页注 12，第 89 页，第 124—145 页。关于他出的策题，见吴泳：《鹤林集》，第 33 卷，第 9—19 页。

[77] 吴泳：《鹤林集》，第 33 卷，第 19 页。

[78] 王迈：《臞轩集》，第 1 卷，第 24 页。

[79] 有关真德秀参与出版考试辅导书的讨论，见第六章。

[80] Poon, "Books and Printing in Sung China," 108.

[81] 真德秀：《西山文集》，第 36 卷，第 7—8 页。我未能找到有关此篇文章作者黄汝宜的更多资料。

出去十分关键。徐元杰（？—约 1245）是真德秀的另一位门徒，他在　361
1232 年的殿试中为真氏的计划辩护，[82] 认为修德是善政永恒的基础。[83]
13 世纪早期道学人士的政治纲领中，团结是重要的一项，其基础是道
学对个人、政府和社会在道德上复兴的愿景。实现《大学》所描绘的
道德改革计划是建立一个团结政府、复兴宋朝力量的方法。王迈和徐
元杰都在考场上取得成功。他们的成功表明道学的理论在 13 世纪 30
年代考官眼中已经被视为合理，尽管考官们可能怀疑这些理论是否能
应付当下的行政问题。

　　尽管朝廷接受了道学的政治主张，对德行的重视仍然继续让道学
中人陷在党争之中。倾向于道学的考官和考生继续把时文写作视为表
达政治异议的恰当途径。追随着朱熹在同安的先例，他们在解试和学
校考试中对朝官予以批评抨击。

　　在 13 世纪 30 年代，学校考试的考官让学生对朝政提出看法。一
位邵武府学的考官这样告诉他的学生：

> 吾侪身游乡校，不无议政之责。使易地而处诸贤之地，不知
> 于孔孟之言宜何所师，我朝先正言宜何所法？当相与索言之，毋
> 但曰未仕者不当议进退！[84]

　　这道题目乍看之下是要让学生思考政治责任的问题，不过它其实　362
不仅仅是道德理论的一种单纯练习。据编者所言，此题目的起因源于
一位新宰相的任命。这个例子虽未提及任何人名，但邵武府学的另一
篇文章透露出这条批评意见是针对史嵩之（1189—1257）在 13 世纪
30 年代后期发迹的一种抗议。史嵩之首先在 1238 年以参知政事出现
于朝廷，然后很快在 1239 年成为右宰相，这项任命招致了大量的反对
意见。[85] 毕竟史嵩之的叔父宰相史弥远六年前才刚在临安的任上死去。

---

[82] *Sung Biographies*, 429.
[83] 徐元杰：《楳埜集》，第 5 卷，第 1—20 页。
[84] 《（精选）皇宋策学绳尺》，第 9 卷，第一篇文章。
[85] Davis, *Court and Family in Sung China*, 148.

史家产生另一位权臣的可能性驱使考官写出这道批评的问题。

这位考官选出的头名文章作者认为在奸相掌权之下，官员或者坚忍不拔、敢于发声，或者若他们无法发声，则需离开职位，在家乡树立道德范例，以此来表达自己的意见。这道题目和这篇文章都对宰相、尚书、侍郎等高层官员的缄默和迟疑表达了不满。

在邵武府学考试的另一道题目中，考官让学生思考又一位史家成员担任宰相可能会带来的危害，并通过与南宋之前的两则故事进行比较来评估当下的前景。第一则故事与皇位的继承有关。考官同时列举了两件事，一个是高宗和孝宗皇帝之间堪为典范的关系，另一个则是赵竑（1225 年去世）在 1224 年到 1225 年间被驱逐，随后被谋杀的事件。赵竑是继承宁宗的第一顺位，但是朝廷官员精心安排了历史上的理宗皇帝赵昀登基。赵竑被驱离朝廷，被指欲组织叛乱，随后被杀害——很多人把宰相史弥远看作这一阴谋背后的策划之人。这位皇子残酷的遭遇成为一项敏感话题；之后几十年一直有奏章要求平反赵竑，并从他的谱系中选择皇位继承人。[86] 第二则故事的重点是权臣会带来的威胁。这个题目回顾了秦桧给规范的行政流程带来负面冲击，并让学生在考虑史嵩之可能会继承其叔父之职时从这则故事汲取教训。

赢得第一名的文章认为这两个问题都违反了同一原则：人际关系的神圣性。第一个问题用两个例子展示出对父子关系和兄弟关系的漠视；第二个问题则是违反了君臣之间的合宜关系。此文作者暗示道，史弥远和史嵩之不顾有序社会基石的最根本的人际关系。他们的道德问题足以让史嵩之去职。史嵩之的仕途生涯因被抨击在父亲去世时有不孝行为而中止。当他的父亲在 1244 年去世的时候，史嵩之决定不辞官，不回家乡去守孝三年。他继续占据官位，激起了京城所有学校学生的抗争。超过 141 名太学生签署一份请愿书，要求将其罢官。[87]

1244 年的抗争常常被作为京城学校学生积极参与政治活动的例子。政治抗争经常被描绘为与学生课程无关的业余行为；邵武的例子

[86] 关于这项事件及其后续发展，见前书，96-104 及 Davis, *Wind Against the Mountain*, 36, 86。

[87] Davis, *Court and Family in Sung China*, 150-155；王建秋：《宋代太学与太学生》，第 307 页，第 368—369 页；参见 Lee, *Government Education and Examinations in Sung China*, 193-194。

则说明政治抗争不但在京城是科举文化的一部分，在外省也是如此。道学价值在这些抗争中扮演了重要的角色。

与此同时，士人利用考试场域的规则所建立的空间来推广他们自己的思想政治纲领。时文写作为表达政治意见开辟了新的场所。陈傅良、吕祖谦一类的教师专门强调写作，因为他们相信书面文字在优秀政府规划方案时的力量。"拟题"和"拟策"的作法也证实考试具有广泛的文化意义。使用策文这种文体可以让人合法的表达政治上的批评意见，因为这种文体本身就是要对皇帝献上忠诚的政治建议。所以，采纳这种文体让那些不从政的，甚至当时也没有准备科举考试的人士可以发表有力的政治意见。

> 然则诏举进士之岁吾乡诸斋拟策四出。……而拟策者出于穷涧颓壁之下，兄弟师友不朝夕温饱之间相向辄言曰："上心若何正？东宫若何教？民病若何苏？边忧若何解？……呜呼！如使当世大开古者士传言之路，则转而上闻未必无益。既不能然，则刊刻流布传于同试场屋之士，使得吾说者皆以告有司。如此而应科举，亦何负科举哉！使得对天子，其不应故事袭腐语。[88]

刘南叟是欧阳守道此处作序的这部文集作者，他与《待遇集》中的陈傅良、《进卷》中的叶适类似，选择利用科举所提供的机会来吸引考生（倘若不是皇家）的注意。科举考试作为一个文化场域，被不同利益团体之间的互动及它们自身权威的变化所影响，这种影响在下节讨论的道学自适应过程中最为显著。

作为官方意识形态的道学

朝廷在1212年认可了朱熹为《论语》和《孟子》所作的注疏，在

---

[88] 欧阳守道：《巽斋文集》，第9卷，第12—13页。

1227 年则承认了朱熹对《四书》所作全部注疏的地位，从而允许人们表达道学的观点。朝廷从 13 世纪 10 年代到 30 年代之间的认可行为体现出对道学官方意识形态化这一要求的一系列让步。这种持续的压力最终在 1241 年产生结果（第五章）。

理宗皇帝 1241 年的诏书跟之前官方宣布的对道学支持极为不同。颁布于 1209、1212、1215、1216、1220、1227、1235 年的诏书主要目的是授予个人谥号或其他头衔并认可注疏的地位。而 1241 年的诏书则全面采纳"理学"，这个词也出现在诏书之中。当师生开始在太学和官学中向周敦颐、二程和朱熹的画像行礼时，他们在时文写作中也开始把这些道学家的作品看作权威材料。本节讨论 13 世纪 40 年代到 70 年代之间策题策文所体现出的官方道学意识形态的特点。这些题目和文章都可以证实第六章及本章论体文一节所讨论的道学意识形态发生的转型。时文写作中官方道学意识形态的特点是以朱熹为中心、采纳道统话语和朱熹版本的道统观以及确认其代表人物之间的教义一致性和合一性。

理宗对朱熹成就的称赞加强了朱熹作为道学传统集大成者的形象。学生靠他的作品来接触道学道德哲学的理论和儒家经典的注疏。朱熹在官方道学意识形态中的中心地位可以由《论学绳尺》和《策学绳尺》两书收录论体文和策文的统计结果证实（附录二表 3、表 2B、表 2C）。表 3 说明在 13 世纪 50 年代和 60 年代所有道学风格的论体文中，分别有 55% 和 73% 的文章依赖朱熹话语的权威。这两个数字说明了这二十年间的一个明显增长趋势。表 2B 和 2C 则说明 13 世纪 20 年代和 30 年代时道学信仰已经在省试和太学试中有一定的影响。这时期中所有提到道学的论体文里面，有不到 30% 的文章提到朱熹。随后证据又说明 13 世纪 40 年代时不但道学意识形态在考场中出现突破，朱熹的名望也得到不断的提升。

到了 13 世纪 50 年代和 60 年代，成功的考生已经极其熟悉朱熹的书面作品。他们引用其《四书集注》、奏章、文集、编选的道学先贤作品、语录及其他著作中的文字。在 13 世纪 40 年代之前，时文中提到当下作者姓名或大段引用他们的文字不但不被允许，也很少出现。

只有宋代以前的作者、尤其是那些跟儒家经典和注疏有关的作者才能被引用。到了宋朝的最后几十年，考生则会在一切主题上都引用朱熹来支持自己的论点。

　　程申之是一位并不出名的学生，他为一道太学试题而作的文章描绘了朱熹作品正典化所带来的影响。在这道题目中，考官让学生评论君心是国家安定之关键这一论点是否成立。程申之肯定了这条政治理论，他的看法是所有行政和社会的缺失都来自君主心中的不公。[89]13世纪初开始，这一观点在道学中人推动的王朝复兴运动中越来越流行。真德秀对其的支持最为详尽有力。如上节所示，真德秀和他的门人为之辩护，视其为出自于《大学》的结论。不过他们所依赖的资料是儒家经典，而不是宋代道学家的文字。

　　与此相反，程申之用朱熹1188年给孝宗皇帝一篇封事中的一段文字来开篇：

> 　　夫以陛下之心忧勤愿治，不为不至。岂不欲夫纲维之振、风俗之美哉？但以一念之间未能去其私邪之蔽。[90]

这篇奏章体现出朱熹所持的反对派政治立场。他在同一年的一次朝会之后提交了这篇奏章，但拒绝了皇帝收到奏章后给他的一份官职。他拒绝进入政府，反映出他对朝廷上道学反对者的敌对立场。在程申之看来，这份奏章证明了道学政治理论的合法性。

　　考官进一步建议学生可以提出任何相关的论点，因此程申之写道，王朝基本原则能否被坚持及百姓的行为状态如何不但取决于皇帝的修身，也取决于高官对皇帝格心的督促。这也是道学政治理论中的一个常见观点。真德秀在1235年给他的考生提出过同样的看法。在程申之的文章中，这个论点也需要依赖朱熹的批准：

---

[89]《（精选）皇宋策学绳尺》，第 8 卷，第二篇文章。

[90] 朱熹：《朱熹集》，第 11 卷，第 460—488 页；本段在第 473 页。束景南：《朱子大传》，第 635—638 页。

文公又谓宰相有不得人则何以振已颓之纪纲、已坏之风俗。愚敢前以文公之言勉吾君，后以文公之言勉吾相。

据此文的注者言，程氏的文章代表了当时考生中流行的一种趋势：

圣朝崇正学，晦翁先生之说盛行于世，对策者多引用为话头。此策全篇以君心之私主张，结尾以大臣格心献策，皆引晦翁之说为证。如官员坐法断案相似。

这条评语让那些购买了这部文集的考生明白道学已经成为国家正统。它明确说明道学获得的官方认可让朱熹的作品成为正典。对于考生来说，这意味着朱熹的作品仿佛一部法律一样：学生被鼓励在其作品中寻找考题的答案。

朱熹对士人文化的影响不仅仅局限在道德哲学和政治理论方面；它也延伸到有关社会经济政策的讨论。在 13 世纪中叶邵武府学的一次学校考试中，有一道策题让学生评估社仓设立的原因及其有效性。[91] 社仓是朱熹在 12 世纪 80 年代初任提举两浙东路（浙江）常平茶盐公事时推广的一种创新做法，为的是解决乡村借贷和处理荒政问题。社仓这种制度符合南宋精英中间的一种新趋势，即以互助的理念和精英对社会福利事业的积极参与来取代贫富之间的对抗关系。[92] 社仓为农民提供谷物借贷，并由地方上富有声望之士志愿管理。

在这次考试中获得第一名的学生支持社仓的建立。他认为朱熹已经展示出来管理良好的社仓能给地方社会带来极大的好处。他把对社仓的各种抱怨归因于官员的渎职，而解决社仓所面临的困难需要道德层面的方法。这位学生的建议是应谨慎地提名正义之士为社仓的管理者。正义之士被定义为那些和朱熹一样遵循相同道德原则的地方精英。

朱熹在道学意识形态中的中心地位也显示在其道统被采纳的过程

---

[91]《（精选）皇宋策学绳尺》，第 10 卷，第一篇文章。

[92] Oberst, "Chinese Economic Statecraft and Economic Ideas," 148–71.

中。在宋朝最后三十年的考试里，考官不再询问道学道统的问题。他们赞同朱熹对道统的看法，又按照朱熹制定的方向扩展了这一系谱：

> 道不明久矣。夫子之后，思轲继之。思轲既没，荀杨舛驳。韩子所谓："择焉而不精，语焉而不详者，"得所讥矣。然韩子亦未免焉。寥寥千载，关洛 [93] 勃兴，新安继续。[94]

考官重述了朱熹对某些人的怀疑，也就是那些自称在孟子后继承 370 了真正的孔子教导的人士。考官全面地接受朱熹选出的宋代道统核心人物（周敦颐、程氏兄弟和张载），并把朱熹这位官方最新认可的道学大家也放进这一系谱。

时文写作中不停地重复道学概念，系谱理论的含义也因此被改变、被简化。对于朱熹来说，思想系谱追溯一个人在思想上的先辈，也是定义道学教师身份的重要因素。透过思想系谱，道学的支持者在道学传承中可以声明自己的位置。这种系谱强调个人与教师在其中的彼此互动十分重要，也说明面对面的沟通对于修心传统的传承很关键。朱熹把二程带来的道学复兴看成一条连续的系谱。程氏兄弟把他们对道德修心的理解和实践传给下一代门徒，而那些门徒又会把这些教导再传给他们的下一代，以此类推。门徒把自己放进一条可追溯到二程的系谱中，成功地变为新一代教师。[95]

朱熹的道统也成为展示道学传统一致性的模板。朱熹用一条直线把北宋四子连接起来，这种做法在某些同时代之人的眼中不可取。这种直线关系被用来证实朱熹的观点，即北宋四子的教导构成了一部自洽的哲学。这种观点在 13 世纪的时文解释道统时占据了支配性的地位。容纳了四子与朱熹的道统在学生脑海中成为一幅图像，这幅图像

---

[93] 理论上"关洛"指的仅是张载和二程。从这道题的余下部分可知，这个词此处指的是北宋四子，他们都被朱熹看作是道学奠基人。在另一个双字词"濂洛"中，周敦颐替代了张载。在此处这两个词应该都指的是北宋四子。

[94]《（精选）皇宋策学绳尺》，第 7 卷，第一篇文章。

[95] De Weerdt, "The Ways of the Teacher."

驱使他们去想象道学正典之间具有的一致性以及正典和上古圣人之道之间的和谐关系。考官在上文引用的这段话中总结了道学的系谱，并让学生为系谱背后的逻辑来辩护。这道题目是"疑经"式题目的一种。[96]考官从道学经典中引用了互相矛盾的观点，但也提到这些引语其实让考生有机会把四散在道学家著作和生平记录中的主要原则给整理出来。

文集收录的这篇文章的作者仔细讨论了一些分歧之处，但他总结道，学生需要超越文字矛盾这种问题，当背诵四子作品（此处他指的是二程、朱熹和张栻）[97]和学习他们所作所为的时候，学生要专心于他们所专心的，学习他们所学的。考生把教义上的一致性作为一条信仰来接受；纳入了各种正典作者的系谱也支持这种信仰。

在 12 世纪，只有对程学感兴趣的人才会提出道统的问题，这类问题在讨论道统的排他性和成员名单时也会出现。不过到了 13 世纪，有关朱熹道统的问题成为一种专门的策题。这类变化体现出一种更大的趋势。从 13 世纪 40 年代起，关于道学教义的问题越来越常见。这类题目和有关道统的题目类似，也是在设计上意图让学生把道学表述为一种自洽、一致的意识形态。

理宗皇帝在 1241 年视察太学的时候，把他自己书写的朱熹《白鹿洞书院揭示》一文赐予学校。[98]其中一位教师利用这个机会来询问有关此揭示的内容：

> 今也有司不敢泛猎诸儒性学以问。姑即诸子之言，取其关于

---

[96] 这种题目的一个例子是第二章讨论过的吕祖谦给《论语》出的题。

[97] 在南宋末期，"四子"一词或是指朱熹定义的北宋四子，或是指二程和官方认可的他们的继承人：朱熹和张栻。后一种用法也同样符合朱熹道统的定义。和朱熹其他的对手不同，张栻被朱熹放入道统之内。参见 Tillman, *Confucian Discourse and Chu Hsi's Ascendancy*, 81–82。关于此词的另一种用法，见前书，244。

[98] 朱熹有意回避使用"学规"一词。他把他对学生的规劝称为"揭示"，指的是公开宣示。关于朱熹《揭示》和之前学规的对比，见陈雯怡：《由官学到书院》，第 56—106 页。参见 Chaffee, "Chu Hsi and the Revival of the White Deer Grotto Academy," esp. 54–62。关于理宗赐予此文一事，见袁征：《宋代教育》，第 74 页。

五教之目，为学之序者，试绎一二相与质订焉，可乎？[99]

朱熹的《揭示》是一系列来自于儒家经书的引文。以丹尼尔·加德纳的解释来看，这些引文依照一种既有逻辑被组织在一起。它们逐步定义了学习的内容、学习的方法、学习的目的以及有效学习对个人处理人际关系的影响。[100] 考官让学生解释《揭示》前两节所列各项的意思和它们之间的关系：从五伦而来的德行（学习的内容，出自《孟子》）以及学习方法（博学、审问、慎思、明辨和笃行，出自《中庸》）。

方颐孙[101]在这场考试中表现优秀，其文也被收入此文集。他强调的是学习的顺序。他认为从格物一直到道德实践的心理准备这一学习顺序可以被简化为道学的一项核心观念。"敬"同时包含了学习的动静两方面。"敬"概括了学习过程的不同阶段以及赋予这些阶段的不同解读。它是一项总体的价值，跟"仁"等其他道学的核心价值一样，可以用来解决正典中某些段落的矛盾和费解问题。

方颐孙也依靠系谱理论来强调道学作为官方意识形态的合一性和自洽性。他认为皇帝对朱熹《揭示》的支持证实了朝廷与真正道统之间的联系。朱熹的《揭示》被正确地定为整个帝国教育的基础，因为他的作品延续了道学先贤的传统，并通过道学先贤最终延续了更久远之前圣王和圣人的教导。方颐孙又提到朱熹《揭示》对经典的引用可以在事实上证明朱熹有关学习过程的看法是道学正印。

大约同一时间，道学诸子作品的正典化和官方化所带来的副作用也成了问题。道学意识形态的转型转了一大圈又回到原点。对举业的批评曾经是朱熹道学的主要推动力。13世纪中叶道学正典化之后，举业明显还是被抱怨不休的话题。魏了翁作为13世纪早期的道学领袖，表达了他对以道学之名而流行的最新因循守旧做法的担忧。[102] 后来也有

373

---

[99]《（精选）皇宋策学绳尺》，第5卷，第一篇文章。"五教"和"为学"是朱熹《白鹿洞书院揭示》的前两节。参见 Gardner, *Learning To Be a Sage*, 29—30。关于此处的翻译，见 Chaffee, "Chu Hsi and the Revival of the White Deer Grotto Academy," 54。

[100] Gardner, *Learning To Be a Sage*, 30.

[101] 方颐孙参与过举业教学。第六章讨论了他的古文手册。

[102] 陈雯怡：《由官学到书院》，第225页。

一位考官怀疑道，当朱熹和张栻的作品经过商业化而变为成功的时文之后，它们的力量是否仍然存在：

> 然场屋间求其学问之深醇、气象之浑厚、辞章之典实者，大地拔十之中未能三四。往往雷同一律者，多荒疏杂犯者，众是。岂乾淳之风流斩断而影绝！朱张之讲贯，名存而实亡！[103]

374

---

[103] 本段出自某月考中的一道题目，参见《（精选）皇宋策学绳尺》，第 5 卷，第二篇文章。

结　语

再思两宋转型

与两宋之间这种转型同时出现的是帝国秩序的政治生态从国家行 375
动主义到精英行动主义的转变。在地方经济、地方安全和社会救济方
面，中央政府的干预被地方精英的管理所替代。这种变化并没有带来
国家行动主义的终结，不过它确实体现出后来帝制历史中精英行动主
义的基本特点。过去二十年间，宋代社会史学家在社会、经济和宗教
生活等方面的地方史研究中都考察了这一转型。[1]本书研究科举，解决
的是国家行动主义到精英行动主义转型中的政治意涵问题。宋朝的一
些制度体现的是从 960 年建国以来便有的中央集权政策，这些政策在
1127 年朝廷转移到南方之后仍然被牢牢奉行。那么宋代精英从帝国政
治中心到地方社会的这种转向对这些制度的影响究竟为何？

科举考试有不同的层级，朝廷举行的殿试是最高一级。作为宋初
皇帝设计的多种制度之一，科举可以促进权力的中央化，也将遍布各
地的士大夫与这个王朝更紧密地联系在一起。参与科举的人数不断增 376
加，11 世纪时有几万人，13 世纪中叶高达几十万人，考试变成了一个
覆盖广泛的政治交流网络。本书展示出科举考试不但是国家行动主

---

[1] 这方面的例子有 Hymes, *Statesmen and Gentlemen*, *Way and Byway*; Hymes and Schirokauer,
Ordering the World; Hansen, *Changing Gods in Medieval China*; 冈元司：《南宋期の地域社
会における "友"》，《南宋期温州の地方行政をめぐる人的结合》; von Glahn, *The Sinister
Way*。参见魏希德（Hilde De Weerdt）：《アメリカの宋代史研究における近年の动向：地
方宗教と政治文化》。

义转型为精英行动主义的场所（site），也是实现和促进这种转型的催化剂。

考试在精英策略的转型中扮演了催化剂的角色，因为参与考试和获得成功的意义都被改变了。参加考试的考生数目庞大，准备考试的人数更多，这都说明精英改变了对考试意义的看法。尽管士人了解登科人数有限，通过初级考试的机会也越来越小，他们还是继续投入到举业之中。参与不代表成功、登科也不代表入职政府，但是参与本身就能产生社会资本，这种资本在地方上可以带来权力和名声。

我对举业和时文的研究表明科举在南宋时期能够适应和促进精英行动主义还有第二个原因。北宋年间，政治精英的注意力放在朝廷和京城之上，京城的重要性在于其集中了有关朝政的信息。日益增加的备考学生数目也带来了对朝廷和京城政治信息的更多需求。各地的学生需要这类信息，以便应付有关时下行政问题的策题，也能在高级科举考试中与时文写作的最新趋势保持同步。第四章和第六章对类书进行分析，说明12、13世纪时教师、编辑和书商都会在地方上提供这些资讯。关于朝廷、京城和地方士人之间的信息交换过程还有待于进一步的研究，但这里搜集的资料表明不断增多的学生和相关商业出版的发展都将科举转化为一个交换当前时事和学术趋势的场

377 所。科举在州府一级的实行也让精英在地方上可以接触到这些信息，降低了他们去京城居住的需求。

本书进一步展示出精英对科举意义的重新定义，这种变化也重构了考试场域。11世纪后期和12世纪初期的改革派政府秉持的是干预主义的教育政策，在这种政策消亡之后，中央政府对考试内容的影响力减退了。贯穿整个宋代，儒家经典和一些唐宋注疏都是官学学生的必读之物，[2]但是南宋政府并没有制定出一套符合考生更多要求的科目表。官方的法规定义了科举的基本结构和过程细节，但是朝廷与王安石变法的做法不同，不再指定必读的注疏和其他作品。在南宋统治的

---

[2] 袁征（《宋代教育》，第7—76页）概述了宋代官学课程的变迁，他的论述几乎全部都集中在儒家经典和注疏之上。不过经学只是考试会涉及的几项内容之一而已。

前一百年中，皇帝和大臣都把自己呈现为学术多样性和思想多元化的保护者，拒绝支持某一派的课程内容。

进一步来说，科举作为一种制度并没有和庞大的官学网络连接在一起。11世纪时科举曾被置于从县学直到京城太学这一官学系统之下，[3]这种做法并未在南宋再次出现。对于参与地方考试的大量学生来说，官学仅仅训练了其中一小部分而已。福州在宋代具有最多的进士人数，福州州学在1165年有300名学生；可是当年共有17000考生参加了当地三年一度的解试。[4]官学无法吸收越来越多的考生，大部分考生依靠私人教师以及各种各样的辅导手册来准备考试。[5]

南宋初期政府坚持考试内容的不干涉政策，这削弱了其在考试资料市场上的地位。直到11世纪末，国子监出版的经书、史书和韵书都在市场上处于垄断地位。从北宋最后几十年起，私人书坊进入了这个市场，它们出版廉价的监本，用不同形式对其加以修订以方便学生使用。[6]12世纪时私人书坊则掌控了时文文集和类书的市场。它们出版著名举业教师的手册，与士人签订合同，让他们编选评注各种文集。政府和书商之间的冲突随之出现，一来因为政府对私人牟利的行为颇为疑虑，二来也因为出版商加深了官员与教师之间意识形态的矛盾。

考官在贡院中是令人生畏的力量。朝廷为高级考试选择考官，地

---

[3]　考试被整合进学校的运作之中（同上，第二章）。

[4]　Lee, *Government Education and Examinations in Sung China*, 176. 即使算上通常学生很少的县学，官学还是远不能容纳所有学生。有关福州州学和县学的更多资料，见周愚文《宋代的州县学》，第416—418页。

[5]　李弘祺（*Government Education and Examinations in Sung China*, 105）引用贾志扬（John Chaffee）的博士论文，认为南宋时期大约有588所政府管理的地方学校，其中72所州学、516所县学。贾志扬（*The Thorny Gates*, 75, 136）提到宋代共有750所学校，516所县学、234所州学。周愚文（《宋代的州县学》，第259页）的统计数字比贾志扬的估算略高。他找到了571所县学和271所州学。
　　李弘祺（同上，175—176）提到南宋时期的县学通常只有几十名学生，州学大概是几百名，都比北宋的数字略低。根据贾志扬（同上，35）对考生人数的估计，即从1100年左右整个宋代中国的79000人增加到13世纪中叶南方的400000人，可以明显看出来官学的学生应该只是所有考生中的一小部分。
　　关于12、13世纪教学行业的发展，见梁庚尧：《南宋教学行业兴盛的背景》。

[6]　Poon, "Books and Printing in Sung China," 102–4, 122–27; Chia, "Printing for Profit," 160–61; 刘祥光：《印刷与考试：宋代考试用参考书初探》，第194页注53。

方转运使则为低级考试分配考官人选。[7] 尽管受到中高层官员的监督，考官还是享有相当的自主权。主考官独立地设计他们的题目，并且负责所有文章的打分和排名。高级考试中每一位考官的权力一般被限制在一次考试之中。[8] 宋廷制定各种措施来削减具体考官的权力。人选是临时任命的，而且常常会很快的被从考官的位子轮替出去。对于考生来说，高级考试的考官更多是一种焦虑的来源，而不是考试标准的守护者。

12世纪制定考试标准的主要权威人士是教师。当政府不再是举业变化趋势的主要引领人之后，不同学派的教师占据了考试场域中的权威地位。不断增加的考生数目和登科之后与此成正比的无业率都使教书作为一项临时或永久的职业越来越具有吸引力。一位科举教师的成功度取决于其考场上的成功和其教学资历，比如在太学的经验，学生人数以及学生在考场的表现。

吕祖谦和陈傅良等著名科举教师都成功地通过了考试，在太学获得名望，也教过几百名学生，其中一些人还会追随他们的脚步。吕祖谦承认他作为一名教师其主要成功原因是他的举业课程。他的经学和史学讲座吸引了大量的学生。他也会编纂历史工具书，并注重教导写作方法。陈傅良则是因其《春秋》和《诗经》的学术成果、对制度史和行政决策的精通以及改变了当下论体文模式的出色古文写作而出名。

380 　　吕祖谦和陈傅良的教学生涯来自于浙东地区的举业传统。温州婺州的历代教师赋予了浙东地区举业中心的名声。在帝国的其他地方，比如在福建的山区里，朱熹和他的弟子也从事教学工作，并发展出一套课程，从而将其道学运动的道德哲学和12世纪举业的需求愈发结合在一起。

教师对考试标准的影响力超出了讲座与举业课程这些传统渠道的范畴。12世纪私人书坊的大量涌现就是科举参与度扩大的一个直接结

---

[7] 荒木敏一：《宋代科举制度研究》，第18—36页，第182—188页，第321—330页。
[8] 关于18世纪考官权力的一种不同解读，见 Man-Cheong, *The Class of 1761*, 169-175。

果，教师的授课资料和时文评注也因此拥有了相对来说比较廉价的版本。据一位官员的估计，一部流通颇广的印本之成本只有手抄本的十分之一。[9] 尽管一套文集或者一部经学注疏的价格相当于低层官员的一半月薪之多（不管是过去还是现在，低层官员的收入都不高），书籍还是进入了这个迅速扩张的学者群体之中。[10] 书籍是科举成功希望的标志。对书籍的渴望能让个人和家庭为其作出牺牲。人物传记中会赞赏一位学者为了购买书籍而典当衣服，或是一个家庭省吃俭用以便为其受教育的男性家庭成员添置书籍。尽管很多人在金国入侵和其后的动荡不安中蒙受过各样的损失，南宋私人藏书家的数目在各地还是不断地增加。[11] 一些士人也十分赞赏某些私人藏书家开放其藏书的做法。

科举文体和科举手册在 12 世纪以前就已经扎根于士人文化之中，起码从唐代起就有范文文集。[12] 类书把覆盖范围很广的资料分门别类，在著名诗人、政治家白居易（772—846）的时代就已经存在了，白居易自己便曾为考生编纂过一部收录经史摘抄的类书。[13] 考生数目呈指数级增长，与此而来书籍也大量涌现，这都改变了 12、13 世纪教育中这类手册的意义。[14] 因此，编者和出版商通过发行不同种类的科举手册来帮助教师推广他们的思想和政治纲领。

381

---

[9]　翁同文：《印刷对于书籍成本的影响》，第 36—37 页。

[10]　梁庚尧：《南宋教学行业兴盛的背景》，第 323—326 页。

[11]　从有关藏书家及大藏书家（超过一万卷）的现有列表可知，北宋和南宋的数目大致相同。不过减小的疆域说明南方藏书家的数目明显增加。有关藏书家的数目和变动的区域分布，见任继愈：《中国藏书楼》上，第 750 页起，范凤书：《中国私家藏书史》，第 62—82 页，以及方建新：《宋代私家藏书补录》。又参见 De Weerdt, "The Discourse of Loss"。

[12]　近来发现了六朝时期的策题和策文，这可能是科举文体更早的例子。见 Dien, "Civil Service Examinations"。

[13]　有关相关书目的更全面概述，见周彦文：《论历代书目中的制举类书籍》，又见刘祥光：《印刷与考试：宋代考试用参考书初探》。

[14]　从官方禁止的具体考试作弊行为上可以看出来这种新出现的印刷文化的影响力。11 世纪的政府法规主要是禁止夹带手写笔记和手抄书进入贡院。北宋晚期之后的诏书则显示出政府对广泛出版发行的注疏、类书和考试指南的焦虑。见 Chia, *Printing for Profit*, 121—123 中列出的法规，又参见朱传誉：《宋代新闻史》，第 162—169 页及 Poon, "Books and Printing in Sung China," 106–111。

思想史和考试场域

考试场域从国家行动主义到精英行动主义的转型不但体现在参与者本身权威地位的变化中，也体现在 12、13 世纪教师所推广的、学生所采用的、编者和书商所销售的以及考官及王朝其他人士所回应的解释方法与行政讨论中。"永嘉"和道学教师都提倡一种对地方精英利益十分敏感的思想和政治纲领，只不过他们着重的地方不同。

在 12 世纪后半叶，永嘉对提升地方财富、增强地方精英管理财富的权力的主张得到了精英家庭的考生认同。同样地，他们主张在行政辩论和制定帝国政策时要倾听那些没有官职的士人的声音。这种主张巩固了一部分永嘉教师在不断增多的温州考生心目中的权威，也让"永嘉"传统在京城及其之外更大范围的考试场域中的地位得到加强。永嘉教师对于制定具体的地方政策的建议以及鼓励精英参与时事讨论的态度符合他们试图推广帝国政治改革的立场。"永嘉"课程在意图上针对的是皇帝统治的这个帝国。不过它试图用地方精英的概念来重新塑造帝国政治。永嘉教师在理论上诠释地方利益。他们并没有去认同自己出身之地的具体利益，反而从总体上讨论地方利益及其与中央政策的关系。这有助于解释他们的学术观点在学生中的吸引力，据其批评者朱熹所言，这种吸引力是遍布全国的。

道学教师设计新的课程、也重新改写既有课程，让道德哲学成为他们教学活动的基础。作为一种解释和应用天地间修己法则的教导，道学的诠释学和政治话语提倡精英的自我概念，这种自我概念将道德责任与地方领导力结合在一起。如同第七章所展示的，考生会同时解释修己伦理的形而上学基础以及修己如何被应用在精英支持下的社仓等地方福利项目中。

国家行动主义到精英行动主义转型的政治意涵在科举考试中的意义不仅仅局限于地方精英利益的注入。举业和时文都展示出那些实行地方策略的精英对朝廷和帝国政治也都十分关心，有相当的兴趣。宋代对策题和策文的关注让士人把焦点放在帝国政治之上，这种情形可能超越了中国历史上以往任何一个朝代。官方打压考试场域中"永嘉"和道学等权威教师的地位，原因是统治朝廷的派系对这些师生批评朝廷维持现状的立场十分担忧。朝廷焚毁策文文集和语录合集的雕版、反复禁止出版官方档案及讨论边境问题的文章等敏感材料，呼吁由朝廷负责出版官方的策文合集，这些举动都证实了朝廷试图监控地方士人对朝廷和帝国政治的参与。[15]

南宋时期考试不在国家行动主义的范围之内，更不用说帝制或官僚专制主义了。考试也不是直接反映参与其中的地方士人的利益。考试最好被看作是一个有边界的空间，其中有特别的惯例，受历史变化影响。这个空间中教师和朝廷的代言人作为相互竞争的群体协商交涉考试标准以及广义来说治国和治理地方的标准。

考试场域相对而言的自主性给中国思想史带来影响。本书展现出道学作为晚期帝制时期占统治地位的儒家传统在考试场域的扩张，也显示出道学教师和其他开创科举课程的教师一样，按照考试场域的惯例调整他们的信仰和方法。他们设计考题、创作考试指南，并且训练学生适合时文的写作能力。道学教师和"永嘉"教师都不得不把他们的思想纲领按照举业的需求来妥协。例如，吕祖谦和陈傅良了解他们必须要教导学生写作、经典考据以及制度史和政治史方面的基本常识。不过他们时不时地还是会跟道学教师一样怀疑学生备考的必要性。[16]那些不知名的士人会如何看待道学传统不断地按照考试惯例而调整？这方面还需要进一步的研究。13 世纪中叶的人们经常引用道学四子和朱熹的作品，说明这些名家作品在考试场域的正典化显著改变了他们思想遗产的接受度。

考试场域中的教师始终把目光放在他们的竞争对手身上，通过设计题目、课程和手册把自己和他人区别开来。12 世纪的道学师生以道

384

---

[15] 我在"What Did Su Che See in the North?"和"Byways"两篇文章中讨论了历史上查禁敏感材料的更多细节。

[16] 在通过省试之后，陈傅良把他之前的一些时文付之一炬，反而更为坚持"道德之学"（孙襄田：《陈文节公傅良年谱》，第 8 页；参见 Winston Lo, *The Life and Thought of Yeh Shih*, 48n39; 以及王宇：《南宋科场与永嘉学派的崛起——以陈傅良与春秋时文为个案》，第 154—155 页）。在他给朱熹的信中，吕祖谦常常承认举业课程令他不安；参见林素芬：《吕祖谦的辞章之学与古文运动》。

德哲学作为诠释和政治分析的基础，反对"永嘉"教师的功利主义倾向。某种程度上来说，道学传统以否定或修正其他举业模式来定义自身。"永嘉"教师则为历史主义的诠释和政策研究辩护，反对排他性的道德解读。对南宋考试场域这两种教师传统之间互动的考察表明这种互动明显影响了他们的思想成果。鉴于科举在决定士人身份方面的重要性，思想史家无法忽视考试场域中变迁的趋势。考试场域是创立和改变思想传统的场所，对其进行研究可以了解士人思想传统的变化及其意义。

"永嘉"传统的历史以及更鲜明的道学历史都表明思想传统在帝制中国的传播和其在考试场域的权威地位是彼此相关的。考试场域依照自身的惯例运作，但是其中各方代理人之间的关系和他们的利益则跟广义的士人文化和官僚政治分不开。具体而言，我基于本书所研究的道学诠释模式和行政讨论的演进过程而提出一项理论，即在帝制中国，思想学说若要在士大夫中获得广泛的支持，必须先在考试场域中让教师、学生和朝廷的代言人都先采纳其诠释模式和行政讨论方法。通过总结宋朝最后一百年的道学发展路径，本书说明道学在士人群体和朝廷上获得接受与承认的原因是道学师生在考试场域具有优势地位。

与程颐不同，朱熹认同科举制度的优点。在他晚年所著《学校贡举私议》这份考试改革的倡议中，朱熹呼吁从各方面对考试进行渐进化的改革；不过，他也承认学校教育永远无法代替科举，即使是科举自身也在学校教育中占据一席之地。他安慰那些沮丧的学生，科举乃是必要之恶，他也主张时文的写作完全可以和道学原则相一致。朱熹自己设计的策题跟吕祖谦、陈傅良或陆九渊的题目不同，跟既有的惯例完全割裂。他在12世纪50年代设计的简短题目询问考生在学习过程中进度如何，从而带出他道德改革纲领的精神。不过在这类早期试验之后，他选择采用跟科举成规关联较少的其他方法来推广道学。

朱熹的门徒在他们的教学实践中把道学和举业结合在一起。这让道学进一步适应科举的既有规则，也使其在考试场域获得更高的能见度。陈淳强调朱熹的教导于"科举之文足以对敌"。在他的讲章，也就是《北溪字义》这部出版于 13 世纪 20 年代中的词典里，他认为两宋道学诸子作品中的文本分析方法和道德教导是可以替换现有举业内容的唯一正确选择。

　　13 世纪初的道学领袖真德秀同时教授非官方的道学正典和有关写作技巧及时文的传统课程。真德秀把道学的权威文本跟定期考试结合起来，这是道学成为举业之中主要力量的又一个标志。真德秀作为举业用书的编者和出版者，在考生之中十分知名。在他的古文选集《文章正宗》中，他用道学标准重新定义了古文正典，也调整了时下制举书中教导古文的方法。真德秀的著作把其他之前仅被看作是举业的学习模式吸收到了扩展后的道学意识形态之中。他也提倡出版那些推广道学价值的策文，而不在乎其作者是否获得考场上的成功。在 13 世纪初，类似于林駉的例子说明与道学无关的科举教师也开始在他们的课程和教材中介绍道学的主要概念和作品。

　　朱熹、陈淳和真德秀这三位道学教师在立场上的改变反映出考生和考官的观点也在不断改变。第七章讨论了考场的论体文，12 世纪后期道学考生写作论体文时通常采取对抗性的立场，这也是朱熹思想生涯的特点。现存早期道学论体文的作者们会用一种哲学讨论式的独特语言来解释他们老师的教导。在当时的考官眼中，这种语录体的时文写作不但是一项政治挑战，也是对经典传统的一种威胁。

　　后来，被迫害的道学人士获得平反，朱熹和其他道学家被封爵，朱熹的注疏在 13 世纪 10 年代和 20 年代获得官方的承认。与其他解答策题方式相比，道学的政治理论被看作是一种正当，但不一定令人特别满意的选择。13 世纪 20 年代和 30 年代的论体文中，那种早期的对抗态度让位给一种对道学原则自信又详尽的解读。等到理宗皇帝在 1241 年正式确立了道学在考试场域的权威地位，道学正典特别是朱熹的传统也就成为策论方面出题、作文和阅卷的标准指南。

　　道学的发展轨迹说明士人对某种思想学说的支持取决于其是否能被应用于考试场域之内。田浩、狄百瑞研究的是道学代表人物的思想史，艾尔曼着重的是道学如何在元明两代成为官方科举标准的历史，此书回顾的则是南宋考试场域中道学的演变，它是沟通两种学术取向

386

387

的关键环节。理宗皇帝对道学的支持有力地说明科举可以将士人利益和帝国秩序联系在一起。帝制中国的国家与（精英）社会之间的界限往往模糊不清，南宋考试场域是这方面的又一个例子。[17]

---

[17] 有关宋代及其后国家与社会之间关系的学术研究的简短讨论，见 R. Bin Wong, "Social Order and State Activism in Sung China"。

附录一

有关原始资料的说明

《答策秘诀》[1]

台北"故宫博物院"图书馆藏元代策文文集《太平金境策》一书
之后附有此书。不过《四库》书目把《答策秘诀》列为单独的一部
书。[2]《太平金境策》的这个版本看上去和《四库》书目提及的完全一
样。两处都把刘锦文列为编者。另有一署名为日新堂的编者注,认为
该书作者不可考,但人们将其列在曾坚名下。四库编者的结论是刘锦
文为编者一事应为妄言。这部书对讨论从南方入侵北方的战略很有兴
趣,所以四库编者据此认为其当为南宋作品。此注在故宫博物院藏本
中无日期,但据四库编者言,应写于 1349 年。

在一部 16 世纪编纂的建阳县志中,"刘锦文"被列为"刘文锦"。
他被看作是《答策秘诀》的编者,被称赞为一位不知疲倦、博学且擅
长写作的教师。[3] 四库编者没有涉及的材料可以表明刘锦文并未最初
的编者。《答策秘诀》引用了四十一位作者的策文。其中有据可考的
二十一位作者在 12 世纪晚期或 13 世纪早期获得进士。我相信此书
应该成于 1229 年(最后一位能查到生平的作者获得进士的年份)和

391

392

---

[1] 一系列挫折妨碍我复印整本书,并且哈佛燕京图书馆之前尚未获得此书的副本,所以我非
常感激林素芬帮助我完成了这一项工作。

[2] 《四库提要》,第 40 卷,第 4398—4399 页。

[3] 冯继科编:《嘉靖建阳县志》,第 12 卷,第 18 页;引自《宋人传记资料索引补编》,第
1846 页。

南宋灭亡之间。日新堂是刘锦文所属的刘家管理的书坊。[4] 刘锦文并非《答策秘诀》的编者；他可能只是负责编辑曾坚一书的日新堂版本而已。

《永嘉先生八面锋》

此书无宋本或元本存世。在一篇明初的序言中，张益提到他从高启处获得了一部来自于翰林院的藏本。高启在 1369 年到 1370 年间因编纂《元史》而能够接触到翰林院藏书。[5] 张益几乎没有提供有关此书的详情。他声称该书曾有一篇陈傅良（1137—1203）的序，但该文已佚。都穆在 1503 年提到曾有一部宋本。他又提到此本一般被看作是陈傅良所作，不过有些人认为其中的"永嘉先生"指的应该是叶适（1150—1223）。由于此书和陈氏作品之间的相似性，他支持作者是陈傅良的主张，不过他并未验证具体的相似程度。1778 年四库编者提到其实没有明确的证据表明陈傅良是这些文章的作者。他依靠内证认为此书应该成于南宋时期。[6] 对于这条我可以加上：（1）在讨论两淮地区地方动荡和流民问题之时，作者用"边地之兵"来称呼驻守在金宋疆域之间的军队。[7] 在四库编者所用版本的第三卷中，作者有"国朝熙宁中"语。[8]（2）此书不可能是北宋作品。当作者讨论王安石（1021—1086）、苏轼（1036—1101）、司马光（1019—1086）和其他北宋政治人物时，他用这些人的"昔"来对比"近日"。

393

---

[4] 关于刘家在宋代的印刷事业，见 Chia, *Printing for Profit*, 78–87, 111, 128。

[5] *Dictionary of Ming Biographies*, 696–699. 此序言和其后引用的都穆之文都可以在上海图书馆收藏的一部 1844 年日本版本中找到。该书也收录了 1819 年主持重印此书的陈春的一篇跋。

[6] 《四库提要》，第 26 卷，第 2798—2799 页。当今也有学者主张此书作者应为陈傅良，例如陈镇波：《永嘉先生八面锋探析》。

[7] 《永嘉先生八面锋》，第 10 卷，第 76 页。

[8] 《四库提要》，第 26 卷，第 2799 页。

《历代制度详说》

　　此书有两种版本，一种有十二卷，另一种是十五卷。《四库》本十二卷共分十三门。编者提到他所用的版本有损毁。钱币和荒政两节不全，只要条件允许，均依照《文献通考》文字修订。[9]《续金华丛书》收录一部十五卷的私人藏本。此版本也许能够追溯到宋本。[10]该本结构基本与《四库》本相同，也具有同样的疏漏。学校一卷在第一节中间被直接切断。最后两卷则不见于《四库》本。[11]

　　这本手册一般认为是吕祖谦（1137—1181）所作。很多人对此有疑问，因为此书并未出现在公认的吕氏作品列表中。因为吕祖谦作为一名教师颇有名气，所以出版商在考试资料中使用他的名字。不过这种情况愈发使得此署名可疑。其他人认为此书不见于吕氏作品列表是另有原因的。一位 19 世纪的藏书家主张此书不见于吕祖谦的年谱是因为朱熹（1130—1200）对吕氏考试辅导书的批判。他错误地认为此书是《精骑》一书的改头换面，朱熹在写给吕祖谦的一封信中批评过《精骑》。刘昭仁在研究吕氏的一生及其作品时借用了此种错误观点。[12]

　　两部 13 世纪的类书把《历代制度详说》中的不同段落列在吕祖谦名下。[13]另外，因为朱熹抱怨吕祖谦在他的教学中过于重视历史阅读和制度研究，也因为此书的内容和吕氏其他作品（比如他的策题）十分吻合，我相信这本书和吕祖谦应该有关系。《历代制度详说》中

394

---

[9]《四库提要》，第 26 卷，第 2798 页。

[10] 陆心源：《皕宋楼藏书志》，第 59 卷，第 18 页。

[11] 1924 年胡宗楙为《续金华丛书》所作之序。胡氏从丁丙的八千卷楼藏书中获得此本。

[12] 丁丙：《善本书室藏书志》，第 20 卷，第 16 页；引自胡玉缙：《四库全书总目提要补正》，第 1062—1063 页。刘昭仁：《吕祖谦的文学与史学》，第 54 页。关于《精骑》一书，见 Bol, "Reading Su Shi in Southern Song Wuzhou."

[13] 比如《古今源流至论》，续集，第 2 卷，第 9 页，引用了《历代制度详说》，第 2 卷，第 9 页的段落；《古今源流至论》，续集，第 4 卷，第 1—5 页，引用《历代制度详说》，第 6 卷，第 2—3 页；《古今源流至论》，续集，第 4 卷，第 16 页，引用《历代制度详说》，第 5 卷，第 5—6 页；《璧水群英待问会元》，第 79 卷，第 4 页，引用《历代制度详说》，第 4 卷，第 8 页。

提及的最晚写作时间是 1180 年左右。[14] 虽然吕祖谦在 1181 年去世，但也不能排除这样一种可能性，即另有人在他死后收集出版了他的讲章。

《古文关键》

395　　此书无宋本存世。宋代的书目及今本一篇题为"古文关键"的序言（解释如何阅读和写作）表明今本可能源于宋本。[15] 陈振孙（约1186—约1262）1249 年左右编写的《直斋书目解题》对此书的描述与今本相符。[16] 陈振孙提到《古文关键》收录了韩愈（768—824）、柳宗元（773—819）、欧阳修（1007—1072）、苏氏一家即苏洵（1009—1066）、苏轼、苏辙（1039—1112）以及曾巩（1019—1083）的作品，由吕祖谦编辑和评注。此文集在《宋史》吕祖谦传中也以同样书名出现。[17] 陈振孙记载道此书共两卷；今本正保留了这种体裁。《宋史》吕祖谦传中提到共有二十卷，这应该是编者出错或者是印刷错误。[18]

由清代书目 [19] 和清本《古文关键》可知宋本在 18 世纪时仍然存世。徐树屏（1712 年进士）康熙年间（1662—1722）的校勘本以两种宋代印本为底本。徐树屏的父亲徐乾学（1631—1694）是以卓越考据功力闻名其时的一位编者，他也教导了徐树屏校勘这门学问。[20] 徐树屏

---

[14] "自绍兴与敌约和四十余年，不大战矣。自甲申（1164）与敌约和十余年，无小斗矣。"（《历代制度详说》，第 11 卷，第 6 页）

[15] "古文关键"一文在今本的文集之前，介绍了阅读和写作方法。此文在一份与吕祖谦有联系的匿名文集中是作为附录出现的。此文集名为《续增"历代奏议"——附录"关键"增广"丽泽集文"》，藏于北京图书馆，被认为是宋本。参见刘昭仁：《吕祖谦的文学与史学》，第 64 页。

[16] 陈振孙：《直斋书目解题》，第 15 卷，第 451 页。

[17] 《宋史》，第 209 卷，第 5411 页。

[18] 王瑞生：《今存宋代总集考》，第 73 页。

[19] 绍懿辰：《增订四库简明目录标注》，第 893 页；引自王瑞生：《今存宋代总集考》，第 73页。参见祝尚书：《宋人总集叙录》，第 133—139 页。

[20] Library of Congress, Asian Division, and Arthur W. Hummel, eds., *Eminent Chinese of the Ch'ing Period*, 310-12. 徐树屏在其《古文关键》后序中承认了他父亲对他的影响。

注意到这两部宋本的评注方式不同。据他的分析，其中一部宋本比另 396
一部略早，在空白处的标点记号也较少。另一部宋本有一位名为蔡文
子所注的考据评语，不过这位宋代学者蔡文子在史上无法考证。[21]

　　陈振孙把批点和考据这两种评语都归在吕祖谦名下。不过从徐树
屏的描述来看，可能吕祖谦仅仅是批点的作者。蔡文子可能是应某书
商的要求而对之前手稿或印本进行改进，增加了考据的评语。据一篇
不知名的后序所言，吕祖谦的《古文关键》乃是基于一部更早的文
集，[22] 吕氏只不过加进了批点的评语而已。这很有可能，比如吕祖谦
的老师林之奇（1112—1176）就编写过一部古文文集，在现存该书的
宋本中吕祖谦被命名为其中的评者。[23] 不过就《古文关键》而言，并
无进一步的证据可以证明存在这样一部早期的文集。

　　我认为《古文关键》是一部基于吕祖谦写作课程的课本。其中的
选文可能受他的老师影响。如第四章所讨论的，12 世纪的时候一套
古文正典正在成形。吕祖谦通过批评性分析古文文章而参与了这个过
程。他对评点符号和批点评语的使用在其兄弟所著的年谱中也有记
载。[24] 朱熹证实了他的这种用法，不过对其表示反对。[25]

《（新笺决科）古今源流至论》

　　此类书的前三集收录了林駉（活跃于 13 世纪 10 年代）的文章。
林駉在龙溪（福建路漳州）以私人教学谋生。他另一部关于行政的文 397
集《皇鉴》乃是基于其授课的讲章，在 1216 年左右完成。[26] 此书中标

---

[21] 吕祖谦：《古文关键》，徐树屏本前面的编者注。
[22] 这篇序在俞樾（1821—1906）和徐树屏的后序之间。
[23] 有关《（东莱集注类编）观澜文集（甲、乙集）》这部书的进一步讨论，见第四章。
[24] 吕祖俭、吕乔年：《东莱吕太史年谱》，第 233 页，第 235 页。
[25] 《朱子语类》，第 139 卷，第 3321 页，第四章有其引文。
[26] 北京大学图书馆有此书的一部清本，但我还未有机会翻阅该书。在某部清代书目中提到
　　《皇鉴》的时候有提到该书的目录以及其脚注来记录论点的方法，这说明此书和《古今
　　源流至论》的风格很相似。见张金吾：《爱日精庐藏书志》，第 26 卷，第 9—10 页。

为林駉的文章涉及 1219 年到 1226 年之间的事件。[27] 这说明《古今源流至论》是在《皇鉴》之后完成的。黄履翁（1232 年进士）为前三集所作序的时间是 1237 年。他为此书增补了第四集，即别集，其序言写于 1233 年。在这篇序中，黄履翁提到林駉的这些文章（此处他用的是《至论》一名）已经流传甚广。在 1237 年之前，林駉的文章似乎并没有以这个书名而流传。黄履翁在 1237 年的序言中解释了《古今源流至论》这个书名，认为它是从林駉关于行政的文章而来，用此名可以让此书流传更广。1230 年代出版的林駉文集有可能经过了一些重新编排，甚至是错误的署名，但是黄氏的序中没有提到这方面的问题。对《皇鉴》的进一步研究也许有助于回答这个问题。

　　此书无宋本存世。清代书目中提到过一些宋本，不过它们多数都语焉不详。杨绍和（1831—1876）列出一部元本，他相信此本基于一部宋本。他有此看法的原因是书中在提到宋代皇室之后留出了书页空白。[28] 莫友芝（1811—1871）的《宋元旧本经眼录》和丁日昌的《持静斋续增书目》都列出了一部四集的宋本，但是没有提供更多的资料。[29] 在《邵亭知见传本书目》中，莫友芝为另一部宋本提供了更多的资料。据他所言，此宋本的书名是《源流至论》，印于嘉祐年间（1056—1063）。[30] 此日期有误。莫氏书目中提到的嘉祐朝丁酉年是 1057 年。如果原文为"嘉熙丁酉"，那么此本的出版年份则为 1237 年，刚好是黄履翁写序的时间。次一种的可能性是把其读为"宝祐丁巳"，

398

---

[27] 在一篇关于《实录》的文章中，有一处提到 1219 年的一篇诏书，该诏书下令编写孝宗朝的实录（《古今源流至论》，前集，第 4 卷，第 12 页）。在"朱氏之学"一文中，有一条脚注提到皇帝"最近"的一份声明，此声明表达了他对朱熹《四书集注》的高度称赞。此事发生于 1226 年（同上，前集，第 5 卷，第 2 页）。

[28] 杨绍和：《楹书隅录》，第 3 卷，第 50 页。

[29] 丁日昌：《持静斋续增书目》，5，子，7；莫友芝：《宋元旧本经眼录》，第 1 卷，第 28 页。关于莫友芝及其书目的更多信息，见 Library of Congress, Asian Division, and Arthur W. Hummel, eds., *Eminent Chinese of the Ch'ing Period*, 582。由于在后一种书目中提到的版本是一小字本，莫友芝这里指的不是《邵亭知见传本书目》中提到的那个本子。见下文。

[30] 莫友芝：《邵亭知见传本书目》，第 10 卷，第 20—21 页。莫友芝在此宋本之下列出 1317 年版本时用的是书名全名。这可能可以证明该书确实是一部宋本。黄履翁为之作序的 1237 年本也没有加入眉批。注意，黄履翁在他的序中用的是《古今源流至论》这一书名。

其年代则变为 1257 年，即中岛敏提到该书最早版本的时间。[31]

另外，此版本的版式与多数元本及更晚的刻本不同。莫氏评论的版本是一部中字本，每行二十二字，每页十二行。大多数的其他刻本都是小字本，每行二十五字，每页十五行。台北"故宫博物院"拥有一部中字本，编目者将其定为元代刻本。

这部刻本曾经被修复过，一些地方用别的本子的片段来修补。此刻本无年代，相比四库本，前集和续集的位置刚好相反。每一集的目录与其他现存刻本相一致。跟其他版本一样，此本也有眉批，用的书名也是全名：《(新笺决科) 古今源流至论》。不过黄履翁的别集不在其中。

在续集最后一卷第一页之前一条晚近的书目评语中，评注者称此版本是一套不全的商业版本，而且把林駉原先各集的顺序给搞乱了。对于这两位评者来说，元版小字本的顺序更合理。在我看来，此书缺别集并不一定是疏忽所致。黄履翁的文集其实以另外的方式流传。[32] 另外，我在第六章讨论过，此版本的各集顺序更符合历史情况。当林駉了解到道学在朝廷上不断增加的影响力之后，他的讲章和文章也开始涉及道学主要学者及其作品。四库本的续集从来没有提到过道学这个意识形态，但是在此版本中这个续集反而是前集。相比之下，道学伦理的形而上学基础则出现在四库本的前集中，这个前集在林駉所著三集中提到的年份反而是最后面的。

四库本的前集一直是考据分析的对象。瞿镛（19 世纪）写道，明代的编者交换了前集和续集的位置，并且又把周敦颐（1017—1073）的《太极图说》和朱熹对其的解读放在了新前集开篇之处。瞿镛认为这彻底曲解了原书的意义。[33] 不过我通过查阅元代版本发现这两种本子早在元代便都已流传。元代所有版本也都有《太极图说》和朱熹的注解。

元代的版本共有三种。（一）大德本：此版本有令人疑惑之处。

399

---

[31] 中岛敏并未提及该说的出处。可参见他为《古今源流至论》写的评论（Hervouet, *A Sung Bibliography*, 328）。

[32] 哈佛燕京图书馆善本部藏有一部明初黄氏文集的中字本。

[33] 瞿镛：《铁琴铜剑楼藏书目录》，第 17 卷，第 11 页。参见 De Weerdt, "The Encyclopedia as Textbook"。

丁丙（1832—1899）的藏书书目把此本的年份列为大德十一年（1307
年）。在其《善本书室藏书志》中，丁丙引用了此书第一卷目录之后
建阳书商刘克常所写的一则题字。丁丙将其年份定为丁未年，即1307
年。按照丁丙的解读，刘克常提到此书的雕版已毁于火灾。他获得了
此书的一份副本，并让知名学者检查了其中的错误。刘克常进一步提
到此本和前本一样，也是共有四集。杨绍和的目录列出了一部类似的
建阳私人刻本。他指出书中年号的两个字已经辨识不清，又引用了一
份提到后来某私刻本也被火灾毁坏书版的广告，认为此本的年份应该
是至正丁未年，即1367年。我比较了丁丙记载的那个广告和北京图书
馆藏1367年刻本中的题字（见下文）。[34]尽管缺少一些句子，其文字几
乎完全相同。刘克常不大可能如此长寿，以至于能见到相隔六十年出
版的两个本子，而且他也没有提到此书曾被他自己的书坊出版过，所
以我的结论是丁丙版本的年份是1367年。

　　丁丙可能是基于更早的一份书目把自己这部书定为大德年间的。
《浙江采集遗书总录》列出过一部大德年间出版的建阳本。[35]不过此本
是由另一家书坊——詹氏建阳书院出版的。[36]

　　（二）延祐本（延祐三年，1317年）：此版本仍然存世，比如北京图
书馆便有一部。此本由圆沙书院这家专门出版类书的书坊出版的。[37]此
本四集皆为小字本。其眉批与上文提到的台北"故宫博物院"本相同，
但是也包含了副题。此本跟四库本相比，前集和续集的顺序相反。[38]

---

[34] 杨绍和：《楹书隅录》，第3卷，第50—51页完整的列出此本。

[35] 沈初编：《浙江采集遗书总录》，辛，第10—11页。杨绍和在《楹书隅录》，第3卷，第50
页提到此本。

[36] 关于建阳书坊的列表，见 Chia, *Printing for Profit*, 284。

[37] Wu Kwang-tsing, "Chinese Printing Under Four Alien Dynasties," 491.

[38] 此本出现在各种清代目录中。比如缪荃孙：《艺风藏书记》，第5卷，第14页；王文进：
《文禄堂访书记》，第3卷，第33页；莫友芝：《郘亭知见传本书目》，第10卷，第21页；
张金吾：《爱日精庐藏书志》，第26卷，第7—8页；陆心源：《皕宋楼藏书志》，第60卷，
第14页；以及瞿镛：《铁琴铜剑楼藏书目录》，第17卷，第11页。叶德辉《郋园读书志》
（第6卷，第19页）提到的版本也是延祐圆沙本。其他的延祐本都是小字本，但叶氏书目
中列出的是一个中字本。叶德辉提到丁日昌《持静斋书目》中的"宋本"实际上是元本；
他的证据是瞿镛书目中的那个元本。不过瞿镛书目的那个版本有一个圆沙的标志，而这个
版本没有。所以此本不应被列为圆沙延祐本。这个中字本中前集和续集顺序相反（与四库
本相比），所以它跟"故宫博物院"的藏本看起来一样，也就是莫友芝描述的那个版本。

（三）至正本（至正二十七年，1367年）：藏于北京图书馆。[39] 这是一个低质量的版本。纸上有洞，字迹会逐渐褪色。[40] 出版者刘克常提到此本是基于京城一位学者董镛私人所藏以及另一部"原本"而来，不过他对那部"原本"没有提供任何细节。他解释道他雇佣了几个学者来校对和标点文字。此本具有标点和着重号。眉批和其他版本一样。所有版本的眉批都大致相同，用来指出段落的主题。这说明它们都可以追溯到早期的一个权威版本。这个至正本和四库本的布局一样，前集由《太极图说》开始。这说明前集和续集的重新编排最晚出现于刘克常这个版本，不能被归为明代编辑的作为。

《璧水群英待问会元（选要）》（A） 和《群书会元截江网》（B）

A. 晚近的书目没有列出任何宋本。一部1929年江苏国学图书馆出版的书目中列出过一宋本。[41] 这本书目也提供了第一卷首张对开页和最后一卷最后三页的书影。书影之前的介绍中提到此书是淳祐年间（1241—1252）的印本。 402

最后一页的题字提到此书字型由长江下游（姑苏）的胡昇书写，由章凤刻制，由赵昂排版，供丽泽堂出版。[42] 关于胡昇的外证表明他来自于江南的清江（临江军），1268年进士。[43] 另外，此本和现存明本都有陈子和1245年写的一篇序。陈子和是建安人，1244年进士。

原本有90卷。台北"国家图书馆"所藏明本如果检阅页边的卷数，也是90卷。但如果只看每一卷开始的卷数，则共有82卷。这个

---

[39] 杨绍和：《楹书隅录》，第3卷，第50—51页列出了另一部副本。参见上文我对大德本的讨论。

[40] 关于这个版本，又见 Chia, *Printing for Profit*, 135—136。

[41] 江苏国学图书馆：《盋山书影》，第1卷，第58—61页。丁丙在他1908年《善本书室藏书志》中也提到了此书（第20卷，第11页）。《盋山书影》中，书影之前的介绍文字引用了他的意见。

[42] "丽泽"指的是《周易》中的兑卦。此卦被用来描写朋友之间彼此学习能带来的好处。参见 Wilhelm, *The I Ching*, 685—686。

[43] 《宋人传记资料补编》，第689页。

差异从第 34 卷开始，页边的数字突然跳到了 42。没有关于这些缺卷的直接材料。

403 　　王敉在 1509 年给《璧水群英待问会元（选要）》之明本所写的序言中描述了他沉迷于恢复此书的过程，并且提到必要的时候他会修改和删补文字。明代的编者没有对原书的结构和内容作出大的改变。陈子和在 1245 年的序言中提到后来明本所使用的三层组织形式（门、类、节目）。比较前文提到的那部据称是宋本的书影和明本的页面布局，可以发现两种完全一样。与《群书会元截江网》一书的元本作比较，也能发现明代之前刻本与明代刻本之间的延续性。

　　B.《群书会元截江网》看起来像是《璧水群英待问会元》的修订版。据《四库提要》，这部类书的全名应该是《太学增修群书会元截江网》。[44]

　　《截江网》与《璧水群英》之间有很多重复的部分。除了页面布局之外，很多节的信息也完全一样。《截江网》和《璧水群英》的差异之处是前者引用了陈子和 1245 年序言之后的时文，这说明 1245 年可能是《璧水群英》完成的时间。所有年代可考的文章或者来自于 1249 年的解试和地方考试，或者来自于 1250 年的省试。[45] 我怀疑《截

404 江网》成书于 1250 年左右。现在已知其最早版本的年代是元代后期。四库本的底本是一部胡助作序的元本。[46] 据四库编者言，此序作于 1347 年。可是根据《浙江采集遗书总录》的编者所言，四库本的底本应该是在 1344 年出版。[47]

---

[44]《四库提要》，第 26 卷，第 2802 页。又见第六章。

[45] 太学中也有地方考试。起码有一篇年份可考的文章是为 1249 年太学地方考试所写的（《截江网》，第 12 卷，第 11 页）。另有一篇文章是为 1249 年地方考试所写——但是该文并未指出此考试在何处举行（同上，第 17 卷，第 11—12 页）。有关 1250 年省试文章的范例，见前书，第 3 卷，第 19—20 页，第 12 卷，第 13 页，第 23 卷，第 20 页，第 24 卷，第 18 页，第 34 卷，第 21—22 页。

[46]《四库提要》，第 26 卷，第 2802 页。

[47] 沈初编：《浙江采集遗书总录》，庚集，第 45 页。

《十先生奥论注》

四库编者使用的版本没有署名，也没有任何关于出版年份的记录。从该书的布局和印刷质量来看，四库编者的结论是此书应为麻沙私印本。[48]麻沙是建阳的一个区，以其廉价的私印书而声名远扬，不过这种名气不一定是正面的。

《十先生奥论注》成书于 12 世纪晚期。吕祖谦提到该书收录了他早期为了准备考试而写的文章。[49]《论学绳尺》一书中的文章常常提到吕祖谦的《七圣论》，[50]而在《论学绳尺》的文章评注中，这部匿名文集《十先生奥论注》也会被引用。[51]一个例子就是某篇文章可能会引用《十先生奥论注》中某文的作者和题目。比如刘和卿在其有关"复"卦的文章中就引用了《十先生奥论注》中刘穆元一篇相同主题的文章。[52]作者之一的方恬（1169 年进士）也有他自己的"奥论"出版。[53]1196 年，伪学之禁正如火如荼的展开，国子监提到它查禁了宣传道学话语的材料。该报告中列出的书名之一是《七先生奥论》，[54]这可能是现在《十先生奥论注》的来源之一。

此书现存版本收录了 16 位作者的文章。不过四库编者提到他们所用的版本具有一些后来的增补。在这部吕祖谦提过的 12 世纪作品中，后集的朱熹、程颐（1033—1107）、张耒（1052—1112）和张栻（1133—1180）的文章最有可能是被添加进来的。

作为元代两部古文写作指南的作者，陈绎曾也有一部基于同样来源的类似文集。此文集的书名是《诸儒奥论》，具有同样的作者、同样的文章，不过也加入了一些未被《十先生奥论注》收录的宋代古文

405

---

[48]《四库提要》，第 38 卷，第 4167 页。

[49] 吕祖谦：《东莱集》，别集，第 10 卷，第 44 页；引自林素芬：《吕祖谦的辞章之学》，第 158 页。

[50]《论学绳尺》，第 2 卷，第 1—2 页，第 3 页，第 4 页；第 5 卷，第 41 页，第 42 页，第 47 页，第 48 页；第 6 卷，第 10 页；第 9 卷，第 86 页。

[51] 同上，第 5 卷，第 17 页；第 8 卷，第 33 页；第 9 卷，第 45 页；第 10 卷，第 28 页，第 34 页。

[52] 同上，第 7 卷，第 52 页；《十先生奥论注》，前集，第 9 卷，第 12—14 页。刘穆元其人不可考。

[53] 王瑞来：《今存宋代总集考》，第 76 页。

[54]《宋会要·刑法》，二之一二七。参见祝尚书：《宋人总集叙录》，第 346—348 页。

名家的作品，比如三苏和陈亮（1143—1194）的文章。道学作者的文章被加入此书的第四集和最后一集。[55]《诸儒奥论》的前集和元代作品《诸儒奥论策学统宗》完全一样。据一部后者的元代刻本所称，此书的编者是谭金孙。此书后来被归入陈绎曾名下，可能是因为陈氏的一部写作风格指南《文筌》被某一版的《诸儒奥论》收录。京都大学人文科学研究所的图书目录中就有这个版本。[56]

《新编诸儒批点古今文章正印》与《新刊诸儒评点古文集成》

406   台北"故宫博物院"图书馆藏有一部保存完好的《古今文章正印》，并带有一篇1273年的序言。刘震孙作为武安军（荆湖南路潭州）节度判官厅公事收集并整理了这些文章，饶州（江南东路）州学教授廖起山进行校对。[57]此部文集按照四集出版，这是南宋晚期及元代出版商业化类书和文集时的常见作法。

我从未见过宋本的《新刊诸儒评点古文集成》。四库编者根据其避讳文字的使用以及奏章中提到宋代每一朝都在其后空一格的做法认为他们的底本是南宋的一部私印本。[58]清代书目也列出一些南宋的本子。[59]关于此书编者王霆震，除了他是庐陵（江南西路吉州）人士之外没有其他的信息。两部文集几乎完全相同，这让人对其关系产生了疑问。就我看来，王氏的版本出现在刘氏之后。

第一，在序和跋中，刘震孙和廖起山都自称在编辑方面作出贡献，并且他们也没有提到过之前这种类型的任何文集。"新编"一词

---

[55] 台北"国家图书馆"有一部1617年出版的明代刻本。

[56] 京都大学人文科学研究所：《京都大学人文科学研究所汉籍目录》，第1164页。参见《四库提要》，第38卷，第4246—4247页。

[57] 刘震孙：《古今文章正印》，序。无法找到关于他们更多的信息。参见祝尚书：《宋人总集叙录》，第429—430页。

[58]《四库提要》，第38卷，第4163页。参见高津孝：《宋元评点考》，第136—137页。

[59] 沈初编：《浙江采集遗书总录》，辛集，第6页；有关这方面更全面的讨论，见傅增湘：《藏园群书题记》，第927—931页。又见祝尚书：《宋人总集叙录》，第262—267页。

看来指的是刘氏广为选择文章，又收录了之前各种评注类文集的注   407
解。如同第六章所解释的，他们的文集乃是源于楼昉（1193 年进士）、
吕祖谦和真德秀（1178—1235）编选注释的古文文集。

　　第二，现存王氏作品前面部分中各种文体的选文和《古今文章正
印》几乎完全一样（后者基本上内容更广泛）；评注也是完全一样。
不过王氏选集的结构比刘氏的要好。比如，在刘氏一书论体文那节
中，文章按照作者排序，并没有严格遵循时间顺序。与此相反，《古
文集成》中的论体文则按照主题被重新整理过，开始是所有有关君王
的文章，然后是讨论大臣及官僚体系、百姓、法规、政府、财用、边
防、士气和道德基础。王氏的"新刊"看来指的是重新印行之前已有
的一部文集，这可能就是《古今文章正印》。

附录二

统计表

表 1

南宋举业用书（依类型分类）

注：此表仅列出本书讨论过的各种举业用书，并非考生写作手册的全面总结。很多现存的文集并没有列出。

A. 类书

书名	作者	成书或首次出现的时间	出版时间	出版地	最早的序跋
《历代制度详说》	吕祖谦	12 世纪 80 年代初	宋 [1]		彭飞（约 1326 年）
《永嘉先生八面锋》	匿名（列在陈傅良或叶适名下）	12 世纪	宋版？ [2]		明初的跋
《（新笺决科）古今源流至论——前集、后集、续集、别集》	前后续集：林駉 别集：黄履翁	前后续集：13 世纪 20 年代到 30 年代 别集：约 1237 年	前后续集：13 世纪 30 年代别集：约 1237 年	元本：圆沙书院（？）；建阳	前后续集：黄履翁，1233 年别集：黄履翁，1237 年
《群书会元截江网》		13 世纪 50 年代初 [3]			胡助，1344 年或 1347 年
《璧水群英待问会元（选要）》	刘达可	约 1245 年	宋代活字本约 1245 年	建阳？ [4]	陈子和，1245 年

[1] 陆心源认为有一部宋本存世，而且 12 世纪早期的文献引用过该书。见附录。

[2] 都穆 1503 年的序中提到过。

[3] 此书中年份可考的文章是为 1249 年和 1250 年的考试所写。四库编者基于其提到端平（1234—1236）和淳祐（1241—1252）年号，将此书年份定为理宗朝（1225—1264）。见附录。

[4] 刘达可和陈子和都是建阳人士。

B.　文集

1.一般古文

书名	编者	成书或首次出现的时间	出版时间	出版地	最早的序跋	文章组织方式
《古文关键》	吕祖谦	约1160-1180	宋本 [1]			作者
《东莱集注类编观澜文集（甲集、乙集）》	林之奇、吕祖谦	12世纪下半叶	宋本 [2]			文体,然后是时期及作者
《精骑》	吕祖谦	12世纪60年代到70年代初 [3]	1173年建阳有一部印本	建阳,永康		作者和标题
《迂斋先生标注崇古文诀》	楼昉	12世纪20年代	约1227		（陈振孙,1226）陈森,1227 [4]	时期和作者
《迂斋标注诸家文集》 [5]	楼昉	13世纪20年代	约1226		陈振孙,1226	时期和作者
《文章正宗》	真德秀	13世纪20年代到30年代	约1232	宋本 [6]	（大纲和编辑说明）	模式,然后是按照年代顺序
《续文章正宗》	真德秀等	13世纪30年代	约1266	宋本 [7]	倪澄,1266	模式,然后是主题,最后是作者
《文章规范》	谢枋得	13世纪中		元本	王渊济,13世纪晚期 [8]	教育阶段:从初级到高级
《《新编诸儒批点》古今文章正印（前集、后集、续集、别集）》	刘震孙	约1273	约1273		刘震孙,1273 廖起山,1273	文体,然后作者,或是主题和作者
《（新刊诸儒评点）古文集成——前集》 [9]	王霆震	13世纪后半叶	13世纪后半叶 [10]			文体,然后作者,或是主题和作者
《十先生奥论注（前、后、续集）》		13世纪?	（宋麻沙本） [11]			主题和作者
《文髓》	周应龙	13世纪中起手稿就在家人和学生中流传	约1428		1428年跋（周应龙传）	作者

[1] 徐树屏的版本乃是基于两部宋本。见附录。

[2] 北京图书馆藏宋本。

[3] 林素芬：《吕祖谦的辞章之学与古文运动》，第 148 页；Bol, "Reading Su Shi in Southern Song Wuzhou." 台北"国家图书馆"所藏是在永康印刷的。朱熹提到他见到的版本是建阳出版。

[4] 高津孝：《宋元评点考》，第 133 页。

[5] 这部五卷本正是陈振孙和马端临所提到的版本。北京图书馆仅存三卷。对现存章节进行比较可知二十卷本仅多出几处内容。版面布局、作者和收录的文章基本上完全一样。

[6] 清代书目提到过几部宋本。见王文进：《文禄堂访书记》，第 5 卷，第 29 页；于敏中等：《天禄琳琅书目》，第 3 卷，第 41 页；瞿镛：《铁琴铜剑楼藏书目录》，第 24 卷，第 29 页。

[7] 台北"国家图书馆"。又见于敏中等：《天禄琳琅书目》，第 3 卷，第 41—43 页；彭元瑞等：《天禄琳琅书目后编》，第 7 卷，第 22 页。

[8] 高津孝：《宋元评点考》，第 139 页。

[9] 此书收录了一系列从九世纪刘禹锡到 12 世纪潘纬等编者和注者的评语。

[10] 关于宋本的信息，见沈初编：《浙江采集遗书总录》，辛集，第 6 页；有关其更全面的讨论，见傅增湘：《藏园群书题记》，第 927—931 页。又见附录。

[11] 见附录。

2. 具体作者

书名	编者	成书或首次出现的时间	出版时间	出版地	最早的序跋	文章组织方式
《增广注释音辩唐柳先生集》[1]	刘禹锡等	约 1167	约 1167	麻沙	陆之渊，1167 或 1168	文体
《东莱标注老泉先生文集》	吕祖谦编注，吴炎校对	约 1193	约 1193		吴炎，1193	文体
《圈点龙川水心先生文粹》		约 1212	约 1212	建安	饶辉，1212	文体和作者
《批点分类诚斋先生文脍》	李诚夫	约 1259	约 1259	建安	方逢辰，1259	主题
《新刊蛟峰批点止斋论祖》	方逢辰批点	约 1268	约 1268		傅参之，1268	文章题目

[1] 这是《古文正印》的一部重编本。其内部结构经过了一些改变。

3. 时文

书名	编者	成书或首次出现的时间	出版时间	出版地	最早的序跋	文章组织方式
《（批点分格类意句解）论学绳尺》	魏天应 林子长	13 世纪 70 年代	13 世纪 70 年代		游萃，14 世纪 30 年代	风格
《（精选）皇宋策学绳尺》		13 世纪中				文章题目

C. 写作风格手册

书名	作者	成书或首次出现的时间	出版时间	出版地	最早的序跋
《古文关键》	吕祖谦	约 1160-1180	宋本		
《论诀》		13 世纪上半叶			
《黼藻文章百段锦》	方颐孙	约 1249	约 1249	建安	陈岳，1249
《辞学指南》	王应麟	13 世纪 50 年代	元代 [1]		
《答策秘诀》	曾坚? 刘锦文编	13 世纪 30 年代	元代 [2]	建阳	

[1] Langley, "Wang Ying-Lin," 478.
[2] 见附录。

D. 道学手册

书名	编者	成书或首次出现的时间	出版时间	出版地	组织方式
《近思录》	朱熹，吕祖谦	1175	若干宋本 [1]		道学概念（13）
《北溪字义》	陈淳	13 世纪 20 年代	13 世纪 20 年代和 13 世纪 40 年代的宋本 [2]		道学概念（26）
《文场资用分门近思录》			13 世纪	建安	道学概念（121）
《晦庵先生语录大纲领——附录》		13 世纪中叶	13 世纪中叶		道学概念（25）

（续表）

书名	编者	成书或首次出现的时间	出版时间	出版地	组织方式
《朱子经济文衡类编（前集、后集、续集）》	滕珙	13 世纪至 14 世纪初	1324		道学概念（64），历史主题（75），行政问题（52），副题
《新编音点性理群书句解（前集、后集）》	熊节 编辑，熊刚 大评注	13 世纪中叶	宋本 [3]	建安	先文体，然后道学正典

[1] 例子可见江标：《宋元本行格表》，第 1 卷，第 12 页，第 2 卷，第 40 页。

[2] 井上进：《北溪字义版本考》，第 14 页。

[3] 一些清代书目列有宋本。例子可见缪荃孙：《艺风藏书记》，第 2 卷，第 7—9 页；陆心源：《皕宋楼藏书志》，第 41 卷，第 5 页。

表 2

《策学绳尺》与《论学绳尺》中的时文（依科举级别）

A. 不同科举级别中的时文

类别／机构	子类别	《策学绳尺》	《论学绳尺》[1]
省试		1	44
解试			4
别头试	省试		5
	解试	1	3
	小计	1	8
太学	月试	8	45[2]
	公试（年度考试）	2	18
	上舍试	2	3
	解试	1	3
	小计	13	69
地方官学		3	2
宗学			1
不可考		1	27[3]
总计		19	155

[1] 东京静嘉堂文库收藏的元本提到了此书中每一篇文章所属的考试类型以及这些论体文作者的名次。大多数人在相关的考试中获得第一名。此书中文章的总数有时被列为 156 篇；此处没有包括一篇文章，因为它残缺，并且它在原本中的地位不确定。

[2] 此数字包括了四篇国学的时文。有关太学中不同种类的考试，见王建秋：《宋代太学与太学生》，第 60—78 页；朱重圣：《宋代太学之取士及其组织》，《中国历史大辞典——宋史》，第 65 页，"公试"，第 210 页，"私试"；以及 Chaffee, The Thorny Gates, 103, 108。

[3] 此数字包括了陈傅良、欧阳起鸣等著名作者的范文。

B.《论学绳尺》中不同科举级别下的道学文章 [1]

类别/机构	子类别	1200之前	1200–1209	1210–1219	1220–1229	1230–1239	1240–1249	1250–1259	1260–1269	无日期
省试					1	4	2	8[2]	4	4
解试							1			
别头试	省试				1	1				1
	解试								1	2
	小计				1	1			1	3
太学	月考								5	8
	公试				1			1	1	2
	上舍试									
	解试									
	小计				1			1	6	10
地方官学										
宗学										
不可考		2		1		2				1
总计		2	0	1	3	7	3	9	11	18

[1] 倘若一篇文章利用了周敦颐、二程、张载、朱熹或者张栻的理论或作品，则该文被视为道学文章。与策文不同，论体文中的引用不是公开的；考生不会指出来源。《论学绳尺》中的评语和脚注会指明该文对道学文本材料的直接引用和借用。

[2] 省试在这十年中的数字较高，因为在1250年代共有四次省试，而在1230年代、1240年代和1260年代中各有三次。

C.《策学绳尺》中不同科举级别下的道学文章

类别/机构	子类别	道学	朱熹
省试		0	0
解试			
别头试	省试		
	解试	1	1
	小计	1	1
太学	月试	3	3
	公试（年度考试）	2	0
	上舍试	1	0
	解试	1	1
	小计	7	4
地方官学		1	1

（续表）

类别／机构	子类别	道学	朱熹
宗学			
	不可考	1	1
	总计	10	7

表 3

13 世纪《论学绳尺》中文章的年份与道学的影响

时期	文章总数 [1]	道学文章总数 [2]	提到朱熹的文章总数
1200 年之前	27	2	1
1200－1209	3	0	0
1210－1219	3	2	1
1220－1229	8	3	1
1230－1239	9	7	2
1240－1249	7	3	1
1250－1259	15	9	5
1260－1269	15	11	8
不可考	68	32	17

[1] 此处列出的数目与张海鸥、孙耀斌文中的不同（《〈论学绳尺〉与南宋论体文及南宋论学》，第 91 页）。此表有大量日期不可考的文章，一部分原因是我把所有不能确定具体日期的都放到"不可考"一行中。而张海鸥和孙耀斌则以 1213 年分界，大致把文章定为 1213 年之前或之后。他们列出了 44 篇日期不可考的文章，并没有包括那些可能是 1213 年之前的。他们的文章发表时本书已付印，所以我无法重新检验所有不一致的地方。

[2] 关于判断道学文章的标准，见表 2B，脚注 1。

表 4

论体文题目之出处
A.《论学绳尺》、《止斋论祖》和《欧阳论范》[1]

出处	《论学绳尺》[2]	《止斋论祖》	《欧阳论范》
《史记》	3		
《汉书》	54	7	15
《后汉书》	5	2	2
《晋书》	2		
《新唐书》	13	5	5
《左传》	2		1

（续表）

出处	《论学绳尺》	《止斋论祖》	《欧阳论范》
《谷梁传》		1	
《公羊传》			1
《孝经》	1		
《论语》	11	8	7
《孟子》	23	8	9
《老子》	1		
《庄子》		2	1
《荀子》	10	2	6
扬雄作品	14		6
荀悦《申鉴论》			1
《文中子》	7	1	4
《陆宣公奏议》	4		1
韩愈作品	3	3	1
柳宗元作品			1
《文选》	2		
总计	155	39	61

[1] 《欧阳论范》是一部欧阳起鸣（活跃于宋元之交）的时文范文选集。欧阳起鸣和陈傅良类似，也是论体文写作方面的权威。他有三篇文章被收录于《论学绳尺》一书，他关于论体文写作的评语被收录在《论诀》一书。除了利用《四库全书存目丛书》中的一个版本（1471 年版的重印本）之外，我也使用了东京内阁文库收藏的一部年代类似的版本。

[2] 张海鸥和孙耀斌列出的史书部分的题目数目略高（《〈论学绳尺〉与南宋论体文及南宋论学》，第 95 页）。此书付印之际我才发现这篇论文，所以无法研究双方差异的原因。

B. 《论学绳尺》，1150—1200

出处	数目
《史记》	1
《汉书》	10
《左传》	1
《新唐书》	2
《论语》	3
《孟子》	4
《荀子》	1
扬雄作品	3
韩愈作品	1
总计	26

表 5

12、13 世纪策题所涉及主题一览

A. 曾坚《答策秘诀》

1. 治道

      国势

      号令

      用刑

      赏罚

      古今治道得失

      君德隆替

2. 圣学

      经史

      宝训 [1]

      进讲

      进读

3. 制度

      器用

      仪卫

      兵制

      车服 [2]

      宫室

      官制

      祭祀

      礼仪

      礼乐

      田制

         役法

         井田

         园田

         水利

      学校

            立学制度

            古今兴废

            释奠之仪 [3]

            教养之法

4. 性学

      道统

（续表）

诸儒传授

5. 取材

荐举

铨选

科目

考课

久任

人君用人得失

边防将帅

士大夫风俗

6. 人才

才品

学术

节义

朋党

隐逸

儒术

君子小人

三国六朝人才

孔子言行不同

7. 文章

文体

古今文章高下

古今名儒著述

8. 形势

胜败

恢复

9. 灾异

星变

雷变

水旱

螟蝗

10. 谏议

求言

听纳

进谏

集议

（续表）

公议
11. 经疑
六经疑
诸儒注疏异同
《史记》
古今作史
12. 历象
天文
推步之器
象纬命名取象不同

[1] "宝训"意指皇帝的言语与诏书。

[2] "车服"指的是一位官员按照其品位被允许使用的车马和穿戴的服装。其标准规定出自《尚书·舜典》，见 Legge, *The Chinese Classics*, vol. 3, *The Shoo King*, 37。

[3] 曾坚在讨论有关制度的题目时提到释奠礼和释菜礼。有关这些礼仪的简要描述，见 Neskar, "The Cult of Worthies," 175。

B. 《璧水群英待问会元》和《群书会元截江网》[1]

《璧水群英待问会元》	《群书会元截江网》
革新 [2]	
时政急务	
建立国本	
进用大臣	
申敕官刑	
消弭灾变	
圣学	
圣学	
经筵	
圣制	圣制（卷一）
圣翰	圣翰（卷二）
君道	
君心	
君权	
君德	
敬天	敬天（卷三）
法祖	法祖（卷四）
爱民	

（续表）

《璧水群英待问会元》	《群书会元截江网》
用人	
听纳	
治道	
治体	
法制	纪纲（卷十七）
	诏令（卷十八）
责实	［法度（卷十九）］
国势	
国论	国论[3]、［战、守、和］（卷二十四）
赏功	
恤刑	
臣道	
士风	
邪正	
名节	
贪廉	
奔竞恬退	
官吏	
官制	官制（卷八）
宰相	
台谏	
馆阁	
选举	
人才	
儒事	
儒学	异端（卷三十四）
文体	
经疑	
四书	
诸子	诸子（卷三十五）
诸史	诸史（卷二十九）
国史	国史（卷三十）
道学	伊洛传授（卷三十一）

（续表）

《璧水群英待问会元》	《群书会元截江网》
道统	晦庵（卷三十三）、象山（卷三十二）
道学	
性理	
性学	
心学	
皇极	
五常	
民事	［户口（卷二十六）］
民风	风俗（卷二十七）
田制	
役法	役法（卷二十八）
荒政	
流民	
武事	
将帅	将帅（卷二十一至二十二）
兵制	［郡国兵（卷十三）］、［步骑（卷十五）］
民兵	民兵（卷十四）
军政	
舟师	
马政	马政（卷二十五）
军需	
屯营田	
教阅	
域堡	
边防	
形势	［兵法（卷十六）］
待夷狄	
纳降	
平盗	［平戎（卷二十三）］
财计	会计（卷九）
财用	［府库（卷十）］
仓库	储积（卷五）
漕运	漕运（卷六）

（续表）

《璧水群英待问会元》	《群书会元截江网》
赋税	
籴法	和籴（卷七）
楮币	楮币（卷十二）
钱币	钱帛（卷十一）
鬻法	
榷法	
礼典	
祭祀	
数学	
数学	
河图洛书	
太玄潜虚	
五运六气	
律历	
正朔	

[1] 《群书会元截江网》乃是基于《璧水群英待问会元》；见附录。《截江网》中的类别被列在《璧水群英》中相应的类别之后。倘若《截江网》中的类别在《璧水群英》中没有完全一致的对应项，它们会被列在最相近的类别之后，并会有方括号指明。括号中是原本的卷数。

[2] 原文为"萃新"，但这不是一个词。"萃"可能本应为"革"，因为这两个字十分相似。"革新"的意思是"正在改变和更新"或"改变和更新"。其子类别说明这个词指的是一套改革政策，并非仅仅是"把新人集中起来"（"萃新"一词最可能的含义）。宁宗和理宗年间宣布了若干政治更化的方案。见第六章。

[3] 我按照余英时对12世纪此词历史的讨论把"国论"翻译为"court line"。这个词与其指的是"讨论国家事务"，更多时候指的是为朝廷政策设立指导方针的那项政策。国论是党争的焦点，很多时候跟20世纪党派政治的"党派路线"一词功能相似；见余英时：《朱熹的历史世界》上，第五章，第七章。

参考书目

原始文献

这个列表包含本书使用的所有二十世纪以前出版的中文文献。有关出版日期的标注上，第一个年份是本书使用版本的出版时间，括号里面的年份是该作品第一次出版或者完成的时间。《四库全书》采用的是 1983 年台湾"商务印书馆"的版本（译注：即文渊阁本）。大多数史料的完成年份和出版日期是未知的；很多史料的具体日期不可考。大部分宋代作家文集的信息精确到世纪和年代；使用这些文集的宋代印本时也会提到这些信息。作者的生卒年仅在正文中提供。

班固：《汉书》，北京：中华书局，1962 年（约 1 世纪）。

包恢：《弊帚藁略》，《四库全书》本（13 世纪）。

毕沅：《续资治通鉴》，北京：中国国际广播出版社，1993 年（1801 年）。

不夜山人、倪士毅：《宋人经义约钞》，两卷，开封：1898 年。

陈淳：《北溪大全集》，《四库全书》本（约 13 世纪 20 年代）。

陈淳：《北溪字义》，《理学丛书》本，北京：中华书局，1983 年（13 世纪 20 年代）。

陈淳：《北溪字义》，《四库全书》本（13 世纪 20 年代）。

陈傅良：《陈傅良先生文集》，周梦江编，杭州：浙江大学出版社，1999 年（1213 年）。

陈傅良：《历代兵制》，《四库全书》本（12 世纪晚期）。

陈傅良：《止斋先生文集》，《四部丛刊初编》本，上海：商务印书馆，1929 年（据明弘治本翻印，1213 年）。

陈傅良：《止斋集》，《四库全书》本（1213 年）。

陈亮：《陈亮集》（增订本），北京：中华书局，1987 年（1204 年，约 1214 年印）。

陈绎曾：《文章欧冶》（文筌），东京：汲古书院，1977年（据1688年日本翻印1552年朝鲜本，1332年）。

陈藻：《乐轩集》，《四库全书》本（13世纪上半叶）。

陈振孙：《直斋书录解题》，上海：上海古籍出版社，1987年（约1249年）。

程珌：《洺水集》，《四库全书》本（13世纪）。

程端礼：《读书分年日程》，山东：尚志堂，1871年（14世纪10年代）。

程颢、程颐：《二程集》，北京：中华书局，1981年（11世纪中）。

程颢、程颐：《二程全书》，《四部备要》本，上海：中华书局，1927—1936年（11世纪中）。

《重广会史》，北京：中华书局，1986年（11世纪60年代）。

丁度等编：《附释文互注礼部韵略——附贡举条式》，《四部丛刊续编》本，上海：商务印书馆，约1934年（约1230年）。

丁日昌：《持静斋书目》，1870年。

丁日昌：《持静斋续增书目》，约1870年。

范晔：《后汉书》，北京：中华书局，1965年（5世纪前半叶）。

方大琮：《铁庵集》，《四库全书》本（13世纪）。

方颐孙：《黼藻文章百段锦》，明代早期本（约1249年），台北："国家图书馆"。

方颐孙：《太学新编黼藻文章百段锦》，《四库全书存目丛书》本，济南：齐鲁书社，1997年（约1249年）。

冯继科编：《嘉靖建阳县志》，《天一阁藏明代方志选刊》本，上海：上海古籍出版社，1964年（16世纪）。

冯梦祯：《历代贡举志》，长沙：商务印书馆，1937年（16世纪至17世纪早期）。

冯琦、陈邦瞻：《宋史纪事本末》，三卷，北京：中华书局，1977年（1605年）。

顾炎武：《日知录集释》，三卷，上海：上海古籍出版社，1984年（1670年，1695年）。

《管子》，《国学基本丛书》，上海：商务印书馆，1934年（前五世纪至前一世纪）。

何晏、邢昺注：《论语注疏》，《十三经注疏》本，北京：北京大学出版社，2000年（3世纪；999年）。

洪咨夔：《平斋文集》，《四库全书》本（13世纪印）。

黄干：《勉斋集》，《四库全书》本（13世纪印）。

黄履翁：《（新笺决科）古今源流至论——别集》，《四库全书》本（1230 年代）。

黄虞稷：《千顷堂书目》，上海：上海古籍出版社，1990 年（17 世纪；初版印于 1916 年）。

黄宗羲、全祖望等：《宋元学案》，台北：华世出版社，1987 年（17 至 18 世纪，初印于 1846 年）。

《晦庵先生语录大纲领——附录》，宋版（13 世纪中），北京图书馆。

纪昀等编：《四库全书总目提要》，王云五编：《合印四库全书总目提要及四库未收书目禁毁书目》，台北：台湾"商务印书馆"，1985 年（1782 年）。

江标：《宋元本行格表》，《四库未收书辑刊》本，北京：北京出版社，1997 年（1897 年）。

《精骑》，婺州：陈斋，1160—1170 年左右，台北："国家图书馆"。

《（精选）皇宋策学绳尺》，清印宋版（13 世纪中），北京图书馆。

《经义模范》，《四库全书》本（16 世纪）。

李诚父：《批点分类诚斋先生文脍（前、后集）》，《四库全书存目丛书》本，济南：齐鲁书社，1997 年（约 1259 年）。

李昂英：《文溪集》，《四库全书》本（13 世纪晚期）。

李心传：《道命录》，《丛书集成初编》本，北京：中华书局，1985 年（1935 年；1239 年）。

李心传：《建炎以来朝野杂记》，北京：中华书局，2000 年（1202—1216 年）。

李心传：《建炎以来系年要录》，北京：中华书局，1988 年（约 1208 年）。

梁克家：《淳熙三山志》，《四库全书》本（1182 年）。

梁章钜：《制艺丛话》，上海：上海书店出版社，2001 年（1851 年）。

林駉、黄履翁：《（新笺决科）古今源流至论——前、后、续、别集》，《四库全书》本（13 世纪 20 年代至 30 年代）。

林駉、黄履翁：《（新笺决科）古今源流至论——前、后、续、别集》，建阳？：圆沙书院本，1317 年，北京图书馆。

林駉、黄履翁：《（新笺决科）古今源流至论——前、后、续、别集》，1367 年。北京图书馆。

林季仲：《竹轩杂著》，《四库全书》本（13 世纪）。

林希逸：《竹溪鬳斋十一藁续集》，《四库全书》本（约 1269 年）。

林之奇：《（东莱集注类编）观澜文集（甲、乙集）》，吕祖谦编，12 世纪后半叶，北京图书馆。

刘安节：《刘左史集》，《四库全书》本（13 世纪早期印）。

刘辰翁：《须溪四景诗集》，《四库全书》本（13 世纪）。

刘达可：《璧水群英待问会元（选要）》，1509 年 / 明初本（约 1245 年），东京：内阁文库；台北："国家图书馆"。

刘达可：《璧水群英待问会元》，《续修四库全书》本，上海：上海古籍出版社，1995 年（约 1245 年）。

刘克庄：《后村集》，《四库全书》本（13 世纪 70 年代印）。

刘向：《新序》，《四部丛刊初编》本，上海：商务印书馆，约 1929 年（前 1 世纪）。

刘勰：《文心雕龙》（电子数据库），台湾"中央研究院"资讯科学研究所编，台北：台湾"中央研究院"计算中心，2000 年。

刘勰：《文心雕龙义证》，詹锳编：《中国古典文学丛书》，上海：上海古籍出版社，1989 年（约 500 年）。

刘震孙：《（新编诸儒批点）古今文章正印（前、后、续、别集）》，1273 年，台北："故宫博物院"图书馆。

柳宗元：《柳河东集》，两卷，上海：人民出版社，1974 年。

柳宗元：《增广注释音辩唐柳先生集》，刘禹锡等编，1167 年，台北："故宫博物院"图书馆。

楼昉：《迂斋标注诸家文集》，13 世纪 20 年代，北京图书馆。

楼昉：《（迂斋先生标注）崇古文诀》，13 世纪 20 年代，北京图书馆。

楼钥：《攻媿集》，《四库全书》本（13 世纪上半叶印）。

陆九渊：《陆九渊集》，钟哲编，北京：中华书局，1980 年（1205 年）。

陆九渊：《象山集》，《四部丛刊》本，上海：商务印书馆，1922 年（1205 年）。

陆九渊：《象山语录》，王佃利等编，济南：山东友谊出版社，2001 年。

陆心源：《皕宋楼藏书志》，《清人书目题跋丛刊》，北京：中华书局，1990 年（1882 年）。

吕祖俭、吕乔年：《东莱吕太史年谱》，吴洪泽编：《宋人年谱集目——宋人年谱选刊》，成都：巴蜀书社，1995 年（1204 年），第 229—235 页。

吕祖谦：《东莱博议》，北京：中国书店，1986 年（1936 年；1168 年）。

吕祖谦：《东莱集——别集外集附录》，《四库全书》本（1204 年印）。

吕祖谦：《东莱吕太史文集——别集外集附录补遗考异》，《续金华丛书》，永康胡氏梦选楼，1924 年（1204 年印）。

吕祖谦：《东莱先生古文关键》，蔡文子注，徐树屏考异，两卷，福建：张氏励志书屋，1870 年。

吕祖谦：《古文关键》，台北：弘学，1989 年（约 1898 年；12 世纪中至 13 世纪中）。

吕祖谦：《历代制度详说》，《续金华丛书》，永康胡氏梦选楼，1924 年（12 世纪晚期至 13 世纪早期）。

吕祖谦：《吕祖谦全集》，黄灵庚编，浙江古籍出版社，2005 年。

吕祖谦：《宋文鉴》，三卷，北京：中华书局，1992 年（1179 年）。

吕祖谦：《左氏博议》，《四库全书》本（1168 年）。

吕祖谦、吕乔年：《丽泽论说集录》，《续金华丛书》，永康胡氏梦选楼，1924 年（12 世纪晚期至 13 世纪早期）。

《论诀》，《论学绳尺》，约 13 世纪中叶。

马端临：《文献通考》，两卷，北京：中华书局，1986 年（13 世纪晚期至 14 世纪早期）。

莫友芝：《持静斋藏书纪要》，苏州：文学山房，1870 年。

莫友芝：《宋元旧本经眼录》，《影山草堂六种》，1873 年。

《南宋馆阁续录》，陈骙等编：《南宋馆阁录、续录》，北京：中华书局，1998 年（1178 年至 13 世纪）。

欧阳起鸣：《欧阳论范》，《四库全书存目丛书》，济南：齐鲁书社，1997 年（1471 年；13 世纪）。

欧阳守道：《巽斋文集》，《四库全书》本（13 世纪）。

欧阳修、宋祁：《新唐书》，北京：中华书局，1975 年（1060 年）。

彭龟年：《止堂集》，《丛书集成初编》，上海：上海印书馆，1935 年（13 世纪早期）。

彭元瑞等：《天禄琳琅书目后编》，《清人书目题跋丛刊》，北京：中华书局，1995 年（1798 年）。

樵川樵叟：《庆元党禁》，《丛书集成初编》，上海：商务印书馆，1939 年（约 1245 年）。

《庆元条法事类》，杨一凡、田涛编，十卷，《中国珍稀法律典籍初编》，哈尔滨：黑龙江人民出版社，2002 年（约 1202 年）。

瞿镛：《铁琴铜剑楼藏书目录》，《清人书目题跋丛刊》，北京：中华书局，1990
年（1860 年；1897–1898 修订版）。

《圈点龙川水心先生文粹（前、后集）》，约 1240 年代到 1250 年代（1212 年），台
北："国家图书馆"。

《群书汇元截江网》，《四库全书》本（1250 年代早期）。

阮元：《四库未收书目提要》，王云五编：《合印四库全书总目提要及四库未收书
目禁毁书目》，台北：台湾"商务印书馆"，1985 年（1820 年代）。

沈初编：《浙江采集遗书总录》，杭州：浙江布政使司，1774 年。

《圣宋文选》，1165–73，台北："国家图书馆"。

《十先生奥论注（前、后、续集）》，《四库全书》本（13 世纪）。

司马迁：《史记》，北京：中华书局，1959 年（前 90 年）。

《宋史全文》，《四库全书》本（14 世纪）。

苏轼：《苏轼文集》，北京：中华书局，1986 年（12 世纪印）。

苏洵：《嘉祐集》，《四库全书》本（11 世纪下半叶印）。

苏洵：《东莱标注老泉先生文集》，吕祖谦注、吴炎校勘，1193 年，北京图书馆。

谭金孙：《（新刊精选）诸儒奥论策学统宗——前集》，《宛委别藏》，上海：商务
印书馆，1935 年（13 世纪晚期至 14 世纪早期）。

滕珙编：《朱子经济文衡类编（前、后、续集）》，《四库全书》本（13 至 14 世纪）。

脱脱编：《宋史》，北京：中华书局，1977 年（1345 年）。

王定保：《唐摭言》，《四库全书》本（10 世纪中叶）。

王夫之注：《张子正蒙注》，北京：中华书局，1975 年（17 世纪）。

王构：《修辞鉴衡》，《国学基本丛书》，上海：商务印书馆，1937 年（14 世纪 30
年代）。

王迈：《臞轩集》，《四库全书》本（13 世纪）。

王懋竑：《朱熹年谱》，何忠礼点校，《年谱丛刊》，北京：中华书局，1998 年（18
世纪）。

王霆震：《（新刊诸儒评点）古文集成——前集》，《四库全书》本（可能 13 世纪
70 年代）。

王应麟：《辞学指南》，《四库全书》本（可能 13 世纪 50 年代）。

王应麟：《玉海》，《四库全书》本（13世纪50年代）。

魏了翁：《鹤山集》，《四库全书》本（1259年印）。

魏天应编、林子长注：《（批点分格类意句解）论学绳尺》，元本（13世纪70年代），日本：静嘉堂文库。

《文场资用分门近思录》，13世纪，台北："国家图书馆"。

吴泳：《鹤林集》，《四库全书》本（13世纪）。

吴曾：《能改斋漫录》，北京：中华书局，1960年（1157年）。

吴子良：《林下偶谈》，《丛书集成初编》，上海：商务印书馆，1936年（13世纪中叶）。

吴自牧：《梦粱录》，杭州：浙江人民出版社，1981年（1274年）。

谢枋得：《文章轨范》，《四库全书》本（13世纪中叶）。

谢枋得：《谢迭山全集校注》，熊飞等注，上海：华东师范大学出版社，1995年（13世纪）。

《（新刊蛟峰批点）止斋论祖》，陈傅良、方逢辰注，明本（约1268年），东京：内阁文库。

熊节编、熊刚大注：《（新编音点）性理群书句解（前、后集）》，元本（13世纪上半叶），台北："国家图书馆"。

许应龙：《东涧集》，《四库全书》本（13世纪）。

徐师曾：《文体明辩序说》，北京：人民文学出版社，1962年（16世纪）。

徐松编：《宋会要辑稿》，北京：中华书局，1957年（约1809）。

徐松编：《宋会要》（电子数据库），台湾"中央研究院"、哈佛大学编，台湾"中央研究院"计算中心，2003年。

徐元杰：《楳埜集》，《四库全书》本（13世纪）。

薛季宣：《浪语集》，《四库全书》本（12世纪晚期）。

阳枋：《字溪集》，《四库全书》本（13世纪）。

杨绍和：《楹书隅录》，《清人书目题跋丛刊》，北京：中华书局，1990年（1871年）。

杨时：《杨龟山集》，上海：商务印书馆，1936年（1590版；12世纪）。

杨万里：《诚斋集》，《四库全书》本（12世纪70年代至80年代）。

杨万里：《（批点分类）诚斋先生文脍》，李诚父编，元本（约1259年），台北："故宫博物院"图书馆。

姚勉：《雪坡集》，《四库全书》本（13 世纪）。

叶绍翁：《四朝闻见录》，《唐宋史料笔记丛刊》，北京：中华书局，1989 年（约 1225 年）。

叶适：《叶适集》，北京：中华书局，1961 年（约 1230 年）。

《（永嘉先生）八面锋》，《丛书集成初编》，上海：上海印书馆，1936 年（12 世纪）。

俞长城：《可仪堂一百二十名家制义》，约 1699 年。

于敏中等：《天禄琳琅书目》，《清人书目题跋丛刊》，北京：中华书局，1995 年（1775 年）。

曾坚、刘锦文编：《答策秘诀》，元本（13 世纪中叶），台北："故宫博物院"图书馆。

张金吾：《爱日精庐藏书志》，《清人书目题跋丛刊》，北京：中华书局，1990 年（1826 年）。

张栻：《张南轩集》，福州：正谊堂，1709 年（1184 年）。

章如愚：《群书考索》，北京：中华书局，1992 年（重印元本；13 世纪）。

真德秀：《文章正宗》，元本（1232 年），台北："故宫博物院"图书馆、"国家图书馆"。

真德秀：《西山文集》，《四库全书》本（13 世纪中）。

真德秀：《真文忠公续文章正宗》，1266 年（1230 年代），台北："国家图书馆"。

真德秀：《真西山先生集》，《丛书集成初编》，上海：商务印书馆，1937 年。

"中央研究院"历史语言研究所编：《二十五史》（电子数据库），台北：台湾"中央研究院"计算中心，2000 年。

台湾"中央研究院"历史语言研究所编：《汉籍全文资料库》（电子数据库），台北：台湾"中央研究院"计算中心，2000 年。

台湾"中央研究院"历史语言研究所编：《十三经》（电子数据库），台北：台湾"中央研究院"计算中心，2000 年。

周必大：《文忠集》，《四库全书》本（1206 年印）。

周敦颐：《周濂溪先生全集》，福州：正谊堂，1707—1713 年（约 1241 年）。

周密：《癸辛杂识》，《唐宋史料笔记丛刊》，北京：中华书局，1988 年（13 世纪 90 年代）。

周密：《齐东野语》，《唐宋史料笔记丛刊》，北京：中华书局，1983 年（1291 年）。

周南：《山房集》，《四库全书》本（13 世纪）。

周行己：《浮沚集》，《四库全书》本（12 世纪）。

周应合：《景定建康志》，《宋元方志丛刊》，北京：中华书局，1990 年（1261 年）。

周应龙：《文髓》，1428 本（13 世纪中），台北："国家图书馆"。

祝穆、富大用：《（新编）古今事文类聚》，三卷，北京：书目文献出版社，1991 年（1246 年）。

朱熹：《四书章句集注》，《新编朱子集成》，北京：中华书局，1983 年（1182 年—1192 年）。

朱熹：《朱熹集》，成都：四川教育出版社，1996 年（13 世纪早期）。

朱熹：《朱子大全》，《四部备要》，上海：中华书局，1927—1936 年（13 世纪早期）。

朱熹：《朱子文集》，《国学基本丛书》，三卷，上海：商务印书馆，1937 年（1708 年；13 世纪早期）。

朱熹：《朱子文集》，陈俊民、余英时编，台北：德福文教基金会，2000 年（13 世纪早期）。

朱熹：《朱子语类》，黎靖德编，北京：中华书局，1986 年（1270 年）。

朱熹、李幼武：《宋名臣言行录》，《宋史资料萃编》，台北：文海出版社，1967 年（12 世纪晚期至 13 世纪中）。

朱熹、吕祖谦编：《近思录》，《朱子百家丛书》，上海：上海古籍出版社，1994 年（1178 年）。

朱熹等：《资治通鉴纲目》，《四库全书》本（约 1172 年）。

朱希召：《宋历科状元录》，《宋史资料萃编》，台北：文海出版社，1981 年（明代）。

中文论著

包伟民：《中国 9 到 13 世纪社会识字率提高的几个问题》，《杭州大学学报》1992 年第 4 期，第 79—87 页。

北京图书馆：《北京图书馆古籍善本书目》，北京：书目文献出版社，1987 年。

蔡宗阳：《陈骙文则新论》，台北：文史哲出版社，1993 年。

昌彼得等编：《宋人传记资料索引》，台北：鼎文书局，1974 年。

车吉心、刘德增：《中国状元全传》，济南：山东美术出版社，1993 年。

陈德芸：《八股文学》，《岭南学报》1941年，第17—21页。

陈来：《略论〈诸儒鸣道集〉》，《北京大学学报》1986年，第30—38页。

陈来：《朱熹哲学研究》，北京：中华书局，1988年。

陈来：《朱子书信编年考证》，上海：上海人民出版社，1989年。

陈仁华：《朱子读书法》，台北：远流出版事业股份有限公司，1991年。

陈荣捷：《新儒学论集》，台北：台湾"中央研究院"，中国文哲研究所，1995年。

陈荣捷：《朱子门人》，台北：学生书局，1982年。

陈雯怡：《由官学到书院——从制度与理念的互动看宋代教育的演变》，台北：联经，2004年。

陈镇波：《永嘉先生八面锋探析》，纪念陈傅良诞辰八百六十周年筹委会编：《陈傅良诞辰八百六十周年纪念集》，1997年，第39—55页。

崔富章：《四库提要补正》，杭州：杭州大学出版社，1990年。

崔骥：《谢枋得年谱》，《江西教育月刊》，1935年，第4期，第34—45页，第7期，第27—44页。

邓广铭、程应镠：《中国历史大辞典——宋史》，上海：上海辞书出版社，1984年。

邓广铭、郦家驹编：《宋史研究论文集》，1984年。

邓洪波、彭明哲、龚抗云：《中国历代状元殿试卷》，海口：海南出版社，1993年。

邓嗣禹：《中国考试制度史》，台北：学生书局，1957年。

邓小南：《关于"道理最大"——兼谈宋人对于"祖宗"形象的塑造》，《暨南学报》第25卷，第2期（2003年），第116—126页。

邓小南：《宋代文官选任制度层面》，《宋史研究丛书》，石家庄：河北教育出版社，1993年。

丁丙：《善本书室藏书志》（1908年），《清人书目题跋丛刊》，北京：中华书局，1990年。

杜海军：《吕祖谦文学研究》，北京：学苑出版社，2003年。

杜海军：《吕祖谦与近思录的编纂》，《中国哲学史》，2003年，第4期，第43—49页。

范凤书：《中国私家藏书史》，郑州：大象出版社，2001年。

方建新：《南宋私家藏书再补录》，《宋史研究集刊》，1989年，第2期。

方建新：《宋代私家藏书补录》，《文献》，1988年，第1期，第220—239页，第2期，第229—243页。

方彦寿：《朱熹书院门人考》，上海：华东师范大学出版社，2000 年。

冯晓庭：《宋初经学发展述论》，台北：万卷楼图书，2001 年。

傅璇琮：《唐代科举与文学》（1986 年），台北：文史哲，1994 年。

傅增湘：《藏园群书经眼录》，五卷，北京：中华书局，1983 年。

傅增湘：《藏园群书题记》，上海：上海古籍出版社，1989 年。

高津孝：《宋初行卷考》，高津孝编：《科举与诗艺：宋代文学与士人社会》，上海：上海古籍出版社，2005 年，第 1—24 页。

高津孝编：《科举与诗艺：宋代文学与士人社会》，上海：上海古籍出版社，2005 年。

高令印：《朱熹事迹考》，上海：上海人民出版社，1987 年。

高明士：《隋唐贡举制度》，《隋唐文化研究丛书》，台北：文津出版社，1999 年。

高明士：《中国传统政治与教育》，台北：文津出版社，2003 年。

葛邵欧：《宋代福州的贡院》，邓广铭、漆侠编：《国际宋史研究论文选集》，保定：河北大学出版社，1993 年，第 304—319 页。

龚延明：《宋代官制辞典》，北京：中华书局，1997 年。

顾宏义：《教育政策与宋代两浙教育》，武汉：湖北教育出版社，2003 年。

关长龙：《两宋道学命运的历史考察》，《求是丛书》，上海：学林出版社，2001 年。

管敏义：《浙东学术史》，上海：华东师范大学出版社，1993 年。

管锡华：《中国古代标点符号发展史》，《四川师范大学文学院学术丛书》，成都：巴蜀书社，2002 年。

郭齐家：《中国古代考试制度》，《中国文化史知识丛书》，台北：台湾"商务印书馆"，1994 年。

郭绍虞：《中国文学批评史》（1934 年），台北：文史哲出版社，1990 年。

"国立中央图书馆"：《"国立中央图书馆"善本书目》，台北："国立中央图书馆"，1986 年。

"国立中央图书馆"：《"国立中央图书馆"宋本图录》，台北："中华丛书委员会"，1958 年。

何怀宏：《选举社会及其终结：秦汉至晚清历史的一种社会学阐释》，《三联哈佛燕京学术丛书》，北京：生活·读书·新知三联书店，1998 年。

何寄澎：《北宋的古文运动》，台北：幼狮，1992 年。

何寄澎：《唐宋古文新探》，台北：大安，1990 年。

何寄澎：《朱子的文论》，钟彩钧编：《国际朱子学会议文集》，台北：台湾"中央研究院"文哲所，1993 年，第 1213—1232 页。

何俊：《南宋儒学建构》，上海：上海人民出版社，2004 年。

何佑森：《两宋学风之地理分布》，《新亚学报》，第 1 期，1955 年，第 331—379 页。

何忠礼：《宋史选举志补正》，《宋史补正》，杭州：浙江古籍出版社，1992 年。

何忠礼、徐吉军：《南宋史稿：政治·军事·文化》，杭州：杭州大学出版社，1999 年。

洪德旋：《中国考试制度史》，《考铨丛书》，台北：考试院（正中书局），1983 年。

侯绍文：《唐宋考试制度史》，台北：台湾"商务印书馆"，1973 年。

侯外庐、邱汉生、张岂之：《宋明理学史》，北京：人民出版社，1984 年。

胡玉缙：《四库全书总目提要补正》，台北：木铎，1981 年。

黄锦君：《二程语录语法研究》，成都：四川大学出版社，2005 年。

黄宽重：《科举经济与家族兴衰：以宋代德兴张氏家族为例》，第二届宋史学术研究会秘书处编：《第二届宋史学术研讨会论文集》，台北："中国文化大学"，1996 年，第 127—146 页。

黄宽重：《略论南宋时代的归正人》，黄宽重：《南宋史研究集》，台北：新文丰，1985 年，第 185—231 页。

黄宽重：《南宋史研究集》，台北：新文丰，1985 年。

黄宽重：《晚宋朝臣对国是的争议——理宗时代的和战、边防与流民》，台湾大学硕士论文，1975 年。

黄晴文：《中国古代书院制度及其刻书探研》，"中国文化大学"硕士论文，1984 年。

贾贵荣、王冠：《宋元版书目题跋辑刊》，四卷，北京：北京图书馆出版社，2003 年。

姜广辉：《理学与中国文化》，上海：上海人民出版社，1994 年。

姜书阁：《骈文史论》，北京：人民文学出版社，1986 年。

江苏国学图书馆：《盋山书影》两卷，南京：江苏国学图书馆，1929 年。

金诤：《科举制度与中国文化》，上海：上海人民出版社，1990 年。

金中枢：《北宋科举正赐第人员任用之制形成考》，邓广铭、漆侠编：《国际宋史研讨会论文选集》，保定：河北大学出版社，1993 年，第 281—303 页。

金中枢：《北宋科举制度研究》，《宋史研究集》，台北："国立编译馆"，1979 年，第 1—71 页，1980 年，第 31—112 页。

金中枢：《北宋科举制度研究续》，《宋史研究集》，台北："国立编译馆"，1981年，第61—189页，1983年，第53—90页。

金中枢：《北宋科举制度研究再续》，《宋史研究集》，台北："国立编译馆"，1984年，第125—188页，第1986年，第53—90页。

纪念陈傅良诞辰八百六十周年筹委会编：《陈傅良诞辰八百六十周年纪念集》，1997年。

柯敦伯：《宋文学史》，《国学小丛书》，上海：商务印书馆，1934年。

李国玲编：《宋人传记资料索引补编》，成都：四川大学出版社，1994年。

李弘祺：《降帐的遗风：私人讲学的传统》，林庆彰编：《浩瀚的学海》，1982年，第343—410页。

李弘祺：《精舍与书院》，《汉学研究》，第10卷，第2期，1992年，第307—332页。

李弘祺：《宋代的举人》，《国际宋史研讨会论文集》，台北："中国文化大学"，1989年，第297—314页。

李弘祺：《宋代官员数的统计》，《食货月刊复刊》，第14卷，第5—6期，1984年，第227—239页。

李弘祺：《宋代教育散论》，台北：东升，1979年。

李华瑞：《王安石变法研究史》，北京：人民出版社，2004年。

李纪祥：《两宋以来大学改本之研究》，台北：学生书局，1988年。

李瑞良：《中国目录学史》，台北：文津出版社，1993年。

李铁：《科场风云》，北京：中国青年出版社，1991年。

李新达：《中国科举制度史》，台北：文津出版社，1995年。

李学智：《台大藏宋版西山先生真文重公文章正宗》，《图书馆学刊》，第1卷，1967年，第77—79页。

李正富：《宋代科举制度之研究》，"政治大学"硕士论文，1963年。

李致忠：《历代刻书考述》，成都：巴蜀书社，1989年。

梁庚尧：《南宋教学行业兴盛的背景》，《宋史研究集》，第30卷，台北："国立编译馆"，2000年，第317—343页。

林瑞翰：《宋代制科考》，《宋史研究集》，第16卷，台北："国立编译馆"，1986年，第127—153页。

林素芬：《博识以致用——王应麟学术的再评价》，台湾大学硕士论文，1994年。

林素芬:《吕祖谦的辞章之学与古文运动》,《"国立"中央图书馆馆刊》,第 28 卷,第 2 期,1995 年,第 145—161 页。

林益胜:《庆元党案之研究》,台湾大学硕士论文,1970 年。

刘伯骥:《宋代政教史》,两卷,台北:台湾"中华书局",1971 年。

刘虹:《中国选士制度史》,长沙:湖南教育出版社,1992 年。

刘琳、沈治宏:《现存宋人著述总录》,成都:巴蜀书社,1995 年。

刘祥光:《印刷与考试:宋代考试用参考书初探》,《宋史研究集》,第 31 卷,台北:"国立编译馆",2001 年,第 151—200 页。

刘昭仁:《吕祖谦的文学与史学》,台北:文史哲出版社,1986 年。

刘真伦:《韩愈集宋元传本研究》,《唐研究基金会丛书》,北京:中国社会科学出版社,2004 年。

刘子健:《略论宋代地方官学和私学的消长》,《历史语言研究所集刊》,第 36 期,1965 年,第 237—248 页。

刘子健:《宋代考场弊端——兼论士风问题》,刘子健:《两宋史研究汇编》,台北:联经,1987 年,第 229—247 页。

刘子健:《宋末所谓道统的成立》,刘子健:《两宋史研究汇编》,台北:联经,1987 年,第 249—282 页。

刘子健、刘子健博士颂寿纪念宋史研究论集刊行会:《刘子健博士颂寿纪念宋史研究论集》,东京:同朋舍,1989 年。

卢子震:《论道学之名的形成及其含义的发展》,《河北大学学报(哲学社会科学版)》,第 24 卷,第 1 期,1999 年,第 30—34 页。

罗根泽:《中国文学批评史》,上海:上海古籍出版社,1984 年。

罗荣贵:《陈傅良(1137—1203)研究》,香港大学博士论文,2004 年。

马凯之:《论朱熹吕祖谦的谏君思想与其政治哲学内涵》,吕祖谦暨浙东学术文化国际研讨会大会秘书组编:《吕祖谦暨浙东学术文化国际研讨会论文汇编》,金华:浙江师范大学,2005 年,第 207—226 页。

麦仲贵:《宋元理学家著述生卒年表》,香港:新亚研究所,1968 年。

毛礼锐:《中国教育通史》,六卷,济南:山东教育出版社,1985—1989 年。

孟淑慧:《朱熹及其门人的教化理念与实践》,《台湾大学文史丛刊》,台北:台湾大学出版委员会,2003 年。

苗春德：《宋代教育》，《宋代研究丛书》，开封：河南大学出版社，1992 年。

缪荃孙：《艺风藏书记》，1901 年。

缪荃孙：《艺风藏书再续记》，北京：燕京大学图书馆，1940 年。

莫雁诗、黄明：《中国状元谱》，《科举文化系列书》，广州：广州出版社，1993 年。

莫友芝：《邵亭知见传本书目》，上海：国学扶轮社，1911 年。

聂崇岐：《宋词科考》，《燕京学报》，第 25 卷，1939 年，第 107—152 页。

聂崇岐：《宋代制举考略》，《史学年报》，第 2 卷，第 5 期，1938 年，第 17—37 页。

聂崇岐：《宋史丛考》，两卷，北京：中华书局，1980 年。

宁慧如：《北宋进士科考试内容之演变》，台湾大学硕士论文，1993 年。

宁慧如：《北宋进士科考试内容之演变》，台北：知书房出版社，1996 年。

宁慧如：《宋代贡举殿试策与政局》，《中国历史学会史学集刊》，第 28 卷，1996 年，第 143—166 页。

宁慧如：《朱熹论科举》，《宋史研究集》，第 33 卷，台北："国立编译馆"，2003 年，第 125—165 页。

欧阳光：《宋元科举与文人会社》，欧阳光：《宋元诗社研究丛稿》，广州：广东高等教育出版社，1996 年，第 15—28 页。

潘富恩、徐余庆：《吕祖谦评传》，匡亚明编：《中国思想家评传丛书》，南京：南京大学出版社，1992 年。

潘美月：《宋代藏书家考》，台北：学海出版社，1980 年。

蒲彦光：《宋代科举时文研究——"经义"文体初探》，《中国海事商业专科学校学报》，第 90 期，2002 年，第 153—188 页。

启功、张中行、金克木：《说八股》，北京：中华书局，1994 年。

钱穆：《朱子新学案》，五卷，台北：三民书局，1989 年。

乔衍琯：《宋代书目考》，《文史哲学集成》，台北：文史哲出版社，1987 年。

邱汉生、熊承涤：《南宋教育论著选》，《中国古代教育论著丛书》，北京：人民教育出版社，1992 年。

任继愈：《中国藏书楼》，沈阳：辽宁人民出版社，2001 年。

任远：《宋代经读之出新与弊端》，《孔子研究》，第 2 期，1995 年，第 56—61 页。

山井涌：《经书和糟粕》，《日本学者论中国哲学史》，北京：中华书局，1986 年，第 405—426 页。

商衍鎏：《科场案件与科场轶闻》，台北：中山图书，1972 年。

上海新四军历史研究会印刷印钞分会：《历代刻书概况》，《中国印刷史料选集》，北京：印刷工业出版社，1991 年。

绍懿辰：《增订四库简明目录标注》，北京：中华书局，1959 年。

沈兼士：《中国考试制度史》，王云五编：《人人文库》，台北：台湾"商务印书馆"，1969 年。

沈松勤：《南宋文人与党争》，北京：人民出版社，2005 年。

沈重：《唐代名人科举考卷译评》，南昌：江西高校出版社，1995 年。

束景南：《朱熹年谱长编》，上海：华东师范大学出版社，2001 年。

束景南：《朱熹佚文辑考》，南京：江苏古籍出版社，1991 年。

束景南：《朱子大传》，福州：福建教育出版社，1992 年。

四川大学古籍整理研究所：《现存宋人别集版本目录》，《全宋文研究资料丛刊》，成都：巴蜀书社，1990 年。

宋鼎宗：《春秋宋学发微》，台北：文史哲出版社，1986 年。

宿白：《唐宋时期的雕版印刷》，北京：文物出版社，1999 年。

孙葓田：《陈文节公傅良年谱》，《新编中国名人年谱集成》，台北：台湾"商务印书馆"，1982 年。

孙葓田、吴洪泽：《陈文节公年谱》，《宋人年谱丛刊》，成都：四川大学出版社，2003 年。

陶湘：《涉园所见宋版书影》，武进陶氏涉园，1937 年。

王德毅：《宋代贤良方正科考》，《台湾大学文史哲学报》，第 14 期，1965 年，第 301—355 页。

王建秋：《宋代太学与太学生》，《中国学术著作奖助委员会丛书》，台北：台湾"商务印书馆"，1965 年。

王岚：《宋人文集编刻流传丛考》，《中国典籍与文化研究丛书》，南京：江苏古籍出版社，2003 年。

王瑞生：《今存宋代总集考》，《台南师专学报》，第 9 期，1976 年，第 49—88 页。

王水照：《宋代文学通论》，《宋代研究丛书》，开封：河南大学出版社，1997 年。

王文进：《文禄堂访书记》，北京：文禄堂，1942 年。

王宇：《南宋科场与永嘉学派的崛起——以陈傅良与春秋时文为个案》，《浙江社会科学》，2004年，第2期，第151—156页。

王云五：《宋元教学思想》，台北：台湾"商务印书馆"，1971年。

尾崎康：《宋代雕版印刷的发展》，《故宫学术季刊》，第20卷，第4期，2003年，第167—190页。

翁同文：《印刷对于书籍成本的影响》，《清华学报》，第6卷，第1—2期，1967年，第35—41页。

吴春山：《吕祖谦研究》，台湾大学博士论文，1978年。

吴洪泽：《宋人年谱集目——宋编宋人年谱选刊》，《全宋文研究资料丛刊》，成都：巴蜀书社，1995年。

吴万居：《宋代书院与宋代学术之关系》，台北：文史哲出版社，1991年。

夏健文：《南宋永嘉永康学派之经世致用论》，"政治大学"硕士论文，1991年。

小岛毅：《日本宋学研究的新视点》，《宋史研究通讯》，第36期，2000年，第37—40页。

小岛毅：《宋学诸派中之朱学的地位》，漆侠编：《宋史研究论文集：国际宋史研讨会暨中国宋史研究会第九届年会编刊》，保定：河北大学，2002年，第516—528页。

谢水顺、李珽：《福建古代刻书》，福州：福建人民出版社，1997年。

熊承涤编：《中国古代教育史料系年》，北京：人民教育出版社，1985年。

徐规：《陈傅良之宽民力说》，《浙江学报》，第1卷，第1期，1947年，第41—48页。

徐规、周梦江：《陈傅良的著作及其事工思想述略》，纪念陈傅良诞辰八百六十周年筹委会编：《陈傅良诞辰八百六十周年纪念集》，1997年，第8—27页。

徐乃昌：《宋元科举三录》，南陵徐氏，1923年。

徐儒宗：《婺学之宗——吕祖谦传》，杭州：浙江人民出版社，2005年。

徐有守：《中外考试制度之比较》，台北：台湾"中央文物供应社"，1984年。

杨成鉴、金涛声：《中国考试学》，北京：书目文献出版社，1995年。

杨世文：《薛季宣年谱》，《宋人年谱丛刊》，成都：四川大学出版社，1993年。

杨学为、刘芃、教育部考试中心：《中国考试史文献集成》，北京：高等教育出版社，2003年。

杨永安：《王通研究》，香港：香港大学，1992年。

杨宇勋：《南宋理宗中晚朝的政争（A.D. 1233-1264）——从史弥远卒后之相位更

替来观察》，成功大学硕士论文，1991 年。

叶德辉：《书林清话》，台北：文史哲出版社，1988 年。

叶德辉：《郋园读书志》，上海：澹园，1928 年。

叶国良：《宋人疑经改经考》，《台湾大学文史丛刊》，台北：天一出版社，1980 年。

易蒲、李金苓：《汉语修辞学史纲》，长春：吉林教育出版社，1989 年。

尹德新编：《历代教育笔记资料——宋辽金元部分》，北京：中国劳动出版社，1991 年。

尹恭弘：《骈文》，《中国古代文体丛书》，北京：人民文学出版社，1994 年。

余景祥：《唐宋骈文史》，沈阳：辽宁人民出版社，1991 年。

余英时：《朱熹的历史世界：宋代士大夫政治文化的研究》，两卷，台北：允晨，2003 年。

俞兆鹏：《谢迭山先生系年要录》，《江西大学学报社会科学版》，1987 年，第 1 期，第 62—67 页。

袁征：《宋代教育》，广州：广东高等教育出版社，1991 年。

曾祥芹编：《文章学与语文教育》，上海：上海教育出版社，1995 年。

曾枣庄：《论宋代的四六文》，《文学遗产》，第 3 期，1995 年。

张伯伟：《评点四论》，《中国学术》，第 6 卷，第 2 期，2001 年，第 1—40 页。

张涤华：《类书流别》，北京：商务印书馆，1985 年。

张海鸥、孙耀斌：《〈论学绳尺〉与南宋论体文及南宋论学》，《文学遗产》，2006 年，第 1 期，第 90—101 页。

张加才：《北溪字义版本源流蠡测》，《北方工业大学学报》，第 11 卷，第 2 期，1999 年，第 80—88 页。

张加才：《诠释与建构：陈淳与朱子学》，北京：人民出版社，2004 年。

张希清：《北宋的科举取士与学校选士》，漆侠编：《宋史研究论文集：国际宋史研讨会暨中国宋史研究会第九届年会编刊》，保定：河北大学，2002 年，第 183—203 页。

张希清：《北宋贡举登科人数考》，《国学研究》，1994 年，第 2 期，第 393—425 页。

张希清：《论宋代科举中的特奏名》，邓广铭等编：《宋史研究论文集》，石家庄：河北教育出版社，1989 年。

张希清：《论王安石的贡举改革》，《北京大学学报》，第 4 期，1986 年，第 66—77 页。

张希清：《南宋贡举登科人数考》，《古籍整理与研究》，第 5 期，1991 年，第 129—146 页。

张希清：《秦桧与科举》，《岳飞研究》，第 3 期，1992 年，第 246—257 页。

张希清：《宋代殿试制度述论》，《北京大学学报》，1992 年，第 2 期，第 22—34 页。

张希清：《宋代贡举科目述论》，邓广铭、漆侠编：《国际宋史研讨会论文选集》，保定：河北大学出版社，1993 年，第 320—341 页。

张希清：《中国科举考试制度》，北京：新华出版社，1993 年。

张秀民：《中国印刷史》，上海：上海人民出版社，1989 年。

张义德：《叶适评传》，《中国思想家评传丛书》，南京：南京大学出版社，1994 年。

张元：《宋代理学家的历史观：以资治通鉴纲目为例》，台湾大学博士论文，1975 年。

张元济：《涉园序跋集录》，上海：古典文学出版社，1957 年。

张志公：《传统语文教育初探》，上海：上海教育出版社，1962 年。

郑钦仁：《立国的宏规》，刘岱编：《中国文化新论》，台北：联经，1982 年。

周梦江：《宋史"陈傅良传"补正》，纪念陈傅良诞辰八百六十周年筹委会编：《陈傅良诞辰八百六十周年纪念集》，1997 年，第 28—38 页。

周梦江：《叶适与永嘉学派》，杭州：浙江古籍出版社，1992 年。

周学武：《两宋永嘉学术之变迁》，《书目季刊》，第 10 卷，第 2 期，1976 年，第 27—47 页。

周学武：《叶水心先生年谱》，《宋人年谱丛刊二》，成都：四川大学出版社，1995 年。

周亚非：《中国历代状元录》，上海：上海文化出版社，1995 年。

周彦文：《论历代书目中的制举类书籍》，《中国书目季刊》，第 31 卷，第 1 期，1997 年，第 1—13 页。

周愚文：《宋代的州县学》，台北："国立编译馆"，1996 年。

周愚文：《宋代儿童的生活与教育》，台北：师大书院，1996 年。

周振甫：《文章例话》，北京：中国青年出版社，1983 年。

朱传誉：《宋代新闻史》，台北：中国学术著作奖助委员会，1967 年。

朱鸿：《真德秀及其对时政的认识》，《食货月刊复刊》，第 9 卷，第 5—6 期，1979 年，第 217—224 页。

朱瑞熙：《八股文的形成与没落》，《历史月刊》，1995年，第3期，第108—114页。

朱瑞熙：《论朱熹的公私观》，《上海师范大学学报》，1995年，第4期，第94—97页。

朱瑞熙：《宋代理学家唐仲友》，《刘子健博士颂寿纪念宋史研究论集》，东京：同朋舍，1989年，第43—53页。

朱瑞熙：《宋元的时文——中国八股文的雏形》，《历史研究》，1990年，第3期，第29—43页。

朱瑞熙：《中国政治制度通史：宋代》，北京：人民出版社，1996年。

朱瑞熙：《朱熹对时文——八股文雏形的批判》，《朱子学刊》，第4卷，第2期，1991年，第63—74页。

祝敏彻：《朱子语类句法研究》，武汉：长江文艺出版社，1991年。

祝尚书：《宋代科举与文学考论》，郑州：大象出版社，2006年。

祝尚书：《宋人别集叙录》，两卷，北京：中华书局：1999年。

祝尚书：《宋人总集叙录》，北京：中华书局，2004年。

朱重圣：《宋代太学之取士及其组织》，《宋史研究集》，第18卷，台北："国立编译馆"，1988年，第211—260页。

日文论著

本间次彦：《甦る朱熹》，《中国哲学研究》，第5期，1993年，第1—42页。

川上恭司：《宋代の都市と教育——州县学を中心に》，梅原郁编：《中国近世の都市と文化》，京都：京都大学人文科学研究所，1984年。

村上哲见：《科举の话》，东京：讲谈社，1980年。

岛田虔次：《中国思想史の研究》，《东洋史研究丛刊》，京都：京都大学学术出版会，2002年。

岛田虔次：《大学·中庸》，《新定中国古典选》，东京：朝日新闻社，1967年。

东北大学朱子语类研究会：《朱子语类本朝人物篇译注》，《集刊东洋学》，第42—78期，1979—1997年。

东英寿：《行卷よりみた北宋初期古文运动について——王禹偁を手がかりとし

て》,《中国文学论集》, 第 12 期, 1993 年, 第 29—48 页。

东英寿:《"太学体"考——その北宋古文运动における一考察》,《日本中国学会报》, 第 40 期, 1988 年, 第 94—108 页。

儿岛献吉郎:《支那文学考：散文考》, 东京：目黑书店, 1919 年。

副岛一郎:《宋人の见た柳宗元》,《中国文学报》, 第 47 卷, 1993 年, 第 103—145 页。

冈田武彦:《中国思想における理想と现实》, 东京：木耳社, 1983 年。

冈田武彦:《朱子の父と师》, 冈田武彦:《中国思想における理想と现实》, 东京：木耳社, 1983 年, 第 331—415 页。

冈元司:《南宋期の地域社会における "友"》,《东洋史研究》, 第 61 卷, 第 4 期, 2004 年, 第 36—75 页。

冈元司:《南宋期温州の地方行政をめぐる人的结合》,《史学研究》, 第 212 卷, 1996 年, 第 25—48 页。

冈元司:《南宋期温州の名族と科举》,《広岛大学东洋史研究室报告》, 第 17 卷, 1995 年, 第 1—23 页。

冈元司:《叶适の宋代财政观と财政改革案》,《史学研究》, 第 197 期, 1992 年, 第 35—55 页。

高津孝:《宋元评点考》,《鹿儿岛大学法文学部纪要——人文学科论集》, 第 31 卷, 1990 年, 第 127—156 页。

高桥芳郎:《宋代の士人身分について》,《史林》, 第 69 卷, 第 3 期, 1986 年, 第 39—70 页。

宫崎市定:《科举》, 东京：秋田屋, 1946 年。

宫崎市定:《宋代の士风》,《史学杂志》, 第 62 卷, 第 2 期, 1953 年, 第 139—169 页。

荒木见悟:《中国思想史の诸想》, 福冈市：中国书店, 1989 年。

荒木见悟:《林希逸の立场》,《中国哲学论集》, 第 7 期, 1981 年, 第 48—61 页。

荒木敏一:《宋代科举制度研究》, 京都：同朋舍, 1969 年。

贾志扬（John W. Chaffee）:《中国社会と科举：欧米における研究动向》,《中国社会と文化》, 第 17 期, 2002 年, 第 174—185 页。

近藤春雄:《中国学芸大事典》, 东京：大修馆书店, 1978 年。

近藤一成:《道学派の形成と福建——杨时の经济政策をめぐって》, 早稻田大

学文学部东洋史研究室编：《中国前近代史研究：栗原朋信博士追悼记念》，东京：雄山阁出版，1980年。

近藤一成：《南宋初期の王安石评价について》，《东洋史研究》，第38卷，第3期，1979年，第26—51页。

近藤一成：《王安石の科挙改革をめぐって》，《东洋史研究》，第46卷，第3期，1987年，第483—508页。

近藤一成：《宋代永嘉学派の理财论》，《史观》，第92卷，1975年，第40—53页。

近藤一成：《宋代永嘉学派叶适の华夷观》，《史学杂志》，第88卷，第6期，1979年，第51—79页。

京都大学人文科学研究所：《京都大学人文科学研究所汉籍目录》，两卷，京都：京都大学人文科学研究所，1979年，1980年。

井上进：《中国出版文化史：书物世界と知の风景》，名古屋：名古屋大学出版会，2002年。

井上进：《北溪字义版本考》，《东方学》，第80卷，1990年，第111—125页。

井上进：《藏书と读书》，《东方学报》，第62卷，1990年，第409—445页。

铃木虎雄：《赋史大要》，东京：富山房，1936年。

铃木虎雄：《八股文の沿革及び形式》，《支那文学研究》，京都：弘文堂书房，1925年，第695—716页。

梅原郁：《宋代官僚制度研究》，京都：同朋社，1985年。

平田茂树：《元祐时代の政治について：选举论议を手挂りにして》，《宋代の知识人》，东京：汲古书院，1993年，第109—136页。

平田茂树：《科举と官僚制》，《世界史リブレット》，东京：山川出版社，1997年。

清水靖义：《宋代科举制度研究の回顾とその问题点》，《广岛大学东洋史研究室报告》，第14卷，1992年，第10—14页。

仁井田升：《庆元条法事类と宋代の出版法》，《中国法制史研究》，东京：东京大学出版社，1981年，第445—465页。

仁井田升：《宋会要と宋代の出版法》，《中国法制史研究》，东京：东京大学出版社，1981年，第466—491页。

市川安司：《朱子哲学论考》，东京：汲古书院，1985年。

市川本太郎：《文中子》，《中国古典新书》，东京：明德出版社，1970年。

市川本太郎：《朱熹语类杂记》，《人文科学科纪要》，第 21 期，1959 年，第 137—184 页。

市来津由彦：《陈淳论序说——朱子学形成的视点から》，《东洋古典学研究》，第 15 期，2003 年，第 143—158 页。

市来津由彦：《朱熹門人集團形成の研究》，《东洋学丛书》，东京：创文社，2002 年。

市来津由彦：《朱熹の六朝评——道文一致の论からみた中世像》，片野达郎编：《综合研究中世の文化》，东京：角川书店，1988 年。

石田肇：《周密と道学》，《东洋史研究》，第 49 卷，第 2 期，1990 年，第 25—47 页。

寺地遵：《南宋初期政治史研究》，广岛：溪水社，1988 年。

寺田刚：《宋代教育史概说》，东京：博文社，1965 年。

田中谦二：《朱熹と科举》，《中国文明选》，第 15 卷，1976 年，第 6—8 页。

田中谦二：《朱门弟子师事年考》，《东方学报》，第 44 卷，1973 年，第 147—218 页。

田中谦二：《朱门弟子师事年考续》，《东方学报》，第 48 卷，1975 年，第 261—357 页。

田中谦二：《朱子语类外任篇详注》，《东洋史研究》，第 28 卷，1969 年，第 80—101 页；第 29 卷，1970 年，第 94—108 页；第 30 卷，1972 年，第 22—39 页。

土田健次郎：《伊川易传の思想》，《宋代の社会と文化》，东京：汲古书院，1983 年。

土田健次郎：《道学の形成》，《东洋学丛书》，东京：创文社，2002 年。

土田健次郎：《道统论再考》，镰田茂雄博士还历记念论集刊行会编：《中国の仏教と文化：镰田茂雄博士还历记念论集》，东京：大藏出版，1988 年，第 613—629 页。

土田健次郎：《周程授受再考》，《东洋の思想と宗教》，第 13 卷，第 3 期，1996 年，第 26—39 页。

土田健次郎：《宋代思想史上における周敦颐の位置》，东方学会编：《东方学会创立五十周年记念东方学论集》，东京：东方学会，1997 年，第 875—887 页。

尾崎康：《正史宋元版の研究》，东京：汲古书院，1989 年。

魏希德（Hilde De Weerdt），上内健司译：《アメリカの宋代史研究における近年の动向：地方宗教と政治文化》，《大阪市立大学东洋史论丛》，第 15 期，2006 年，第 121—138 页。

小岛毅：《思想伝达媒体としての书物——朱子学の「文化の历史学」序说》，宋代史研究会编:《宋代社会のネットワーク》,东京:汲古书院,1998 年。

小岛毅:《朱子学の伝播・定着と书物》,《アジア游学——宋代知识人の诸相——比较の手法による问题提起》,东京:勉诚出版,1999 年,第 17—27 页。

小岛毅:《朱子学の展开と印刷文化》,小岛毅、伊原弘编:《知识人の诸相:中国宋代を基点として》,东京:勉诚出版,2001 年,第 192—202 页。

小岛毅:《朱子语类颜渊问仁章訳注稿》,德岛大学综合科学部人间社会文化研究,第 2 期,1995 年,第 1—22 页。

小岛毅:《宋学の形成と展开》,《中国学芸丛书》,东京:创文社,1999 年。

兴膳宏、木津佑子、斎藤希史:《朱子语类读书法篇訳注》,《中国文学报》,1994—1996 年。

兴膳宏、木津佑子、斎藤希史:《朱子语类读论文篇訳注》,《中国文学报》,1997—2001 年。

塩见邦彦:《朱子语类口语语汇索引》,京都:中文出版社,1988 年。

衣川强:《开禧用兵をめぐって》,《东洋史研究》,第 36 卷,第 3 期,1977 年,第 128—151 页。

衣川强、竺沙雅章:《朱熹》,《中国历史人物选》,东京:白帝社,1994 年。

伊原弘:《中国知识人の基层社会——宋代温州永嘉学派を例として》,《思想》,第 802 卷,第 4 期,1991 年,第 82—103 页。

伊原弘:《中国庶民教育研究のための序章》,《东洋教育史研究》,第 11 卷,1987 年,第 61—77 页。

伊原弘:《宋代の士大夫覚え书き》,《宋代の社会と宗教》,东京:汲古书院,1985 年,第 257—295 页。

垣内景子:《朱子语类訳注卷 113—114 训门人（1—5）》,《明治大学教养论集》,1999—2004 年。

中岛敏:《宋史选挙志译注》,三卷,东京:东洋文库,1992—2000 年。

中砂明德:《刘后村と南宋士人社会》,《东方学报》,第 66 卷,1994 年,第 63—158 页。

中砂明德:《士大夫のノルムの形成——南宋时代》,《东洋史研究》,第 54 卷,第 3 期,1995 年,第 86—117 页。

周藤吉之:《宋代官僚制と大土地所有》,《社会构成史体系》,东京:日本评论社，1950 年。

周藤吉之、中岛敏：《中国の历史：五代——宋》，东京：讲谈社，1974 年。

诸桥辙次、安冈正笃编：《朱子学大系》，十四卷，东京：明德出版社，1974—1983 年。

佐藤隆则：《陈淳の学问と思想——朱熹从学以前》，《大东文化大学汉学会志》，第 28 期，1989 年，第 44—64 页。

佐藤隆则：《陈淳の学问と思想——朱熹从学期》，《大东文化大学汉学会志》，第 29 期，1990 年，第 138—152 页。

佐野公治：《四書學史の研究》，东京：创文社，1988 年。

西文论著

Adler, Joseph A. "Chu Hsi and Divination." In *Sung Dynasty Uses o/the I Ching*, ed. Kidder Smith, Jr., et al., 169－205. Princeton: Princeton University Press, 1990.

Althusser, Louis. "Ideology and Ideological State Apparatuses (Notes Towards an Investigation)." In *Mapping Ideology*, ed. Slavoj Žižek, 100－140. London and New York: Verso, 1994.

Angle, Stephen C 安靖如. "The Possibility of Sagehood: Reverence and Ethical Perfection in Zhu Xi's Thought." *Journal of Chinese Philosophy* 25, no. 3 (1998): 281－303.

Association for Asian Studies. Ming Biographical History Project Committee; L. Carrington Goodrich; and Chao‑ying Fang, eds. *Dictionary of Ming Biography, 1368－1644*. New York: Columbia University Press, 1976.

Bao, Weimin 包伟民. Review: *Songdai jiaoyu: Zhongguo gudai jiaoyu de lishixing zhuanzhe* 宋代教育：中国古代教育的历史性转折 by Yuan Zheng 袁征. *JSYS* 24 (1994): 321－25.

Beattie, Hilary. *Land and Lineage in China: A Study of T'ung‑Ch'eng, Anhwei, in the Ming and Ch'ing Dynasties*. Cambridge: Cambridge University Press, 1979.

Berkey, Jonathan Porter. *The Transmission of Knowledge in Medieval Cairo: A Social History of Islamic Education*. Princeton Studies on the Near East. Princeton: Princeton

University Press, 1992.

Berthrong, John 白诗朗. "Glosses on Reality: Chu Hsi as Interpreted by Ch'en Ch'un." Ph.D. diss., University of Chicago, 1979.

——. "To Catch a Thief: Chu Hsi (1130−1200) and the Hermeneutic Art." *Journal of Chinese Philosophy* 18 (1991): 195−212.

Bol, Peter K. 包弼德. "Ch'eng Yi as a Literatus." In *The Power of Culture: Studies in Chinese Cultural History*, ed. Willard J. Peterson, Andrew H. Plaks, and Yü Ying-shih, 172−94. Hong Kong: Chinese University Press, 1994.

——. "Chu Hsi's Redefinition of Literati Learning." In *Neo-Confucian Education: The Formative Years*, ed. Wm. Theodore de Bary and John Chaffee, 151−87. Berkeley: University of California Press, 1989.

——. "Culture and the Way in Eleventh-Century China." Ph.D. diss., Princeton University Press, 1997.

——. "The Examination System and Sung Literati Culture." In *La Société civile face à l'etat: dans les traditions chinoise, japonaise, coréenne et vietnamienne*, ed. Léon Vandermeersch, 55−75. Paris: Ecole française d'Extrême-Orient, 1994.

——. "Intellectual Culture in Wuzhou Ca. 1200−Finding a Place for Pan Zimu and the *Complete Source for Composition*." In 第二届宋史学术研讨会论文集, ed. 第二届宋史学术研讨会秘书处, 788−838. Taibei: Chinese Culture University, 1996.

——. "Neo-Confucianism and Chinese History: Position, Identity, and Movement." Paper presented at the Conference on Sung-Yuan-Ming Transitions, University of California at Los Angeles, June 5−11, 1997.

——. "Neo-Confucianism and History—Some Issues for Historians." 中国史学, 6 (1996): 1−22.

——. "Neo-Confucianism and Local Society, Twelfth to Sixteenth Century: A Case Study." In *The Song-Yuan-Ming Transition in Chinese History*, ed. Paul J. Smith and Richard von Glahn, 241−83. Cambridge: Harvard University Asia Center, 2003.

——. "Reading Su Shi in Southern Song Wuzhou." *East Asian Library Journal* 8, no. 2 (1998): 69−102.

——. "Reconceptualizing the Nation in Southern Song: Some Implications of Ye Shi' s Statecraft Learning." In *Thought, Political Power, and Social Forces*, ed. Ko-wu Huang, 33−64. Taibei: Institute of Modern History, Academia Sinica, 2002.

———. "Reflections on Sung Literati Thought." *Bulletin of Sung-Yuan Studies* 18 (1986): 88−97.

———. "The Sung Examination System and the *Shih*." *Asia Major*, 3rd series, 3, no. 2 (1990): 149−71.

———. *"This Culture of Ours": Intellectual Transitions in T'ang and Sung China* 斯文——唐宋思想的转型. Stanford: Stanford University Press, 1992.

———. "Zhang Ruyu, the *Qunshu kaosuo*, and Diversity in Intellectual Culture— Evidence from Dongyang County in Wuzhou." In 庆祝邓广铭教授九十华诞论文集, 644−73. Shijiazhuang: Hebei jiaoyu chubanshe, 1997.

Bossler, Beverly Jo. 柏文莉. *Powerful Relations: Kinship, Status, & the State in Sung China (960−1279)*. Cambridge: Council on East Asian Studies, Harvard University, 1998.

Bourdieu, Pierre. *Distinction: A Social Critique of the Judgement of Taste*. London: Routledge & Kegan Paul, 1986.

Bourdieu, Pierre, and Randal Johnson. *The Field of Cultural Production: Essays on Art and Literature, European Perspectives*. New York: Columbia University Press, 1993.

Bourdieu, Pierre, and John B. Thompson. *Language and Symbolic Power*. Cambridge: Harvard University Press, 1991.

Carruthers, Mary. *The Book of Memory: A Study of Memory in Medieval Culture*. Cambridge: Cambridge University Press, 1990 (1992).

Chaffee, John W. 贾志扬. *Branches of Heaven: A History of the Imperial Clan of Sung China* 天潢贵胄：宋代宗室史. Cambridge, MA: Harvard University Asia Center, 1999.

———. "Chao Ju-Yü, Spurious Learning, and Southern Sung Political Culture." *JSYS* 22 (1990−92): 23−61.

———. "Chu Hsi and the Revival of the White Deer Grotto Academy, 1179−1181 A.D." *T'oung Pao* 71 (1985): 40−62.

———. "Chu Hsi in Nan-K'ang: Tao-Hsiieh and the Politics of Education." In *Neo-*

Confucian Education: The Formative Stage, ed. Wm. Theodore de Bary and John W. Chaffee, 414−31. Berkeley: University of California, 1989.

——. "Education and Examinations in Sung Society (960−1279)." Ph.D. diss., University of Chicago, 1979.

——. "Examinations During Dynastic Crisis: The Case of the Early Southern Song." Paper presented at the International Conference on the Imperial Examination System and the Study of Imperial Examinations, Xiamen, September 2−4, 2005.

——. "The Historian as Critic: Li Hsin-Ch'uan and the Dilemmas of Statecraft in Southern Sung China." In *Ordering the World: Approaches to State and Society in Sung Dynasty China*, ed. Robert P. Hymes and Conrad Schirokauer, 310−35. Berkeley, CA: University of California Press, 1993.

——. *The Thorny Gates of Learning in Sung China: A Social History of the Examinations* 宋代科举. Albany, NY: State University of New York Press, 1995 (1985).

Chan, Hok-lam 陈学霖. *Control of Publishing in China, Past and Present*. Canberra: Australian National University Press, 1983.

Chan, Wing-tsit 陈荣捷. *Chu Hsi: New Studies*. Honolulu: University of Hawaii Press, 1989.

——. "Chu Hsi's Completion of Neo-Confucianism." In idem, *Chu Hsi, Life and Thought*, 103−138. Hong Kong, 1987 (1973).

——. "The Principle of Heaven vs. Human Desires." In *Chu Hsi: New Studies*, ed. Wing-tsit Chan, 197−211. Honolulu: University of Hawaii Press, 1989.

Chan, Wing-tsit, comp. and trans. *A Sourcebook in Chinese Philosophy*. Princeton: Princeton University Press, 1963.

Chan, Wing-tsit, trans. *Reflections on Things at Hand, the Neo-Confucian Anthology*. New York: Columbia University Press, 1967.

Chan, Wing-tsit, trans. And ed. *Neo-Confucian Terms Explained (the Pei Hsi Tzu-I* 北溪字义 *)*. New York: Columbia University Press, 1986.

Chen Jo-shui 陈弱水. *Liu Tsung-Yüan and Intellectual Chang in T'ang China, 773−819*. Cambrdige: Cambridge University Press, 1992.

Chen, Yu-shih. *Images and Ideas in Chinese Classical Prose: Studies of Four*

Masters. Stanford: Stanford University Press, 1988.

Cherniack, Susan. "Book Culture and Textual Transmission in Sung China." *HJAS* 54, no. 1 (1994): 5–125.

Chia, Lucille 贾晋珠. "Book Emporium: The Development of the Jianyang Book Trade, Song‐Yuan." *Late Imperial China* 17, No. 1 (1996): 10–48.

——. "Printing for Profit: The Commercial Printers of Jianyang, Fujian (Song‐Ming)." Ph.D. diss., Columbia University, 1996.

——. *Printing for Profit: The Commercial Publishers of Jianyang, Fujian (11th–17th Centuries)*. Cambridge: Harvard University Asia Center for Harvard‐Yenching Institute, 2002.

Chow Kai‐wing 周启荣. "Discourse, Examination and Local Elite: The Invention of the T'ung‐Ch'eng School in Ch'ing China." In *Education and Society in Late Imperial China, 1600–1900*, ed. Benjamin A. Elman and Alexander Woodside, 183–219. Berkeley: University of California Press, 1994.

——. *Publishing, Culture, and Power in Early Modern China*. Stanford: Stanford University Press, 2004.

——. Review: Benjamin A. Elman. *A Cultural History of Civil Examinations in Late Imperial China. American Historical Review* 107, No. 1 (2002): 168.

——. "Writing for Success: Printing, Examinations, and Intellectual Change in Late Ming China." *Late Imperial China* 17, No. 1 (1996): 120–57.

Chu, Ping‐tzu 祝平次. "Tradition Building and Cultural Competition in Southern Song China (1160–1220): The Way, the Learning, and the Texts." Ph.D. diss., Harvard University, 1998.

Chu, Ron‐Guey 朱荣贵. "Chen Te‐Hsiu and the 'Classic on Governance': The Coming of Age of Neo‐Confucian Statecraft." Ph.D. diss., Columbia University, 1988.

Confucius, E. Bruce Brooks, and A. Taeko Brooks. *The Original Analects: Sayings of Confucius and His Successors, 0479–0249*. Translations from the Asian Classics. New York: Columbia University Press, 1998.

Davis, Richard L. 戴仁柱. *Court and Family in Sung China, 960–1279: Bureaucratic Success and Kinship Fortunes for the Shih of Ming‐Chou*. Durham: Duke University

Press, 1986.

——. "Custodians of Education and Endowment at the State Schools of Southern Sung." *JSYS* 25 (1995): 95–119.

——. *Wind Against the Mountain: The Crisis of Politics and Culture in Thirteenth-Century* China. Cambridge: Council on East Asian Studies, Harvard University, 1996.

de Bary, Wm. Theodore 狄百瑞. *Learning for One's Self: Essays on the Individual in Neo-Confucian Thought.* New York: Columbia University Press, 1991.

——. *The Liberal Tradition in China.* New York: Columbia University Press, 1983.

——. *The Message of the Mind in Neo-Confucianism.* New York: Columbia University Press, 1989.

——. *Neo-Confucian Orthodoxy and the Learning of the Mind-and-Heart.* New York: Columbia University Press, 1981.

——. "Some Common Tendencies in Neo-Confucianism." In *Confucianism in Action,* ed. David S. Nivison and Arthur F. Wright, 25–49. Stanford: Stanford University Press, 1959.

——. "The Uses of Confucianism: A Response to Professor Tillman." *Philosophy East and West* 43, No. 3 (1993): 541–55.

de Bary, Wm. Theodore, Irene Bloom, et al., eds. *Sources of Chinese Tradition.* 2nd ed. Introduction to Asian Civilizations. New York: Columbia University Press, 1999.

de Bary, Wm. Theodore, and John W. Chaffee, eds. *Neo-Confucian Education: The Formative Stage.* Berkeley: University of California Press, 1989.

Des Rotours, Robert 戴何都. *Le traité des examens, traduit de la "Nouvelle histoire des T'ang."* Paris: Librairie Ernest Leroux, 1932.

De Weerdt, Hilde 魏希德. "Aspects of Song Intellectual Life: A Preliminary Inquiry into Some Southern Song Encyclopedias." *Papers on Chinese History* 3 (1994): 1–27.

——. "Byways in the Imperial Chinese Information Order: The Dissemination and Commercial Publication of State Documents." *HJAS* 66, No. 1 (2006): 145–88.

——. "Canon Formation and Examination Culture: The Construction of *Guwen* and *Daoxue* Canons," *JSYS* 29 (1999): 91–134.

——. "Changing Minds Through Examinations: Examination Critics from Medieval

Through Late Imperial Times." *Journal of the American Oriental Society*, 126, No. 3 (2006): 367–77.

——. "The Composition of Examination Standards: *Daoxue* and Southern Song Dynasty Examination Culture." Ph.D. diss., Harvard University, 1998.

——. "Content and Composition: An Investigation of 'Lü Zuqian'Examination Teaching." In 江南文化研究（第一辑）, ed. 浙江师范大学人文学院, 92–109. Beijing: Xueyuan chubanshe, 2006.

——. "'Court Gazettes'and 'Short Reports': The Blurry Boundaries Between Official News and Rumor." Paper presented at the Annual Meeting of the Association for Asian Studies, San Francisco, April 9, 2006.

——. "The Discourse of Loss in Private and Court Book Collecting in Imperial China." *Library Trends* 55, No. 3 (2007): 404–20.

——. "The Empire-Wide Significance of Local Intellectual Traditions: Yongjia Scholarship in the Twelfth Century." In *Education and Local Development in Late Imperial China*, ed. Liu Hsiang-kwang, forthcoming.

——. "The Encyclopedia as Textbook: Selling Private Chinese Encyclopedias in the Twelfth and Thirteenth Centuries." *Extrême-orient, Extrême-occident*, special volume, 2007, 77–102.

——. Review: *The Class of 1761: Examinations, State, and Elites in 18th Century China* by Iona Man-Cheong. *JAS* 64, No. 2 (2005): 453–54.

——. Review: *Publishing, Culture, and Power in Early Modern China* by Kai-Wing Chow. *Technology and Culture* 47 (2006): 192–93.

——. "The Ways of the Teacher: Commemorating the Administrator and the Transmitter in Twelfth-Century Teacher Biographies." *Chūgoku shigaku / Studies in Chinese History* 16 (2006): 1–24.

——. "What Did Su Che See in the North? Publishing Laws, State Security, and Political Culture in Song China." *T'oung pao: International Journal of Chinese Studies* 92, No. 4–5 (2006): 466–94.

DeWoskin, Kenneth. "Lei-shu." In *The Indiana Companion to Traditional Chinese Literature*, ed. William Nienhauser, Jr., 526–29. Bloomington: Indiana University Press,

1986.

Dien, Albert 丁爱博. "Civil Service Examinations: Evidence from the Northwest." In *Culture and Power in the Reconstruction of the Chinese Realm, 200−600*, edited by Scott Pearce, Audrey Spiro, and Patricia Ebrey, 99−121. Cambridge: Harvard University Asia Center, 2001.

Diény, Jean-Pierre 桀溺. "Les encyclopédies chinoises." In *L'encyclopédisme: actes du colloque de Caen, 12−16 Janvier 1987*, ed. Annie Becq, 195−200. Paris: Editions aux amateurs de livres, 1991.

Ditmanson, Peter Brain 戴彼得. "Contesting Authority: Intellectual Linages and the Chinese Imperial Court from the Twelfth to the Fifteenth Centuries." Ph.D. diss., Harvard University, 1999.

Drège, Jean-Pierre 戴仁. "Des effets de l'imprimerie en Chine sous la dynastie des Song." *Journal Asiatique* 282, No. 2 (1994): 409−42.

Eagleton, Terry. *Ideology: An Introduction*. London; New York: Verso, 1991.

Ebrey, Patricia Buckley 伊佩霞. *Confucianism and Family Rituals in Imperial China: A Social History of Writing About Rites*. Princeton: Princeton University Press, 1991.

———. "The Dynamics of Elite Domination in Sung China." *HJAS* 48 (1988): 493−519.

Ebrey, Patricia Buckley, trans. and annot. *Chu Hsi's Family Rituals*. Princeton: Princeton University Press, 1991.

Edgren, Sören 艾思仁. "Southern Song Printing at Hangzhou." *Bulletin of the Museum of Far Eastern Antiquities*, No. 62 (1989): 1−212.

Egan, Ronald C. 艾朗诺. *The Literary Works of Ou-Yang Hsiu* (1007–72). Cambridge Studies in Chinese History, Literature and Institutions. Cambridge: Cambridge University Press, 1984.

Elman, Benjamin A. "Changes in Confucian Civil Service Examinations from the Ming to the Ch'ing Dynasty." In *Education and Society in Late Imperial China, 1600−1900*, ed. Idem and Alexander Woodside, 111−49. Berkeley: University of California Press, 1994.

———. "The Changing Role of Historical Knowledge in Southern Provincial Civil Examinations During the Ming and Ch'ing." 台湾"中央研究院"中山人文社会科

学研究所人文及社会科学集刊 5, No. 1 (1992): 265-319.

——. "The 'Chinese Sciences'in Policy Questions from Confucian Civil Examinations During the Late Ming." In *Western Learning and Christianity in China: The Contribution and Impact of Johann Adam Schall Von Bell, S.J. (1592-1666),* ed. Roman Malek, 619-66: Sankt Augustin: China-Zentrum, 1998.

——. *A Cultural History of Civil Examinations in Late Imperial China.* Berkeley: University of California Press, 2000.

——. "An Early Ming Perspective on Song-Jin-Yuan Civil Service Examinations." Paper presented at the conference The Song-Yuan-Ming Transition: A Turning Point in Chinese History? UCLA, June 5-11, 1997.

——. "The Evolution of Civil Service Examinations in Late Imperial China." *Newsletter for Modern Chinese History* 11 (1991): 65-88.

——. "The Formation of Dao Learning as Imperial Ideology During the Early Ming Dynasty." In *Culture & State in Chinese History: Conventions, Accommodations, and Critiques,* ed. Theodore Huters, R. Bin Wong, and Pauline Yu, 58-82. Stanford: Stanford University Press, 1997.

——. "Political, Social, and Cultural Reproduction Via Civil Service Examinations in Late Imperial China." *JAS* 50, No. 1 (1991): 7-28.

——. "Rethinking 'Confucianism'and 'Neo-Confucianism'in Modern Chinese History." In *Rethinking Confucianism: Past and Present in China, Japan, Korea, and Vietnam,* ed. Idem, John B. Buncan, and Herman Ooms, 518-54. Los Angeles: UCLA Asian Pacific Monograph Series, 2002.

Elman, Benjamin A.; John B. Duncan; and Herman Ooms. "Introduction." In *Rethinking Confucianism: Past and Present in China, Japan, Korea, and Vietnam,* ed. Idem, John B. Buncan, and Herman Ooms, 1-29. Los Angeles: UCLA Asian Pacific Monograph Series, 2002.

——, eds. *Rethinking Confucianism: Past and Present in China, Japan, Korea, and Vietnam.* Los Angeles: UCLA Asian Pacific Monograph Series, 2002.

Elman, Benjamin A., and Alexander Woodside, eds. *Education and Society in Late Imperial China, 1600-1900.* Berkeley: University of California Press, 1994.

Ephrat, Daphna. *A Learned Society in a Period of Transition: The Sunni Ulama" of Eleventh Century Baghdad*. SUNY Series in Medieval Middle East History. Albany: State University of New York Press, 2000.

Foster, Robert Wallace. "Differentiating Rightness from Profit: The Life and Thought of Lu Jiuyuan (1139−1193)." Ph.D. diss., Harvard University, 1997.

———. "Seeking a Tradition: Lu Jiuyuan's Attempt to Define *Ru* Approaches to Education, Politics, and Philosophy in Southern Song." *Paper on Chinese History* 1 (1992): 1−21.

Frank, Paulo. "National Security in Northern Sung: A Subject for the Civil Service Examination." *Papers on Chinese History* 1 (1992): 22−38.

Franke, Herbert. *Sung Biographies*. Wiesbaden: Steiner, 1976.

Franke, Herbert, and Denis Crispin Twitchett 杜希德, eds. *Cambridge History of China*, vol. 6, *Alien Regimes and Border States, 907−1368* 剑桥中国辽西夏金元史. Cambridge: Cambridge University Press, 1994.

Franke, Wolfgang 傅吾康. *The Reform and Abolition of the Traditional Chinese Examination System*. Cambridge: Center for East Asian Studies, Harvard University, 1968.

Gardner, Daniel K. *Chu Hsi and the Ta-Hsueh: Neo-Confucian Reflection on the Confucian Canon*. Cambridge: Council on East Asian Studies, Harvard University, 1986.

———. "Confucian Commentary and Chinese Intellectual History." *JAS* 57, No. 2 (1998): 397−422.

———. *Learning to Be a Sage*. Berkeley: University of California Press, 1990.

———. "Modes of Thinking and Modes of Discourse in the Sung: Some Thoughts on the Yü Lu ('Recorded Conversations') Texts." *JAS* 50, No. 3 (1991): 574−603.

———. "Principle and Pedagogy: Chu Hsi and the Four Books." *HJAS* 44, no. 1 (1984): 57−81.

———. "Transmitting the Way: Chu Hsi and His Program of Learning." *HJAS* 49, No. 1 (1989): 141−72.

Gong Wei Ai 江伟爱. "The Consolidation of Southern Sung China: The Reign of Hsiao-Tsung (1162−1189)." In *Cambridge History of China*, Vol. 5, pt. I, *The Five Dynasties and Sung China, 960−1279 A.D.* 剑桥中国宋代史（上卷）, ed. Paul Smith and John W.

Chaffee, 710−55. Cambridge: Cambridge University Press, 2009.

——. "Emperor Hsiao‑Tsung and the Consolidation of Southern Sung China." 2 pts. "Court Politics During the Ch'ien‑Tao Era, 1165−1173" and "Court Politics During the Ch'un‑Hsi Era, 1174−1189." *Chinese Culture* 28, No. 3 (1987): 47−78; 28, No. 4 (1987): 35−65.

——. "Ideal and Reality: Student Protests in Southern Sung China, 1127−1279." In *Proceedings of the Second Symposium on Sung History* 第二届宋史学术研讨会论文集 , ed. 第二届宋史学术研讨会秘书处 , 696−720. Taibei: Chinese Culture University, 1996.

Graham, A. C. 葛瑞汉 . *Two Chinese Philosophers*. London: Lund Humphries, 1958.

——. "What Was New in the Ch'eng‑Chu Theory of Human Nature?" In *Chu Hsi and Neo‑Confucianism*, ed. Wing‑tsit Chan, 138−57. Honolulu: University of Hawaii Press, 1986.

Guarino, Marie. "Learning and Imperial Authority in Northern Sung China (960−1126): The Classics Mat Lectures." Ph.D. diss., Columbia University, 1994.

Guillory, John. "Canon." In *Critical Terms for Literary Study*, ed. Frank Lentricchia and Thomas McLaughlin, 233−49. Chicago: University of Chicago Press, 1995 (1990).

——. *Cultural Capital: The Problem of Literary Canon Formation*. Chicago: University of Chicago Press, 1993.

Guy, R. Kent 盖博坚 . "Fang Pao and the *Ch'in‑Ting Ssu‑Shu‑Wen*." In *Education and Society in Late Imperial China, 1600−1900*, edited by Benjamin A. Elman and Alexander Woodside, 150−82. Berkeley: University of California Press, 1994.

Haeger, John Winthrop. "The Intellectual Context of Neo‑Confucian Syncretism." *JAS* 31, No. 3 (1972): 499−513.

Haeger, John Winthrop, ed. *Crisis and Prosperity in Sung China*. Tucson: University of Arizona Press, 1975.

Hansen, Valerie 韩森 . *Changing Gods in Medieval China, 1127−1276* 变迁之神：南宋时期的民间信仰 . Princeton: Princeton University Press, 1990.

Hartman, Charles 蔡涵墨 . "Bibliographical Notes on Sung Historical Works: The Original *Record of the Way and Its Destiny (Tao‑Ming Lu)* by Li Hsin‑Ch'uan." *JSYS* 30 (2000): 1−61.

——. *Han Yü and the T'ang Search for Unity*. Princeton: Princeton University Press,

1986.

——. "The Making of a Villain: Ch'in Kuei and Tao‑Hsueh." *HJAS* 58, No. 1 (1998): 59–146.

——. "Preliminary Bibliographical Notes on the Sung Editions of Han Yü's *Collected Works*." In *Critical Essays on Chinese Literature*, ed. William H. Nienhauser, Jr., 89–100. Hong Kong: Chinese University of Hong Kong, 1976.

——. "Zhu Xi and His World." *JSYS* 36 (2006): 107–31.

Hartwell, Robert M. "Financial Expertise, Examinations, and the Formulation of Economic Policy in Northern Sung China." *JAS* 30 (1971): 281–314.

——. "Historical Analogism, Public Policy, and Social Science in Eleventh and Twelfth Century China." *American Historical Review* 76, No. 3 (1971): 690–727.

Hatch, George Cecil, Jr 贺巧治. "Sun Hsun's Pragmatic Statecraft." In *Ordering the World: Approaches to State and Society in Sung Dynasty China*, ed. Robert P. Hymes and Conrad Schirokauer, 59–75. Berkeley: University of California Press, 1993.

——. "The Thought of Su Hsun (1009–1066): An Essay in the Social Meaning of Intellectual Pluralism in Northern Sung." Ph.D. diss., University of Washington, 1972.

Hervouet, Yves 吴德明, ed. *A Sung Bibliography (Bibliographie Des Sung)*. Hong Kong: Chinese University Press, 1978.

Ho, Ping‑ti 何炳棣. *The Ladder of Success in Imperial China: Aspects of Social Mobility, 1368–1911* 明清社会史论. New York: Columbia University Press, 1962.

Hsu, Yeong‑huei 徐永辉. "Song Gaozong (r. 1127–1162) and His Chief Councilors: A Study of the Formative State of the Southern Song Dynasty (1127–1279)." Ph.D. diss., University of Arizona, 2000.

Huang, Chün‑chieh 黄俊杰. "The Synthesis of Old Pursuits and New Knowledge: Chu Hsi's Interpretation of Mencian Morality." 新亚学术集刊 3 (1982): 197–222.

Huang, Chün‑chieh, and Erik Zürcher 许理和. *Norms and the State in China*. Leiden: E. J. Brill, 1993.

Huff, Toby E. *The Rise of Early Modern Science: Islam, China and the West*. Cambridge: Cambridge University Press, 1993.

Huters, Theodore; R. Bin Wong 王国斌; and Pauline Yu 余宝琳, eds. *Culture and*

State in Chinese History: Conventions, Accommodations, and Critiques. Stanford: Stanford University Press, 1997.

Hymes, Robert P. 韩明士. "Lu Chiu-Yuan, Academies, and the Problem of the Local Community." In *Neo-Confucian Education: The Formative Stage*, ed. Wm. Theodore de Bary and John W. Chaffee, 432–56. Berkeley: University of California Press, 1989.

———. "Moral Duty and Self-Regulating Process in Southern Sung Views of Famine Relief." In *Ordering the World: Approaches to State and Society in Sung Dynasty China*, ed. Idem and Conrad Schirokauer, 280–309. Berkeley: University of California Press, 1993.

———. *Statesmen and Gentlemen: The Elite of Fu-Chou, Chiang-Hsi, in Northern and Southern Sung*. Cambridge: Cambridge University Press, 1986.

———. *Way and Byway: Taoism, Local Religion, and Models of Divinity in Sung and Modern China*. Berkeley: Columbia University Press, 2002.

Hymes, Robert P., and Conrad Schirokauer 谢康伦, eds. *Ordering the World: Approaches to State and Society in Sung Dynasty China*. Berkeley: University of California Press, 1993.

Ivanhoe, Philip J 艾文贺. "Reflections on the *Chin-Ssu Lu*." *Journal of the American Oriental Society* 108, No. 2 (1988): 269–75.

Ji Xiao-bin 冀小斌. "Inward-Oriented Ethical Tension in Lü Tsu-Ch'ien's Thought." Master's thesis, Arizona State University, 1991.

Kasoff, Ira E. 葛艾儒. *The Thought of Chang Tsai (1020–1077)*. Cambridge Studies in Chinese History, Literature, and Institutions. Cambridge: Cambridge University Press, 1984.

Kieschnich, John 柯嘉豪. *The Eminent Monk: Buddhist Ideals in Medieval Chinese Hagiography*. Studies in East Asian Buddhism. Honolulu: University of Hawaii Press, 1997.

Kinney, Anne Behnke. *The Art of the Han Essay: Wang Fu's Ch'ien-Fu Lun."* Monograph Series / Arizona State University, Center for Asian Studies, 26. Tempe: Center for Asian Studies, Arizona State University, 1990.

Kohn, Livia 孔丽维, and Harold David Roth 罗浩. *Daoist Identity: History, Lineage, and Ritual*. Honolulu: University of Hawaii Press, 2002.

Kracke, Edward, Jr. 柯睿格. "Change Within Tradition." *Far Eastern Quarterly* 14 (1954–55): 479–88.

———. *Civil Service in Early Sung China, 960–1067*. Cambridge: Harvard University Press, 1953.

———. "The Expansion of Educational Opportunity in the Reign of Hui-Tsung of the Sung and Its Implications." *Sung Studies Newsletter* 13 (1977): 6–30.

———. "Family Versus Merit in Chinese Civil Service Examinations Under the Empire." *HJAS* 10 (1947): 105–23.

———. "Region, Family and Individuals in the Examination System." In *Chinese Thought and Institutions*, ed. John King Fairbank, 251–68. Chicago: University of Chicago Press, 1957.

Kuhn, Dieter. *Die Song-Dynastie (960 Bis 1279): eine neue Gesellschaft im Spiegel ihrer Kultur*. Weinheim: Acta Humaniora and VCH, 1987.

Kuhn, Dieter, and Ina Asim. *Beamtentum und Wirtschaftspolitick in der Song-Zeit*. Würzburger Sinologische Schriften. Heidelberg: Edition Forum, 1995.

Lackner, Michael 朗宓榭. "Argumentation par diagrammes: Le Ximing depuis Zhang Zai jusqu'au *Yanjitu*." *Extrême Orient-Extrême Occident* 14 (1992): 131–68.

———. "Zur Verplanung des Denkens am Beispiel der T'u." In *Lebenswelt und Weltanschauung im früneuzeitlichen China*, ed. Hellwig Schmidt-Glintzer, 133–56. Stuttgart: Franz Steiner, 1990.

Lai, T. C. 赖恬昌. *A Scholar in Imperial China*. Hong Kong: Kelly & Walsh, 1970.

Langley, C. Bradford. "Wang Ying-Lin (1223–1296): A Study in the Political and Intellectual History of the Demise of the Sung." Ph.D. diss., Indiana University Press, 1980.

Langlois, John D., Jr. Review: Benjamin A. Elman, *A Cultural History of Civil Examinations in Late Imperial China*. *HJAS* 61, No. 1 (2001): 216–30.

Lau, D. C. 刘殿爵. *The Analects*. Harmondsworth, Eng.: Penguin Books, 1979.

———. *Mencius*. Harmondsworth, Eng.: Penguin Books, 1970.

Lau, Nap-yin 柳立言. "The Absolutist Reign of Sung Hsiao-Tsung (r. 1163–1189)." Ph.D. diss., Princeton University, 1986.

Lee, Thomas H. C. 李弘祺. "Academies: Official Sponsorship and Suppression." In *Imperial Rulership and Cultural Change in Traditional China*, ed. Frederic Brandauer and Chünchieh Huang, 117–43. Seattle: University of Washington Press, 1994.

———. "Books and Bookworms in Song China: Book Collection and the Appreciation of Books." *JSYS* 25 (1995): 193–218.

———. "Chu Hsi, Academies and the Tradition of Private *Chiang-Hsüeh*." *Chinese Studies* 2 (1986): 301–30.

———. *Education in Traditional China, a History*. Handbook of Oriental Studies. Leiden: Brill, 2000.

———. *Government Education and Examinations in Sung China* 宋代官学教育与科举. Hong Kong: Chinese University of Hong Kong Press, 1985.

———. "Neo-Confucian Education in Chien-Yang, Fu-Chien, 1000–1400: Academies, Society and the Development of Local Culture." In 国际朱子学会议论文集, 945–96. Taibei: Zhongyang yanjiuyuan Zhongguo wenzhe yanjiusuo choubeichu, 1993.

———. "The Social Significance of the Quota System in Song Civil Service Examinations." *Journal of the Institute of Chinese Studies* 13 (1982): 287–317.

Legge, James 理雅各. *The Chinese Classics*. 5 vols. Taibei: SMC Publishing, 1991 (1893–95).

Levine, Ari Daniel 李瑞. "A House in Darkness: The Politics of History and the Language of Politics in the Late Northern Song, 1068–1104." Ph.D. diss., Columbia University, 2002.

Library of Congress, Asian Division, and Arthur William Hummel 恒慕义, eds. *Eminent Chinese of the Ch'ing Period (1644–1912)*. Taibei: Literature House, 1964 (1943).

Liu Hsieh. *The Literary Mind and the Carving of Dragons: A Study of Thought and Pattern in Chinese Literature*. Trans. and annot. Vincent Yu-chung Shih. Chinese Classics. Hong Kong: Chinese University Press, 1983.

Liu, James T. C. 刘子健. *China Turning Inward: Intellectual-Political Changes in the Early Twelfth Century* 中国转向内在：两宋之际的文化内向. Cambridge: Harvard University Press, 1988.

———. "How Did a Neo-Confucian School Become the State Orthodoxy?" *Philosophy East and West* 23 (1973): 483–505.

———. *Ou-yang Hsiu: An Eleventh-Century Neo-Confucianist*. Stanford: Stanford University Press, 1967.

———. "Wei Liaoweng's Thwarted Statecraft." In *Ordering the World: Approaches to State and Society in Sung Dynasty China*, ed. Robert P. Hymes and Conrad Schirokauer, 336–48. Berkeley: University of California Press, 1993.

Liu, James T. C., and Peter J. Golas, eds. *Change in Sung China: Innovation or Renovation?* Problems in Asian Civilizations. Boston: D. C. Heath & Co., 1969.

Liu, Shi Shun 刘师舜. *Chinese Classical Prose: The Eight Masters of the T'ang-Sung Period*. Hong Kong: Chinese University of Hong Kong Press, 1979.

Lo, Winston Wan 罗文. *An Introduction to the Civil Service of Sung China: With Emphasis on Its Personnel Administration*. Honolulu: University of Hawaii Press, 1987.

———. *The Life and Thought of Yeh Shih*. Hong Kong: Chinese University of Hong Kong Press, 1974.

Loewe, Michael 鲁惟一. *A Biographical Dictionary of the Qin, Former Han and Xin Periods, 221 BC-AD 24*. Handbuch der Orientalistik. Leiden: Brill, 2000.

———. *The Origins and Development of Chinese Encyclopaedias*. China Society Occasional Papers. London: China Society, 1987.

Loewe, Michael, ed. *Early Chinese Texts: A Bibliographical Guide*. Early China Special Monograph Series, 2. [Berkeley]: Society for the Study of Early China: Institute of East Asian Studies, University of California Berkeley, 1993.

Loewe, Michael, and Edward L. Shaughnessy 夏含夷, eds. *The Cambridge History of Ancient China: From the Origins of Civilization to 221 B.C.* Cambridge: Cambridge University Press, 1999.

Magone, Rui. Review: Benjamin A. Elman, *A Cultural History of Civil Examinations in Late Imperial China. JAS* 63, No. 4 (2004): 1097–99.

Man-Cheong, Iona 文朵莲. *The Class of 1761: Examinations, State, and Elites in Eighteenth-Century China*. Stanford: Stanford University Press, 2004.

Margouliès, Georges 马古礼. *Le kou-wen chinois: receuil de textes avec introduction et notes*. Paris: Librairie orientaliste, 1926.

McMullen, David 麦大维. *State and Scholars in T'ang China*. Cambridge: Cambridge University Press, 1988.

McRae, John R. 马克瑞. *Seeing Through Zen: Encounter, Transformation, and Genealogy in Chinese Chan Buddhism*. Berkeley: University of California Press, 2003.

Menzel, Johanna M., ed. *The Chinese Civil Service: Career Open to Talent?* Problems in Asian Civilizations. Boston: D. C. Heath & Co., 1963.

Min, Tu-gi 闵斗基 . *National Polity and Local Power: The Transformation of Late Imperial China*. Ed. Philip A. Kuhn and Timothy Brook. Cambridge: Council on East Asian Studies, Harvard University, 1989.

——. "The Sheng-Yuan-Chien-Sheng Stratum (Sheng-Chien) in Ch'ing Society." In idem, *National Polity and Local Power: The Transformation of Late Imperial China*, 21–49. Cambridge: Council on East Asian Studies, Harvard University, 1989.

Miyakawa, Hisayuki 宫川尚志 . "An Outline of the Naitô Hypothesis and Its Effects on Japanese Studies of China." *Far Eastern Quarterly* 14, No. 4 (1955): 533–52.

Miyazaki Ichisada 宫崎市定 . *China's Examination Hell*. New Haven: Yale University Press, 1981.

Moore, Oliver J. 莫欧礼 , and Wang Dingbao 王定保 . *Rituals of Recruitment in Tang China: Reading an Annual Programme in the Collected Statements by Wang Dingbao (870–940)*. Sinica Leidensia, 65. Leiden and Boston: Brill, 2004.

Munro, Donald J. 孟旦 . *Images of Human Nature: A Sung Portrait*. Princeton: Princeton University Press, 1988.

Neskar, Ellen. "The Cult of Worthies: A Study of Shrines Honoring Local Confucian Worthies in the Sung Dynasty (960–1279)." Ph.D. diss., Columbia University, 1993.

Nienhauser, William, Jr. 倪豪士 , ed. *The Indiana Companion to Traditional Chinese Literature*. Bloomington: Indiana University Press, 1986.

Niu Pu. "Confucian Statecraft in Song China: Ye Shi and the Yongjia School." Ph.D. diss., Arizona State University, 1998.

Nivison, David S. 倪德卫 . "Protest Against Conventions and Conventions of Protest." In *The Confucian Persuasion*, ed. Arthur Wright, 177–201. Stanford: Stanford University Press, 1960.

Nylan, Michael 戴梅可 . *The Five Confucian"Classics*. New Haven: Yale University Press, 2001.

Oberst, Zhihong Liang. "Chinese Economic Statecraft and Economic Ideas in the Sung

Period (960−1279)." Ph.D. diss., Columbia University, 1996.

Owen, Stephen 宇文所安 . *Readings in Chinese Literary Thought*. Cambridge: Council on East Asian Studies, Harvard University, 1992.

Parkes, Malcolm Beckwith. "The Influence of the Concepts of *Ordinatio* and *Compilatio* on the Development of the Book." In *Medieval Learning and Literature: Essays Presented to Richard William Hunt*, ed. J. J. G. Alexander and Margaret T. Gibson, 115−41. Oxford, Eng.: Clarendon Press, 1976.

——. *Pause and Effect: An Introduction to the History of Punctuation in the West*. Aldershot, Eng.: Scolar Press, 1992.

Pearce, Scott; Audrey G. Spiro; and Patricia Buckley Ebrey. *Culture and Power in the Reconstitution of the Chinese Realm, 200−600*. Cambridge: Harvard University Asia Center, 2001.

Pelliot, Paul 伯希和 . *Les debuts de l'imprimerie en Chine*. Paris: Impr. Nationale Librairie d' Amérique et d'Orient, 1953.

Peterson, Willard J. 裴德生 . "Another Look at *Li*." *BSYS* 18 (1986): 13−31.

Peterson, Willard J., Andrew H. Plaks 浦安迪 , and Yü Ying-shih 余英时 , eds. *The Power of Culture: Studies in Chinese Cultural History*. Hong Kong: Chinese University of Hong Kong Press, 1994.

Plaks, Andrew. "The Prose of Our Time." In *The Power of Culture: Studies in Chinese Cultural History*, ed. Willard J. Peterson, Andrew H. Plaks, and Yü Ying-shi, 206−17. Hong Kong: Chinese University of Hong Kong Press, 1994.

Poon, Ming-sun 潘铭燊 . "Books and Printing in Sung China (960−1279)." Ph.D. diss., University of Chicago, 1979.

——. "The Printer's Colophon in Sung China, 960−1279." *Library Quarterly* 43 (1973): 39−52.

Rawski, Evelyn Sakakida 罗友枝 . *Education and Popular Literacy in Ch'ing China*. Ann Arbor: University of Michigan Press, 1979.

Rickett, W. Allyn 李克 . *Guanzi: Political, Economic, and Philosophical Essays from Early China*. Vol. I. Princeton: Princeton University Press, 1985.

Ridley, Charles Price. "Educational Theory and Practice in Late Imperial China: The

Teaching of Writing as a Specific Case." Ph.D. diss., Stanford University, 1973.

Ropp, Paul S. 罗溥洛 . *Dissent in Early Modern China: Ju-Lin Wai-Shih" and Ch'ing Social Criticism*. Ann Arbor: University of Michigan Press, 1981.

Sariti, Anthony. "Monarchy, Bureaucracy and Absolutism in the Political Thought of Ssu-Ma Kuang." *JAS* 32, No. 1 (1972): 53−76.

Schaberg, David 史嘉柏 . *A Patterned Past: Form and Thought in Early Chinese Historiography.* Cambridge: Harvard University Asia Center, 2001.

Schirokauer, Conrad 谢康伦 . "Ch'en Fu-Liang." In *Sung Biographies*, ed. Herbert Franke, 103−7. Wiesbaden: Steiner, 1976.

——. "Chu Hsi's Political Career: A Study in Ambivalence." In *Confucian Personalities*, ed. Arthur F. Wright and Denis Crispin Twitchett, 162−88. Stanford: Stanford University Press, 1962.

——. "Chu Hsi's Political Thought." *Journal of Chinese Philosophy* 5, No. 2 (1978): 127−59.

——. "Chu Hsi's Sense of History." In *Ordering the World: Approaches to State and Society in Sung Dynasty China*, ed. Robert P. Hymes and Conrad Shirokauer, 193−220. Berkeley: University of California Press, 1993.

——. "Neo-Confucians Under Attack: The Condemnation of Wei-Hsueh." In *Crisis and Prosperity in Sung China*, ed. John Winthrop Haeger, 163−98. Tucson: University of Arizona Press, 1975.

——. "The Political Thought and Behavior of Chu Hsi." Ph.D. diss., Stanford University, 1960.

Schwartz, Benjamin Isadore 史华慈 . *The World of Thought in Ancient China* 古代中国的思想世界 . Cambridge: Belknap Press of Harvard University Press, 1985.

Smith, Paul J., and Richard von Glahn 万志英 . *The Song-Yuan-Ming Transition in Chinese History*. Cambridge: Harvard University Asia Center, 2003.

Song Jaeyoon 宋在伦 . "Tensions and Balance: Changes of Constitutional Schemes in Song Commentaries on 'the Office of Heaven,' the *Rituals of Zhou*." Paper presented at The *Rituals of Zhou* (周礼) in East Asian History: Premodern Asian Statecraft in Comparative Context conference. Princeton University, 2005.

Takatsu Takashi 高津孝 . "The Selection of the 'Eight Great Prose Masters of the T'ang and Sung'and Chinese Society in the Sung and Later." *Acta Asiatica* 84 (2003): 1−19.

Tillman, Hoyt Cleveland 田浩 . *Ch'en Liang on Public Interest and the Law*. Monograph no. 12 Society for Asian and Comparative Philosophy. Honolulu: University of Hawaii Press, 1994.

──. "Ch'en Liang on Statecraft: Reflections from Examination Essays Preserved in a Sung Rare Book." *HJAS* 44, No. 2 (1988): 403−31.

──. *Confucian Discourse and Chu Hsi's Ascendancy* 朱熹的思维世界 . Honolulu: University of Hawaii Press, 1992.

－－－. "Encyclopedias, Polymaths, and Tao-Hsueh Confucians: Preliminary Reflections with Special Reference to Chang Ju-Yu." *JSYS* 22 (1990−92): 89−108.

──. "A New Direction in Confucian Scholarship: Approaches to Examining the Differences Between Neo-Confucianism and Tao-Hsueh." *Philosophy East and West* 42, No. 3 (1992): 455−74.

──. "Proto-Nationalism in Twelfth Century China? The Case of Chen Liang." *HJAS* 39, No. 2 (1979): 403−28.

──. "Reflections on Classifying 'Confucian' Lineages: Reinventions of Tradition in Song China." In *Rethinking Confucianism: Past and Present in China, Japan, Korea, and Vietnam*, ed. Benjamin A. Elman, John B. Duncan, and Herman Ooms, 33064. Los Angeles: UCLA Asian Pacific Monograph Series, 200.

──. *Utilitarian Confucianism: Ch'en Liang's Challenge to Chu Hsi* 功利主义的儒家：陈亮对朱熹的挑战 . Cambridge: Council on East Asian Studies, Harvard University, 1982.

Tsien, Tsuen-hsuin 钱存训 . *Paper and Printing. Science and Civilization in China*, vol. 5, pt. I, ed. Joseph Needham. Cambridge: Cambridge University Press, 1985.

Tu, Ching-I 涂经诒 . "The Chinese Examination Essay: Some Literary Considerations." *Monumenta Serica* 31 (1974−75): 393−406.

Tucker, John Allen. "An Onto-hermeneutic and Historico-hermeneutic Analysis of Chu Hsi's Political Philosophy and Found in the *Chin Ssu-Lu*." *Chinese Culture* 24, No. 4 (1983): 1−25.

Twitchett, Denis 杜希德. *Printing and Publishing in Medieval China*. New York: Frederic C. Beil, 1983.

Twitchett, Denis, ed. *The Cambridge History of China*, vol. 3, *Sui and T'ang China, 589−906*, pt. 1 剑桥中国隋唐史. Cambridge: Cambridge University Press, 1979.

Twitchett, Denis and Michael Loewe, eds. *The Cambridge History of China*, Vol. 1, *The Ch'in and Han Empires, 221 B.C.−A.D. 220* 剑桥中国秦汉史. Cambridge: Cambridge University Press, 1986.

van Ess, Hans 叶瀚. "The Compilation of the Works of the Ch'eng Brothers and Its Significance for the Learning of the Right Way of the Southern Sung Period." *T'oung Pao* 90, No. 4−5 (2004): 264−98.

——. *Von Ch'eng I zu Chu Hsi: die Lehre vom rechten Weg in der Überlieferung der Familie Hu*. Asien− und Afrika-Studien der Humboldt-Universität zu Berlin 13. Wiesbaden: Harrassowitz, 2003.

Van Zoeren, Steven 范佐伦. *Poetry and Personality: Reading, Exegesis, and Hermeneutics in Traditional China*. Stanford: Stanford University Press, 1991.

von Glahn, Richard 万志英. "Chu Hsi's Community Granary in Theory and Practice." In *Ordering the World: Approaches to State and Society in Sung Dynasty China*, ed. Robert P. Hymes and Conrad Schirokauer, 221−54. Berkeley: University of California Press, 1993.

——. *The Sinister Way: The Divine and the Demonic in Chinese Religious Culture* 旁门左道：中国宗教文化中的神与魔. Berkeley: University of California Press, 2004.

Waley, Arthur. *Po Chü-I*. London: G. Allen & Unwin, 1949.

Waltner, Anne 王安. "Building on the Ladder of Success: The Ladder of Success in Imperial China and Recent Work on Social Mobility." *Ming Studies* 17 (1983): 30−36.

Walton, Linda A. 万安玲. *Academies and Society in Southern Sung China*. Honolulu: University of Hawaii Press, 1999.

——. "Education, Social Change, and Neo-Confucianism in Sung-Yuan China: Academies and the Local Elite in Ming Prefecture (Ningpo)." Ph.D. diss., University of Pennsylvania, 1978.

——. "The Institutional Context of Neo-Confucianism: Scholars, Schools, and Shu-

Yuan in Song-Yuan China." In *Neo-Confucian Education: The Formative Stage*, ed. Wm. Theodore de Bary and John W. Chaffee, 457–92. Berkeley: University of California Press, 1989.

Wechsler, Howard J. 魏侯玮. "The Confucian Teacher Wang T'ung (584?–617): One Thousand Years of Controversy." *T'oung Pao* 63 (1977): 225–72.

Wilhelm, Richard 卫礼贤. *The I Ching*. Trans. Cary F. Baynes. Bollingen Series 19. Princeton: Princeton University Press, 1950.

Wilson, Thomas A. 魏伟森. *Genealogy of the Way: The Construction and Uses of the Confucian Tradition in Late Imperial China*. Stanford: Stanford University Press, 1995.

———. "The Indelible Mark of an Overlooked Scholar: Toward a *Restructuring* of Sinological Hermeneutics." Paper presented at Subjects, Dialogues, Histories: An International Conference in Memory of Professor Edward T. Ch'ien, Taibei, 1997.

Wong, R. Bin 王国斌. "Social Order and State Activism in Sung China: Implications for Later Centuries." *JSYS* 26 (1996): 229–50.

Woodside, Alexander. "The Divorce Between the Political Center and Educational Creativity in Late Imperial China." In *Education and Society in Late Imperial China, 1600–1900*, ed. Benjamin A. Elman and Alexander Woodside, 458–92. Berkeley: University of California Press, 1994.

———. "Territorial Order and Collective-Identity Tensions in Confucian Asia: China, Vietnam, Korea." *Daedalus* 127, No. 3 (1998): 191–220.

Wu Kwang-tsing 吴光清. "Chinese Printing Under Four Alien Dynasties (916–1369 A.D.)." *HJAS* 13, No. 3–4 (1950): 447–523.

Yu, Pauline 余宝琳. "Canon Formation in Late Imperial China." In *Culture and State in Chinese History*, ed. Theodore Huters, R. Bin Wong, and Pauline Yu, 83–104. Stanford: Stanford University Press, 1997.

Yü Ying-shih 余英时. "Intellectual Breakthroughs in the T'ang Sung Transition." In *The Power of Culture: Studies in Chinese Cultural History*, ed. Willard J. Peterson, Andrew H. Plaks, and Yü Ying-shih, 158–71. Hong Kong: Chinese University Press, 1994.

Yüan Ts'ai 袁采. *Family and Property in Sung China: Yüan Ts'ai's Percepts for Social*

Life."Trans. Patricia Buckley Ebrey. Princeton Library of Asian Translations. Princeton: Princeton University Press, 1984.

Yuan Zheng 袁征 . "The Grade System of Schools in Eleventh‑to‑Thirteenth Century China." *Chinese Studies in History* 25, No. 2 (1991): 17−52.

Zach, Erwin von, trans. *Hsiung Yang' 's Fa‑Yen"(Worte Strenger Ermahnung)*. Sinologische Beitrage. Batavia: Durkkerij Lux, 1939.

Ze, David Wei. "Printing as an Agent of Social Stability: The Social Organization of Book Production in China During the Sung Dynasty." Ph.D. diss., Simon Fraser University, 1995.

Žižek, Slavoj. *Mapping Ideology*. London and New York: Verso, 1994.

索　引

（条目后的数字为原书页码，即本书边码）

注：皇帝庙号之前会列出其朝代名，例如宋徽宗。著者可考的书籍通常被列在原作者名下。

图书在版编目（CIP）数据

义旨之争：南宋科举规范之折冲／（比）魏希德著；
胡永光译. —杭州：浙江大学出版社，2015.12
书名原文：Competition over Content:
Negotiating Standards for the Civil Service
Examinations in Imperial China (1127—1279)
ISBN 978-7-308-15321-8

I.①义… Ⅱ.①魏… ②胡… Ⅲ.①科举考试—研
究—中国—南宋 Ⅳ.①D691.46

中国版本图书馆CIP数据核字（2015）第266119号

义旨之争：南宋科举规范之折冲

[比利时] 魏希德 著　胡永光 译

责任编辑	王志毅
文字编辑	赵　波
责任校对	周元君
装帧设计	罗　洪
出版发行	浙江大学出版社
	（杭州天目山路148号　邮政编码310007）
	（网址：http://www.zjupress.com）
制　作	北京大观世纪文化传媒有限公司
印　刷	北京天宇万达印刷有限公司
开　本	635mm×965mm　1/16
印　张	24
字　数	345千
版印次	2015年12月第1版　2015年12月第1次印刷
书　号	ISBN 978-7-308-15321-8
定　价	62.00元